Léon Brunschvicg

Le progrès de la conscience dans la philosophie occidentale

Tome I

 Le code de la propriété intellectuelle du 1er juillet 1992 interdit en effet expressément la photocopie à usage collectif sans autorisation des ayants droit. Or, cette pratique s'est généralisée dans les établissements d'enseignement supérieur, provoquant une baisse brutale des achats de livres et de revues, au point que la possibilité même pour les auteurs de créer des œuvres nouvelles et de les faire éditer correctement est aujourd'hui menacée. En application de la loi du 11 mars 1957, il est interdit de reproduire intégralement ou partiellement le présent ouvrage, sur quelque support que ce soit, sans autorisation de l'Éditeur ou du Centre Français d'Exploitation du Droit de Copie , 20, rue Grands Augustins, 75006 Paris.

ISBN : 978-2-37976-144-7

10 9 8 7 6 5 4 3 2 1

Léon Brunschvicg

Le progrès de la conscience dans la philosophie occidentale

Tome I

Table de Matières

INTRODUCTION	7
PREMIÈRE PARTIE	17
DEUXIÈME PARTIE	291

À Monsieur Henri BERGSON
En témoignage
d'affectueuse admiration pour l'homme
d'intime reconnaissance pour l'œuvre

INTRODUCTION

1. Joseph de Maistre écrit dans le livre *Du Pape* : « Lisez Platon ; vous ferez à chaque pas une distinction bien frappante. Toutes les fois qu'il est Grec, il ennuie, et souvent il impatiente. Il n'est grand, sublime, pénétrant, que lorsqu'il est théologien, c'est-à-dire lorsqu'il énonce des dogmes positifs et éternels séparés de toute chicane, et qui portent si clairement le cachet oriental, que, pour le méconnaître, il faut n'avoir jamais entrevu l'Asie. Platon avait beaucoup lu et beaucoup voyagé : il y a dans ses écrits mille preuves qu'il s'était adressé aux véritables sources des véritables traditions. Il y avait en lui un sophiste et un théologien, ou, si l'on veut, un Grec et un Chaldéen. On n'entend pas ce philosophe si on ne le lit pas avec cette idée toujours présente à l'esprit. » (IV, VII.)

Il est remarquable que, dès les premières années du XIXe siècle, la réaction contre le rationalisme se traduise par l'« appel à l'Orient ». Le rêve que Bonaparte avait rapporté d'Égypte, n'était-il pas de restaurer cet impérialisme alexandrin qui, dès le lendemain de la mort de Platon, avait consommé la ruine de la civilisation occidentale, et dont aussi bien l'impérialisme romain a été seulement le décalque [1] ?

Aux yeux du philosophe, l'antithèse de l'Orient et de l'Occident est beaucoup moins géographique qu'historique ; et elle ne se limite nullement à une période déterminée de l'histoire européenne. Il ne serait même pas juste de la réduire à l'antithèse de la foi chrétienne et de la philosophie rationnelle ; car le caractère du christianisme, manifestement, a été de ne pas se résigner à demeurer tout entier du côté de la foi, d'aspirer à se fonder sur l'universalité de la raison. Le conflit où il a engagé sa destinée externe lors des guerres de religion, sa destinée interne par la crise de l'Église catholique

---

1 Cf. Cumont, *Les religions orientales dans le paganisme romain*, I, 2e édit., 1905, p. 6 : « Rome, devenue comme Alexandrie une grande métropole cosmopolite, fut réorganisée par Auguste à l'instar de la capitale des Ptolémées. »

dans la France du XVIIe siècle, prolonge, en un certain sens, celui que Platon avait institué dans son œuvre écrite entre deux formes d'exposition : l'une, où se communique directement à nous la pensée d'un homme qui, n'ayant d'autre intérêt que le vrai, s'appuie à l'intellectualité croissante du savoir scientifique pour s'efforcer de satisfaire l'exigence d'un jugement droit et sincère ; l'autre, qui s'adresse à l'imagination et à l'opinion, se donnant toute licence pour multiplier les fictions poétiques, les analogies symboliques, et leur conférer l'apparence grave de mythes religieux.

2. La dualité, dans le platonisme, de la réflexion philosophique et de la tradition mythologique, fournit un point de départ naturel pour une étude qui consiste à suivre les *vicissitudes* de la conscience occidentale, et dont la portée est nécessairement subordonnée à l'objectivité de ce que nous appellerons (d'un mot qui nous servira souvent pour exprimer l'esprit de notre entreprise) la mise de l'histoire en *perspective*.

La réflexion des *Dialogues* se réfère, non seulement à Socrate qui les emplit de son souvenir, mais à l'ensemble des spéculations antésocratiques et particulièrement au pythagorisme. C'est au pythagorisme surtout que l'hellénisme a dû la création de la méthodologie mathématique, c'est-à-dire l'apparition de l'*homo sapiens*, entendu, non au sens ordinaire de l'anthropologie par opposition à l'animal, mais dans sa pleine acception qui l'oppose à l'*homo faber* des sociétés orientales : « Dans tous les domaines de connaissance, dit Gaston Milhaud, les peuples de l'Orient et de l'Égypte avaient transmis aux Grecs un nombre considérable de données, de règles, de procédés utiles à la vie de tous les jours. Les Grecs… voulurent comprendre la raison de ce qui leur était donné comme un ensemble de procédés empiriques… Les propositions mathématiques que sut formuler la science grecque vinrent merveilleusement prouver que l'esprit, en se repliant sur lui-même, et en s'exerçant sur les données qui lui sont apportées du dehors, est capable de créer un ordre nouveau de connaissances, se distinguant par sa précision et par son intelligibilité, par sa rigueur et par son évidence[1]. »

---

1 G. MILHAUD, Les philosophes géomètres de la Grèce, Platon et ses prédécesseurs, 1900, pp. 368-369.

Et M. Louis Weber, commentant les remarques de Gaston Milhaud, ajoute : « Cette étape de la civilisation est un moment décisif dans l'histoire du progrès. Sans parler des peuples sauvages, derniers vestiges de l'enfance de l'humanité, qui végètent encore sous nos yeux, on ne connaît pas de sociétés, en dehors du monde hellène, qui l'aient spontanément franchie, au moyen des seules ressources de leur génie propre... Mais la curiosité scientifique et la discipline corrélative n'ont pas fait, pendant l'antiquité, d'adeptes en dehors du monde grec, qui est ainsi resté séparé des *barbares* par des différences intellectuelles beaucoup plus profondes que des accidents de religion, de coutume et de mœurs [1]. »

3. Il y a plus : si on laisse de côté ces *barbares* qui, après avoir asservi la Grande-Grèce et tué Archimède, ont jusqu'à la Renaissance régné sur le monde méditerranéen [2], il reste qu'à l'intérieur du monde hellénique, et en commençant par l'école de Pythagore, la lumière de la sagesse n'a été qu'une apparition fugitive. C'est qu'en effet l'opposition entre le savoir-faire empirique et la réflexion sur les principes et les méthodes ne correspond qu'à l'aspect de la question le plus abstrait et le plus spéculatif : « L'*homo faber*, remarque M. Thibaudet, a pu être défini aussi un animal religieux [3]. » C'est-à-dire que l'*homo sapiens* a eu à se confronter, non seulement avec l'*homo faber*, mais encore avec l'*homo credulus*. L'antithèse n'est plus, de ce point de vue, celle de la technique et de la science ; c'est celle du langage et de la pensée : « Le langage est un instrument, un *outil*. C'est l'outil de la technique sociale, de même que le coup de poing, la massue, la flèche, sont des outils de la technique matérielle. Mais avec cet instrument nouveau s'introduit une perception de la causalité qui, pour l'homme inculte, n'a rien de commun avec la causalité mécanique [4]. Le geste et la parole

---

1 *Le rythme du progrès*, 1913, pp. 222-223.
2 Cf. Louis WEBER, *op. cit.*, p. 232 : « La nullité scientifique des Romains n'a pas eu d'égale, si ce n'est celle des Chinois. Comment cette inintelligence radicale de la science chez les conquérants, qui n'ont eu en propre ni un physicien, ni un astronome, ni un géomètre, ni un arithméticien, n'aurait-elle pas eu une funeste répercussion sur les vaincus ? »
3 *Le bergsonisme*, t. II, 1923, p. 107.
4 L'exégèse biblique discerne, en effet, dans le récit de la création « deux conceptions différentes de la puissance divine : d'après l'une, Dieu crée par sa parole, dans l'autre par son travail ». (MAYER LAMBERT, Étude sur le premier chapitre de la Genèse, apud

sont des agents dont l'efficacité se traduit par son seul résultat, *sans véhicule sensible...* Le pouvoir magique des noms se trouve dans mainte religion, et les terribles châtiments qu'encouraient, il n'y a pas bien longtemps encore, les blasphémateurs sont une preuve, entre autres, de la survivance des croyances de ce genre, qui ont régné chez tous les peuples. » (L. Weber, *op. cit.*, pp. 140-141.)

4. Ces observations contiennent le secret de l'histoire du pythagorisme. L'*homo sapiens*, vainqueur de l'*homo faber*, y est vaincu par l'*homo credulus*. Grâce aux démonstrations irréprochables de l'arithmétique pythagoricienne, l'humanité a compris qu'elle possédait la capacité de se certifier à elle-même, non pas des vérités qui seraient relatives au caractère de la race ou du climat, subordonnées au crédit des magiciens ou des prêtres, à l'autorité des chefs politiques ou des pédagogues, mais la vérité, nécessairement et universellement vraie. Elle s'est donnée alors à elle-même la promesse d'une rénovation totale dans l'ordre des valeurs morales et religieuses. Or, soit que l'*homo sapiens* du pythagorisme ait trop présumé de sa force naissante, dans la lutte contre le respect superstitieux du passé, soit qu'il n'ait même pas réussi à engager le combat, on ne saurait douter que le succès de l'arithmétique positive ait, en fin de compte, servi d'argument pour consolider, pour revivifier, à l'aide d'analogies mystérieuses et fantaisistes, les propriétés surnaturelles que l'imagination primitive associe aux combinaisons numériques. La raison, impatiente de déployer en pleine lumière sa vertu intrinsèque et son efficacité, s'est heurtée à ce qui apparaît du dehors comme la révélation d'une Parole Sacrée, témoin « le fameux serment des Pythagoriciens : « Non, je le jure par Celui qui a révélé à notre âme la *tétractys* (c'est-à-dire le schème décadique formé par la série des quatre premiers nombres) *qui a en elle la source et la racine de l'éternelle nature...* » Le caractère mystique du Pythagorisme (ajoute M. Robin) se révèle encore par d'autres indices : c'est caché par un rideau, que le Maître parle aux novices, et le fameux : *Il l'a dit* (αὐτὸς ἔφα) ne signifie pas seulement que sa parole doit être aveuglément crue, mais aussi que son nom sacré ne doit pas être profané » [1].

Actes du Congrès international d'Histoire des Religions, Paris, 1923, t. I, 1925, p. 499.)
[1] La pensée grecque et les origines de l'esprit scientifique, 1923, p. 65.

Il est à remarquer que le conflit des tendances n'est pas resté à l'état latent : il y a eu, sans doute vers la fin du Ve siècle, un schisme dans la Société pythagoricienne, et qui a mis aux prises *Mathématiciens* et *Acousmatiques*. Ceux-ci (et les expressions dont se sert M. Robin sont tout à fait significatives), « pour conserver à l'Ordre une vie spirituelle, parallèle à celle de l'Orphisme et capable de la même force d'expansion ou de résistance, s'attachèrent avec une passion aveugle à l'élément sacramentel et mystérieux de la révélation, à des rites et à des formules : les *Acousmatiques* ont voulu être des croyants et des dévots. Les autres, sans abandonner formellement le *credo* des premiers, en jugèrent l'horizon trop étroit : ils voulurent être, et eux aussi pour le salut spirituel de leur Ordre, des hommes de science. Mais cela n'était possible qu'à la condition de renoncer à l'obligation du secret mystique et de justifier rationnellement des propositions doctrinales. Aux yeux des dévots, ces *savants* étaient donc des hérétiques. Mais ce sont eux, hommes de la seconde génération pythagorique, qui ont transformé en une école de philosophie l'association religieuse originaire. C'est pourtant celle-ci, réduite à ses rites et à ses dogmes, qui a survécu jusqu'au réveil néo-pythagoricien. » (*Op. cit.*, p. 67.)

Ainsi, dans l'évolution du pythagorisme se sont succédé ou se sont juxtaposées les formes extrêmes de la sagesse humaine et de la crédulité théosophique, correspondant elles-mêmes aux limites idéales du mouvement que nous nous proposons d'étudier dans le présent ouvrage. Toutefois, étant données l'incertitude et la confusion de notre information historique, pythagorisme et néo-pythagorisme demeurent comme au seuil de la conscience occidentale. Nous ne sommes capables de définir cette conscience qu'avec Socrate, c'est-à-dire avec le portrait qui nous a été laissé de lui par des Socratiques. A partir de ce moment, nous le savons, l'homme se rend compte qu'il a la charge de se constituer lui-même, en faisant fond sur un pouvoir pratique de réflexion qui lie la réforme de la conduite individuelle ou de la vie publique à la réforme de l'être intérieur. A partir de ce moment donc, la question se pose pour nous de savoir quel a été, dans le cours de la pensée européenne, l'usage effectif de ce pouvoir ; ce qui revient à esquisser une monographie de l'*homo sapiens*.

5. La méthode que nous suivrons dans cette esquisse sera donc analogue à celle que nous avons eu à mettre en œuvre, quand nous avons tenté de parcourir les *étapes de la philosophie mathématique* ou de déterminer les rapports de *l'expérience humaine* et de la *causalité physique*. La philosophie contemporaine est, selon nous, une philosophie de la réflexion, qui trouve sa matière naturelle dans l'histoire de la pensée humaine. Les systèmes du XIXe siècle, même ceux qui ont fait la part la plus grande à la considération du passé, comme l'hégélianisme ou le comtisme, n'en ont pas moins conservé l'ambition de se placer et à l'origine et au terme de tout ce que les hommes comprennent ou comprendront jamais, expérimentent ou expérimenteront jamais. Nous avons appris aujourd'hui à chercher la vitalité du savoir, fût-ce du savoir positif, dans les alternatives du mouvement de l'intelligence. Vainement la science s'est flattée d'avoir assuré ses bases de telle manière qu'il lui suffise désormais d'en déduire simplement les conséquences : l'ampleur et la diversité de ces conséquences, la précision de leur confrontation avec le réel, l'ont conduite de surprise en surprise, jusqu'à l'obliger de revenir sur des axiomes qu'elle avait crus éternels. Elle a brisé les cadres consacrés par la tradition classique, et elle a fait surgir des types inattendus de principes, des formes inédites de connexion, tout ce que nous admirons enfin dans la théorie des ensembles ou dans les théories de la relativité.

La tâche de la réflexion philosophique est alors de prendre conscience du caractère réflexif que présente le progrès de la science moderne. Et ici se produira nécessairement un phénomène analogue à celui que MM. Claparède et Piaget ont signalé dans leurs beaux travaux sur *La psychologie de l'enfant, les difficultés de la prise de conscience* entraînent *le décalage des opérations sur le plan de la pensée* : « Lorsque l'enfant essaiera de parler une opération, il retombera peut-être dans les difficultés qu'il avait déjà vaincues sur le plan de l'action. Autrement dit l'apprentissage d'une opération sur le plan verbal reproduira les péripéties auxquelles avait donné lieu ce même apprentissage sur le plan de l'action : il y aura décalage entre les deux apprentissages [1]. La même

---

1 J. Piaget, Les traits principaux de la logique de l'enfant, *Journal de Psychologie*, 15 janvier-15 mars 1924, p. 61. Cf. Ed. Claparède, La conscience de la ressemblance et de la différence chez l'enfant, *Archives de Psychologie*, t. XVII (Genève, 1919), p. 71 : *L'enfant (ou en général l'individu) prend conscience d'une relation d'autant plus*

chose s'observe aux phases diverses de la croissance de l'humanité : l'action du savant apparaît en avance sur la conscience du philosophe qui, par esprit de paresse ou d'économie, s'obstine à verser le vin nouveau dans les vieilles outres, qui, par exemple, s'efforcera d'ajuster le savoir positif d'un Descartes ou d'un Galilée aux cadres de la déduction syllogistique ou de l'induction empirique. Il y a même des penseurs chez qui le dynamisme du processus scientifique s'est laissé recouvrir par la survivance d'un idéal périmé, qui ont, selon les expressions de M. Bergson, pris « l'appareil logique de la science pour la science même » [1]. C'est ce qui aurait dû arriver à tout autre qu'à Pascal ; cela est arrivé cependant à Pascal. Lui dont l'œuvre est la plus propre qui soit à faire éclater la suprématie de l'esprit de finesse en géométrie, on a la surprise de le voir, dans les Réflexions de *L'esprit géométrique*, revenir à l'idéal logique qu'il avait tant contribué à discréditer, et décrire comme « une véritable méthode » celle qui « consisterait à définir tous les termes et à prouver toutes les propositions » [2], quitte à se faire de la contradiction qui est inhérente à une pareille conception de la méthode un argument contre la science et contre l'humanité.

Sans doute, dans le domaine spéculatif où le calcul et l'expérience suffisent pour la détermination de la vérité, on pourrait soutenir à la rigueur que la *prise de conscience*, avec le *décalage* qu'elle implique, n'a qu'une portée indirecte, qu'un intérêt rétrospectif. Sur le terrain de la vie pratique il est sûr qu'il en est autrement. Là, en effet, la *prise de conscience* sépare deux manières d'agir radicalement contraires : l'une où ce qui vient, soit du dehors, soit du passé, se prolonge par l'inertie de l'impulsion organique ou de la suggestion sociale ; l'autre où l'autonomie de la réflexion vient apporter à l'être raisonnable la liberté de son propre avenir. De leur opposition résultera, non plus un simple *décalage* dans l'évolution d'un individu ou d'une société, mais une rupture violente d'équilibre, qui risque de mettre en pièces l'ancien tableau des valeurs morales et religieuses, qui entraîne des réactions violentes, comme celle qui aboutit au procès et à la mort de Socrate. Au XVIIe siècle, le spectacle se renouvelle avec l'avènement du *Cogito* ; et, ici encore, il est

tard que sa conduite a impliqué plus tôt et plus longtemps et plus fréquemment l'usage automatique (instinctif, inconscient) de cette relation.
1 Introduction à la métaphysique, *Revue de Métaphysique et de Morale*, 1903, p. 29.
2 *Œuvres*, édit. HACHETTE, t. IX, 1914, p. 242.

loisible d'invoquer Pascal à titre de témoin. Dans le *Fragment de Préface* qu'il avait écrit pour le *Traité du vide*, il se tient à l'intérieur du savoir scientifique et il se contente d'y envisager un processus de maturation continue qui fera passer l'humanité à l'âge viril, mais qui n'exclut pas, en ce qui concerne sa vocation morale et religieuse, le rythme inverse, selon lequel « la Sagesse nous envoie à l'enfance » [1]. Par contre, Descartes, dès le début des *Regulæ ad directionem ingenii*, fait dépendre la positivité de la science d'une conception de la sagesse humaine, donnée brusquement dans son unité et dans son universalité, qui par suite exige un renoncement héroïque aux préjugés de l'enfance, aux traditions de l'enseignement, une conversion de l'être tout entier à la lumière de l'intelligence.

6. Pour l'analyse du progrès de la conscience occidentale, il est donc essentiel que nous prenions en considération la diversité des plans que cette conscience est appelée à parcourir. Mais nous ne dissimulons pas les difficultés d'une semblable entreprise. C'était déjà une chose assez délicate que de chercher à saisir dans leur connexion réciproque, d'une part, l'œuvre des mathématiciens ou des physiciens, d'autre part la philosophie qui pouvait paraître ou l'avoir inspirée ou en fournir l'interprétation : à chaque étape du progrès scientifique, un système se détache qui prétend en fixer le moment, comme si l'humanité avait jamais atteint le terme définitif de son évolution ; et par là se constitue une succession d'images doctrinales qui se prêtent à tous les raccourcis, à toutes les controverses, et qui se substituent dans la mémoire des siècles au travail complexe de l'esprit scientifique. Du moins, les résultats positifs du savoir se dessinent en traits assez nets et assez précis pour permettre le redressement objectif de l'histoire : d'elle-même la séparation semble s'opérer entre ce qui s'est évaporé par l'action du temps et ce qui demeure au fond du creuset.

Dans le domaine moral ou religieux, les idées du passé agissent tout autrement : non seulement les institutions pédagogiques et les contraintes sociales leur communiquent une force d'inertie, qu'il serait malaisé d'exagérer ; mais encore la manière dont ces idées ont été dans la suite des siècles infléchies et altérées pour le service

---

[1] *Pensées*, ms. autographe, f° 165, édit. Hachette, fr. 271.

de telle cause politique, de tel intérêt religieux, n'est nullement indifférente à leur efficacité ; on peut dire qu'elle est devenue partie intégrante de leur efficacité. Par contre, à mesure que la vérité historique est reconstituée avec plus d'exactitude, on s'aperçoit qu'elle s'éloigne davantage de la représentation traditionnelle qui a servi de base, ou de prétexte, à l'acharnement des polémiques comme à la faveur des enthousiasmes. De là cette conséquence singulière : le rétablissement de la vérité historique ne fournit pas la clé qui permettrait d'interpréter la réalité de l'histoire effective, pas plus que la découverte des sources du Nil n'explique les mythes de l'ancienne Égypte sur les origines du fleuve sacré. Le rapport de ce que M. H. Maier appelle l'*Évangile socratique* à la personnalité de Socrate, ou de l'Écriture sainte à la personnalité de Jésus, n'est pas, pris en soi, ce qui a décidé du cours de la réflexion hellénique ou de la piété chrétienne. Supposez démontré, comme le veut M. Joël, que les *Mémorables* de Xénophon soient une misérable rapsodie, dont les éléments sont empruntés à Antisthène et à Platon, ou que, suivant l'ordre adopté par M. Loisy dans sa traduction des livres du Nouveau Testament, les lettres de l'apôtre Paul précèdent la rédaction des Synoptiques, force n'en serait pas moins de se référer à l'erreur commune pour définir le phénomène historique du socratisme ou du christianisme. La réfraction qui ne cesse, à travers les siècles, de faire dévier les rayons de la pensée morale ou religieuse sera quelque chose d'aussi important à considérer, parfois de plus important, que leur direction originelle, et cela ne laisse pas de compliquer les données de notre problème.

Avons-nous suffisamment respecté cette complication dans la détermination des points par lesquels nous avons fait passer la courbe de la conscience occidentale ? Avons-nous disposé la perspective de cette conscience, suivant une juste distribution de lumière et d'ombre, et sans y introduire la subjectivité de nos vues particulières ? Questions auxquelles il appartient à nos lecteurs de répondre. Nous mettons sous leurs yeux les textes des auteurs ou les remarques, des historiens, auxquels nous appuyons l'interprétation des faits ou des idées [1].

---

1 Pour certains chapitres, par exemple ceux qui sont relatifs à Philon ou à la spéculation médiévale, à Fichte ou à Bentham, nous avons eu recours aux travaux de nos amis M. Émile Bréhier et M. Étienne Gilson, M. Xavier Léon et M. Elie Halévy, comme à de véritables guides dans une forêt touffue, sans nous interdire pourtant

7. Enfin, il est une catégorie de lecteurs à laquelle nous ne pouvons nous empêcher de songer en terminant cette *Introduction* : ce sont ceux qui, tout en étant sympathiques à notre entreprise, pourraient être ou choqués ou inquiétés par quelques-uns de ses résultats. Déjà il est paradoxal que nous ayons pu lire des lignes comme celles qui terminaient une note, d'ailleurs trop bienveillante, consacrée dans l'*Action française*, à l'*Expérience humaine et la causalité physique* : « Si *Orion* confesse qu'il n'a pas lu certains passages sans irritation, il ajoutera qu'il n'en a point découvert un seul qui fût sans intérêt. »

Voici une œuvre écrite dans le sentiment de joie continue qui accompagne toute tentative, si humble soit-elle, en vue de comprendre, et de faire comprendre, l'ascension spirituelle de l'humanité : n'est-il pas étrange qu'un tel sentiment aille, de l'esprit de l'auteur à l'esprit d'un lecteur, se transformer en irritation ? Et si une étude sur la *Causalité physique* a pu devenir une occasion de chagrin, il est malheureusement à prévoir qu'il n'en ira pas mieux avec le présent ouvrage, qui touche au fond même de la conscience, qui exigera un plus grand effort de désintéressement spéculatif et d'impartialité. Il faudra se dire, en effet, que s'il arrive au philosophe de placer le récit juif de la Genèse sur le même plan de mentalité que le mythe démiurgique du *Timée*, ce n'est point par une vaine fantaisie d'assimiler le sacré au profane, c'est parce que l'analyse y retrouve effectivement un rythme analogue de pensée ; ou encore,

---

des conclusions, que, sur plus d'un point, peut-être, ils désavoueraient. Nous avons, d'une façon générale, reproduit les divers passages, quelquefois assez longs, dont le rappel nous semblait nécessaire pour une élucidation complète de l'idée, qui souvent apparaît inséparable de la tonalité propre au style d'une époque ou d'une œuvre. Si nombreuses, en pareille matière, que puissent paraître les citations, le scrupule demeure qu'elles ne le soient pas assez, comme le remarquait FONTENELLE dans son *Éloge de Monsieur Leibnitz* : « C'est faire tort à ces sortes d'idées que d'en détacher quelques-unes de tout le système et d'en rompre le précieux enchaînement qui les éclaircit et les fortifie. Ainsi (ajoutait-il) nous n'en dirons pas davantage ; et peut-être ce peu que nous avons dit est-il de trop, parce qu'il n'est pas le tout. » Nous avons indiqué, pour chacune des citations, la référence qui permet de les situer ou de les compléter. Lorsqu'elles contiennent à leur tour des citations, nous avons reproduit les mots cités en italique, pour prévenir toute confusion. Dans la révision de notre manuscrit et de nos épreuves, nous avons eu la collaboration, infiniment précieuse, de nos collègues, MM. Jean Wahl et Nabert, à qui nous exprimons notre reconnaissance la plus vive.

si les saints, dans un exposé comme le nôtre, apparaissent dépouillés de leur auréole, ce n'est nullement que leur sainteté y soit mise en question, c'est que l'homogénéité de la matière historique est un postulat de méthode sans lequel l'historien abdiquerait la liberté du jugement. Aussi bien, et l'on devra s'en laisser convaincre par les premiers chapitres de notre ouvrage, l'opposition décisive entre l'idéalisme mathématique de la *République* platonicienne et le réalisme astro-biologique de la *Métaphysique* aristotélicienne a défini le thème fondamental de l'Occident dans le domaine pratique comme dans le domaine théorique, indépendamment de toute référence au christianisme. Plusieurs siècles avant qu'il ait commencé d'exercer sa propagande, la polémique de l'*Académie* et du *Lycée* apporte le témoignage lumineux qu'il existe deux types radicalement distincts de structure mentale, commandés, l'un par les relations de la science (μαθήματα), l'autre par les concepts du discours (λόγοι). De là procède le problème religieux, tel qu'il se manifeste dans la terminologie des Stoïciens avec la dualité du Verbe intérieur, ou *raison* : λόγος ἐνδιάθετος, et du Verbe extérieur, ou *langage* : λόγος προφορικός. Ce problème, s'il devait prendre dans le christianisme une forme de plus en plus aiguë, ne relève à son origine que de la seule philosophie. Notre tâche était d'en établir la portée et d'en expliquer les conséquences d'une façon assez nette et assez vive pour qu'il ne subsiste, dans l'esprit de nos lecteurs, ni obscurité ni incertitude, ou sur l'intention de notre travail, ou sur le sens de leurs propres réactions [1].

PREMIÈRE PARTIE

LIVRE PREMIER
HUMANISME ET MYTHOLOGIE

CHAPITRE PREMIER
LA DÉCOUVERTE DE LA RAISON PRATIQUE

---

[1] Les références aux divers termes du *Vocabulaire* de M. LALANDE, qui était jusqu'ici dispersé dans les *Bulletins de la Société française de philosophie*, se rapportent au *Vocabulaire technique et critique de la philosophie*, paru pendant que notre livre était sous presse.

Section I
L'ENSEIGNEMENT DE SOCRATE

8. Montaigne dit dans les *Essais* [1] : « Il n'y a que vous qui sçache si vous estes lâche et cruel, ou loyal et dévotieux ; les autres ne vous voient poinct, ils vous devinent par coniectures incertaines ; ils voient non tant vostre nature que vostre art ; par ainsi, ne vous tenez pas à leur sentence, tenez vous à la vostre. » Sur quoi Montaigne ajoute deux citations de Cicéron : *tuo tibi judicio est utendum* (c'est de votre jugement à vous que vous devez faire usage). *Virtutis et vitiorum grave ipsius conscientiæ pondus est : qua sublata, iacent omnia.* (Le témoignage que la conscience se rend elle-même est d'un grand poids ; supprimez-la, tout est perdu.)

Texte infiniment précieux pour donner le sentiment immédiat du problème que nous abordons. Non seulement Montaigne décrit, en ce qu'il a de caractéristique, le fait de conscience ; mais il tire aussitôt de cette description un enseignement : puisque nous ne saurions vis-à-vis de nous-mêmes invoquer d'autre témoin que notre propre conscience, à elle seule nous devons nous référer pour agir suivant le véritable discernement des vertus et des vices : c'est-à-dire qu'entre ce qui serait *conscience psychologique* et ce qui serait *conscience morale*, aucune séparation radicale n'est tracée. Et c'est là le point qu'il importe de souligner au début de notre travail : nous nous attacherons à l'étude de la conscience en évitant la présupposition qu'il existerait une conscience psychologique et une conscience morale, susceptibles d'être isolées l'une de l'autre à travers l'intimité du *moi*, de la façon dont sont distingués dans le cœur oreillette et ventricule. L'exclusion du langage des facultés nous met en présence d'une fonction qui est directement saisissable dès le moment et sous la forme où elle se saisit elle-même, à qui, par conséquent, il suffira de se produire pour être assurée de son existence véritable et de sa fécondité.

Ainsi définie, la fonction de conscience possède dans le monde occidental un acte de naissance en règle : les *Entretiens mémorables* de Socrate. Assurément, dans l'état misérable de notre information, nous serions bien en peine pour justifier l'objectivité historique de Xénophon. À l'origine de presque tous les grands mouve-

---

[1] III, II, édit. Strowski-Gebelin (Bordeaux), t. III, 1919, p. 25.

ments de pensée, on se heurte au même paradoxe : on en sait assez pour affirmer qu'ils sont dus à l'initiative et à l'ascendant d'une personnalité, pas assez cependant pour arracher cette personnalité aux obscurités, aux contradictions même, de la légende. En ce qui concerne Socrate, les mœurs intellectuelles des Grecs, leur interprétation du rapport entre l'expression littéraire du fait ou de l'idée et son authenticité intrinsèque, leur conception du respect et de la reconnaissance envers le chef de l'École auquel les disciples attribuaient, pour lui en faire gloire, leurs meilleures inventions, tout contribue à faire de la connaissance de Socrate lui-même un thème d'ironie socratique. La seule chose que nous sachions sûrement de lui, c'est que nous ne savons rien. Et d'ailleurs, dans une étude qui porte sur les idées plus que sur les hommes, nous ne pourrions nous intéresser à un Socrate qui aurait été dans le monde et que le monde n'aurait pas connu, qui aurait dû attendre notre siècle pour nous être révélé. Dès lors, et sous réserve de l'œuvre platonicienne que nous aurons à considérer dans une autre section de ce chapitre, nous pouvons étudier les *Entretiens* que Xénophon nous a transmis, abstraction faite du nom supposé de leur inspirateur. Ils suffisent pour nous avertir qu'au Ve siècle avant Jésus-Christ, un fait s'est produit, préparé par une merveilleuse floraison de poètes et de physiologues, de techniciens et de sophistes : *un appel à la conscience de soi, qui devait marquer d'une empreinte désormais indélébile le cours de notre civilisation.*

A) *Le jugement de réflexion*

9. Le premier thème des *Entretiens*, c'est la condamnation des recherches spéculatives, en particulier des tentatives cosmogoniques, dont le progrès se poursuit jusqu'au système d'Anaxagore, N'est-il pas insensé de vouloir pénétrer le secret de la grande « machine » qui est l'œuvre des dieux, alors qu'il nous importe avant tout de connaître nos propres affaires, qui sont les affaires humaines ? (I, I, 12.) Quand l'issue d'une entreprise dépend de circonstances qui échappent au contrôle et à la direction de l'intelligence humaine, pour tout ce qui demeure dans l'imprévisible et dans l'incertain, on peut se fier au secours que les dieux nous apportent grâce, par exemple, à la *mantique*. (I, I, 6.) Mais nous abdiquerions notre dignité d'hommes, nous renverserions l'ordre naturel des choses, si nous nous abstenions de mettre en œuvre notre capacité de comprendre chaque fois qu'il nous est permis de nous éclairer sur les conditions de notre conduite, d'adapter les moyens et les instruments de l'action au but poursuivi.

Telle est donc la base de l'humanisme occidental : la distinction entre l'ordre de la fortune, de la τύχη, qui relève de la volonté divine, et l'ordre de la sagesse, de la γνώμη, qui nous appartient en propre. (I, IV, 6.) Et cette sagesse elle-même n'a rien qui requière des ressources exceptionnelles. Socrate se plaît à la montrer affleurant en quelque sorte au ras du sol, enracinée dans l'activité pratique. Il n'est pas d'*Entretien* où il ne propose à l'attention de son interlocuteur la technique, non seulement du médecin, de l'orateur ou du général, mais de l'armurier, du cordonnier ou du cuisinier. Pour Socrate (et si l'on excepte la mathématique pythagoricienne l'état où était parvenue alors la civilisation, pouvait justifier à certains égards cette façon de voir) [1], il semble que les procédés purement pratiques aient un caractère plus positif que les spéculations à prétention scientifique telles que celles des physiologues.

Toutefois, le savoir-faire des techniciens n'est introduit qu'à titre de matière pour la réflexion. Le but qu'ils se sont proposé, ils l'ont accepté du dehors sans en avoir examiné la valeur intrinsèque. Ce but est encore un moyen par rapport au but véritable, qui consiste, non pas à faire ce qu'on a décidé, mais à s'en trouver bien. (I, I, 8.) L'artisan, l'*homo faber*, se borne à développer chez les apprentis l'habileté de l'action, et les sophistes n'ont guère traité autrement leurs élèves. Le sage, l'*homo sapiens*, veut obtenir de l'action ce qu'il en attend ; et pour cela, il ne suffit pas de savoir mener à bien une opération donnée, il faut être en état de juger si l'on doit tenter l'opération elle-même, par suite de savoir ce qui est véritablement un bien. Avec la même précision rationnelle que plus tard un Descartes, un Spinoza, ou un Kant, Socrate définit le caractère auquel se reconnaîtra ce bien ; c'est qu'il ne s'attache à aucun objet susceptible d'être tourné contre soi, qu'il exclut toute ambiguïté, toute équivoque, parce qu'il possède en soi son propre fondement. Ce bien sans ambiguïté (ἀναμφιλογώτατον ἀγαθόν) (IV, II, 34),

---

[1] Voir en particulier, dans l'ouvrage si original et si suggestif d'Alfred Espinas, *Les origines de la technologie*, 1897, le chapitre II du livre II : La fabrication humaine, p. 157.

Socrate l'appelle l' εὐπραξία ; il en éclaircit l'idée en l'opposant à l' εὐτυχία (III, IX, 14). L' εὐτυχία c'est le bonheur qui vient à nous par une rencontre favorable entre l'inclination du désir et l'issue de l'événement. L' εὐπραξία, c'est la satisfaction d'avoir donné à notre conduite une direction telle que le succès est inséparable de l'action, parce qu'il ne consiste en rien d'autre que la qualité de notre activité. Ainsi se posera donc le problème moral : assurer à l'homme un droit de reprise sur sa propre destinée, le rendre capable d'en devenir l'artisan comme les dieux sont les ouvriers du monde qui nous entoure. Et c'est à ce problème que répond la maxime inscrite sur le fronton du temple de Delphes : *Connais-toi toi-même*.

Maxime d'intérêt pratique et non de curiosité psychologique. Le dilettantisme qui prend vis-à-vis de soi l'attitude du spectateur impartial et désintéressé, qui se complaît à mirer les caprices et à découvrir les replis de l'âme, est aussi étranger à Socrate qu'il pourra l'être plus tard à Franklin. Qui se connaît soi-même sait ce qui lui est utile, ce qu'il peut et ce qu'il ne peut pas faire : en n'entreprenant que ce dont il est capable, il remplit ses besoins et vit heureux ; en s'abstenant de ce qu'il ne sait pas faire, il évite les fautes et les échecs. Ainsi est-il en état d'apprécier les autres hommes selon leur valeur et de les employer utilement ; ce qui procure de grands biens, lui épargne de grands maux [1].

10. Pratique utilitaire, l'examen de conscience est par là même une pratique morale, à laquelle Socrate a donné une valeur rationnelle, et cela simplement parce qu'il l'a transportée sur la place publique, parce qu'il s'est donné pour mission d'inviter, de contraindre, ses concitoyens à entreprendre cet examen avec lui et entre eux. *Chercher en commun et délibérer en commun* [2], expressions qui manifestent ce qu'il y a d'essentiel au rythme de la pensée socratique, la liaison entre la forme des procédés extérieurs et le contenu de la doctrine. La communauté de l'effort conduit à la communauté du résultat : l'homme voit nécessairement clair dans sa conscience du moment que, sous la pression d'un interrogateur, par le progrès

---
1 IV, II, 26. Cf. *Phèdre*, 229 e.
2 Voir les textes de Xénophon et de Platon rassemblés par ZELLER, *La philosophie des Grecs*, t. III, trad. BELOT, 1884, p. 114, n. 4.

du dialogue, il a réussi à dégager le fond de raison qu'elle implique.

La méthode ainsi conçue est susceptible d'une précision technique dont Xénophon nous a transmis la formule : *remonter d'une action particulière, concrète, à l'idée qui est la condition de cette action, à l'hypothèse* (ἐπὶ τὴν ὑπόθεσιν IV, VI, 13), *en s'aidant de ce qui est généralement accordé.* (διὰ τῶν μάλιστα ὁμολογουμένων IV, VI, 15.)

De cette méthode, nous prendrons l'exemple qui est le plus élémentaire et par là même le plus significatif. (II, II.) Socrate aborde Lamproclès : « Dis-moi, mon fils, sais-tu qu'il y a des hommes qu'on appelle des ingrats ?... On appelle ingrats ceux qui ont reçu des bienfaits, qui peuvent en marquer leur reconnaissance et qui ne le font pas. — Les ingrats ne te paraissent-ils pas devoir être rangés parmi les injustes ? Et, plus sont grands les services que l'ingrat a reçus, plus son injustice est criante. » Tel est le principe posé par les questions de Socrate et auquel adhère Lamproclès. Voici maintenant l'application : « Les bienfaits que nous avons reçus de nos parents ne sont-ils pas les plus grands de tous ? Nous n'étions pas, et c'est à nos parents que nous devons l'existence... La mère... porte, avec peine, un fardeau qui met en danger sa vie : elle donne le jour à l'enfant, au prix de cruelles douleurs ; elle l'allaite, etc. »

11. La pensée que nous voyons s'éveiller chez Lamproclès à l'appel de Socrate, répond exactement au processus qu'Aristote systématisera dans la méthode du syllogisme ; et l'on comprend que l'auteur du livre M de la *Métaphysique* ait célébré en Socrate le précurseur de la logique péripatéticienne : *Il y a deux choses qu'il serait injuste de lui refuser : les discours inductifs et la définition universelle.* (1078 b, 27.)

Ainsi interprétée pourtant, l'œuvre de Socrate serait loin de répondre à l'espérance de son programme : « Si Socrate (écrit H. Maier)[1] avait réellement considéré qu'il avait avant tout pour tâche l'élaboration de définitions éthiques, le résultat serait extraordinairement pauvre, pour ne pas dire pitoyable. » En fait, que l'extension de la méthode socratique au domaine de la théorie en marque la fécondité comme le pensaient les Aristotéliciens, ou qu'au contraire on soit fondé à dire qu'elle en dénature la signification et qu'elle en

---

1 *Sokrates*, Tübingen, 1913, p. 277.

PREMIÈRE PARTIE

compromet la vérité [1], il importe, si l'on veut comprendre Socrate, de ne pas quitter le terrain du socratisme. Terrain étroit, au témoignage d'Aristote : « Socrate se préoccupait de questions morales, nullement de recherches sur la nature. » (*Mét.*, A, 6 ; 987 *b*, 1.) Et il semble qu'on doive préciser encore : Socrate ne supposait pas que dans l'étude des questions morales il y eût place pour une théorie pure, séparée de la pratique. C'est ce que suggère l'expression remarquable que Xénophon emploie en parlant de la tempérance : elle permet l'exercice du dialogue socratique selon les genres, *en action* et en parole (λόγῳ καὶ ἔργῳ). (IV, V, 11.)

Certes, Socrate, comme on le voit par les *Mémorables*, comme on le voit par les petits *Dialogues* de Platon, recherchait ce que c'était que la piété ou l'impiété, le bien et le mal, le juste ou l'injuste, etc. (I. I, 16.) Mais il ne suit nullement de là qu'il se soit soucié d'une définition correspondant à l'essence spéculative d'un concept. L'idée socratique, à commencer par l'idée du bien, reçoit sa détermination de l'attitude qu'elle donne à l'âme, de l'action qu'elle commande : aussi ne comporte-t-elle de précision que sous la forme d'un rapport : « Si tu me demandes (dit Socrate dans l'entretien avec Aristippe) si je connais quelque chose de bon qui ne soit pas bon à quelque chose (ὅ μηδενὸς ἀγατόν ἐστιν), je te dirai que je ne le connais pas, et que je n'ai pas besoin de le connaître. » (III, VIII, 3.) Et encore : « Les choses sont belles et bonnes pour l'usage auquel elles conviennent ; elles sont laides et mauvaises pour l'usage auquel elles ne conviennent pas. » (III, VIII, 7.) Aussi Socrate se refuse-t-il à dire d'un bouclier qu'il est beau en soi, par la matière dont il est fait ou par l'art dont il témoigne ; il ne lui reconnaît d'autre titre à la beauté que d'être approprié à sa fonction, de garantir le corps de celui qui s'en servira. (III, VIII, 6.) De même, il n'y a pas d'acte qui puisse être qualifié absolument bon ou mauvais, juste ou injuste. Mentir à ses troupes pour relever leur courage abattu, tromper son enfant pour lui faire avaler une médecine, voler un ami en lui dérobant les armes dont il userait contre soi, tout cela est sous le signe de la justice. (IV, II, 17.) Le sage fait preuve également de courage quand il évite les dangers qu'il convient réellement de craindre, et quand il brave ceux qui doivent réellement

---

[1] Voir la conclusion de notre opuscule : Qua ratione Aristoteles metaphysicam vim syllogismo inesse demonstraverit, 1897, p. 48.

être surmontés. (IV, VI, 10.)

12. Tout l'enseignement de Socrate tiendra dans l'exercice d'une seule fonction : *le discernement rationnel*. Appliquée directement aux problèmes de l'action, elle inspire directement aussi les manières de réagir. Le jugement de réflexion revêt un caractère moral, ou plus exactement, il fait tout le caractère de la moralité, en se substituant à l'élan spontané de l'instinct ou du désir. Lamproclès cesse d'être un individu qui est maltraité par un autre individu, pour devenir un fils qui se connaît comme un fils ; il ne pourra comprendre la relation de la mère au fils sans aussitôt subordonner sa conduite à la loi de cette relation. Ainsi Chérécrate tente de se réconcilier avec son frère Chéréphon, dès qu'il s'élève à l'intelligence du rapport de fraternité, qui rend le bonheur de l'un inséparable du bonheur de l'autre. (II, III.)

Si telle est bien la pensée maîtresse qui se manifeste à travers ce qui nous est rapporté de Socrate, les formules d'identification qui lui sont attribuées sont loin d'avoir le caractère que tant d'interprètes et de critiques leur ont conféré en les projetant dans un système qui n'est pas le sien. *La sagesse est science* (IV, VI, 7), non parce que la sagesse consiste à passer brusquement de la sphère théorique à la sphère pratique, mais parce qu'il n'y a pas lieu à semblable passage, parce que la science elle-même s'est développée sur le terrain de la pratique et non dans l'abstraction de la théorie. De même *la vertu est une*, non parce que les actions vertueuses doivent se confondre entre elles, mais parce qu'elles ont une base commune, parce qu'elles se ramènent, si diverses qu'en soient les circonstances et par suite les applications, à la décision de ne fonder la conduite que sur le rapport reconnu vrai ou juste. Cette décision seule constitue le bien. Dès lors, entre la science ainsi pratiquée et la vertu ainsi conçue, il ne saurait y avoir d'intermédiaire, car il n'y a pas de différence. *Le savoir est vertu ; le mal, c'est l'ignorance ; nul par conséquent n'est méchant volontairement.* Socrate avait aperçu quel paradoxe de telles formules constituaient pour quiconque n'avait pas été dressé à se tourner vers l'intimité de la conscience. Et selon un procédé qui paraît lui avoir été familier, il avait résolu ce prétendu paradoxe en le poussant jusqu'au bout. « Lequel juges-tu le plus habile à écrire, celui qui fait exprès d'écrire mal, ou celui qui se trompe malgré lui ? N'est-ce pas le premier, puisque s'il le voulait, il écrirait correctement ? »(IV, II, 20.) Et de même celui qui fait volontairement des choses injustes serait moralement supérieur à celui qui les fait involontairement, à supposer qu'il en existe un qui soit tel, εἴπερ τίς ἐστιν οὗτος, comme Platon a bien eu soin de le spécifier dans la conclusion du *Petit Hippias* (376 *b*). Or la thèse de Socrate est qu'il n'en existe pas. S'être rendu capable de vérité, c'est avoir conquis son âme ; et l'âme est la seule chose à laquelle nous ne puissions renoncer de nous-mêmes. Un homme qui, ayant compris le vrai, voudrait le contraire du vrai, qui laisserait se dissocier en lui une intelligence, paralytique par définition, et une volonté, dont l'essence serait d'être aveugle, un tel homme (qui est pourtant l'homme normal suivant la psychologie des facultés) c'est pour Socrate exactement un fou. L'œuvre de la raison, c'est d'accomplir en nous cette intégrité et cette unité, qui excluent toute distinction entre la réflexion morale et son application à l'action, entre la σωφροσύνη et la σοφία (III, IX, 4), qui assurent ainsi la domination de l'âme sur le corps. La tempérance n'est pas une vertu qui s'ajoute à d'autres vertus ; elle est, bien plutôt, la marque du succès dans l'effort pour entrer en possession de soi-même, c'est le signe de la liberté. (IV, V, 4.)

B) *Le problème socratique*

13. Nous avons cherché à recueillir en quelque sorte sur la ligne *minima* de l'histoire, les traits caractéristiques de l'enseignement socratique, tel que la postérité l'a consacré. Il semble que cela suffise pour expliquer l'impression que les contemporains en ont ressentie et qu'ils ont traduite avec une sincérité dont l'accent nous émeut encore à travers les siècles.

Avec Socrate une raison vivante s'est attachée à leur raison et les contraint à se tourner vers soi. Prenant conscience (suivant l'expression significative de l'*Alcibiade* du *Banquet* platonicien) qu'ils n'ont rien à lui objecter [1], ou ils devront fuir Socrate ; ou bien, s'ils s'arrêtent pour écouter la parole qui répond en eux à la parole du maître, les voilà dans un monde nouveau, qui leur révèle la véritable vocation de l'intelligence humaine.

Les physiologues l'avaient orientée vers l'univers physique, et c'est

---

1 216 *b* : ξύνοιδα γὰρ ἐμαυτῷ ἀντιλέγειν μὲν οὐ δυναμένῳ.

vainement qu'elle s'était flattée d'égaler ses systèmes d'explication à l'ampleur des mythes cosmogoniques. Revenue avec les sophistes sur le domaine pratique, l'intelligence a fait une œuvre, non plus stérile cette fois, mais néfaste, en travaillant pour adapter les moyens au but vers lequel l'âme est poussée instinctivement, sans oser mettre en question le but en tant que but. La raison devient alors quelque chose de servile et de mercenaire ; de quoi le signe le plus manifeste est dans le développement prodigieux, monstrueux, de la rhétorique. Les sophistes ont cultivé l'art de parler, non point pour remonter du langage à la pensée, pour apprendre à douter de l'apparence, à s'élever jusqu'au vrai, mais pour descendre dans la mêlée des ambitions, pour apprendre à se procurer la puissance en persuadant sans vérifier, ce qui est proprement corrompre.

Socrate, ainsi que l'a montré admirablement Émile Boutroux [1], tire l'homme de cette impasse en transportant sur le terrain de l'action la discipline intellectuelle de la réflexion, en suscitant la norme à laquelle se reconnaîtront les valeurs de la justice. L'intelligence socratique construit la famille, l'amitié, la patrie, à l'intérieur même d'une conscience dont elle provoque le progrès. Nous sommes naturellement égoïstes ; mais la réflexion nous détache du centre purement individuel de notre désir pour nous faire apercevoir dans la fonction du fils, de l'ami, du citoyen, un rapport dont notre propre individualité n'est que l'un des termes, pour introduire ainsi à la racine de notre volonté une condition de réciprocité, qui est la règle de la justice et le fondement de l'amour. La raison dévoile ainsi ce qui constitue son caractère spécifique et son efficacité. Il est permis de dire que l'enseignement de Socrate se résume dans la découverte de la raison pratique.

Langage moderne assurément, mais qu'il nous paraît convenable d'employer, à double fin en quelque sorte : d'abord pour souligner l'originalité de l'œuvre socratique, mais ensuite pour nous avertir de la distance qui reste à parcourir, des difficultés qu'il devra y avoir à surmonter, avant le moment où la civilisation moderne saura dégager d'une manière claire et distincte la portée de cette œuvre.

---

1 Socrate, fondateur de la science morale, apud *Études d'histoire de la philosophie*, 4ᵉ édit., 1913, p. 33.

14. Les difficultés du socratisme se manifestent, du vivant de Socrate, par ce qui demeure chez lui d'obscur et d'énigmatique aux yeux de ses contemporains et de ses disciples. Autour du sage hellénique, qui se détache dans sa zone de lumière, autour du héros de l'humanisme rationnel, certains traits indiqués par Xénophon et par Platon, amplifiés dans le dialogue apocryphe du *Théagès*, jettent comme une ombre d'inspiration démoniaque. Et même dans les propos familiers qui nous sont rapportés de lui, ne cessent de transparaître une sorte d'indécision fondamentale, un mélange déconcertant de hardiesse et de modestie : l'élan de la confiance intellectuelle se ralentit brusquement et semble se perdre sous la réaction de l'ironie. L'historien est ainsi amené à se demander si ces singularités ne sont pas liées à une insuffisance de la doctrine, à un écart, peut-être impossible à combler, entre le programme que Socrate traçait à ses auditeurs, et les moyens qu'il mettait à leur disposition.

Le but où tendait Socrate n'est pas douteux : rendre l'homme adéquat à sa destinée, en lui procurant la satisfaction de ne dépendre que de soi, d'être lui-même l'artisan de sa propre philosophie, αὐτουργὸς τῆς φιλοσοφίας, selon l'expression du Banquet de Xénophon (I, 5.). L'instrument auquel il est fait appel, c'est l'examen de conscience : des actions que nous allions spontanément accomplir, nous remontons à la maxime dont elles procèdent, et nous soumettons cette maxime au contrôle de la raison. Mais dans quelle mesure cet instrument, tel que Socrate l'a forgé, rend-il les services qu'il en attendait ? Sur ce point nous serions bien empêchés de trouver une solution ferme et précise. Nous voyons bien, par exemple dans l'*Entretien* avec Euthydème, que Socrate s'appuie sur ce qu'on appellera plus tard le principe de contradiction [1]. Mais souvent aussi la raison, au lieu d'être la norme nécessaire, d'où surgit une universalité de droit, n'est plus que l'assentiment collectif, l'universalité de fait : « Le général dont parle Socrate ne se rapporte ni au monde matériel, ni même à un monde intelligible : c'est proprement le fonds commun des discours et des actions des

---

1 IV, II, 21 : « Si quelqu'un voulait dire la vérité, et qu'il ne parlât jamais de la même manière sur les mêmes choses, s'il disait du même chemin tantôt qu'il conduit à l'Orient, et tantôt à l'Occident, et qu'en rendant le même compte, il trouvât tantôt plus et tantôt moins, que dirais-tu d'un tel homme ? »

hommes [1]. » L'habileté infaillible à persuader les hommes ne tient-elle pas chez Ulysse à ce qu'il savait conduire ses preuves à travers les opinions reçues ? διὰ τῶν δοκούντων τοὶς ἀνθρώποις (IV, VI, 15). Socrate procède à son exemple. Chez lui et conformément à l'usage de la langue grecque, le mot de λόγος, voué par son indétermination même à la plus éclatante et à la plus étonnante des fortunes, signifie à la fois *raison* et *langage*. Et cette confusion originelle se traduit au cœur de l'enseignement socratique, par l'impossibilité de trancher l'alternative entre la justice de fait et la justice de droit. L'*Entretien* avec Hippias chez Xénophon met en présence les deux notions du *juste* et du *légal*, tantôt pour les identifier, tantôt au contraire pour les opposer. Car il est vrai que Socrate d'abord définit la justice par la conformité à la loi, telle que les citoyens l'ont arrêtée d'un commun accord, décidant ainsi ce qu'il faut faire et ce qui est défendu Ἆρα τὸ αὐτὸ λέγεις, ὦ Σώκρατες, νόμιμόν τε καὶ δίκαιον εἶναι ; —Ἔγωγε, ἔφη (IV, IV, 12). Et il est vrai aussi que Socrate invoque ensuite, comme fait l'*Antigone* de Sophocle, les lois non écrites, la justice idéale qui règne dans tous les pays, qui se manifeste par son universalité, qui apparaît indépendante de la volonté des hommes, de la diversité de leurs langages. (IV, IV, 19.)

Il y a plus. Cette incertitude théorique sur le point capital de son enseignement, elle n'est pas seulement dans le langage de Socrate, elle est aussi dans sa conduite, comme l'attestent les circonstances décisives où il eut à prendre parti vis-à-vis du gouvernement de son pays. Il résiste comme *prytane* à la volonté du peuple qui prétendait juger en bloc les dix généraux vainqueurs aux Arginuses. Il refuse d'obéir à la réquisition des *Trente* qui lui prescrivaient d'aller à Salamine pour arrêter Léon qu'ils voulaient mettre à mort. Dans un cas comme dans l'autre, la justification de l'attitude socratique est parfaite ; et c'est pourquoi Platon réunit les deux exemples dans l'*Apologie* (32). Il est visible néanmoins, d'après le texte même de Platon, que cette justification n'est pas du même ordre : car le désir d'instruire en commun le procès des dix généraux n'est injuste que parce qu'il est illégal, tandis que c'est l'injustice en soi que Socrate repousse dans l'ordre que l'oligarchie des *Trente* lui a donné. Et dans le *Criton* Socrate n'accepte-t-il pas de mourir victime d'une condamnation injuste afin de maintenir chez ceux-là dont il se sent

---

[1] E. BOUTROUX, *op. cit.*, p. 44.

responsable, de pouvoir leur recommander comme la conclusion suprême de son enseignement, le respect pour les lois de la patrie ? « Pour les hommes, ce qui doit être estimé le plus c'est la vertu et la justice ainsi que la légalité et les lois. » ἡ ἀρετὴ καὶ ἡ δικαιοσύνη πλείστου ἄξιον τοῖς ἀνθρώποις καὶ τὰ νόμιμα καὶ οἱ νόμοι (53 c).

C) *Hédonistes et cyniques*

15. En définitive, la tradition de l'enseignement socratique sera la tradition moins d'une solution que d'un problème, destiné à manifester sa fécondité dans les directions les plus diverses, soit au point de vue politique, soit au point de vue proprement philosophique. Platon est, comme son maître, un pur Athénien de race et d'inspiration. Mais déjà Xénophon *laconise*, et lorsqu'il trace, dans la *Cyropédie*, une sorte de programme idéal en vue de la restauration de l'État, il se sert d'une fiction asiatique pour évoquer l'image du despote bienveillant, appuyé par une aristocratie militaire [1]. Et, à côté de lui encore, « l'influence de l'Orient, toujours contrebalancée jusqu'alors dans l'esprit grec par le penchant rationaliste, s'affirme crûment dans la pensée d'Antisthène, le fils de l'esclave thrace, et d'Aristippe, le Grec africain. Ces précurseurs des Sceptiques, des Stoïciens, des Épicuriens, sont déjà des hellénistiques. Tous d'autre part, sont, d'intention, les prophètes du socratisme » [2].

La considération de l'hédonisme et du cynisme présentera le double intérêt de nous aider à préciser par contraste les caractères proprement helléniques de la philosophie platonicienne, et d'esquisser les thèmes fondamentaux des doctrines qui seront appelées, dans un état nouveau du monde antique, à en recueillir la succession. Par une nécessité inhérente aux conditions de leur développement, *hédonisme* et *cynisme* apparaissent solidaires l'un de l'autre dans leur opposition même, comme plus tard *épicurisme* et *stoïcisme*. De Socrate, en effet, il semble qu'ils aient retenu cette même leçon, que l'essentiel est de reprendre contact avec notre propre conscience considérée dans son état de pureté naissante, et pour cela d'écarter les conventions sociales qui altèrent la nature de l'homme ; l'âme « libre et déliée » trouvera le bonheur dans la pleine possession de soi. Or, Aristippe et Antisthène, appliquant

---

[1] Cf. ZELLER, *op. cit.*, p. 224.
[2] ROBIN, *La pensée grecque*, p. 208.

les mêmes principes de méthode à un problème défini dans les mêmes termes, sont conduits à des solutions contraires.

16. Aristippe, dont Diogène Laërte [1] rapporte qu'il manifestait toujours à Socrate la plus grande reconnaissance, qu'il eût souhaité mourir comme lui, a suivi à sa manière les procédés mis en œuvre dans les *Mémorables*. Il prend pour point de départ l'accord des hommes sur les mots, afin de revenir des mots aux choses, de rejoindre et de dégager le plan de la réalité. Et il lui apparaît immédiatement que, si les hommes ont appris à parler un même langage, la communauté de l'expression ne sert qu'à masquer la diversité de l'impression. Toute connaissance est illusoire, qui prétend dépasser l'état de conscience, tel qu'il est ressenti par l'individu qui l'éprouve dans le moment même où il l'éprouve [2]. Dès lors, dans le domaine pratique, les notions générales, telles que le juste ou le bien, s'effacent devant le mouvement effectif de l'être sentant, devant l'expérience du plaisir goûté sous sa forme concrète et dans le temps présent. (D. L., II, 87.) La morale ne demande rien sinon que nous refusions de nous laisser enchaîner à l'idée abstraite du bonheur qui est suggérée par le caractère particulièrement vif de telle ou telle jouissance, que nous résistions à ce que notre avenir se trouve engagé par la tendance naturelle des plaisirs à se prolonger pour eux-mêmes, que nous leur maintenions au contraire leur rôle subordonné d'instruments afin de réserver notre entière, capacité pour des voluptés nouvelles en des temps nouveaux : « Celui qui domine le plaisir n'est pas celui qui s'en abstient, c'est celui qui en fait usage, mais sans se laisser conduire par lui, comme le vrai cavalier n'est pas celui qui s'abstient de monter à cheval, mais celui qui conduit sa monture où il veut [3]. »

Selon le cyrénaïsme, il n'existe donc rien que l'individu, tel qu'il s'apparaît à lui-même dans l'actualité de l'heure. Point de comparaison à tenter entre un plaisir et un autre plaisir ; car il est vain de chercher une commune mesure entre ce qui est objet véritable de sentiment et ce qui tombe dans l'irréalité du passé ou de l'avenir. Encore moins y a-t-il lieu de chercher le lien d'un individu à un

---

1 II, 71 et 76. Les références ultérieures à Diogène Laërte seront désignées par D. L.
2 Sextus Empiricus, *Adversus Mathematicos*, VII, I.
3 Stobée, *Florilège*, XVII 18.

autre. L'attitude d'Aristippe se définit dans l'*Entretien* avec Socrate, lorsqu'il parle de la route moyenne qu'il a tâché de suivre, ne commandant point, et n'obéissant point, conservant toujours la liberté qui mène au bonheur : « J'ai découvert le moyen de ne vivre au service de personne : c'est de ne m'attacher à aucun pays, d'être partout un étranger. » (*Mémorables*, II, I, 11 et 13.)

17. Antisthène, comme Aristippe, a entendu l'appel socratique à l'examen de conscience. La conscience, lorsqu'elle élimine tout apport extérieur, toute abstraction imaginaire, s'aperçoit elle-même dans l'acte d'affirmer qui doit sa force de vérité au caractère singulier de son objet. Pour mettre cet acte à l'abri de toute erreur et de toute contestation, il suffira donc de le maintenir dans sa sphère de particularité immédiate, c'est-à-dire de limiter une essence à un mot [1]. Antisthène établit l'absolu de la vérité dans le mépris complet de toute recherche spéculative. *Nominalisme* et *rationalisme* s'unissent chez lui pour une théorie de la connaissance, dont le dogmatisme étroit et simpliste choquera les contemporains, mais qui donne à la direction pratique de la doctrine son armature solide et rigide. La vertu, comme la vérité, réside dans quelque chose de simple, d'indivisible, fourni directement par la conscience à titre d'absolu.

Le cynique, tout autant que l'hédoniste, est l'homme de la conscience pure ; mais ce qu'il trouve en regardant à l'intérieur de soi, ce n'est pas une impression qui vient du dehors, où l'âme demeure passive ; c'est, au contraire, l'action du sujet se constituant comme tel, c'est l'effort de concentration qui se produit pour lui-même, qui se ferme sur soi. Le bien, dit Antisthène, c'est la peine qu'on se donne (πόνος), selon les exemples du grand Hercule chez les Hellènes et de Cyrus chez les Barbares. (D. L., VI, 2,) Il refuse aux circonstances extérieures d'intervenir dans l'autonomie de sa destinée ; il leur interdit de rien retrancher, de rien ajouter même à son bonheur, qui a sa source unique dans une puissance interne de tension : le sage se définira par l'affirmation de sa propre sagesse, réalisée, comme le voulait Diogène de Sinope, dans la double *ascétique* du corps et de l'âme. (D. L., VI, 70.)

---

1 ARISTOTE, *Métaphysique*, Δ, 29, 1024 *b* 32. Cf. D. L., VI, 3 et ÉPICTÈTE, *Diss.*, I, 17.

Descendant ainsi jusqu'à la dernière profondeur du vouloir humain pour en déployer toute l'efficacité, le cynisme aboutit à un individualisme aussi radical que celui de l'hédonisme. La philosophie, selon Antisthène, consiste à vivre en société avec soi-même ; le sage n'a d'autre patrie que le monde ; rien ne lui est étranger, rien ne lui est impossible. (D. L., VI, 6, 63, 12.) Les considérants théoriques de l'une et de l'autre doctrine sont en antithèse directe ; pourtant, par rapport aux formes politiques qui jusque-là commandaient la vie morale de la Grèce, les conclusions pratiques se rejoignent, grosses d'un même péril pour cette civilisation occidentale qui venait seulement de naître.

Section II
L'ŒUVRE DE PLATON

18. Au cours de la période qui suivra la conquête macédonienne, nous retrouverons les thèmes fondamentaux du cynisme et de l'hédonisme dans les écoles du stoïcisme et de l'épicurisme, destinées, elles aussi, à s'opposer et à se paralyser. Mais au moment de l'histoire que nous avons maintenant à considérer, à la fin du Ve siècle avant Jésus-Christ, le trait le plus frappant, c'est sans doute l'accord d'Antisthène et d'Aristippe pour nier tout à la fois la valeur spéculative de la science et la valeur éthique de la cité. L'inspiration commune dont ils se réclament apparaîtra donc à travers eux critique et dissolvante, comme devait apparaître plus tard la « philosophie des lumières ». Émile Faguet a dit un jour du XVIIIe siècle littéraire, en donnant aux mots un sens étrangement étroit, qu'il n'était ni chrétien, ni français ; dans un état d'esprit analogue, témoins des interprétations hédonistes et cyniques, les contemporains de Socrate, et qui allaient devenir ses juges, n'étaient-ils pas induits à croire que le socratisme était une menace pour la patrie comme pour la raison ?

Tel est le problème qui donne naissance à l'œuvre platonicienne. Les termes en sont admirablement précisés par un texte central de l'*Apologie* : « Quoi, cher ami, ne cesse de répéter Socrate à chacun de ses concitoyens, tu es Athénien, tu appartiens à une cité qui est renommée la première pour sa science (σοφία) et sa puissance ; et tu n'as pas honte de consacrer tes soins à ta fortune pour l'accroître le plus possible, et à ta réputation et à tes honneurs, tandis que la pensée (φρόνησις), la vérité, tandis que l'âme qu'il s'agirait d'améliorer sans cesse, tu ne leur donnes aucun soin, tu n'y penses même pas. » (29 *d e*.)

Les forces de discipline et de dévouement auxquelles Athènes avait dû sa prospérité d'ordre intellectuel et d'ordre matériel, elle les a laissées se dissoudre par l'effet même de cette prospérité, dans l'appétit de jouissance et d'ambition qui s'est développé avec la victoire sur l'Asie. Ce qu'il faut donc, c'est susciter dans la cité un amour fervent pour les valeurs spirituelles : φρόνησις, ἀλήθεια, ψυχή, sans pourtant accentuer le divorce entre la vie politique, livrée par l'affaissement des mœurs démocratiques aux intrigues des tribuns ou des tyrans, et la vie morale, fondée sur la conscience que l'individu prend de sa puissance d'affranchissement intérieur. C'est à quoi les socratiques ne pouvaient réussir. Chez Antisthène comme chez Aristippe, l'aspiration à l'autonomie se retourne, contre l'intention de Socrate, jusqu'à ébranler et l'autorité de la loi scientifique qui établit entre les esprits une liaison interne et solide, et le crédit de la loi politique qui maintient l'ordre dans les communautés établies, tandis que Xénophon rétrograde jusqu'au stade théologico-militaire, dont l'empire perse lui avait offert l'image, abaisse le jugement de la raison sous le double conformisme de la tradition religieuse et de l'institution sociale.

Platon se refuse à poser ainsi l'alternative. Au point de départ de sa pensée, il y a cette intuition profonde et prophétique : le salut d'Athènes et l'intérêt de la civilisation sont inséparables. Athènes ne peut être régénérée que par des homme capables de faire servir aux disciplines de la vie collective la certitude incorruptible de la méthode scientifique ; d'autre part, le progrès de spiritualité auquel l'enseignement socratique avait ouvert la voie, se trouvera tout d'un coup arrêté du jour où Athènes sera dépouillée de son indépendance, où le monde antique cessera de recevoir le rayonnement de son génie. Peut-être, d'ailleurs, après les ruines accumulées sur le sol de la Grèce par la guerre du Péloponnèse, le mal dont Platon avait établi le diagnostic était-il devenu incurable ; peut-être est-ce sur une chose déjà morte que portent les discussions de la *République*, du *Politique* ou des *Lois*, sur la constitution de la cité la meilleure. Et une fois de plus aura-t-il été vrai que l'oiseau d'Athènes prend son vol seulement à la tombée de la nuit. Du moins, pour nous modernes, et si nos trois siècles de civilisation doivent être autre chose qu'une trêve illusoire entre deux retours de « Moyen Age », aucune leçon ne sera plus précieuse à recueillir que l'effort accompli par Platon pour fournir à l'humanisme rationnel de Socrate les points d'appui qui lui manquaient, en passant du *Dialogue* à la *Dialectique*, de la loi positive à la justice idéale.

A) *Les rythmes de la dialectique*

19. L'évolution de la pensée de Platon, ou pour nous servir d'une expression moins ambitieuse et sans doute plus convenable, l'évolution des écrits de Platon, offre le moyen de préciser assez aisément ce que Platon ajoute à l'enseignement qu'il avait reçu de Socrate. On peut dire en effet que le *Gorgias* se maintient encore, par son allure générale, dans le cadre du socratisme. L'argumentation est *ad hominem*. Les interlocuteurs de Socrate, placés au point de vue de la forme, invoquent l'expérience pour conclure de la forme au fond. Socrate les met dans l'embarras en les obligeant à cet aveu que la forme séparée du fond se contredit elle-même. La promesse faite par Gorgias de rendre les hommes justes ne peut être tenue si elle ne repose pas sur une connaissance exacte du juste et de l'injuste ; l'autorité acquise par un virtuose du verbe, comme Polos, va contre son but, à moins de tendre au bien véritable ; enfin le bonheur que Calliclès place dans la multiplication telle quelle des jouissances, n'est réellement bonheur que dans la mesure où il est lié à la conscience d'une justice intrinsèque. Le procédé de discussion a une valeur incontestable : « Le caractère du vrai, dit Socrate, c'est qu'il n'est jamais réfuté. » (473 b.) Mais ce n'est encore qu'un principe de portée négative. Et si l'idéal platonicien de la science est déjà présent, il demeure à l'arrière-plan ; Platon s'y réfère, sans le dévoiler entièrement, surtout sans justifier ce qui n'a pourtant de raison d'être que dans la capacité de se justifier.

De l'entretien initial avec Thrasymaque jusqu'au mythe qui en est la conclusion, la *République* parcourt le même cercle de pensée que le *Gorgias*. Mais la doctrine morale et politique, au lieu d'être exposée pour elle-même, est rattachée au centre lumineux de la dialectique. D'une part, en effet, Platon lui donne pour base la hiérarchie des fonctions psycho-physiologiques qui est aussi une hiérarchie des classes sociales : dans la Cité, comme dans l'individu, la souveraineté de l'intelligence est à l'origine de l'harmonie qui constitue la justice. D'autre part et surtout, l'explication de l'intelligence est liée à une théorie de la connaissance, présentée dans les livres VI et VII, sous une forme exceptionnellement nette et didactique. Quatre degrés de la connaissance se succèdent : 1) εἰκασία; 2) πίστις; 3) διάναια; 4) νόησις. De chacun des termes à celui qui le suit dans l'ordre de la gradation ascendante, le rapport est rigoureusement le même. Or le rapport entre 1) et 2) est facile à dégager sans équivoque : 1) aura pour objet l'image des arbres dans l'eau ; tandis que 2) sera la perception des arbres eux-mêmes. Dès lors, puisqu'il y a encore deux étages au-dessus de cette connaissance qui s'attache aux objets sensibles, il faut concevoir que ces objets sensibles ne sont à leur tour que des images, des reflets, d'objets non sensibles, d'idéaux intelligibles, ces idéaux se disposant d'ailleurs selon deux plans dont le premier 3) sera lui-même le reflet, l'image de l'autre 4).

Sur 3), le livre VII de la *République* contient d'amples indications : il s'agit de la pensée mathématique, telle qu'elle s'exerce effectivement depuis les découvertes des pythagoriciens dans les domaines de l'arithmétique et de la géométrie, de l'astronomie et de la musique. Pour le vulgaire (et Socrate, tout au moins le Socrate de Xénophon [1], était du vulgaire sur ce point), ces sciences se jugent selon leur utilité pratique. Mais cette conception est tournée en ridicule dans la *République* : l'arithmétique et la géométrie ont une toute autre destinée que d'aider les marchands dans leur commerce ou les stratèges dans la manœuvre des armées ; elles élèvent l'âme au-dessus des choses périssables en lui faisant connaître ce qui est toujours : elles l'obligent à porter en haut son regard, au lieu de l'abaisser, comme on le fait d'habitude, sur les choses d'ici-bas. (VII, 527 *b*.) Encore Platon n'emploie-t-il ces métaphores que pour avoir l'occasion d'insister sur leur sens métaphorique. Dans la considération de l'astronomie, enfin, la doctrine livre son secret, par l'antithèse qu'elle établit entre le réalisme de la matière et l'idéalisme de l'esprit, entre la valeur de la transcendance cosmique

---

[1] Mémorables, IV, VII, 3. Cf. G. MILHAUD, *Les philosophes géomètres de la Grèce*, p. 213.

et la valeur de l'intériorité rationnelle. La dignité de l'astronomie n'est pas dans la supériorité locale de ses objets : « Tu crois donc que si quelqu'un distinguait quelque chose en considérant de bas en haut les ornements d'un plafond, il regarderait avec les yeux de l'âme et non avec les yeux du corps ?... Qu'on admire la beauté et l'ordre des astres dont le ciel est orné, rien de mieux ; mais comme après tout ce sont des objets sensibles, je veux qu'on mette ces objets bien au-dessous de la beauté véritable que produisent la vitesse et la lenteur réelles dans leurs rapports réciproques et dans les mouvements qu'ils communiquent aux astres, selon le vrai nombre et selon toutes leurs vraies figures. » (529 *b, d*.) Platon insiste encore d'une manière particulièrement significative dans le *Phèdre* : « Celui qui a le courage de parler de la vérité selon la vérité, doit chercher à la fois en dehors du ciel et au delà de la poésie, ce qui existe sans aucune forme visible et palpable, objet de la seule intelligence par qui l'âme est gouvernée. » (247 *c*).

L'indépendance que la rigueur de la démonstration mathématique assure au contenu de la science par rapport à la représentation sensible, n'épuise pas la capacité de l'intelligence à pénétrer dans le domaine de l'esprit. La réflexion sur la méthodologie mathématique montre que la déduction y est suspendue à des hypothèses, et que le raisonnement consiste en définitive à faire la preuve de son accord logique avec ces déterminations initiales. Dès lors, le plan de la science, exactement limité comme le plan du dialogue socratique chez Xénophon, à l'hypothèse et à la *conséquence* (ὁμολογία, VII, 533 *b*), laisse sans solution définitive le problème de la vérité. C'est simplement par respect pour l'usage (VII, 533 *c*) qu'arithmétique ou géométrie seront considérées comme des sciences, puisqu'elles procèdent à partir de conceptions du nombre et de l'espace, posées immédiatement, sans garantie de leur exactitude, sans défense contre les attaques, impuissantes par suite à rendre compte de leur propre valeur. Un tel savoir est encore une sorte de rêve, où n'apparaît que l'ombre du savoir véritable [1]. Et ainsi, comme nous avons passé de l'imagination des reflets d'objets à la perception des objets eux-mêmes, et des objets-sensations aux relations mathématiques, il faut que par un dernier effort nous nous élevions au-dessus des relations mathématiques pour parvenir au plan de la *Dialectique*,

---

1 Cf. Les étapes de la philosophie mathématique, § 28, p. 53 ; éd. de 1947.

où elles trouveront leur fondement et leur justification.

20. Arrivé au seuil de la *Dialectique*, l'historien de Platon éprouve une embarras extrême. Il est visible que, dans son œuvre écrite, Platon a mis autant de soin à en dissimuler le ressort intime qu'à en célébrer les vertus, à peu près comme fera Descartes pour sa *Géométrie*. L'objet de la dialectique platonicienne, c'est ce que nous avons pris l'habitude d'appeler *Idées*. Qu'est-ce que Platon entendait par *Idées* ? La terminologie employée pour la théorie de la connaissance dans la *République*, la manière dont les degrés de la hiérarchie se superposent les uns aux autres, suggèrent que l'*Idée* serait comme la réalisation suprême de la réalité, l'être par excellence dont ce que le vulgaire, ce que le savant lui-même, appelle réalité, ne serait qu'une dégradation. On serait conduit alors à définir l'*Idée* par le substantif qui exprime l'entité de l'existence, réalisé lui-même à part des choses que l'on peut saisir dans l'expérience commune. Il y a d'un côté l' οὐσία, de l'autre côté ce dont il y a οὐσία.

Telle est l'interprétation d'Aristote, pour laquelle il renvoie explicitement au *Phédon* (*Métaphysique*, A, 9, 991 *b* 1), et qui lui permet d'« envoyer promener » Platon et son rationalisme dans un monde d'abstractions formelles et de concepts transcendants dont il espère bien qu'ils ne redescendront jamais. Mais, sans avoir à épiloguer sur la loyauté intellectuelle, ou sur la capacité, d'Aristote, il est difficile de lui faire crédit pour attribuer à Platon une doctrine que Platon lui-même a pris soin d'examiner et d'écarter dans la première partie du *Parménide* : « Celui de nous qui, de quelque autre, est esclave, ce n'est assurément pas de ce suprême maître en soi, de l'*essence-maître*, qu'il est esclave... Les réalités qui sont nôtres n'ont point leur efficace sur les réalités de là-haut, et celles-ci ne l'ont point davantage sur nous. » (133 *d, e*, trad. Diès, 1923, p. 66.) Autrement dit, l'interprétation des idées en termes de transcendance aboutit à contredire son intention en laissant en face l'un de l'autre sans rapport et sans communication le monde qu'il s'agissait d'expliquer, et le monde qui devait servir à expliquer.

Une telle difficulté n'est pas insurmontable sans doute suivant Platon, mais à la condition de dépasser le niveau de représentation auquel s'arrête le réalisme lorsqu'il imagine les idées sur le modèle des choses, alors qu'au contraire il faudrait partir des idées pour comprendre les choses ; et en effet, c'est à ce progrès de l'intelligence que va s'efforcer l'exercice dialectique qui remplit la dernière partie du *Parménide*, jeu abstrus qui a été de tout temps l'effroi des philologues et la joie des philosophes. En matière de jeu, Platon propose d'appliquer la méthode éristique de Zénon d'Élée, encore développée et aiguisée, au thème fondamental de l'éléatisme, à l'identité de l'*Être* et de l'*Un*. Mais, en réalité, il retourne la position du problème. Il ne confère pas l'Unité à l'*Être* : c'est l'*Un* qui devient le sujet du jugement. Que signifie donc l'affirmation de l'Un ? Elle signifie deux choses différentes, et dont les conséquences apparaîtront inverses l'une de l'autre : ou l'affirmation de l'*Unité* de l'*Un* ou l'affirmation de l'*Être* de l'*Un*. D'où une double série de raisonnements dont la subtilité déconcerte, mais qui ne font qu'exprimer, que développer, dans la griserie triomphante de la découverte et de la certitude, une évidence immédiate : l'*Être*, ajouté à l'*Un*, comme un prédicat qui lui serait extérieur et transcendant, introduit la dualité, par suite la contradiction, dans ce qui a pour définition essentielle d'être *un*, tandis que la relation de l'*Unité* à l'*Un* maintient l'affirmation de l'*Un* dans la sphère de l'implicite et de l'immanent, lui interdit comme une altération de son identité radicale avec soi-même toute manifestation au dehors, toute production de ce qui serait *autre* que le *même*, fût-ce la perception, la dénomination, la connaissance même. Conclusion qui se confirme par un système curieux d'équivalence entre la position de l'*Être* de l'*Un* et la négation de l'*Unité* de l'*Un*, entre la position de l'*Unité* de l'*Un* et la négation de l'*Être* de l'*Un*.

L'identité de l'*Être* et de l'*Un*, sous la forme brutale où l'Éléatisme l'avait introduite, est donc brisée : d'où résulte pour la dialectique la possibilité d'une double orientation. Il devient possible, après le *Parménide*, d'entrevoir une doctrine de l'Être, qui, loin de se renfermer dans le cadre rigide et stérile de l'identité avec soi-même, donne naissance à ce que M. Robin appellera une « nouvelle participation »[1]. Par un coup de force, qui, à l'égard de l'éléatisme, est une sorte de parricide[2], « on contraindra le non-être à être » ; ainsi, en réintégrant la contrariété dans le monde des *Idées*, on surmonterait la contradiction : chaque Idée aurait une zone délimitée,

---

[1] La pensée grecque, p. 260.
[2] *Sophiste*, 241 *d*.

à partir de laquelle s'établirait la communication avec les autres Idées et sur laquelle se fonderait le discernement des affirmations et des négations de compatibilité, des jugements légitimes ou illégitimes.

Mais cette « nouvelle participation », intérieure à la doctrine de l'*Être*, fait ressortir par contraste les caractères que Platon attribue à la doctrine de l'*Un*, et sur lesquels il paraît n'avoir pas cessé d'insister dans son enseignement oral, témoin l'anecdote transmise par Aristoxène de Tarente. Platon avait annoncé qu'il parlerait sur le bien ; « les auditeurs se pressaient dans l'espoir d'entendre parler de ce qui est le bien pour les hommes : fortune, santé, force, en un mot, le bonheur parfait ; mais ce furent des discours sur les mathématiques, sur les nombres, sur la géométrie et l'astronomie, avec cette conclusion que le Bien est l'*Un* ; paradoxes qui laissèrent l'auditoire déconcerté, qui en mirent même une partie en fuite »[1]. Or, il est à remarquer que la première partie de la leçon coïncide exactement avec le VIIe livre de la *République* ; et s'il nous manque la conclusion qui nous aurait permis d'atteindre le sommet de la pensée platonicienne, du moins il n'est pas téméraire d'y rattacher les allusions du VIe livre à cette idée du bien qui est « en puissance et en antiquité » au delà de l' οὐσία (509 B).

La portée d'un semblable texte est capitale. Il signifie que ce n'est ni le réalisme du transcendant ni le mysticisme de l'ineffable qui ont amené Platon à reculer l'Idée suprême par delà le plan de l' οὐσία comme par delà le plan de la connaissance ; c'est au contraire, directement appuyé sur la positivité des sciences mathématiques, le rationalisme de la vérité. La connaissance est vraie en tant qu'elle se réfère à un objet qui existe ; et cette existence n'est objet de vérité qu'en tant qu'elle est un aspect, et un aspect seulement, de l'acte où la vérité s'établit. *Être* et *connaître*, en effet, ne sont rien sans un principe de corrélation qui est leur source commune, supérieure par conséquent à chacune des deux fonctions dont elle fonde la correspondance. Ce principe, c'est l'*Un*, c'est-à-dire l'*Unité unifiante*, dont la lumière solaire est le symbole, puisque d'elle dérive la double série de propriétés grâce auxquelles l'œil voit et les choses sont vues. (VI, 509 *b*.)

---

[1] *Éléments harmoniques*, liv. II, 51, trad. RUELLE, 1876, p. 47.

21. L'élan de pensée qui conduit du *Gorgias* à la *République* demeure conforme à l'inspiration de l'humanisme socratique. Le primat de l'Idée n'a pas pour cause la présentation à l'âme d'un objet qui serait en soi et qu'elle contemplerait passivement en demeurant elle-même à son propre niveau : il correspond à l'épanouissement de la raison pratique, telle que Socrate l'a découverte avec ses caractéristiques d'intériorité spirituelle et de dynamisme spontané ; il marque le terme du mouvement dialectique où l'âme travaille pour s'approfondir soi-même, pour se purifier à sa source, en soumettant à une révision incessante le jugement qu'elle avait jadis porté dans telle ou telle occasion, à propos de tel ou tel objet particulier. Ce progrès, dit Platon, manifeste la puissance qui est en nous (τὴν ἐνοῦσαν ἑκάστου δύναμιν ἐν τῇ ψυχῇ, VII, 518 c) ; il implique la convergence de toutes les formes de notre activité, que l'usage commun répartit en facultés d'ordre divers, mais qui doivent toutes se réunir, se maintenir et se fortifier réciproquement afin que l'âme tout entière devienne instrument de vérité, comme le corps tout entier devient instrument de lumière, en aidant les yeux à regarder de face leur objet : (VII, 518 c). Le progrès de la spiritualité platonicienne — c'est-à-dire sans doute de la spiritualité tout court — est fondé sur une conversion de l'âme, qui est une conversion à l'intelligence [1].

La pureté de la doctrine trouve une confirmation décisive dans le discours de Diotime, que rapporte le Socrate du *Banquet*. Aucune occasion meilleure de faire leur part aux prétendues lumières de sentiment ou aux traditions mystiques. Or, ici comme dans le passage du *Phèdre* que nous avons rappelé, Platon se plaît à faire démentir la forme à laquelle s'arrêtent les lecteurs distraits, par le fond, qui est d'une souveraine clarté : « L'amour passe par tous les degrés jusqu'au terme suprême de l'initiation. Il s'élève de la beauté d'un corps, puis à la beauté des âmes, enfin à celle des actions

---

1 Rien peut-être n'atteste le renversement de valeurs auquel a donné lieu au XIXᵉ siècle l'imagination des facultés, comme l'usage qu'éclectiques et pragmatistes ont fait de la formule platonicienne ξὺν ὅλῃ τῇ ψυχῇ : « Si on veut bien lire le passage tout entier (écrit à ce propos Brochard) on y verra que Platon n'a pas un instant songé à considérer le sentiment comme un élément de la croyance ou de la connaissance » (*Études de philosophie ancienne et de philosophie moderne*, 1912, p. 80). Et de même ROBIN : « Il ne faut pas prendre cette parole à contre sens, ni se laisser obséder par les classifications que la psychologie éclectique a accréditées. » (*La théorie platonicienne de l'amour*, 1908, § 152, p. 190.)

humaines et des lois. Mais remarquons qu'au-dessus de toutes ces beautés, Platon place encore les belles sciences, τὰ καλὰ μαθήματα (211 c) et au-dessus de ces sciences elles-mêmes le dernier terme, qui est appelé lui aussi μάθημα (211 c). C'est la science du beau qui est la beauté même [1]. »

Voici donc, dans le platonisme, un premier élément de doctrine, ou, si l'on préfère, un premier rythme de pensée : une ascension dialectique vers la thèse *inconditionnelle*, vers l'*Unité sans hypothèse*, à laquelle sont suspendues les *hypothèses* de la science, qui est la condition tout à la fois de la vérité pour la connaissance, de la réalité pour l'objet connu. De ce premier élément, de ce premier rythme, en découle immédiatement un second.

En effet, la hiérarchie des degrés de la connaissance, considérée d'un seul point de vue spéculatif, laisse l'impression d'une continuité régulière. Or l'idéalisme platonicien est un idéalisme pratique. Le sujet de la connaissance n'en est pas le théâtre, on ne peut même pas dire que par rapport à elle il soit comme l'artisan, qui demeure extérieur, « transcendant », à son œuvre ; mais il se transforme avec elle et par elle : ce qui signifie qu'il ne saurait être question, chez Platon, d'une âme définie à titre absolu comme substance ou cause en soi. La vie de l'âme dépend de la qualité du développement spirituel ; son état, sa valeur, sa destinée, changent du tout au tout selon le degré de connaissance où elle parvient. Dès lors, la dialectique intellectuelle est indivisiblement dialectique morale et politique, dialectique religieuse ; dès lors aussi, le mouvement d'ascension vers la thèse demande un effort pour triompher d'oppositions constantes, pour surmonter des *antithèses* radicales. Il y a dans la δόξα platonicienne un commencement de synthèse intellectuelle qui l'apparente à l'affirmation rationnelle, qui permet de la présenter comme une préparation au jugement de vérité. Mais cela ne veut nullement dire que la relation entre la δόξα et la νόησις se retrouve entre les âmes éprises de l'une ou de l'autre, entre les philodoxes et les philosophes. (*Rép.*, V, 480 *a*.) La nature intermédiaire de l'amour correspond à une ambiguïté fondamentale, qu'il

---

[1] Brochard, *Études citées*, p. 79. Cf. Zeller, *op. cit.*, *Plato*, 4ᵉ édit., Leipzig, 1889, p. 635. « L'amour philosophique s'achève dans la considération scientifique. La science, d'autre part, ne relève pas de la connaissance pure, elle est aussi de nature pratique, ce n'est pas le savoir qui est dans l'âme, c'est l'œil spirituel et l'homme tout entier qui se tourne vers l'Idée. »

faut résoudre, en fixant le sens de l'orientation intellectuelle : *passer de l'ombre à la lumière* comme le prisonnier qui sort de la caverne, ou *retourner de la lumière à l'ombre*. (VIII, 518 *d*.)

22. Ce rythme d'*antithèse*, qui traverse toute l'œuvre de Platon, a une importance décisive en ce qui concerne la religion. Le point d'attache avec l'enseignement socratique est nettement marqué dans l'*Euthyphron*, dialogue de circonstance qui a pourtant une portée éternelle ; car deux formes de la vie religieuse s'y affrontent qui rempliront le cours de l'histoire occidentale : le quasi-matérialisme de la dévotion bien pensante, et, d'autre part, le ferment de scandale et de révolution que porte avec soi l'aspiration de l'intelligence à la spiritualité véritable. Ici, Socrate, que les Athéniens mettront à mort en l'accusant de corrompre les jeunes gens et d'introduire des dieux nouveaux dans la cité ; là, le devin Euthyphron, « sorte de docteur en théologie traditionnelle » [1], qui vient requérir la peine de mort contre son propre père, coupable d'avoir, sans le vouloir, laissé périr un condamné confié à sa garde.

Comment Euthyphron réussira-t-il à justifier sa conduite ? Ce n'est pas en faisant appel à la mythologie, en invoquant l'exemple de Zeus qui a enchaîné Cronos. La nature du saint, qui doit demeurer identique à soi-même, ne peut varier selon le caprice de telle ou telle divinité. Cette divinité fût-elle une, il resterait à savoir à quel *criterium* se reconnaîtra l'action sainte, qui est aimée de Dieu. Faut-il dire qu'il appartient à la divinité de prendre les devants, et de créer le saint par le fait de son amour ? ou n'est-ce pas au contraire en raison de sa sainteté que le saint mérite l'amour de Dieu, et l'obtient infailliblement ? Question qui ne paraît pas devoir demeurer indécise, du moment que Socrate a proposé à Euthyphron, et qu'Euthyphron accepte, de définir le saint. La seule volonté de rechercher une définition ne suppose-t-elle pas que la sainteté pourra être déterminée à l'aide des caractères intrinsèques qui en manifesteront l'essence ?

Quand il s'agit maintenant de déterminer ces caractères, il est remarquable que c'est Socrate, et non plus Euthyphron, qui pose le principe. Il y a une notion qui est première par rapport à la sainte-

---

[1] Maurice CROISET, *apud* PLATON, *Œuvres complètes*, t. I, de la collection Budé, 1920, p, 179.

té, c'est la justice. Seulement la justice à l'égard de Dieu, la piété, ne couvre pas tout le cercle des relations auxquelles s'étend la justice : il s'agira de délimiter ce qui ressortit en propre à la sainteté. Platon rend ici la parole à Euthyphron. Qui parle de justice, songe à une sorte de commerce entre deux personnes, à une réciprocité dans l'offre et dans la demande. L'homme offre par le sacrifice ; il sollicite par la prière. Qu'est-ce qu'il peut donner à Dieu ? que désire-t-il obtenir de lui ? Euthyphron est incapable de répondre autrement que du point de vue de l'intérêt personnel ; il définit la sainteté en se référant, comme il avait commencé par faire, à l'arbitraire de la volonté divine.

En apparente, donc, le problème demeure sans solution ; mais le sens de la pensée platonicienne est net, et le thème va se retrouver dans la *République*, enrichi de tout l'apport que les sages de l'Ionie et de la Grande Grèce avaient pu fournir au génie de l'Attique. Ce qui, en particulier, a été conservé de Xénophane de Colophon, montre comment l'homme occidental, commençant à prendre conscience de soi, a pris aussi conscience de ce que la divinité ne peut pas être. Il y a une imagination anthropomorphique, qui pousse les mortels à croire « que les dieux sont nés comme eux, à leur prêter des sens pareils aux leurs, une voix et un corps ; s'ils avaient des mains, s'ils savaient dessiner et travailler, les bœufs feraient des dieux qui auraient un corps semblable au corps des bœufs, et les chevaux des dieux qui auraient le corps des chevaux » (fr. 16). La faiblesse de l'intelligence s'accompagne d'une véritable corruption morale : « Homère et Hésiode ont attribué aux Dieux ce qui, chez les hommes, est honteux et blâmable ; le plus souvent ils leur prêtent des actions criminelles : vols, adultères, tromperies réciproques (fr. 11 et suiv.) Il ne faut pas (dit encore Xénophane) raconter les combats des Titans, des Géants ou des Centaures, contes forgés par les anciens ; il faut toujours bien penser des dieux... Il faut, d'abord en hommes sages, célébrer le Dieu par de bonnes paroles et de chastes discours, faire des libations et demander de pouvoir nous comporter justement. » (Fr. 1.)

23. A cet enseignement, la dialectique de la *République* apporte enfin toute la plénitude et toute la profondeur de sa base spéculative. La souveraineté de l'*Un-Bien*, dont procède le progrès de la connaissance dans l'ordre positif de la science, exclut le *Deus Paterfamilias* auquel l'anthropomorphisme psychologique des cultes consacrés prêtait naïvement tout ce qui caractérise et tout ce qui déshonore l'histoire des familles illustres : « N'est-ce pas d'abord un mensonge des plus énormes et des plus graves que celui d'Hésiode sur les actions qu'il rapporte d'Uranus, sur la vengeance que Cronos en tira, et sur les mauvais traitements que celui-ci fit à Zeus et qu'il en reçut à son tour ? » (II, 378 *a*.) Et toute la fin du IIe livre va développer la même pensée. Au nom de la piété véritable, Platon condamne l'imagination sacrilège d'un commerce entre ciel et terre, pour lequel les Dieux revêtiraient l'aspect de créatures mortelles : « Dieu et tout ce qui appartient à sa nature est parfait ; il n'est donc nullement susceptible de recevoir plusieurs formes, de se changer. Il est donc impossible que Dieu veuille se changer. Chacun des dieux, très beau et très bon de sa nature, conserve toujours la forme qui lui est propre. Qu'aucun poète ne s'avise donc de nous dire : *Les dieux vont de ville en ville, déguisés sous des formes étrangères*, de nous débiter des mensonges au sujet des métamorphoses de Protée et de Thétis. » (381 *d*.) La spiritualité de Dieu exclut également les révélations illusoires du monde surnaturel par les miracles et les prophéties : « Ne disons pas non plus que les dieux, s'ils ne peuvent changer de figures peuvent du moins en imposer à nos sens par des prestiges et des enchantements. Le vrai mensonge, si je puis ainsi parler, est également détesté des hommes et des dieux. Dieu n'est pas un poète menteur. Dieu est donc ennemi du mensonge. Essentiellement droit et vrai dans ses paroles et dans ses actions, il ne change point sa forme naturelle, il ne peut tromper les autres par des paroles ou par des discours, ni en leur envoyant des signes, soit pendant le jour, soit pendant la nuit. » (381 *e*-382 *c*.) Rien de ce qui n'est point l'absolu du vrai, l'idéalité du bien, ne saurait se rattacher à Dieu. C'est en dehors de Dieu, dans une sphère inconnue de lui, que doit donc se résoudre le problème du mal. (379 *b*.)

L'effort de purification intellectuelle qui constitue le progrès religieux est donc inséparable d'un progrès moral : cherchant en haut la source des biens et des maux, mais se trompant dans le discernement de ce qui est véritablement le bien et le mal, le vulgaire renverse en Dieu l'ordre des valeurs, parce qu'il a commencé par le renverser en lui-même.

La clé de l'antithèse entre le Dieu des philosophes et le Dieu des poètes est dans l'opposition entre deux conceptions antagonistes de ce que Platon appelle *puissance et vénération* : δύναμις καὶ πρεσβεία. Selon la première, le bonheur est la jouissance, et le favori du ciel est le tyran capable de joindre le comble de l'injustice au comble de la prospérité : « Que le méchant conduise ses entreprises injustes avec tant d'adresse qu'il ne soit pas découvert ; car s'il se laisse surprendre en faute, ce n'est plus un habile homme. Le chef-d'œuvre de l'injustice, est de paraître juste sans l'être. Donnons donc à l'injuste une injustice parfaite, et qu'en commettant les plus grands crimes il sache se faire une réputation d'honnête homme. » (II, 360 *e*.) La seconde conception, Platon la définit par l'idée de l'homme en qui le saint et le martyr s'unissent, dans la conscience que les valeurs réelles de la joie et du bonheur sont inséparables de la vertu, de la vérité, de la justice : « Au juste, ôtons la réputation d'honnête homme, car s'il passe pour tel, il sera en conséquence comblé d'honneurs et de biens, et nous ne pourrons plus juger s'il aime la justice pour elle-même ou pour les honneurs et les biens qu'elle procure. En un mot dépouillons-le de tout, hormis de la justice. Et pour mettre entre le juste et l'injuste une parfaite opposition, que le juste passe pour le plus scélérat des hommes, sans avoir jamais commis la moindre injustice, de sorte que sa vertu soit soumise aux plus rudes épreuves sans être ébranlée ni par l'infamie ni par les mauvais traitements, mais que jusqu'à la mort il marche d'un pas inébranlable dans la voie de la justice, passant toute sa vie pour un méchant, tout juste qu'il est. Le juste, tel que je l'ai dépeint, sera fouetté, torturé, mis aux fers : on lui brûlera les yeux ; enfin, après lui avoir fait souffrir tous les maux, on le mettra en croix et par là on lui fera sentir qu'il faut se préoccuper, non pas d'être juste, mais de le paraître. » (II, 361 *b, e*.)

24. Le rythme d'*antithèse* que nous venons de décrire se rattache naturellement au mouvement d'ascension vers la *thèse*. L'idéalisme de Platon aurait une allure tout à fait simple et homogène, s'il n'y avait à tenir compte encore d'un troisième élément de la doctrine, d'un troisième rythme de pensée.

A l'absolu de la *thèse* que porte à son sommet la dialectique de la raison et de l'amour répond, non seulement l'opposition entre la spiritualité de l'être intérieur et les apparences de la grandeur sociale et de la jouissance sensible, mais aussi un effort pour déduire l'organisation de l'univers et de l'humanité en partant des principes suprêmes auxquels atteint le progrès de l'intelligence. Cet effort de déduction s'exerce en sens contraire de l'analyse régressive qui constituait la dialectique ascendante ; on peut dire qu'elle est une *synthèse* progressive, à la condition bien entendu d'écarter de la notion de synthèse l'image du processus ternaire auquel Kant et Hegel feront jouer un rôle capital dans leurs systèmes de catégories, et où *thèse* et *antithèse* concourent également à provoquer l'avènement de la *synthèse*. Ce qui caractérise au contraire le rationalisme de Platon, c'est que l'antithèse est orientée vers la thèse, dont il s'agit d'établir la pureté « inconditionnelle », tandis que la *synthèse*, loin d'être au delà de la *thèse*, ne fait que renverser l'ordre qui y avait conduit.

L'idée de cette inversion est empruntée à la méthodologie mathématique, où la démonstration qui est allée des conséquences aux principes est susceptible de se retourner, et d'aller des principes aux conséquentes [1]. La dialectique, pour autant qu'elle se constitue sur le modèle de la science, devra connaître à son tour cette double marche du raisonnement ; et il n'a pas manqué d'interprètes du platonisme pour faire de l'analyse une simple préparation à la synthèse. Rodier a écrit, dans une profonde étude sur l'*Évolution de la dialectique de Platon* : « Le second moment, la dialectique descendante, est seul purement rationnel ; seul, il atteint les Idées, et non plus des généralités empiriques. Il doit se constituer entièrement *a priori* [2]. »

Or, en admettant qu'il en soit ainsi, que le platonisme exige, pour preuve de sa rationalité, une reconstruction, on entrevoit bien ce qu'aurait dû être le platonisme ; mais ce qu'effectivement il a été, ne s'aperçoit plus nulle part. Certes, la littérature méthodologique de la synthèse est abondante : promesses et préceptes, conseils et vœux, se multiplient à travers l'œuvre écrite de Platon ; nous savons, par le *Sophiste*, quel sera le point de départ spéculatif de la doctrine, par le *Philèbe* et par la *Politique* quelles en seront les ap-

---

1 Cf. Les étapes de la science mathématique, § 28, p. 53 ; éd. de 1947.
2 Études de philosophie grecque, 1926, p. 57.

plications pratiques. Nous obtenons sans peine le plan abstrait, le contour extérieur, d'un système. Ce qu'il reste à savoir, c'est s'il a pris corps dans la pensée de Platon, si l'aspiration à la synthèse s'est accompagnée d'une opération véritable de l'intelligence. Or, c'est ici que l'histoire se dérobe à notre curiosité, ainsi que Rodier le reconnaît dans les conclusions de l'étude à laquelle nous venons de nous référer. Cette tentative de construction rationnelle, « Platon l'a peut-être faite pour le monde intelligible dans les leçons où il exposait, sans doute, sur les Idées-Nombres bien des choses qu'Aristote ne nous a pas transmises. Mais il n'en reste aucune trace dans ses écrits ». (*Op. cit.*, p. 72.) Nous ne pouvons donc dire si Platon était parvenu à faire entrer dans un domaine de réelle intelligibilité cette *dyade indéfinie du grand et du petit* qui s'oppose à la perfection souveraine de l'*Unité*, si le contraire idéal s'agrège au système autrement que comme le contraire de l'idée [1]. Il n'est nullement impossible que, loin de résoudre la contradiction entre la thèse inconditionnelle et la synthèse progressive, la dialectique synthétique de Platon n'ait fait que mettre en lumière les conséquences de cette contradiction fondamentale.

En revanche, le *Timée* fait connaître comment Platon procédait à la déduction synthétique en ce qui concerne l'âme du monde et le monde sensible. « Mais il est clair (écrit Rodier) que cette dialectique du sensible n'est point une construction rationnelle... D'une part, Platon est persuadé qu'une explication véritable doit être une construction allant du simple au complexe ; d'autre part, il aperçoit que, pour exclure la contingence qui résulte de la pluralité des déterminations possibles, il faut faire intervenir la finalité. Or, qu'est-ce que la finalité, sinon l'explication du simple par le complexe ? Ces deux thèses antinomiques, Platon n'est point parvenu à les concilier, et peut-être s'est-il rendu compte de l'inanité de ses efforts. » (*Op. cit.*, p. 73.) En effet, par la démarche la plus singulière qu'ait à enregistrer l'histoire de la philosophie, faute de pouvoir soumettre la synthèse physique à l'épreuve de la réalité, Platon, dès le début du *Timée*, la retranche du plan de l'être et de la vérité, pour la rejeter dans le plan du devenir et de la mythologie.

25. La pensée platonicienne semble ainsi achever son cycle en se

---
1 Cf. Les étapes de la philosophie mathématique, § 37, p. 67 ; éd. de 1947.

retournant contre elle-même. Elle avait eu pour ressort initial le souci de rigueur, le scrupule d'intelligence, que crée la réflexion sur les sciences exactes : « Généralité empirique n'est pas vérité : connaître ὡς ἐπὶ τὸ πολύ, ce n'est pas connaître ἀκριβῶς [1]. » Par là s'expliquait le progrès de la dialectique ascendante. Dédaignant la technique utilitaire des artisans, les concepts ambigus du rhéteur, traversant l'atmosphère pure et claire des relations arithmétiques et géométriques, astronomiques et harmoniques, Platon arrive enfin à l'Idée du Bien qui est par delà l'ordre de l'être, ἐπέκεινα τῆς οὐσίας. Ainsi que le remarque M. Wilamowitz-Moellendorf, « ce passage est le seul où Platon ait osé parler de sa divinité sans recourir à l'enveloppe du mythe ; et c'est le seul aussi où il n'emploie pas le mot de Dieu qui impliquerait quelque chose de personnel, c'est-à-dire quelque chose de sensible où il y aurait une sorte de profanation » [2].

A l'Idée du Bien qui est la divinité en esprit et en vérité, selon la science et selon la philosophie, va donc s'opposer le Dieu de la dialectique synthétique, le *Démiurge*, fabricant du monde, qui est lui-même de fabrication mythologique. « L'idée d'un Dieu suprême composé et subordonné à un principe supérieur n'a rien qui puisse faire hésiter l'esprit d'un Grec contemporain de Platon. Au reste, l'idée que Platon se fait de ce Dieu n'en reste pas moins très haute. Ce Dieu est puissant, parfait, il reste voisin du Bien absolu. Mais il n'est ni le lieu des Idées ni la pensée qui les produit. C'est un être soumis à la naissance, affranchi de la double nécessité de vieillir et de mourir. C'est un Immortel. Ce n'est pas un Éternel. Il n'est d'êtres éternels que les idées [3]. »

L'âme apparentée à l'Idée, ne se confond pas davantage avec l'Idée : « L'âme est une représentation (εἴκων) de l'Idée. Elle a pour fonction de la produire ou, plus exactement, de la reproduire dans le temps [4]. » Avec l'âme, comme avec le temps, nous sommes dans le domaine du vraisemblable, qui sans doute vise à être l'image du vrai, mais qui, parce qu'il n'en sera jamais que l'image, ne saurait à aucun moment se confondre avec lui. Et de fait, la théorie revêt dans le *Timée* une forme toute matérialiste. C'est « une série

---

1 Élie Halévy, La théorie platonicienne des sciences, 1896, p. 71.
2 *Plato*, t. I, 2ᵉ édit., 1920, p. 422.
3 Brochard, *Études citées*, p. 98.
4 Halévy, *op. cit.*, p. 255.

successive, et qui ne doit jamais s'arrêter (58 c) de divisions et de ruptures d'équilibre dans les compositions, dont le détail finit par être tel que Dieu seul peut en faire le compte (68 d) : division du mélange psychique en deux parts, dont l'une est réservée pour la formation de l'âme des vivants mortels ; division proportionnelle, moins exacte, de celle qui est utilisée dans un moment ultérieur de l'opération divine ;... distribution de la seconde synthèse entre les astres dont les âmes sont déjà chacune, vraisemblablement, des répartitions de l'âme du monde ; formation d'une seconde substance psychique de nature mortelle ; division de cette nouvelle synthèse en deux parties ; instabilité de l'équilibre de chacune, proportionnellement à son éloignement par rapport à la synthèse immédiatement antérieure ; collocation de ces parties de l'âme totale du vivant mortel dans des régions distinctes de son corps » [1].

26. Il est vrai que la communauté de psychologie entre les astres et les hommes, d'où dérive l'analogie du macrocosme et du microcosme, la vision esthétique de l'univers et l'apologé-tique optimiste, tous ces traits seront recueillis dans la physique d'Aristote et dans la théologie de Plotin, qu'ils iront nourrir la pensée d'innombrables générations. On s'explique alors que les historiens les plus autorisés de la pensée antique aperçoivent la cosmologie platonicienne comme baignée dans l'atmosphère de gravité et de vénération que les siècles devaient lui ajouter ; ainsi Giotto peindra François d'Assise au moment où il étalait des pièces de drap dans la boutique paternelle, déjà revêtu de l'auréole du saint. De ce point de vue rétrospectif, on peut donc soutenir avec Brochard, « que l'on a souvent exagéré la part du mythe dans la philosophie de Platon et que la théorie du *Timée*, où l'âme nous est présentée comme un mélange, veut être prise au pied de la lettre » [2]. Mais Brochard est aussi le premier à convenir que le texte du *Timée* ne permet pas de défendre l'hypothèse dans toute sa rigueur : « Sans doute, il ne faudrait pas pousser les choses à l'extrême, et quand Platon parle de la coupe ou du cratère dans lequel Dieu a mêlé les éléments constituants de l'âme, on ne doit pas s'imaginer qu'il

---
1 Robin, Études sur la signification et la place de la physique dans la philosophie de Platon, 1919, p. 88.
2 Études citées, p. 100.

s'agisse d'un objet corporel et d'un mélange comme celui que faisaient les alchimistes. » (*Op. cit.*, p. 56.)

Bon gré, mal gré, nous voici, pour éviter toute expertise arbitraire, renvoyés à la méthode que Louis Couturat a, dans sa thèse *De Mythis platonicis* (1896), pratiquée avec une rigueur et un scrupule impeccables : nous en remettre à Platon lui-même de sa propre exégèse, prendre au sérieux ce qu'il a tenu à nous demander de prendre au sérieux, procéder en sens contraire quand il a eu la précaution de nous avertir du contraire. Or, dans le VIIe livre de la *République*, il s'exprime clairement et distinctement : rien n'est « ridicule » comme un astronome qui s'asservit à la représentation de l'objet sensible et qui se figure y trouver la vérité. Si la mythologie n'en était illusoire, le *Timée* serait, aux yeux de Platon, le comble du ridicule : car le *Démiurge* qu'il met en scène commence par fabriquer une âme du monde, afin d'en tirer l'âme humaine, celle où se trouvent effectivement l'expérience de la raison, la conscience de la volonté. La psychologie passe par le détour de la biologie astrale, et l'on voit s'apparenter « les révolutions de la pensée en nous à ces autres révolutions qui s'accomplissent dans le ciel » [1].

La chute de l'âme se décrit également en langage astrologique : « L'âme, prise dans son universalité, prend soin de l'ensemble de l'être inanimé et elle fait le tour du ciel tout entier, revêtant ici et là des formes diverses. Tant qu'elle est parfaite et conserve ses ailes, elle plane dans les régions supérieures et elle administre et règle l'Univers entier. Mais, lorsqu'elle a perdu ses plumes, elle est entraînée au contraire, jusqu'à ce qu'elle soit attachée à quelque chose de solide, en quoi elle s'établit désormais, s'appropriant un corps terrestre, lequel semble se mouvoir lui-même en raison de la puissance motrice qui appartient à l'âme » [2]. Or, c'est immédiatement après la description du mythe, que se trouve l'allusion décisive à ce plan de la vérité vraie qui est au delà du ciel. (247 *c*.)

Si émouvantes, enfin, que soient les circonstances historiques où il l'expose, Platon n'a guère attribué plus de consistance intrinsèque à l'espérance de l'immortalité : « Le *Phédon* ne prétend pas démontrer la survivance des âmes ; il *mythologise* (61 *e*) et donne seulement des raisons en faveur d'une vraisemblance... L'eschatologie

---
1 Cf. ROBIN, *Études citées*, p. 86.
2 ROBIN, La théorie platonicienne de l'amour, § 41, p. 29.

du *Gorgias* se retrouve ici plus développée, et elle s'incorpore à un mythe sur la constitution de la terre et sur sa place dans l'Univers ; la terre où nous vivons est un lieu intermédiaire entre une région souterraine, où les âmes des méchants subissent le châtiment de leur vie terrestre, et une région supérieure qui est réservée à la félicité des justes et des philosophes [1]. »

B) *Philosophie et politique*

27. Au terme de cet exposé, où nous avons tenu à multiplier les témoignages capables de le mettre à l'abri de tout soupçon d'interprétation tendancieuse, le rythme de la dialectique synthétique apparaît bien contraire, non pas seulement par son sens apparent, mais aussi par sa nature essentielle, à la dialectique ascendante. Dans l'ordre ascendant, la limite de la spiritualité, se trouve exactement marquée, grâce à l'opposition de l'*Un-Bien* et du *Démiurge*, de l'*Idée* et de l'âme. Ce qui fait le fond de la religion dans les cultes primitifs et selon les traditions populaires : Bonté créatrice et Providence ordonnatrice de l'univers, immortalité d'une âme destinée à devenir le théâtre des sanctions d'outre-tombe, tout cela demeure au-dessous du seuil de la vérité. Aucune confusion ne sera plus possible entre les formes élémentaires de la religion et la raison pure du philosophe. La dialectique synthétique suit la marche inverse. En apparence, c'est encore un philosophe qui parle. Mais pour le fond, il faudrait retourner le titre de l'ouvrage où M. Cornford a si fortement souligné à travers les *Dialogues* la survivance de la « tradition mystique » (entendue au sens de la *mentalité primitive*, telle que M. Lévy-Bruhl, l'a définie) : Platon procède en réalité de la philosophie à la religion, ou du moins à la mythologie ; et la considération de cet antagonisme radical, à l'intérieur du platonisme, permet seul d'en définir le moment historique.

Par rapport aux doctrines antérieures, qui sont hors de l'objet de notre travail, M. Robin l'a déterminé dans la conclusion du chapitre qu'il a consacré à Platon. « Il semble qu'on voie se croiser en sa réflexion toutes les tendances qui s'étaient fait jour dans la philosophie antérieure : le mécanisme géométrique de l'école d'Abdère et le dynamisme téléologique avorté d'Anaxagore, le mobi-

---

1 ROBIN, *La pensée grecque*, pp. 227 et 230.

lisme pluraliste d'Héraclite et l'immobilisme moniste des Éléates, le formalisme mathématique des Pythagoriciens et le formalisme conceptualiste de Socrate. Toujours il cherche le point de vue supérieur qui lui permettra de dominer les contraires et de les harmoniser en réduisant les oppositions factices. » (*La pensée grecque*, p. 283.)

Si la recherche de ce point de vue supérieur définit le philosophe de type platonicien, ne lui impose-t-elle point par là même l'obligation de prendre parti entre le pessimisme âpre dont s'inspire le rythme de l'antithèse dans la *République* ou dans le *Théétète*, et l'optimisme débonnaire de la synthèse dans le *Philèbe* ou dans le *Timée* ? Autrement dit, qui se conforme le mieux à l'idéal du maître ? Celui qui s'élève au-dessus des contraires en les abandonnant à leur propre contrariété, afin de suivre le double ascétisme du savoir exact et de la purification morale ? Ou celui qui accepte de se placer à leur niveau, d'imaginer entre eux les combinaisons les plus flatteuses pour le goût, inné chez les Grecs, de la mesure et de l'harmonie, au risque de glisser dans la double fantaisie des mythes physiques et des mythes politiques ? Les deux réponses sont présentes dans le platonisme ; mais ce n'est pas sans doute que Platon ait été incapable de choisir entre elles ; c'est bien plutôt, selon nous, parce qu'elles correspondent à deux problèmes qu'il n'a pas voulu séparer l'un de l'autre : le problème proprement philosophique qui se résout dans la détermination de la sagesse, le problème politique qui consiste dans l'efficacité de la sagesse pour le salut de la civilisation hellénique. L'ambiguïté de l'œuvre aurait sa racine dans la réaction du second problème sur le premier. Désespérant de faire sortir en quelque sorte spontanément de sa philosophie le succès d'une politique, Platon tentera d'accommoder la philosophie aux exigences du succès politique. De là, dans ses théories spéculatives ou pratiques, un déplacement continu du centre de gravité, qui explique et la complexité paradoxale de l'œuvre et la diversité plus paradoxale encore des directions où son influence devait s'exercer. Les premiers historiens du platonisme ont usé et abusé de la comparaison avec un organisme vivant, pour l'enfermer dans l'unité d'un système : elle n'aurait dû servir qu'à mettre en relief l'hétérogénéité des éléments qu'il a reçus de son hérédité, qu'il transmettra aux siècles à venir.

28. En fait, dans l'histoire de la conscience occidentale, la considération du platonisme a une double portée. D'une part, elle permet de préciser le moment de l'opposition radicale entre la vérité de la science et les généralités auxquelles s'arrête la pratique de l'*homo faber*, entre la pureté de la raison et les traditions auxquelles s'asservit l'imagination de l'*homo credulus*, D'autre part, elle explique comment les valeurs de la civilisation devaient se dissoudre brusquement sous le coup de l'invasion macédonienne qui emporte l'hellénisme comme dans un vent de tempête.

L'*homo faber* travaille pour adapter à des fins utilitaires ses procédés et ses instruments d'action. Or, la corrélation est loin d'être rigoureuse entre moyen et but : elle a lieu *en général*, mais en général seulement, alors que tout perfectionnement du savoir-faire, toute réflexion sur les règles techniques, prend naturellement pour point d'appui l'aspiration à une manière de s'y prendre telle que l'on serait assuré de ne pas manquer son but. Où est donc le secret de l'infaillibilité, sinon dans une supériorité de puissance qui est attribuée aux créatures célestes ? Là-dessus il semble qu'il y ait accord entre les diverses sociétés d'avant la civilisation. Les dieux qu'on y rencontre ne connaissent pas la distance qui sépare de leur but les volontés humaines ; c'est à l'intervention d'en haut qu'il conviendra de faire appel pour expliquer comment se terminent d'une façon contraire des entreprises toutes semblables en apparence, répondant aux procédés de la même technique et dont l'issue était escomptée avec autant de sagacité. Les pratiques de l'*homo faber* n'excluent nullement, elles requièrent, les représentations dites mystiques, suivant lesquelles la décision de fait relève d'un ordre transcendant à la liaison naturelle des phénomènes et qui ne sauraient jamais être mises en défaut puisque la volonté des puissances supérieures n'est jamais déterminée à part des événements qui en attestent l'efficacité : les prévisions par les oracles ou par la divination doivent demeurer, en quelque sorte professionnellement, assez souples et assez ambiguës pour se rectifier, rétrospectivement, à la lumière de l'histoire véritable, pour continuer à planer au-dessus de l'incertitude et de la présomption des jugements humains.

Avec la science pythagoricienne, avec la réflexion socratique, avec la raison platonicienne, une autre norme d'infaillibilité se dévoile, celle qui ne dépend plus que de la rigueur d'une démonstration positive. Cette norme apporte avec elle un nouveau type d'humanité, à rebours de tous les préjugés qui paraissaient jusque-là constitutifs de l'ordre social. Platon en fait la preuve dans cette scène simple et saisissante du *Ménon* où un jeune esclave retrouve, en la tirant « de son propre fonds » (85 c), la solution du problème de la duplication du carré.

Mais, une fois que le philosophe a pris conscience des conditions qui lui permettent d'affirmer la validité d'un raisonnement ne lui devient-il pas impossible de passer par-dessus ces conditions pour présenter comme rigoureusement établi ce qui en réalité ne l'est point ? Savoir et dire qu'en s'appuyant sur les méthodes infaillibles de la géométrie on a fondé le progrès ascendant d'une dialectique, qui d'antithèse en antithèse, parvient à l'Unité de la thèse inconditionnelle, c'est savoir en même temps que ces mêmes méthodes font défaut lorsqu'il s'agit de retourner le sens de la dialectique, et de faire concourir l'intelligible à l'explication du sensible. Or, ce que Platon sait, il le dit. La physique véritable doit être une physique mathématique, capable de résoudre effectivement l'intuition mécaniste de Démocrite en combinaisons de rapports géométriques qui affronteraient victorieusement l'épreuve de la réalité. En utilisant « par un raisonnement assez insolite » (ἀήθει λόγῳ) [1] les maigres ressources de la science de son temps, Platon fait œuvre de prophète plus que de précurseur : il délimite du dehors le terrain où s'élèvera l'édifice de la pensée moderne. Mais précisément la forme mythique du *Timée* atteste à quel point Platon a eu la claire conscience des exigences inhérentes à la méthode scientifique, et de la distance qu'elles mettaient entre l'esquisse d'une solution et la solution elle-même.

Chez lui, la mathématique se démontre à elle-même sa propre spiritualité, lorsqu'elle « envoie promener » les phénomènes pour développer la capacité intérieure de l'intelligence, lorsqu'elle sert de base au progrès qui conduira l'âme vers cette région où la vérité éternelle sera le seul entretien et la seule contemplation du philosophe. Dès lors, il ne pourra y avoir de problème au delà de la sagesse : les vicissitudes qui accompagnent le rythme de la vie temporelle, les agitations de la multitude, les condamnations de l'opinion, tout cela tombe en quelque sorte au pied du sage plato-

---

[1] *Timée*, 53 c ; cf. la Notice de l'édition RIVAUD, 1925, pp. 74 et suiv.

nicien pour qui la plus pure lignée de noblesse hellénique, le plus somptueux déploiement de luxe asiatique, sont « mesquineries et néant » [1]. Son mot d'ordre est formulé dans le *Théétète* : « D'ici-bas vers là-haut s'évader au plus vite. L'évasion c'est de s'assimiler à Dieu dans la mesure du possible : or on s'assimile en devenant juste et saint dans la clarté de l'esprit [2]. »

29. Mais voici, au-dessous du plan idéaliste, une question qui, tout étrangère qu'elle est à la pure philosophie, va s'imposer au patriotisme de Platon, pour infléchir la courbe de sa carrière et de sa pensée. La sagesse du philosophe qui s'est retiré du monde pour vivre dans l'imitation de Dieu a, comme contre-partie inévitable, la maladresse et la gaucherie qui le mettent hors d'état de s'appliquer aux affaires de la vie pratique, qui font de lui, comme jadis de Thalès, la risée d'une servante thrace. (*Théétète*, 174 *a*.) Est-il légitime de se résigner à cette séparation de la vertu philosophique et de la réalité sociale, qui s'est traduite, dans l'histoire d'Athènes, par des événements tels que la condamnation de Socrate ? N'est-ce point manquer à l'intérêt de l'humanité que de l'abandonner aux opinions absurdes et aux passions désordonnées de la multitude ? et la *misanthropie* n'est-elle point, en définitive, un péché contre l'esprit, au même titre que la *misologie* ? (*Phédon*, 89 *b*.)

Voilà pourquoi la *République* déborde le problème de la sagesse pour poser le problème de la justice, c'est-à-dire de la place de la sagesse dans la conduite de l'homme et dans l'organisation de l'État. La sagesse du sage pourra-t-elle devenir centre d'attraction pour la formation d'autres sages ? Suffira-t-il d'une pédagogie privée, d'un enseignement ésotérique et pur, tel que Platon le donnait aux disciples choisis dans les jardins d'Academos ? Ces disciples eux-mêmes, ne convient-il pas qu'un système d'éducation publique les ait déjà préparés à recueillir le fruit de cet enseignement ? Ne faut-il pas les avoir soustraits à la corruption que les sophistes et les orateurs populaires ont réduite en système ? Ne faut-il pas les avoir entraînés à la pratique de la vérité, qui est inséparable de la méthode mathématique ? De là dérive la nécessité d'institutions politiques qui ne se contentent pas d'assurer à la méditation du

---
1 *Théétète*, 173 *c*.
2 176 *ab*, trad. Diès, 1924, p. 208.

sage les conditions de calme et de loisir, par l'organisation harmonieuse de la défense militaire et de la production économique, qui poussent le souci du progrès jusqu'à faire profiter l'humanité des procédés de sélection grâce auxquels on peut, depuis la naissance et dès avant la naissance des êtres, travailler au perfectionnement d'une espèce.

Sous ce premier aspect, la sagesse tendrait à descendre dans la justice, et à créer ses propres conditions de réalisation. Nulle part la capacité de conséquences, concrètes et pratiques, qui est inhérente à la raison, ne se manifeste mieux que dans le plan d'un État constitué suivant la norme du bon sens, et où est déjà précisée la formule des solutions que les plus clairvoyants et les plus généreux de nos contemporains travaillent à transporter dans la réalité : *eugénique, féminisme, socialisme*.

Mais ici encore intelligence oblige : la rigueur de la méthode sur laquelle Platon avait fondé l'ensemble de ses vues théoriques lui interdisait de fermer les yeux sur l'exacte portée des applications dont elles étaient encore susceptibles. De même que l'arithmétique et la géométrie de son temps ne lui paraissaient pas en état de porter le poids d'une physique positive, même de limiter à sa zone de positivité le système des mathématiques, qu'elles l'obligeaient à le prolonger en une dialectique des Idées, de même il a été le premier à reconnaître qu'une doctrine sociale, fondée sur une discipline de la raison, ne pouvait pas devenir d'elle-même populaire, en raison des caractères internes qui en conditionnent la structure et en justifient la vérité. La pédagogie platonicienne, de par la nature même de son problème, est au rouet, puisqu'elle demande à s'appuyer sur les instruments qu'elle a pour tâche de créer.

Dès lors, s'il est décevant d'attendre que la justice procède spontanément de la sagesse, et s'il est pourtant interdit de désespérer du salut de l'humanité, il faudra, bon gré, mal gré, consentir à se placer en dehors du centre lumineux de l'intelligence, et se résigner à escompter les moyens de fortune grâce auxquels peut-être on verra converger vers l'hégémonie de la sagesse les conditions de la réalité physique et de la réalité sociale. « Toutes les grandes choses sont hasardeuses, ou, comme on dit, toutes les belles choses sont difficiles dans la réalité. » (*Rép.*, VI, 497 *d*.) A moins que les souverains ne se trouvent convertis à la philosophie véritable par une inspiration venue des Dieux, l'avènement de l'État juste suppose qu'une nécessité (ἀνάγκη) s'exerce sur le sage, mais cette fois de bas en haut, et pour opérer comme une conversion à rebours. Il ne s'agira de rien moins que de le contraindre à devenir ouvrier divin (δημιουργός) de tempérance, de justice, de vertu politique en général. (VI, 500 *d*.)

Ainsi apparaît, dans l'ordre pratique, ce même appel à la violence qui prélude à l'œuvre de la synthèse spéculative. Le démiurge de la Cité, comme le démiurge de l'univers, se souvient des Idées pour les appliquer à une matière rebelle : il regarde vers les imaginations informes et les désirs tumultueux de la multitude, afin d'y faire pénétrer du dehors l'harmonie. Le recours à la dialectique aura donc lieu, désormais, non plus pour l'usage interne et pour la vérité, mais pour l'usage externe et pour l'autorité. La mathématique, instrument de la lumière spirituelle, destinée à éclairer et à ennoblir, est détournée de son application normale, utilisée afin d'éblouir et d'aveugler. L'homme qui aura le mieux déjoué les pièges sans cesse renaissants de l'imagination, rejeté les symboles illusoires de la poésie, qui aura mérité par là d'être promu, ou obligé, à la dignité de législateur, va, une fois devenu magistrat, produire une mythologie artificielle, et pousser l'ironie du philosophe jusqu'à imiter la majesté du prêtre, pour mieux en imposer aux foules crédules. Comme aux yeux du peuple précision vaut exactitude, il fera ce que font les auteurs de cosmogonies et d'Apocalypses, il dissimulera l'extrême fantaisie de l'invention sous l'extrême minutie du détail ; il forgera dans la *République* l'énigme auguste du *nombre sacré*. Et ce dialogue, qui devait transmettre à l'Occident l'héritage d'une méthode où s'appuient, sur la fermeté incorruptible de l'intelligence scientifique, la pureté de la spiritualité religieuse et la pureté de la pratique morale, a pour conclusion paradoxale l'imagination, avouée comme telle, d'une justice cosmique qui suivrait les cadres, qui reflèterait au dehors les exigences, de la justice sociale. La dégénérescence s'accentue encore de la *République* aux *Lois* qui marquent comme un renoncement de l'œuvre platonicienne à l'esprit du platonisme : « L'idéal de la *République* y semble abandonné. Il n'y est plus question, en effet, ni de l'éducation des philosophes, ni de leur gouvernement, qui rend les lois inutiles. Au contraire, comme dans le *Politique*, Platon proclame la nécessité de celles-ci, et il les établit jusque dans le plus minutieux détail, avec une recherche fréquente de l'exactitude mathématique... Enfin, en liant aussi étroitement qu'il l'a fait la loi à la religion, il ne satisfait pas seulement sa croyance profonde à l'universalité de l'ordre divin, il veut donner à la contrainte de la loi un surcroît d'efficacité, l'autorité propre d'une chose sacrée [1]. »

30. Nous ne pouvons sans doute pas assurer que l'enseignement oral de Platon ait suivi la courbe de l'œuvre écrite. Il n'est pas interdit de penser, tout au contraire, que Platon aurait tenu à y racheter, par un attachement plus scrupuleux à l'austérité de la discipline mathématique, les écarts d'une exposition exotérique, qui se faisait de plus en plus attentive aux conditions du devenir sensible, plus complaisante aux nécessités de la propagande extérieure. Mais, en fait, et du point de vue où nous nous plaçons maintenant, c'est-à-dire en considérant les conséquences historiques de l'œuvre, et non plus sa signification intrinsèque, tout se passe comme s'il en était autrement. Le Platon dont les Anciens se sont souvenus, c'est celui qui emprunte aux Pythagoriciens, et renouvelle, un jeu de spéculations qui n'a de la science que l'apparence, et qui aboutit, par des analogies illusoires entre l'ordre de la quantité proprement dite et l'ordre de la qualité, à la confusion inextricable des mots et des idées. Dès lors, les admirables théories du *Politique* et du *Philèbe*, sur la mesure et sur l'harmonie, apparaissent comme une introduction abstraite à une mythologie des intermédiaires, qui, passant par-dessus l'objection du troisième homme formulée dans le *Parménide*, ou prenant son parti d'une inévitable contradiction, rétablit sur le plan de l'imagination et de la foi l'unité de la pensée antique. Tandis que les traces de l'enseignement oral s'effaçaient ou s'altéraient dans la mémoire des générations l'œuvre, entraînée en quelque sorte par son propre poids, s'est équilibrée sur la base massive de sa mythologie, dont la rationalité de la dialectique ascendante ne suffit plus à dévoiler le caractère matérialiste et illusoire. Le rôle de Platon aura donc été d'avoir rajeuni les formes de la crédulité populaire, de lui avoir apporté des apparences de justification qui lui ont permis de signer avec les siècles un contrat nouveau.

---

1 ROBIN, *La pensée grecque*, pp. 281-283.

Proclus, commentant l'opération démiurgique du *Timée*, y retrouvait, comme le signale M. Cornford [1], l'écho des vieilles *Théogonies*. Phérécyde de Syros voulait que Zeus se métamorphosât en Éros avant d'engendrer le monde : ne fallait-il pas, en effet, que la divinité descendît dans le plan du désir, afin de devenir le Démiurge, l'Être « sans jalousie », qui, par un acte d'amour, a donné naissance à l'ordre et à l'harmonie de l'univers ? Et, d'autre part, à la démonologie platonicienne de l'amour se suspend toute la chaîne des spéculations ultérieures. M. Robin écrit : « La théorie des démons médiateurs ne semble pas être pour Platon un pur symbole, mais l'expression d'une croyance positive. » Et il ajoute : « Il suffirait, pour le prouver, de l'importance prise dans la suite par cette conception, tant chez les successeurs immédiats de Platon comme Xénocrate et Philippe d'Oponte, l'auteur probable de l'*Épinomis*, que dans l'école stoïcienne ou chez les Platoniciens pythagorisants et éclectiques, tels que Plutarque, Maxime de Tyr et Apulée, ou enfin chez les Platoniciens purs [2]. »

On voudrait ici sauver l'honneur du maître et rompre la solidarité entre les platoniciens et Platon. Un artiste peut pousser la vraisemblance jusqu'à représenter des raisins en trompe-l'œil, de telle manière qu'on soit tenté d'en acheter avec l'espérance d'en pouvoir faire du vin ; mais lui-même ne sera pas dupe de son propre artifice. Que tous les lecteurs de la *République* ou du *Phèdre*, du *Phédon* ou du *Timée*, se soient laissé prendre à la séduction des mythes, il reste Platon pour savoir comment ils ont été fabriqués. Seulement l'auteur du *Gorgias* nous interdit de nous attarder à ces réserves, si légitimes semblent-elles. N'a-t-il pas formulé, pour l'appliquer aux sophistes et aux orateurs, cette règle qu'on n'a pas le droit de blâmer les gens dont on a été l'éducateur ? (520 *b*.) Le philosophe lui aussi, est responsable de sa postérité. C'est la faute de Platon si l'histoire a renversé la perspective du platonisme tel que le fait apparaître l'analyse exacte de ses rythmes dialectiques, si les poètes, rappelés d'exil, se sont installés au cœur de la *République* platonicienne, si le continuateur de Xénophane, le disciple de Socrate, a été converti en un héritier d'Homère, professeur de théologie et même de my-

---

1 From Religion to philosophy, Londres, 1912, p. 260. Cf. Decharme, La critique des traditions religieuses chez les Grecs, des origines au temps de Plutarque, 1904, p. 28.
2 La théorie platonicienne de l'amour, § 123, p. 137.

thologie.

31. Avec quelle rapidité cette transmutation déplorable s'est accomplie, on en jugera par une page de Gomperz sur Xénocrate : Il devança l'école stoïcienne, dont le fondateur a, du reste, été son élève, en ce que les Anciens appelaient *accommodation* (συνοικείωσις), c'est-à-dire dans l'interprétation spéculative des récits et des symboles mythiques, interprétation destinée à jeter un pont entre la croyance populaire et la philosophie. Il a même prêté un caractère anthropomorphique à la théorie, formulée sur le tard par Platon, des nombres comme principes premiers, en déclarant que le principe de l'unité était la divinité primordiale masculine, le principe de la dualité, celui de la divinité primordiale féminine... Pareillement il a dépassé les dieux sidéraux de son maître par la déification des facteurs naturels, et enfin il s'est figuré que le commerce entre dieux et hommes était ménagé par d'innombrables troupes de démons. Cette démonologie, surtout, qui allait, sur le modèle de la mauvaise âme du monde des *Lois*, jusqu'à admettre des esprits malfaisants, nous montre que Xénocrate était bien éloigné de la fière raison du vrai Socratisme, et qu'il était dominé par les tendances presque indestructibles de l'âme populaire [1] ».

Xénocrate est en même temps le témoin de la crise qui brusquement détruit l'hellénisme encore adolescent. Bien peu de générations, en effet, avaient passé depuis que le peuple grec avait pris conscience de soi dans sa résistance victorieuse à l'invasion orientale ; et voici que l'Asie prend sa revanche, de la façon la plus paradoxale, par le reflux de conquête qui porte chez elle les armes européennes.

De notre point de vue, l'événement qui marque l'arrêt définitif de la civilisation, le début de la régression vers le Moyen Age, s'est produit immédiatement après la prise d'Athènes ; et Plutarque devait en souligner l'importance, lorsqu'il invoque expressément le témoignage de l'historien Douris à l'appui de ce fait que « Lysandre fut le premier à qui les villes (*c'est-à-dire les villes grecques de l'Ionie*) élevèrent des autels et offrirent des sacrifices comme à un Dieu » [2]. Sans doute l'hégémonie de Sparte fut-elle éphémère ;

---
[1] *Les penseurs de la Grèce*, trad. Aug. REYMOND, t. III, 1910, p. 8.
[2] Vie de Lysandre, XVIII.

mais la domination macédonienne devait avoir pour conséquence d'introduire en Europe l'impérialisme oriental, qui fait du souverain l'objet d'un culte religieux. Alexandre se laissera investir du titre de fils de Dieu ; et dès lors le mouvement de la décadence devient irrésistible. Victor Brochard l'a excellemment mis en relief : « On sait quelle résistance les Grecs, les philosophes surtout (sauf Anaxarque), opposèrent à Alexandre quand il lui prit fantaisie de se déclarer fils de Jupiter. Il en coûta la vie à Callisthènes. Les survivants durent se résigner et garder pour eux leurs réflexions. Mais ils avaient vu comment on fait un dieu. Ce fut bien autre chose encore quand les successeurs d'Alexandre se disputèrent le monde. Toutes les idées les plus chères à des esprits grecs reçurent des événements les plus cruels démentis... Démosthènes et Hypéride sont morts : Léosthènes a succombé ; Phocion boit la ciguë. Mais, après Démétrius de Phalère, Démétrius Poliorcète s'installe triomphalement dans Athènes, souille le temple de Minerve de débauches sans nom et introduit ouvertement en Grèce la dépravation orientale. Toute la Grèce est en proie à une horde de soldats avides et sans scrupules ; partout la trahison, la fraude, l'assassinat, des cruautés honteuses, inconnues jusque-là dans l'Occident... L'avenir est aussi sombre que le passé. Le peuple d'Athènes est si profondément corrompu qu'il n'y a plus rien à attendre de lui : l'arbre est pourri à sa racine. C'est ce temps, en effet, où les Athéniens se déshonorèrent par d'indignes flatteries à Démétrius Poliorcète. Ils changent la loi, chose inouïe, pour lui permettre de s'initier avant l'âge aux mystères d'Eleusis ; ils chantent en son honneur l'Ityphallus et le mettent au-dessus des dieux : *Ce que commande Démétrius est saint à l'égard des dieux et juste à l'égard des hommes.* On élève des temples à ses maîtresses et à ses favoris. Les choses en viennent à ce point que Démétrius déclare qu'il n'y a plus à Athènes une seule âme noble et généreuse, et on voit des philosophes tels que Xénocrate refuser le droit de cité dans Athènes [1]. »

Désormais le cadre dans lequel la vie politique de l'Antiquité se déroule est celui d'un « impérialisme mystique », suivant l'expression que les travaux de M. Seillière ont rendue classique et qui a ici sa signification littérale. La mythologie vivante des apothéoses va au-devant des croyances traditionnelles aux métamorphoses des

---

[1] *Les sceptiques grecs*, 1887, pp. 42-43.

dieux, pour fermer le cycle de la théologie : « Les autres dieux sont trop loin, ou sont trop sourds, disaient à Démétrius les compatriotes de Platon ; ils ne sont pas, ou ils n'ont pas souci de nous. Toi, nous te voyons ; tu n'es pas un simulacre de bois ou de pierre, mais un corps de chair et de sang [1]. »

CHAPITRE II
LE RÉALISME PHYSIQUE

Section I
ARISTOTE

32. Au cours du IVe siècle, bien avant que la Grèce soit devenue une simple province de l'empire romain, s'est dissipé le rêve platonicien d'unir dans l'homme progrès, rectitude et liberté : τὴν αὔξην καὶ τὸ εὐθύ τε καὶ τὸ ἐλευθέριον. (*Théétète*, 173 *a*.) Athènes cesse d'être le centre de la culture scientifique qui, elle-même dispersée à travers le monde méditerranéen, ne sert plus de base au renouvellement des valeurs spirituelles. Dans le sud de l'Italie les rudes combattants du Latium vont soumettre à leurs armes les villes où l'idéalisme hellénique avait pris un essor merveilleux. Et lorsque, dans les dernières années du IIIe siècle, Archimède sera tué à Syracuse, plus de quinze siècles devront s'écouler avant que l'Europe soit en état de reprendre l'œuvre dont ses travaux de géométrie infinitésimale et de mécanique rationnelle avaient posé les bases. Peu de temps après sans doute, à l'occasion de l'ambassade envoyée par les Athéniens, les Romains entendront parler de philosophie, et c'est par un représentant de la *Nouvelle Académie*. Mais selon l'image qu'il leur apportait de Socrate et de Platon, l'enseignement du maître se réduit à une ironique profession d'ignorance, l'art du disciple consiste à discuter le *pour* et le *contre*, dans une perpétuelle hésitation, sans parvenir à aucune certitude, sans s'arrêter à aucune affirmation [2].

L'évocation des noms illustres était donc incapable de conjurer ce

---

[1] Duruy, *Histoire des Grecs*, nouv. édit., t. II, 1883, p. 384, avec renvoi au liv. VI d'Athénée, pp. 233 et 253.
[2] Cicéron, *Académiques*, II, I, 4 et I, XXIII, 74. Cf. Brochard, *Les sceptiques grecs*, pp. 30 et 95.

que les initiateurs de la sagesse hellénique avaient regardé comme un péril mortel pour la civilisation de l'Antiquité : là subordination de l'*Art de Penser* à l'*Art de Parler*, de la philosophie à la rhétorique. Déjà le génie latin n'y penchait que trop, si l'on en juge par un aveu sinistre de Cicéron : « Les Grecs apprenaient la musique, et quiconque y demeurait étranger, passait pour inculte. La géométrie fut en très grand honneur parmi eux ; aussi n'y a-t-il rien de plus illustre que leurs mathématiciens. Mais, nous, nous avons borné notre étude à l'utilité de]a mesure et du calcul. Par contre, nous nous sommes attachés de bonne heure à l'éloquence ; pour nous un homme n'est pas un savant d'abord, et un orateur ensuite ; la science ne vient qu'en second. » (*Tusculanes*, I, 5.)

33. Telles seraient les conclusions auxquelles on se trouve conduit en se maintenant dans l'hypothèse des chapitres précédents, c'est-à-dire en rapportant la pensée antique au centre unique du platonisme. Mais l'histoire de la philosophie ancienne comporte une interprétation toute différente. La période critique du IVe siècle où l'idéalisme platonicien commence à se décomposer dans l'*Ancienne Académie*, voit se constituer l'œuvre d'Aristote, encyclopédie d'allure positive, que couronne une métaphysique, et qui semble destinée à défier les siècles. Comment une telle œuvre n'apporterait-elle pas avec elle une perspective nouvelle de la raison ? Si le *Lycée* a triomphé de l'*Académie*, n'est-ce pas, en effet, que le platonisme souffrait de cette ambiguïté fondamentale que les péripatéticiens ont soulignée, avec une clairvoyance et une profondeur admirables, lorsqu'ils faisaient à leurs rivaux le reproche d'avoir suivi tout à la fois la piste des relations mathématiques et des discours logiques [1] ?

Selon la perspective où nous place la pensée péripatéticienne, l'Éléatisme et le Pythagorisme auraient altéré, chez Platon, l'inspiration originelle du Socratisme. Il faudra revenir à Socrate, du moins au Socrate qu'Aristote suppose épris de la généralité du concept et toujours à la poursuite de définitions éthiques ; il faudra reprendre la voie des recherches logiques, dans laquelle Platon s'était engagé lui aussi, mais qu'il avait abandonnée à mi-chemin en

---

1 Cf. *Mét*, M 8, 1084 *b* 23 : αἴτιον δὲ τῆς συμβαινούσης ἁμαρτίας ὅτι ἅλα ἐκ τῶν μαθηρεύων καὶ ἐκ τῶν λόγων τῶν καθόλου.

se bornant à la théorie « impuissante » de la division [1]. Aristote, lui, ne se laisse pas détourner du but par le mirage de la dialectique ; il aboutit à une doctrine logique qui demeurera, jusqu'à une époque toute proche de la nôtre, le type de la perfection doctrinale. Du seul fait, donc, que le syllogisme est en état de revendiquer l'hégémonie à laquelle le raisonnement mathématique avait prétendu dans l'Ancienne Académie, tout l'échafaudage d'*idées* s'écroule, que Platon avait superposé à la tradition socratique.

Rien n'est significatif, à cet égard, comme la sorte d'autobiographie qui est au centre du *Phédon* : le Socrate du dialogue commence par louer Anaxagore d'avoir cherché dans l'intelligence la cause ordonnatrice des choses ; puis il lui fait grief d'avoir manqué à suivre son propre principe : car il n'a pas su adopter crûment l'anthropomorphisme de la finalité cosmique, et rattacher toute explication physique « au choix du meilleur ». (97 *b*, 99 *b*.) Toutefois Platon, ainsi que le montre la suite même du *Phédon*, n'introduisait la considération de la réalité physique que pour la dépasser ; il faisait appel à l'intelligence de la fabrication du monde, pour en dégager immédiatement l'intelligence des Idées prises en soi. Il en est tout autrement aux yeux d'Aristote. Si les Idées, dans la transcendance que le *Phédon* leur confère, sont (ainsi que le montrait déjà l'Aristote interlocuteur du *Parménide*) des entités abstraites indûment douées d'une existence éternelle, elles doivent paraître du plan de la philosophie.

C'est cette disparition que va consacrer l'avènement de la *Métaphysique*. Table rase est faite désormais du plan idéal, hypercéleste, de la vérité, qui se détachait des choses données pour ne plus relever que de la seule intelligence des rapports quantitatifs. Et alors un événement capital se produit : le charme d'une transfiguration va opérer sur le contenu de la cosmogonie platonicienne ; il demeure le même dans ses lignes générales ; mais la finalité du *Timée*, simplement parce qu'elle cesse d'être jugée suivant un critère rationnel, désormais va participer à la noblesse abstraite du concept logique. Ce qui était un *mythe* pour Platon, c'est pour Aristote la *physique* elle-même. Dès lors, jusqu'à l'aube des temps modernes, jusqu'au jour où la matière du ciel, réduite à n'être rien de plus que la matière de la terre, apparaîtra de nouveau régie par

---

[1] I. *Anal.*, I, 31 ; 46 *a* 32.

les lois d'une même mécanique, *la distinction du sensible et de l'intelligible, de la nature et de l'esprit, perd la signification intrinsèque qui lui avait été conférée par Platon* ; elle correspond seulement à l'opposition entre deux ordres de réalité. D'une part, les propriétés du mouvement circulaire, auquel il est donné d'être éternel sans être infini, attestent la sublimité des âmes astrales ; et, comme c'est un axiome pour Aristote que la qualité du savoir humain est liée à la perfection de son objet, la bio-psychologie des astres présente les caractères d'une science au sens le plus rigoureux du mot ; car elle porte sur le nécessaire. D'autre part, quand l'homme revient du ciel sur la terre, pour étudier les objets de son propre monde, il ne peut plus constituer de science que du général : ce qui serait une contradiction dans les termes si la science avait conservé la pleine signification rationnelle que Pythagore et Platon avaient réussi à lui conférer. En fait, dans la physique tout anthropomorphique d'Aristote, la distinction s'efface entre le savoir-faire technique et la connaissance scientifique : les anomalies de la nature, qui déroutent la prévision, correspondent aux défaillances du grammairien ou du médecin : « Le grammairien écrit parfois incorrectement et le médecin administre mal à propos sa potion ; ainsi il est évident qu'il peut se produire des erreurs dans les choses que la nature exécute [1]. »

34. Aristote accomplit donc un retournement complet des valeurs intellectuelles, celui-là même que Platon avait tenté de prévenir dans sa critique du réalisme astrologique. L'ordre de la connaissance, l'ordre πρὸς ἡμᾶς, s'invertit dans l'ordre de l'ontologie, τῷ ὄντι. La hiérarchie du savoir véritable se fonde sur la supériorité littérale, matérielle, de la réalité supra-lunaire ; ce qu'il y a de plus clair en soi est ce qui est le plus loin de nous. Semblable à ces inférieurs qui se consolent de l'humilité de leur condition en se flattant de surprendre les secrets de leurs maîtres, le philosophe de type aristotélicien en arrive à se demander ce qui se passe au-dessus de lui avant de chercher à savoir comment il est constitué lui-même : de telle sorte que la psychologie est fonction d'une cosmologie qui est elle-même une biologie transcendante à l'homme.

---

1 *Phys.*, II, 8 ; 199 *a* 33. Cf. *L'expérience humaine et la causalité physique*, § 73, p. 150 ; éd. de 1949, pp. 143-144.

Ce qui est remarquable, c'est que ce mouvement de pensée ait revêtu l'apparence d'un progrès de l'esprit positif. Et, en effet, à côté de la « technique mathématique », la Grèce avait déjà au VIe siècle constitué la « technique médicale » à l'état de science distincte [1]. L'éducation d'Aristote le préparait à s'inspirer de celle-ci plutôt que de celle-là. Platon contemple l'univers pour en dégager le système des relations rationnelles qui constituent le monde mathématique ; Aristote aperçoit dans les choses le souffle de vie qui les anime : la pierre qui descend, et la fumée qui monte, témoignent toutes deux d'un élan psychique vers leur *lieu naturel*, tandis que les astres ont des âmes qui, dans l'éternité du mouvement circulaire, imitent la perfection absolue du moteur immobile.

Reste pourtant un point, sur lequel il convient d'insister, car il est d'une importance décisive pour l'objet de notre étude : une fois sortie du domaine de l'observation positive où Aristote a rencontré, où il nous a transmis, tant de richesses inestimables, l'interprétation biologique de la science devait suggérer des applications d'ordre psychologique et d'ordre moral singulièrement plus inconsistantes que l'interprétation mathématique. Au temps d'Aristote plus encore que de nos jours, la philosophie d'ordre mathématique contraste avec la philosophie d'ordre biologique : tandis que *l'une prend pour base une science effectivement constituée, l'autre évoque une science qui est encore à faire.* Il est inévitable, dès lors, que l'ampleur des formules générales qu'elle se plaît à mettre en œuvre, tranche fâcheusement sur le caractère encore fragmentaire des résultats que la technique a pu soumettre à son contrôle, et qu'elle recueille à titre de données du savoir.

35. Platon avait traduit les démarches de la pensée mathématique dans une psychologie de l'intelligence qui aboutit à la spiritualité de l'Idée. La morale aristotélicienne commence par écarter le fantôme de l'idéalisme platonicien : « S'il y a un bien qui soit quelque chose d'un et de général, ou qui existe à part en soi et pour soi, il est évident que ce n'est pas cela qui intéresse l'action ou la possession humaine ; or, c'est cela qu'il y a lieu de chercher [2]. »

---

1 Bréhier, *Revue de Métaphysique*, janvier-mars 1925, p. 94. Cf. Gomprez, *op. cit.*, trad. Reymond, t. I, 1904, pp. 296 et suiv.
2 *Eth. Nic.*, I, 4 ; 1096 *b* 32.

Par là sans doute Aristote revient à l'humanisme, mais non à l'humanisme de la raison. Au contraire, l'homme dont il se préoccupe, c'est l'homme biologiquement défini par le rang qu'il occupe dans la hiérarchie cosmique. Les diverses formes de l'activité psychologique et morale, considérées à titre de fonctions zoologiques, ont une portée délimitée à l'avance par la place de la nature spécifiquement humaine dans l'ordre de l'animalité universelle. L'homme est intermédiaire entre les bêtes dépourvues de raison et les astres doués d'un mouvement éternel ; ainsi s'explique qu'il possède une volonté, c'est-à-dire un pouvoir de délibération qui sans doute manque aux premiers [1], mais qui serait inutile aux seconds ; car « délibérer, c'est chercher », (*Eth. Nic.*, III, 5 ; 1112 *b*, 21 et VI, 10. déb.) ; « c'est donc une marque de défaut et d'imperfection » [2].

Ce n'est pas tout encore. Le propre de la délibération est de porter, non sur les fins, mais sur les moyens relatifs, à ces fins [3] ; c'est-à-dire, en l'assimilant à un syllogisme comme fait Aristote, sur les *mineures* et non sur les *majeures*. Le médecin ne se demande pas s'il doit chercher à guérir, ou l'orateur à persuader. De même l'homme n'a ni à découvrir ni à créer le principe de sa conduite ; il ne se demandera pas s'il doit travailler à se rendre heureux. La raison pratique a donc selon Aristote un rôle très nettement déterminé : « La νόησις πρακτική se meut entre, deux limites : elle part de la conception du but à atteindre et descend la série des moyens de nature à le produire jusqu'à ce qu'elle arrive à celui dont la réalisation est à la portée de l'agent [4]. » Ainsi, la raison pratique demeure subordonnée à cette biologie métaphysique qui enveloppe la psychologie comme l'astrologie. Elle suppose la réalité d'une nature qu'il s'agira seulement de déterminer en ses conditions d'équilibre normal [5]. De ce point de vue, la morale d'Aristote sera, comme celle de Platon, ou tout au moins du *Philèbe*, « une doctrine de juste milieu » [6]. La vertu y est une *médiation* qui se situe sur la ligne

---

1 *De an.*, III, 9 ; 432 *b* 5.
2 Hamelin, *Commentaire du livre II de la physique* (II, 8 ; 199 *b* 26), 1907 p, 161.
3 *Eth. Nic.* III, 5 ; 1112 *b* 11. Cf. Belot, *Études de morale postive*, t. I, 2ᵉ édit, 1921, p. 56.
4 Rodier, Commentaire du Traité de l'Ame, 1900, p. 537.
5 *Eth. Nic.*, II, 5 ; 1106 *b* 8.
6 Brochard, *Études citée*, p. 217.

étroite et sur la ligne élevée du partage entre l'excès et le défaut [1].

Encore ces formules de *médiation* ne déterminent-elles que les conditions abstraites de l'équilibre : l'application aux cas particuliers qui se présentent effectivement dans la vie, réclame un médiateur vivant, qui est le sage [2]. La politique, qui commande la morale en un sens, puisque la cité, qui est le tout, est naturellement antérieure à la famille et à l'individu, c'est-à-dire aux parties [3], suit le même, rythme dans sa marche vers l'*optimum* vital, qui est ici aussi et par cela même un *optimum* moral. L'eudémonisme de l'État repose sur les classes moyennes qui assurent son équilibre, comme l'eudémonisme de l'individu consiste dans la voie moyenne de la vertu [4]. Et la loi qui fait l'éducation du citoyen et le forme pour la justice trouve son complément dans la norme souple du jugement d'équité, capable de corriger la généralité de la loi, et qu'Aristote compare à la règle de plomb, employée par les constructeurs lesbiens, qui s'adapte à la pierre parce qu'elle ne conserve pas l'invariable direction de la ligne droite [5].

Dans le tableau qu'Aristote a tracé de son honnête homme, amical et confortable tout à la fois, s'exprime en traits précis et définitifs le goût hellénique de la mesure et de l'harmonie, qui avait déjà suscité l'effort politique des Pythagoriciens [6] et qui, chez Platon, contrebalançait les effets de l'ascétisme dialectique. Pourtant les doctrines qui se rapprochent dans leurs conséquences pratiques, comme il arrive presque toujours entre contemporains, diffèrent profondément par leurs aspirations intimes. Il manque à l'aristotélisme le rayonnement de générosité par qui se manifeste le primat de l'intelligence. C'est à un esclave que le *Ménon* demande d'attester la vertu de la réminiscence qui rend inné à toute âme humaine l'univers de la vérité. La *Politique* pour justifier l'infrastructure économique de l'hellénisme, fait de l'esclave une brute par destination de nature, et lui refuse la raison et la volonté. « La nature a la volonté de faire des corps différents à l'homme libre et

---

1 *Eth. Nic.*, II, 6 ; 1106 *b* 36 et 1107 *a* 6.
2 *Eth. Nic.*, III, 14 ; 1118 *b* 32.
3 *Pol.*, I, 2 ; 1253 *a* 18.
4 *Pol.*, IV, 11 ; 1295 *a* 35.
5 *Eth. Nic.*, V, 14 ; 1137 *b*, 30.
6 Cf. DELATTE, *Essai sur la politique pythagoricienne*, Liége et Paris, 1922, p. 113.

à l'esclave [1]. » Aristote assimile biologiquement le barbare et l'esclave [2] : comment mettre en doute la supériorité de la race grecque, puisqu'elle a le privilège d'une « médiation locale » entre le *Barbare* courageux sans intelligence et l'*Oriental* intelligent sans courage [3] ? Dans cet essai de déduction « anthropo-géographique », comme l'appelle Gomperz [4], l'apparence de médiation rationnelle annonce curieusement, avec le rythme de synthèse qui prévaudra dans les philosophies hégéliennes de l'histoire, le matérialisme dont y procèdent également les pangermanistes de la droite et les marxistes de la gauche.

L'antagonisme des doctrines est donc bien fondé. D'une part, la morale platonicienne a pris pour appui la capacité de progrès qui est inhérente à la raison de l'homme, et qui lui permet d'étendre la réflexion de sa conscience à l'universalité des normes de justice, d'en approfondir le principe jusqu'à l'unité constitutive du Bien. D'autre part, la morale aristotélicienne a cherché son fondement dans une nature qui est donnée du dehors à la pensée humaine, dont nous avons à saisir les propriétés, sans que nous puissions les transformer et nous transformer par le développement de notre effort.

36. Le retour au réalisme antésocratique ne peut manquer d'avoir sa répercussion sur la marche de la philosophie aristotélicienne quand elle se propose de dépasser le plan de la nature, et de gravir, elle aussi, les pentes de l'idéalisme platonicien. Nulle part le disciple ne semble plus près du maître que dans les pages du livre X de l'*Éthique à Nicomaque*, où il élève au-dessus de cette sagesse en quelque sorte quotidienne par laquelle l'homme s'adapte aux conditions extérieures de l'équilibre individuel ou social, une seconde espèce de σοφία, grâce à laquelle il lui est donné de participer, en certains moments, au type d'activité qui est l'activité continue de Dieu, et de rendre ainsi effective sa propre immortalité [5]. Même sur un point qui est de première importance pour nous,

---
1 *Pol.*, I, 5 ; 1254 *b* 27.
2 *Ibid.*, I, 2 ; 1252 *b* 8.
3 *Pol.*, VII, 7 ; 1327 *b* 29 : τὸ δὲ τῶν Ἑλλήνων γένος ὥσπερ μεσεύει κατὰ τοὺς τόπους, οὕτως ἀμφοῖν μετέχει. Cf. édit. Newman, Oxford, III, 1902, p. 313.
4 *Op. cit.*, III, 356.
5 *Eth. Nic.*, X, 7 ; 1177 *b* 30.

Aristote semble être allé plus loin que Platon dans le sens de la pensée moderne. Tandis qu'il manque à l'idéalisme platonicien cette capacité du retour sur soi qui caractérise le sujet comme tel, l'œuvre de l'observateur et de l'encyclopédiste qu'était Aristote y fait plus d'une allusion : « Sous les sens spéciaux, il y a un sens commun » qui a pour fonction non seulement de *sentir les sensibles communs, de constituer par son indifférenciation l'unité du sensitif, mais encore de procurer au sentant la conscience de sa sensation* [1]. » Cette conscience, qui accompagne naturellement l'activité de l'âme, la suit à travers les degrés de son exercice, et pénètre dans la psychologie du dieu aristotélicien. L'Unité d'où procède dans la *République* le parallélisme de la connaissance et de l'être, s'y incarne dans l'acte où la pensée s'attache et s'identifie à soi : « Dieu se prend lui-même pour l'objet d'une contemplation qui persiste, sans jamais s'interrompre pendant toute l'éternité [2]. »

Il est donc vrai qu'Aristote superpose au plan de la nature ce qu'il voudrait être le plan de l'esprit ; mais il est vrai aussi que pour la justification de ce passage il s'est démuni de l'instrument que Platon trouvait dans le progrès dynamique d'une intelligence capable de s'approfondir soi-même et de se ressaisir à son propre principe ; il est prisonnier de la transcendance dans laquelle son génie tout intuitif a transposé la doctrine de son maître et qui substitue à la rationalité des Idées le fantôme abstrait de l'intelligible en soi. En outre, selon sa propre métaphysique, l'acte de pensée qui fait l'être de Dieu dans l'unité indivisible du sujet et de l'objet, se trouve évoqué au sommet d'un animisme cosmologique et pour rendre compte du mouvement sidéral, qui est médiateur entre Dieu et l'homme. Le caractère astrologique de cette médiation remet inévitablement en question la clarté rationnelle et la spiritualité véritable de l'aristotélisme. Comment déterminer le rapport du νοῦς divin au νοῦς du philosophe qui devient, à des moments privilégiés, capable de la pensée divine ? Comment expliquer la présence de cet intellect actif, νοῦς ποιητικός, chez un être qui selon sa nature spécifique dispose seulement du νοῦς παθητικός ? La réponse paraît désespérée, et cela pour des motifs profonds que Rodier met en relief dans son commentaire du *De anima* : « Si c'est

[1] Hamelin, *Le système d'Aristote*, 1920, p. 381.
[2] Werner, *Aristote et l'idéalisme platonicien*, 1910, p. 310. Cf. *Mét.*, A, 9 ; 1074 *b* 15 et suiv.

l'intelligible qui fait l'intellect, la doctrine d'Aristote se rapproche étrangement de la théorie des Idées et des interprétations néo-platoniciennes de l'aristotélisme. Si, au contraire, c'est l'intellect qui crée l'intelligible, l'objet de la pensée devient une émanation de la pensée, et la connaissance ne consiste plus, malgré les assertions répétées d'Aristote, à s'identifier avec l'objet. En outre, on ne voit pas clairement ce qu'est en lui-même l'intellect qui agit. Si, comme certains passages semblent l'impliquer (*Eth. Nic.*, X, 7 ; 1177 *b* 26), l'intellect qui agit est Dieu même, on ne conçoit pas comment les individus sensibles peuvent participer à l'existence supra-sensible, ni même comment l'intellection pure peut s'allier, en Dieu, à l'individualité (*Mét.*, A 7 ; 1073 *a* 3), car la réalité individuelle n'est pas possible sans une matière. »(*Ibid.*, 8 ; 1074 *a* 33) [1].

Il semble donc que pour Aristote tout doive se perdre dans le brouillard, à la hauteur où chez Platon l'Idée de l'*Un-Bien* atteignait sa pureté spirituelle : la multiplication des formules brèves, précises, éclatantes, recouvre un embarras dont Aristote fait l'aveu (*De an.*, II, 2 ; 413 *b* 24), laissant à ses disciples et à ses interprètes la métaphore fameuse du *De generatione animalium* où se produit la matérialité, peut-être irréductible, qui est au fond des systèmes de transcendance. Si le νοῦς, considéré à part (et d'ailleurs pris ici dans l'indétermination et la généralité de son concept) vient à l'homme, c'est en s'y introduisant du dehors, par la porte : θύραθεν (II, 3 ; 736 *b* 27.)

Section II
LE STOÏCISME ET L'ÉPICURISME

A) *Les bases physiques de la morale*

37. L'idéalisme véritable de la raison a disparu avec la civilisation hellénique ; dans le monde hellénistique prévaudra une représentation toute différente des choses. De quoi témoigne un fragment de Théophraste, où Ravaisson apercevait « la première lueur d'un jour nouveau ». « Tandis que le philosophe (écrit-il en parlant d'Aristote), qui a reconnu dans la pensée le principe de tout le reste, préoccupé cependant d'une vénération superstitieuse

---

1 RODIER, Commentaire du *De anima* (ad I, 1, 403 *a* 8), p. 29.

pour le monde physique, voit encore dans le mouvement régulier des sphères célestes la plus haute forme de la vie, et n'hésite pas à mettre la condition des astres fort au-dessus de celle des humains, Théophraste se demande si le mouvement circulaire n'est pas au contraire d'une nature inférieure à celui de l'âme, surtout au mouvement de la pensée, duquel naît ce désir où Aristote lui-même a cherché la source du mouvement du ciel [1]. »

Mais, dans ce texte, le plus pathétique peut-être de l'Antiquité occidentale, il ne convient de voir, selon nous, qu'un dernier regard vers le spiritualisme désormais abandonné. Du moins ne relèvera-t-on aucune autre trace d'inquiétude chez les péripatéticiens postérieurs comme Alexandre d'Aphrodise [2], à plus forte raison dans les écoles dont l'influence va devenir prédominante. Épicurisme et stoïcisme sont un même niveau de spéculation philosophique : une vision réaliste de l'univers, littéralement matérialiste, sert de base à leurs systèmes et va y déterminer le tableau des valeurs humaines, à commencer par la valeur de la conscience. « En vertu de la disposition si naturelle qui porte tous les historiens à retrouver, chez les Anciens, leurs propres points de vue, à les interpréter d'après leurs doctrines, quand on rencontrait, chez les Stoïciens, par exemple, le mot συνείδεσις ou, chez les Latins, le mot *conscientia*, on se plaisait, naguère à leur donner une signification toute voisine du sens attaché par les modernes au terme conscience. Mais un peu d'attention suffit pour s'apercevoir qu'entre les vocables anciens et les idées qu'on s'efforce d'y retrouver, il n'est décidément rien de commun. Ce n'est jamais en regardant en lui-même, par l'étude des faits intérieurs, que le Grec cherche à gouverner sa vie. Ses regards se portent toujours au dehors. C'est dans la nature, c'est dans la conformité à la nature, nullement dans une loi interne et dans la conformité à cette loi que la philosophie grecque cherche le bien [3]. »

---

[1] *Essai sur la Métaphysique d'Aristote*, t. II, 1846, p 31. Cf. Théophraste, éd., Wimmer, t. III, Leipzig, 1862, frag. XII (9), p. 152.
[2] Cf. Ravaisson, *ibid.*, 310 : « Après avoir défendu la liberté de l'homme contre le destin des Stoïciens, Alexandre d'Aphrodisiade semble ne la laisser subsister qu'à regret, comme une exception fâcheuse à l'ordre immuable de l'univers. Qu'est devenu ici *(le)* doute de Théophraste.. ? »
[3] Brochard, *Études citées*, p. 493.

38. Étant donné l'image que le monde moderne a conservée du stoïcisme, la remarque a quelque chose de paradoxal. L'explication du paradoxe nous conduit au cœur du problème que pose la destinée historique du stoïcisme. Il est vrai que c'est des Stoïciens que les hommes ont appris à dire *moi* [1]. Ce qu'il y a de principal en chacun de nous, qui fait la constitution de notre être et la conscience de cet être [2], c'est cette συγκατάθεσις qui est, selon l'expression de Pascal, *consentement de soi-même à soi-même*. Le pouvoir de ferme et libre décision, le jugement, est propre à l'individu. Ce pouvoir est une force, et non par métaphore ; car c'est un des caractères du stoïcisme qu'il exclut toute métaphore : il se fie entièrement à l'imagination pour aller droit à la réalité, pour maintenir avec elle un contact étroit. Point de milieu entre le plein et le vide. Le vide, ce n'est rien dans l'univers ; et ce n'est rien non plus dans l'humanité. Les concepts de la logique aristotélicienne sont des néants de pensée, des mots, tandis que la pensée elle-même, étant quelque chose d'existant, sera un corps, comme la vertu est un corps [3].

Avec une intrépidité dont l'histoire n'offre guère d'autre exemple, les Stoïciens ont explicité les représentations matérialistes dont procède le prétendu spiritualisme du sens commun, et que tant de moralistes et de théologiens ont essayé de masquer par des euphémismes ou des équivoques de langage. L'âme stoïcienne est un *souffle vital*, qui « à la première inspiration » se mélange « avec l'air froid extérieur » ; ce souffle, « qui se nourrit au moyen des émanations du sang, est tendu à travers le corps entier » [4]. Les divers degrés de cette tension expliqueront tous les phénomènes de l'humanité, depuis les vicissitudes proprement biologiques qui se traduisent par le sommeil et la vieillesse, jusqu'à la concentration d'énergie qui assure la cohérence des jugements rationnels. La souveraineté de l'intelligence s'identifie complètement chez les Stoïciens au dynamisme de la volonté, de telle sorte qu'une représentation d'apparence positive puisqu'elle est littéralement matérielle, soutient la certitude intime de l'autonomie.

---

1 Galien, *De Hippocrate et Platone*, II, 2 ; p. 172 ; apud *Stoïcorum veterum frafmenta*, édit. d'Arnim (que nous désignerons par A) ; II, 1903, fr. 895, p. 245.
2 Diog. Laërte, VII, 85 ; A., III, 178, p. 43.
3 Stobée, Ecl., Il, 64, 18 W ; A., III, 305, p. 75. Cf. Plut., *De communibus Notitiis adversus Stoïcos*, XLV (4), 1084 B.
4 Émile Bréhier, *Chrysippe*, 1910, pp. 161-163.

C'est dans l'école stoïcienne que cette certitude d'autonomie a trouvé son exemplaire accompli : « Est-ce que le Zeus d'Olympie a l'air arrogant ? demande Épictète. Il a le regard assuré, comme il convient à celui qui dit : *Il n'y a rien en moi qui soit révocable ou douteux*. Tel je me montrerai à vous : fidèle, pudique, noble, sans trouble ; non pas à l'abri de la mort, de la vieillesse, de la maladie, mais mourant divinement, malade divinement. Voilà ce dont j'ai la possession et la capacité ; le reste, je ne l'ai pas et je ne le suis pas. Je vous montrerai les nerfs d'un philosophe. Quels sont ces nerfs ? Un désir qui n'est jamais hors de son but, une inclination qui ne dévie jamais en ce qu'elle craint, un élan suivant la règle du convenable, une application soigneuse dans la conduite, un jugement qui ne devance jamais l'examen. Cela, vous le verrez [1]. »

Et si peut-être le style d'Arrien donne à la physionomie d'Épictète une allure d'hypertension, les faits qu'il rapporte ne sont-ils pas au delà de toute éloquence ? Agir et comprendre ne sont qu'un pour le Stoïcien : Ταῦτα εἶδεν καὶ Πρῖσκος Ἑλουίδιος καὶ ἰδὼν ἐποίησε. « Vespasien lui avait envoyé dire de ne pas se rendre au Sénat. Il est en ton pouvoir, répondit Helvidius Priscus, de ne pas me laisser faire partie du Sénat ; mais tant que j'en ferai partie, il faut que je m'y rende. — Soit, vas-y ; mais garde le silence. — Ne m'interroge pas, je me tairai. — Mais il faut que je t'interroge. — Alors moi il faut que je dise ce qui me paraît juste. » (I, II, 19.) Nulle bravade dans le langage d'Helvidius. Ce qui en fait le sublime, c'est la simplicité de l'adaptation aux circonstances qui veulent que l'homme aille au bout de son office, tel que lui prescrit le rang qu'il occupe dans la société, c'est-à-dire du rôle qu'il a reçu de Dieu. Et cette conscience, ramenée à soi et ne dépendant plus que de soi, suffit pour mettre le sage stoïcien hors de pair, pour porter à la plus haute extrémité des valeurs humaines la ligne de partage entre lui et le vulgaire : « Agrippinus avait consulté Florus afin de savoir s'il devait descendre sur la scène pour jouer un rôle avec Néron, et Florus lui répondit : *Descends-y*. Agrippinus lui demanda : *Pourquoi donc, toi, n'y descends-tu pas ? Parce que*, répond Florus, *moi, je ne délibère pas.* » (*Ibid.*, 12.)

On ne comprend guère le stoïcisme quand on s'arrête aux rail-

---

[1] *Diss.*, II, VIII, 26.

leries des adversaires ¹ ou aux exagérations d'un rhéteur comme Sénèque ², et quand on soupçonne d'orgueil l'assurance de liberté que porte avec soi une philosophie de la conscience et du jugement. Si le stoïcien s'attribue la puissance d'être conforme à sa propre nature d'homme, c'est que cette conformité lui apparaît comme étant également conformité à la nature universelle. Sans doute, lorsque Zénon parle de vivre conséquemment ³, lorsque Cléanthe ⁴ ajoute : *par rapport à la nature*, on pourrait être porté à croire que le sens du précepte primitif se corrompt, et que la doctrine, « après avoir servi à affirmer, comme dirait Kant, l'autonomie de la volonté, semblait en devoir consacrer l'hétéronomie par rapport à la nature extérieure » ⁵. Mais en ceci précisément consiste l'intuition fondamentale du stoïcisme : un même λόγος fait lever tous les germes ; un même feu maintient la cohérence de l'animalité cosmique comme de l'animalité humaine, « sorte de victoire de Zeus, sa domination sur toute chose » ⁶.

39. Le naturalisme physique, dont dépend l'armature de la morale stoïcienne, est donc avant tout un optimisme religieux. De là découle directement la théorie du suicide, dont Chrysippe accordait au sage la permission ⁷. De là aussi le mouvement de pensée qui devait pousser le stoïcisme à étendre, suivant les expressions de

---

1 Cf. Louis WEBER, La morale d'Épictète et les besoins présents de l'enseignement moral, *Revue de Métaphysique*, 1905, p. 843.
2 Cf. RAVAISSON, Essai sur la Métaphysique d'Aristote, t. II, p. 280.
3 STOB., *Ecl.*, II, p. 75 ; A., I, 179, p. 45.
4 STOB., *Ecl.*, II, p. 76 ; A., I, 552, p. 125.
5 GUYAU, *Édition du Manuel d'Épictète*. Texte grec avec introduction et notes, 1876, p. 10, n. 3.
6 BRÉHIER, *Chrysippe*, 1910, p. 157. La valeur rationnelle que les Stoïciens accordaient à leur système de thermo-dynamique biologique les conduit à fonder sur la négation du hasard le dogme du *retour éternel*. Ce qui est arrivé une fois ne pouvait manquer de se produire, et par suite ne saurait manquer de se reproduire : « Il y aura de nouveau un Socrate, un Platon, et chacun des hommes avec les mêmes amis et les mêmes concitoyens... et cette restauration aura lieu, non pas une fois, mais plusieurs fois ; ou plutôt toutes choses seront restaurées éternellement. » (NÉMÉSIUS, *De nat. hom.*, c. 38 ; A., I, 109, p. 32, et II, 625, p. 190 ; *apud* BRÉHIER, *op. cit.*, p. 158.)
7 D. L., VII, 130 : A., III, 157. L'admirable *Entretien*, rapporté par ARRIEN, montre comment le problème se posera au temps d'Épictète ; il s'agit de savoir si l'homme, fils de Dieu, ne peut pas se détacher du « cadavre » qu'il traîne pour retourner là d'où il vient, et jouir pleinement de sa parenté divine. (I, IX.).

Marc Aurèle, la cité de Cécrops jusqu'à la cité de Zeus [1], jusqu'à ce monde dont les astres sont les citoyens. « La *caritas generis humani*, remarque Rodier, ne se rencontre que chez les représentants récents du stoïcisme. Pour les plus anciens, la grande patrie du sage n'est pas l'humanité, c'est l'univers [2]. » Mais il était inévitable que l'unité de ceci conduisît à l'unité de cela. De l'universalité que les Stoïciens conféraient à la loi de nature, procèdent les « éléments de moralité » [3] que leur influence a introduits dans le Code archaïque de Rome et qui ont effectué l'une des plus paradoxales réussites de l'histoire, la conversion de l'impérialisme latin à l'idée du droit.

De là, enfin, dans la direction de la vie intérieure une souplesse et une fécondité incomparables. Épictète est un affranchi, et tout son enseignement tend à relever dans l'homme la fierté qui, indépendamment de sa condition extérieure, le rend digne de s'asseoir à la table des dieux. Il dresse le portrait du Cynique véritable, de celui auquel sa conscience (τὸ συνειδός) confère ce même pouvoir de réprimander et de châtier que les tyrans demandent à leurs armes et à leurs gardes, et qui marche au-devant de tout ce dont s'effraie le vulgaire et qui lui en impose comme on va au-devant d'esclaves [4]. « Qu'est-ce qui met à néant les citadelles ? Ce n'est ni le fer ni le feu ; ce sont nos façons de juger et de vouloir. » (IV, I, 86.) L'Europe se courbe sous les extravagances des Césars qui prétendent joindre à la force de l'*imperator* la majesté du *summus pontifex*. Un seul centre de résistance leur demeure opposé : cette poignée de Stoïciens qui surent mourir à seule fin d'affirmer en eux le privilège de la dignité humaine. « *Moi* (leur fait dire Épictète), *je veux être ce petit morceau de pourpre qui donne à tout le reste l'éclat de sa beauté ; pourquoi me demander de ressembler à la foule ? et comment se pourrait-il alors que je fusse pourpre ?* » (I, II, 18.) Avec Marc-Aurèle, lorsque le stoïcisme conquiert l'Empereur lui-même, il change de rythme. Il va s'infléchir dans une communion tendre avec la « substance du tout, docile et maniable. » (VI, 1.) Il don-

---

[1] Marc Aurèle, IV, 23.
[2] Rodier, *La cohérence de la morale stoïcienne*, *Études citées*, p. 284, avec renvoi à Plutarque. *De comm. not.* (XXXIV, 6 ; 1076 F.) : « Le monde est une cité dont les astres sont les citoyens. »
[3] Declareuil, Rome et l'organisation du droit, 1924, p. 13.
[4] III, xxii, 94. Sur la relation d'Épictète au cynisme, Cf. Colardeau, *Étude sur Épictète*, 1903, p. 130.

nera au maître des hommes la force de supporter le mal qu'ils ne peuvent s'empêcher de faire, comme une conséquence de l'ordre universel, de lui enlever même sa qualité de mal grâce au déplacement de la perspective du jugement : « Supprime ton opinion, tu supprimes ta plainte. *Il m'a fait du mal* ; supprime ton : *Il m'a fait du mal*, le mal est supprimé [1]. » Rien de mauvais ne peut atteindre l'homme qui sait se renouveler dans la retraite que lui offre ce petit domaine de soi, τὸ ἀγρίδιον ἑαυτοῦ (IV, 3). Marc-Aurèle s'adresse à lui-même, comme à un être capable d'exaucer sa propre prière : « O mon âme, seras-tu donc quelque jour enfin bonne, simple, une, nue, plus visible que le corps qui t'enveloppe ? Goûteras-tu enfin la disposition à aimer et à chérir ? Seras-tu enfin remplie de toi seule, sans besoin, sans désir aucun, ni des choses animées ou inanimées pour en tirer des jouissances, ni du temps pour jouir plus longuement, ni du charme des lieux, des contrées, ni de la concorde avec les hommes ? Sauras-tu te contenter de ta condition présente, te réjouir de tout ce qui est actuellement ? Te persuaderas-tu à toi-même, que tu as tout, que tout est bien pour toi, que tout vient des dieux, que tout sera bien qui leur plaira et qu'ils te donneront pour le salut de l'être parfait, bon, juste, beau, de l'être qui produit toute chose, renferme, embrasse et contient toutes les choses dont la dissolution engendre d'autres choses semblables ? Seras-tu un jour telle que tu puisses être concitoyenne des dieux et des hommes, sans te plaindre d'eux et sans qu'ils te condamnent ? » (X, 1, trad. Michaut, p. 181.)

40. La grandeur du stoïcisme est, par-dessus tout, dans la diversité d'attitude qu'il inspire à ses adeptes, en contraste apparent, en conformité profonde, avec leur condition sociale, exaltant l'humilité de l'affranchi, rabaissant la « superbe » qui paraissait attachée à la majesté du trône impérial. Elle fait comprendre le prestige dont il a joui pendant les six siècles de son existence doctrinale, appuyant l'efficacité pratique au réalisme immédiat des principes spéculatifs, puisque la liaison entre la loi morale de la personne et la loi divine de la nature se déduit d'une théorie physique qui, dans sa méthode tout au moins, présentait ce double caractère scienti-

---

[1] IV, 7. Trad. MICHAUT, 1902, p. 47. Cf. VIII, 59 : « Les hommes sont nés les uns pour les autres ; instruis-les ou supporte-les. »

fique d'être à la fois rigoureusement nominaliste et rigoureusement déterministe. Malheureusement, l'idée même qu'ils avaient du savoir scientifique n'a guère servi, dans l'application, qu'à montrer comme les Stoïciens ont été incapables de remplir leur propre idée. L'ignorance de la méthode expérimentale, et la défaveur où ils tenaient les mathématiques, qui elles-mêmes se trouvaient reprises par un tourbillon de superstitions pythagoriciennes, expliquent comment leur tentative pour réformer la logique aristotélicienne aboutit à une théorie toute superficielle du conditionnement entre les propositions. D'autre part, le matérialisme de leur imagination ne leur permettait d'établir entre les corps d'autres rapports que des rapports de pénétration mutuelle, de telle sorte qu'ils étaient conduits, par l'énergie même de leur « volonté de conséquence », à des propositions d'apparence monstrueuse sur la *panmixie* universelle [1].

Ce qui met le comble au désarroi des idées, c'est que l'imagination toute matérialiste des Stoïciens était au service d'intentions spiritualistes. La subtilité du feu est sans métaphore, littéralement parlant, la subtilité même de l'intelligence qui pénètre tout, qui prévoit tout, qui coordonne tout. La nécessité du destin est volonté de Providence. Le déterminisme de la physique dégénère avec Chrysippe en une *Théodicée* qui, selon la remarque de M. Capelle [2], pousse l'anthropocentrisme de la finalité jusque dans le détail et dans l'absurde.

Pour la doctrine stoïcienne de la conscience, la doctrine de la nature était une base misérablement précaire. Du point de vue historique tout au moins, il n'y aurait eu que demi-mal, si cette fragilité de la physique, qui éclate à nos yeux, avait pu rester cachée dans l'Antiquité. Or, ce n'est pas ce qui s'est produit. Le même dogmatisme, auquel s'appuyaient dans l'École stoïcienne les hommes d'action qui ont présenté le type accompli de la virilité, a conduit ses raisonneurs aux extrémités de la pédanterie et de la puérilité. Le déterminisme de la nature se liait pour eux à la pratique de la divination ; « Chrysippe a rempli tout un volume de récits d'oracles

---

1 Cf. L'expérience humaine et la causalité physique, § 79, p. 162 ; éd. de 1949, p. 156.
2 Zur antiken Theodicee, *Archiv für Geschichte der Philosophie*, XX, 2, 1907, p. 184. Cf. Cic., *De natura deorum*, II, xiv, 37 ; A., II, 1153, p. 332.

et de songes ¹ ». La physique stoïcienne s'offrait aux critiques des néo-académiciens comme si elle avait été fabriquée tout exprès pour leur joie et pour leur triomphe.

Enfin, et il convient d'y insister si l'on veut comprendre la décadence de la philosophie spéculative et de la philosophie morale dans la période gréco-romaine de l'Antiquité, la métaphysique du plein, où l'intelligence d'un feu animateur et artiste assure la continuité de l'univers, devait s'y heurter à une autre métaphysique matérialiste, celle du vide et des atomes. Or, les Anciens n'avaient pas la possibilité, ni même le désir, de se référer, pour les départager, à la décision de l'expérience : Épicurisme et Stoïcisme seront deux espèces d'un même genre, voués à se tenir en échec, aussi bien par la communauté de leurs postulats fondamentaux que par l'opposition radicale des conséquences qu'ils en tirent à travers les différentes parties de leurs systèmes respectifs.

41. Par Aristippe, les Épicuriens s'apparentent à Socrate, comme les Stoïciens par Antisthène. Ils demandent au sage de s'examiner ; ils font consister la vertu dans la suffisance à soi-même. Or, ce qui se présente spontanément à la conscience, ce sont les inquiétudes et les troubles nés du mouvement des passions liés aux fluctuations du désir et de la crainte. Mais, tandis que le stoïcisme travaillait à faire régner l'ordre et l'harmonie dans le monde par l'exaltation de l'énergie interne, par la domination de la cohérence rationnelle, Épicure creuse par-dessous le mouvement lui-même pour parvenir à l'intuition immédiate d'états véritablement simples. Au cours de ce travail d'analyse, tombe tout ce qui tient aux préjugés de l'éducation et de la société : il ne reste plus que le sentiment profond de l'équilibre organique ², qui est par excellence, aux yeux des Épicuriens, le plaisir fondamental. D'où chez les Épicuriens, un retour marqué vers la simplicité de l'humanité naissante, qui les fait apparaître comme les précurseurs, à certains égards inattendus,

---

1 BROCHARD, *Les sceptiques grecs*, p. 147. Cf. CIC., *De divinatione*, I, III, 6 ; A., II, 1187, p. 342.
2 Cf. BROCHARD, *Études citées*, p. 270 : « En dernière analyse, c'est l'équilibre des différentes parties du corps vivant, cet équilibre qui constitue la santé, ὑγίεια (D. L., X, 131)... qui est la condition immédiate du plaisir constitutif. Le plaisir se produit naturellement et de lui-même lorsque, par le jeu naturel des organes, l'équilibre physiologique est établi dans un être vivant. »

d'un François d'Assise ou d'un Jean-Jacques Rousseau. D'ailleurs, cet effort de simplification atomique n'est pas purement négatif : il permet le jeu de la liberté intérieure, en remplissant l'âme d'images choisies. La conscience, réduite à ses éléments les plus subtils et les plus fluides, s'ouvre elle-même à la subtilité et à la fluidité des souvenirs, théorie qui trouvera une application sublime dans l'attitude d'Épicure mourant au milieu des douleurs les plus vives : « C'est une heureuse journée que je passe, et c'est la dernière de ma vie ; car à toutes ces souffrances, faisait front le contentement calme de mon âme, appliquée au souvenir des entretiens passés [1]. »

Dans l'épicurisme le rapport est étroit jusqu'à l'identification entre la morale et la physique. Déjà Démocrite, transportant dans les éléments de la réalité naturelle la distinction éléatique entre l'opinion et la vérité, avait opposé l'un à l'autre deux plans d'existence, l'existence apparente qui repose sur l'artifice de la loi, et c'est celle qui est attribuée à la qualité sensible, au composé ; l'existence véritable qui est selon la nature, qui appartient au simple et au simple seulement : « C'est en vérité qu'existent les atomes et le vide, tandis que c'est par convention (νόμῳ), qu'existent le deux, l'amer, le chaud, le froid, les couleurs [2]. » Mais la doctrine épicurienne de la vie intérieure, fondée sur le réalisme atomistique du simple, va présenter un spectacle analogue à celui de la morale stoïcienne, fondée sur la tension continue du feu animateur. Si le principe du mécanisme démocritéen atteste, à l'origine de la physique épicurienne, une aspiration d'ordre scientifique, l'application du principe est faite pour jeter la défiance sur la portée effective de l'œuvre. Les schèmes d'agglutination destinés à expliquer le passage du simple au composé sont d'une grossièreté telle qu'ils paraissent insuffisants à ceux qui les manient. Le prétendu matérialisme d'Épicure, non seulement n'évite pas tout à fait la finalité [3], mais encore il recourt explicitement à la contingence du *clinamen*, et pour en légitimer l'introduction dans le jeu des combinaisons atomiques, il invoque, comme un fait immédiat d'expérience psychologique, le sentiment du libre arbitre [4]. Enfin, et peut-être sous l'influence

---

1 *Lettre à Idoménée*, apud D. L., X, 138.
2 Sextus Empiricus, *Adv. Math.*, VII, 135 ; Cf. Robin, *La pensée grecque*, p. 137.
3 Robin, Sur la conception épicurienne du progrès, *Revue de Métaphysique*, 1916, p. 713.
4 Cf. Lucrèce, *De natura rerum*, II, 251 et 292.

d'une interprétation sceptique de l'*ataraxie*, Épicure laisse dégénérer le dogmatisme initial de sa physique en une profession de foi pragmatiste : pourvu que les conséquences morales de la doctrine soient assurées par la seule possibilité d'une explication mécaniste des phénomènes naturels, peu importe que les théories avancées ne soient que vraisemblables, et il est loisible d'en retenir plusieurs à la fois, si différentes soient-elles [1].

B) La décadence de la philosophie religieuse

42. L'épicurisme et le stoïcisme, une fois acceptés les postulats respectifs de leur physique, offraient sans doute à leurs adhérents le double avantage d'une rigoureuse cohérence interne et d'une heureuse adaptation aux conditions nouvelles de la société ; mais ils devaient souffrir du même défaut quand ils étaient considérés dans leur base spéculative et rapportés à ces postulats dont l'arbitraire ne pouvait manquer d'être accusé par le spectacle de leur antagonisme radical.

Aussi furent-ils l'un et l'autre impuissants à remplir la tâche qu'ils s'étaient proposée, de régénérer ou tout au moins de fixer, la conscience religieuse du monde antique. A cet égard, il ne nous a pas été conservé, sans doute, de témoignage plus significatif que les dialogues de Cicéron sur la *Nature des dieux*.

Le problème s'y pose d'une façon tout à fait curieuse. De lui-même, le génie romain est enclin à voir dans la religion un instrument de domination politique, un prétexte à bâtiments et à cérémonies, sans s'inquiéter de rien par delà les pratiques d'une dévotion formaliste et sceptique. Il est vrai que la connaissance d'Homère et d'Hésiode donne aux Latins la tentation de s'approprier la mythologie hellénique par un jeu d'analogies, par un échange de « sympathies », entre les dieux de l'Olympe et les divinités locales. Toutefois, des fables d'importation étrangère et que la critique du rationalisme a déjà dénoncées comme « des contes de nourrices » [2], ne peuvent jeter des racines bien profondes dans

---

1 Lettre à Hérodote, 80, *apud Commentaire de Lucrèce*, par Ernout et Robin, t. I, 1925, p. lxxxv.
2 Cf. Decharme, *La critique des traditions religieuses*, p. 442. Voir aussi, p. 396, le texte où Strabon dénonce l'alliance, chère aux contemporains de Cicéron, entre le matérialisme religieux et le matérialisme, politique : « La foudre et l'égide, et le

l'imagination d'un peuple, Sans doute, il pourra, selon une distinction classique dans l'Antiquité, y avoir une source à laquelle s'alimentera la vie religieuse, en dehors de la volonté des législateurs et de la tradition des poètes : ce sont les raisonnements des philosophes [1]. Mais il s'agit pour le monde gréco-romain de savoir quelles ressources la philosophie offrira encore à la religion, du moment que les valeurs proprement spirituelles se sont évanouies à l'intérieur de l'Académie comme dans les écoles rivales. La théologie est désormais solidaire d'une physique, qui ne laissera plus apercevoir entre la réalité de Dieu et l'animalité de l'homme qu'un rapport de modèle à image. Chez Cicéron, épicurisme et stoïcisme se partagent les termes de l'alternative, sous le regard ironique de l'académicien Cotta : « Je ne comprends pas pourquoi Épicure a dit : *Les dieux ressemblent aux hommes*, plutôt que l'inverse : *les hommes ressemblent aux dieux*. Tu me demanderas quelle est la différence : si ceci ressemble à cela cela ressemble à ceci. Mais, moi, je soutiens que ce n'est pas des hommes que les dieux ont reçu la structure de leur forme. En effet, les dieux ont toujours existé, et ils n'ont pas eu de naissance puisqu'ils doivent être éternels. Ainsi antérieurement à la forme humaine, qui constitue l'homme, il y avait celle par laquelle existaient les dieux immortels ; et, par suite, il faut dire non pas qu'ils ont une forme humaine, mais que nous avons une forme divine. » (I, XXXII, 90.) Texte d'une lucidité qui déconcerte presque : les religions qui ne s'appuient pas sur la lumière et la pureté de la raison, qui se placent dans l'hypothèse d'un réalisme dogmatique, sont condamnées à osciller entre deux types d'anthropomorphisme : l'anthropomorphisme πρὸς ἡμᾶς où l'analogie prend conscience de sa marche naturelle, orientée de *bas en haut* ; l'anthropomorphisme τῷ ὄντι, où elle se retourne et se dissimule en procédant de *haut en bas*.

43. Cette position du problème religieux, qui fera peser son ombre sur la spéculation des siècles ultérieurs, explique la singulière distribution de valeurs qui se manifeste entre l'épicurisme et

---

trident, et les flambeaux, et le dragon, et le thyrse, ces armes des dieux, sont des fables, de même que toute la théologie antique ; les fondateurs, d'États s'en sont servis comme d'épouvantails pour les esprits simples. » (*Géographie*, I, II, 8.)
1 PLUTARQUE, *Amatorius*, XVIII, 9, 763 B ; cf. LATZARUS, *Les idées religieuses de Plutarque*, 1920, p. 42.

le stoïcisme.

Le stoïcisme se rattache à l'enseignement d'Antisthène ; l'opposition entre le polythéisme de la mythologie, qui est d'institution sociale, et l'unité divine, qui existe selon la nature [1] n'a pas été sans laisser une trace dans la pensée de Zénon [2]. Pourtant, si nous cherchons quels sont les philosophes qui, dans cette longue période entre le déclin de l'hellénisme et le triomphe du christianisme, ont défendu, à côté des Cyniques, la pureté du sentiment religieux, ce n'est pas aux Stoïciens que l'histoire nous renvoie, c'est aux Épicuriens. En eux seuls revit l'esprit d'un Xénophane et d'un Platon : « L'impie n'est pas celui qui détruit la croyance aux dieux de la foule, mais celui qui attribue aux dieux les caractères que leur prêtent les opinions de la foule [3]. » Avec une admirable vigueur, Épicure a dénoncé dans la religion, en tant qu'elle se définit comme superstition du sacré, l'effet de craintes puériles, le produit de songes collectifs : « Il faut bien se dire que le trouble fondamental pour l'âme humaine provient d'abord de ce que l'on considère les astres comme des êtres bienheureux et immortels, tout en leur attribuant des volontés, des actes et des causes en contradiction avec ces deux caractères ; ensuite, de ce qu'on redoute toujours, comme certain ou comme probable, et sur la foi des mythes, quelque châtiment terrible et éternel [4]. » Et parce qu'Épicure a reconnu les caractères véritables de la divinité, parce qu'il a libéré l'homme d'une terreur qui paraissait un mal congénital et incurable, il a été célébré à l'égal d'un Dieu avec une ferveur pieuse dont Lucrèce a transmis l'écho à la postérité [5].

Seulement le génie de l'initiateur, la fermeté rationaliste des initiés, ne sauraient suppléer à la pauvreté du contenu doctrinal. Les dieux à l'esthétique fluide qui, pour échapper aux menaces de dissolution cosmique, réfugient dans les intervalles des mondes la subtilité de leur *quasi-corps,* corps *saint* ou *glorieux,* comme dit M. Robin [6],

1 Cf. PHILOMÈDE, *De pietate*, éd. GOMPERZ, p. 72. : παρ' Ἀντισθένει δ'ἐν μὲν τῷ Φυσικῷ λέγεται τὸ κατὰ νόμον εἶναι πολλοὺς θεούς, κατὰ δὲ φύσιν ἕνα. Cf. CIC., *De nat. deor.*, I, XIII, 32.
2 Cf. LACTANCE, *De ira dei*, c. II, et PHILOMÈDE, *De Piet*, p. 84. Cf. A., I, 164, p. 43.
3 *Lettre à Ménécée* (123), trad. ERNOUT, apud *Commentaire de Lucrèce*, édit. citée, p. CVIII.
4 *Lettre à Hérodote*, (81), trad. cit., p. LXXXV.
5 *De natura rerum*, et particulièrement V, 8.
6 *La pensée grecque*, p. 397 ; voir les textes réunis *apud* RITTER et PRELLER, 8ᵉ édit.,

sont d'une imagination plutôt froide. Et la joie de leur ressembler, en se tenant à l'écart de toutes les affaires, celles qu'on a soi-même comme celles qu'on donne aux autres (D. L., X, 139), de vivre dans la douceur d'un pique-nique champêtre et d'une conversation philosophique, menaçait de paraître maigre et monotone. Aussi bien, comme il est arrivé que certains théologiens, impuissants à se représenter la béatitude du paradis, ont tenté d'en raviver le goût par la considération de la masse des perdus, l'épicurisme est amené à relever la pureté indistincte et l'indifférence fondamentale du simple « sentiment de l'existence » par la réflexion sur le mouvement désordonné de passions vulgaires. Telle est la signification, plus désespérée qu'inhumaine, des vers célèbres qui ouvrent le livre II de Lucrèce : « Il est doux, quand sur la vaste mer les vents soulèvent les flots, d'assister de la terre aux rudes épreuves d'autrui : non que la souffrance de personne soit pour nous un plaisir ; mais c'est une chose douce de voir à quels maux on échappe soi-même. Il est doux encore de regarder les grandes luttes de la guerre se développant à travers les plaines sans prendre soi-même sa part du danger. Mais rien n'est plus doux que d'occuper solidement les hauteurs fortifiées par le savoir des sages, régions sereines d'où l'on peut abaisser ses regards sur les autres hommes, les voir errer de toutes parts, cherchant au hasard le chemin de la vie, dépensant leur esprit en rivalités, se disputant la gloire de la noblesse, redoublant nuit et jour de labeur pour accroître encore leurs richesses, ou s'emparer du pouvoir. »

44. La physique de l'épicurisme le condamnait à la stérilité dans la voie étroite qu'il s'était tracée. Le stoïcisme a suivi la voie large ; il y a compromis son unité comme son autonomie. Semblable au Dieu qu'il imaginait, le stoïcisme a traversé des alternatives de détente et de concentration. Tantôt il semble se resserrer sur lui-même, défendre farouchement les lignes qui le séparent des doctrines rivales, à plus forte raison des croyances populaires. Tantôt au contraire, il devient ouvert et conciliant, il admet des degrés dans la perfection morale, il recherche l'accord avec le platonisme ou le péripatétisme, il trouve une signification plausible aux récits des poètes et aux mythes consacrés. L'école a une *gauche* et une *droite*.

Gotha, 1898, p. 381.

Seulement, dans la *gauche* elle-même, et en laissant de côté un Panétius qui « platonise », il est difficile de démêler une idée claire et distincte des rapports entre la philosophie et la mythologie. Épictète est assurément l'un de ceux où se manifeste le plus nettement l'effort pour maintenir la doctrine dans le plan de la conscience et de la raison ; cependant, comme le fait observer Bonhöffer, sa théologie échappe aux distinctions des concepts modernes, par un mélange de *théisme*, de *panthéisme* et de *polythéisme*, entre lesquels ce serait peine perdue de vouloir tenter une discrimination, tant les notions s'y trouvent liées les unes aux autres [1].

Quant au mouvement de *droite*, orienté vers le traditionalisme conservateur, peut-être se rattache-t-il à l'enseignement de Xénocrate recueilli par Zénon de Cittium, et transmis par Cléanthe à Chrysippe qui paraît avoir joué un rôle décisif dans l'évolution de l'école, si l'on en juge par la manière même dont il en aurait reçu et développé la substance : « Je n'ai besoin (disait-il à Cléanthe) que d'apprendre de toi les dogmes ; quant aux démonstrations, je les trouverai moi-même [2]. » Tandis que dans le domaine de la science, le discernement du faux et du vrai résulte de la démonstration, la vérité dans l'ordre philosophique est ici posée à titre d'objet de foi, indépendamment de la démonstration qu'on se flatte de pouvoir y ajuster par la suite. On comprend alors que Chrysippe ait inauguré, ou du moins accrédité, dans le monde antique cette attitude d'apologétique qui consiste, quel que soit l'ordre du monde ou le cours de l'histoire, à inventer le moyen de les rattacher au plan d'une volonté supérieure, au dessein d'une Providence [3]. Les actions de Dieu apparaissent bien chez lui, « comme les bouts rimés que chacun fait rapporter à ce qu'il lui plaît » [4]. Et ainsi, avec le stoïcisme, on voit naître la mentalité médiévale, ou plus exactement la pensée retourne à ce que les découvertes récentes nous présentent comme le Moyen Age de la Grèce, à cette période homérique qui a succédé à la civilisation égéenne et a préludé à la civilisation pro-

---

1 Die Ethik des Stoïkers Epiktet, Stuttgart, 1894, p. 82.
2 D. L., VII, 179, A., II, 1.
3 Voir les textes réunis dans le deuxième volume du recueil d'ARNIM, *Physica*, VII, VIII et IX, pp. 299-348.
4 LA ROCHEFOUCAULD, *Maximes*, 382. (*Œuvres*, éd. GILBERT, t. I, 1868, p. 177.)

prement hellénique ¹. Et l'on peut juger de cette mentalité par ce qu'en dit Émile Egger : « Les faits les plus simples et les plus naturels étaient défigurés par de ridicules interprétations. Ainsi, dans la description de la toile de Pénélope, on imagina un jour qu'Homère avait tracé les règles de la dialectique : la chaîne représentait les prémisses ; la trame la conclusion ; et la raison avait pour symbole la lumière dont Pénélope éclairait son ouvrage. Cette déplorable méthode reçut, dans les écoles grecques, surtout chez les Stoïciens, des développements plus puérils encore, s'il est possible, que les traits que nous en avons cités ². »

45. Si les Stoïciens ne sont pas seuls responsables de l'extravagance allégorique, s'il s'est trouvé parmi eux un Sénèque pour railler ces exégètes qui prétendaient convertir rétrospectivement Homère à leur secte de philosophie (*Ep.*, LXXXVIII, 5), il reste qu'ils ont été au premier rang de ces « païens de la décadence », qui, selon la jolie expression de M. Henri Brémond, prenaient l'*Iliade*, ce conte de fées, pour une somme théologique ³, et dont la méthode sera utilisée plus tard afin de transformer le Cantique des cantiques en manuel de mysticité, ou l'Apocalypse johannique en philosophie de l'histoire.

De l'effort systématique pour relier l'un à l'autre, le monisme de la raison et le polythéisme de la tradition, nous avons à retenir un trait fondamental : c'est la place faite au *Logos* que les Stoïciens avaient hérité d'Héraclite. Ce *Logos* qui est la loi de l'univers et la raison de l'homme met naturellement en communication le ciel et la terre ; il devient une personnalité divine. La conception stoïcienne du *Logos* se dégage clairement de l'exégèse mythologique d'Hermès, que Decharme ⁴ a ainsi présentée en s'appuyant principalement sur le recueil théologique de Cornutus (XVI) : « Parmi toutes les divinités helléniques, il n'en est qu'une à qui les Stoïciens aient attribué une seule et constante signification, c'est *Hermès*. Et cette signification n'a rien de physique. Le messager homérique de Zeus, qui vole de l'Olympe à la terre, a été bien nommé ; il est *l'in-*

---

1 Cf. GOLTZ, *La civilisation égéenne*, 1923, p. 69.
2 Essai sur l'histoire de la critique chez les Grecs, 1849, p. 62.
3 Pour le romantisme, 1923, p. 2.
4 La critique des traditions religieuses, pp. 350 et suiv. Cf. HEINZE, Die Lehre vom Logos in der griechischen Philosophie, Oldenburg, 1872, p. 142.

terprète (ἑρμηνεύς), celui qui annonce et qui explique aux hommes la pensée divine. En d'autres termes, il est le λογός, la raison qui nous fait participer à cette pensée, et qui nous a été envoyée du ciel, l'homme étant de tous les êtres vivants le seul que les dieux aient voulu faire raisonnable, que cette raison soit une sorte de parole intérieure (λογός ἐνδιάθετος) ou qu'elle s'exprime au dehors par le langage (λογός προφορίκός), c'est elle qui rend compte de tous les caractères d'Hermès. Il y aura donc ici une remarquable unité d'interprétation qui, chez les Stoïciens, ne se rencontre nulle part ailleurs. Les poètes avaient dit, et la foule répétait après eux qu'Hermès est fils de Zeus et de Maïa. Si Zeus est l'intelligence, le Νοῦς source première de toute raison, le nom expressif de Μαία semblait révéler à l'ingéniosité stoïcienne une autre idée. Maïa, c'est l'*accoucheuse*. De même donc que la sage-femme cherche dans les entrailles de la mère l'enfant pour l'amener à la lumière, ainsi la réflexion et la recherche de l'esprit donnent naissance au λογός. Le fils de Maïa a une fonction mythologique essentielle : il est un messager (ἄγγελος) et un héraut (κῆρυξ)... On l'a aussi appelé justement le dieu ἀκάκητος, ἐριούνιος, σῶκος ; car la raison, incapable de nuire, est de la plus haute utilité, et elle sauve ceux en qui elle habite. Ce *logos* n'est-il pas encore le dieu διάκτορος qui fait passer (διάγειν) nos pensées dans l'âme d'autrui, le dieu ἡγεμόνιος et ἐνόδιος, adoré sur les chemins et dans les carrefours, celui qui doit nous servir de guide dans chacune de nos actions et nous montre la route, sans lui incertaine, du bien ; le dieu des trouvailles (ἕρμαια), qui appartiennent à tout le monde, car le λογός est le bien commun de tous les hommes ; le dieu νόμιος, dont le nom semble rappeler *la loi* morale, imposée par la raison, qui commande et qui défend ; dieu psychopompe qui conduit les âmes où il veut et dont la baguette d'or (χρυσόρραπις), qui les enchante, est le symbole de l'inestimable valeur du λογός ; Dieu δόλιος et Dieu κλέπτης, qui fait que l'homme, sans s'en apercevoir, est dépouillé de ses opinions fausses ou qu'il s'empare, en voleur, de la vérité. Les attributs d'Hermès n'auront pas besoin, pour être interprétés, d'une autre idée que celle du λογός, conçu à la fois comme la raison et comme la parole raisonnable... »

L'humanisme politique de l'Occident était ruiné depuis qu'un Grec avait été reconnu *fils de Dieu* par les prêtres d'Égypte, depuis que les maîtres de l'empire étaient promus à l'ascension céleste, comme les Pharaons de jadis. L'humanisme philosophique de l'Occident est ruiné du jour où une doctrine de langue, sinon tout à fait d'origine grecque, va être invoquée, comme une base spéculative, pour l'indicible confusion de légendes, de cultes et de dieux, qui caractérise les premiers siècles de notre ère.

LIVRE II
LE PROBLÈME MODERNE DE LA CONSCIENCE

CHAPITRE III
LE MYSTICISME ALEXANDRIN

46. L'introduction du rationalisme occidental, avec Pythagore et avec Socrate, a été comme une fausse entrée qui devançait de vingt siècles l'ère de notre civilisation. Au cours de la période hellénistique rien ne devait plus subsister du faisceau de lumière que la découverte de la méthodologie mathématique avait jadis projeté sur la philosophie. « La question du rôle des sciences, et plus particulièrement de l'enseignement scientifique dans la philosophie, est une question capitale à partir de Platon ; l'indifférence ou même l'hostilité aux sciences positives est un trait qui va s'accusant jusqu'à la fin de l'Antiquité ; finalement, ce n'est point à la science moderne, c'est à la théologie chrétienne que donne naissance la philosophie grecque sur son déclin [1]. »

Il y a ici à relever un point essentiel : les penseurs anciens ont laissé se tarir les sources auxquelles s'alimentaient les valeurs spirituelles, mais ils n'ont pas renoncé à ces valeurs elles-mêmes, ils s'imaginaient, au contraire, qu'elles étaient capables de se maintenir par leurs seules conclusions. Tournant autour de l'équivoque impliquée par cette notion du *Logos*, qui, à elle seule pour ainsi dire, fera l'*intérim* de la philosophie rationnelle entre Platon et Descartes, ils se sont crus *philosophes* alors qu'ils n'étaient plus que des *philologues*. Chez eux, comme le dit encore M. Bréhier dans une formule remarquable, « le sentiment de la rationalité profonde des choses s'allie avec le dédain des sciences qui les rendent intel-

---
1 Bréhier, *Revue de Métaphysique*, janvier-mars, 1925, p. 94.

ligibles ». (*Ibid.*, p. 94.) Au fond, ils étaient convaincus qu'avec les Épicuriens, les Stoïciens, les Sceptiques, avec la renaissance des anciennes écoles, cynique, péripatéticienne, surtout pythagoricienne et platonicienne, toutes les positions étaient déjà occupées dans le champ de la spéculation, qu'il n'y avait plus d'effort original à tenter. Semblable au paysan de Lucrèce, qui déterre les ossements de ses ancêtres et admire leur taille de géants, l'homme se retourne vers les sages d'autrefois, et borne l'effort de son intelligence à choisir la secte dans laquelle il entrera comme on entre dans un parti politique ou dans une communauté religieuse.

En même temps que la régression dans le temps s'accentue la régression dans l'espace. « De quelque côté que l'érudition contemporaine poursuit ses investigations (écrit M. Cumont), toujours elle constate une lente substitution de la culture asiatique à celle de l'Italie [1]. » Le vaincu qui s'est emparé du vainqueur, selon la formule classique d'Horace, ce n'est nullement l'hellénisme, c'est un orientalisme dissimulé sous un masque grec et dont la philosophie a été le véhicule. Du stoïcisme lui-même, né cependant pour appuyer à la compréhension rationnelle de l'univers la continuité harmonieuse de l'action, on a pu dire qu'il a été « agent de liaison entre les foules dévotes et les esprits incrédules ». Et, d'une façon générale (poursuit M. Toussaint), « les grandes religions des mystères orientaux... n'auront pas seulement, pour les masses enfantines, l'attrait d'un rituel nouveau ou l'appât de promesses d'immortalité individuelle, rendues presque tangibles, mais un ou même plusieurs systèmes de théories philosophiques, à l'intention des esprits cultivés qu'elles désirent s'attacher » [2]. Invasion mystique *par en haut*, qui s'accompagne d'une autre invasion *par en bas*, où la philosophie, le stoïcisme en particulier, n'aura pas une moindre part de responsabilité. En dénonçant l'inanité des λόγοι aristotéliciens, sans être capables de revenir aux μαθήματα de Platon, les Stoïciens rabaissent la liaison des phénomènes naturels au niveau d'une simple « séméiologie », de telle sorte qu'il n'y a plus aucune hésitation chez Chrysippe à présenter la divination comme « une science théorique et exégétique des signes donnés par les dieux » [3].

---

1 *Les religions orientales*, édit. citée, p. 14.
2 Toussaint, *L'hellénisme et l'apôtre Paul*, 1921, p. 142.
3 Cicéron, *De divinatione*, II, 63, § 130 ; A., II, 1189. Socrate, le Socrate démoniaque du *Théagès*, devient le patron de la mantique ; et il se trouve un stoïcien,

La voie était ouverte à des croyances qui, tantôt exaltées et tantôt critiquées dans l'école, devaient submerger le monde romain. Au temps de Cicéron, et en se référant à la tradition secrète de la révélation pythagoricienne, « P. Nigidius Figulus, adepte fervent de toutes les superstitions mystiques..., remplit de gros ouvrages de tout ce que son érudition indigeste lui avait appris sur la théologie, la divination, l'astrologie, voire même la magie ». Et Bouché-Leclercq ajoute : « Le moment approchait où l'esprit oriental, se déversant sur l'oisiveté mélancolique du monde, allait remplir l'imagination de fantômes vaporeux et la philosophie elle-même de rêveries. On dirait que, dès le commencement de notre ère, la faculté de juger, faculté encore si dominante chez Sénèque, qui restreint la part faite par le stoïcisme à la divination, est partout faussée. C'est de tous côtés un mélange hybride d'instincts empruntés à des races antipathiques et fondus dans un métissage monstrueux. Voici venir, non plus seulement les devins et les prophètes d'autrefois, mais les thaumaturges. L'unique but de la vie humaine est de rapprocher l'homme de Dieu, de l'identifier avec lui. Voir Dieu, l'entendre, lui parler, le comprendre, entrer de mille manières en communication avec lui, tel est le désir inassouvi qui fermente partout [1]. »

Une période dont telle est la physionomie, nous renseignera bien plutôt sur les valeurs attribuées à l'inconscient que sur le progrès véritable de la conscience. Mais cela même la rend singulièrement précieuse pour définir l'aspect sous lequel le problème de la conscience a été transmis au monde moderne, et particulièrement au monde chrétien. Deux œuvres nous sont restées qui s'imposent à cet égard comme points de repère, l'œuvre de Philon et l'œuvre de Plotin.

Section I
LE SYNCRÉTISME DE PHILON

47. La synthèse d'ordre proprement philosophique suppose un *minimum* de pensée claire et distincte qu'il paraît téméraire de

---

Antipater (qu'on croit être Antipater de Tarse) pour composer un recueil de ses exploits merveilleux en matière de divination. (*De divinatione*, I, 54, § 22. Cf. H. MAIER, *Sokrates*, I, 453 ; et WILAMOWITZ MŒLLENDORF, *Plato*, I, 114).
[1] Histoire de la divination dans l'Antiquité, t. I, 1879, p. 73.

chercher dans l'œuvre de Philon, telle que la fait connaître l'admirable exposé de M. Bréhier : *Les idées philosophiques et religieuses de Philon* [1]. Aussi bien est-ce le caractère de son syncrétisme religieux qu'il se dispense de concevoir aucune relation intrinsèque entre les formules que la prodigieuse érudition hellénique met au service de son exégèse. Sans qu'il y ait lieu de chercher à fixer les cadres d'une hiérarchie perpétuellement vacillante on reconnaît au passage, les *Idées* de Platon, le λόγος stoïcien, « premier-né de Dieu » [2], médiateur suprême, défilant pêle-mêle avec la *Sophia* qui évoque l'*Athena* vierge et sans mère de la mythologie grecque [3], avec le πνεῦμα divin de la Genèse. « Les créatures que les autres philosophes appellent *démons* (dit expressément Philon), l'Écriture sainte a coutume de les appeler des *anges* [4]. »

Un tel chaos serait inexplicable, s'il fallait y voir le produit spontané de l'imagination philonienne. En fait, « toutes ces notions d'êtres intermédiaires qui ont, pour la plupart, leur origine dans la philosophie grecque, ont avant de parvenir à Philon, passé par une élaboration théologique qui leur donne l'aspect de notions plus religieuses que philosophiques » [5]. Et il semble qu'il faille, pour préciser la formation sédimentaire des couches idéologiques sur lesquelles Philon fera reposer son propre syncrétisme, les rapporter au lieu où il a vécu plutôt encore qu'au culte dont il se réclamait : « L'influence proprement alexandrine se montre surtout dans la mythologie abstraite des intermédiaires et des puissances. Cette mythologie contient le résultat d'un travail d'interprétation allégorique, qui a eu pour principe le syncrétisme religieux gréco-égyptien et auquel paraissent avoir eu la plus grande part les philosophes stoïciens. Le Logos, la Sagesse, les Puissances résultent de la spiritualisation par la méthode allégorique des divinités gréco-égyptiennes. Il est certain d'ailleurs que par sa nature même la religion égyptienne se prêtait à de telles allégories. On y rencontre de très bonne heure des dieux abstraits, sortes d'essences presque impersonnelles, qui sont en général invoqués dans leurs rapports

---

1 1907. Nous citons d'après la 2ᵉ édit. revue, 1925,
2 *De agricultura*, éd. COHN-WENDLAND, § 12 ; t. I de l'édition MANGEY (désigné par M.), p. 308. Cf. HEINZE, *op. cit.*, 285-288.
3 BRÉHIER, *op. cit.*, p. 119.
4 *De somniis*, 141 ; M., 642.
5 BRÉHIER, *ibid.*, p. 157.

avec les autres dieux ¹. »

Mais, en transférant le syncrétisme du cadre égyptien dans le cadre juif, il se trouve que Philon accomplit un événement décisif de l'histoire européenne. Il est essentiel au judaïsme que son Dieu, dont le christianisme héritera, soit un *Dieu jaloux* qui se refuse aux manœuvres d'assimilations réciproques dont les autres divinités orientales, venues de l'Assyrie, de la Perse ou de l'Égypte, s'accommodaient aussi bien que les dieux de la Grèce ou de Rome. Ce qui a fait l'originalité, la force, finalement la victoire de la religion judéo-chrétienne, c'est qu'elle n'a point voulu admettre de « Panthéon ». Il semble que les Juifs de la *Dispersion* et de la *Propagande* ne soient sortis de leurs frontières politiques, qu'afin de transporter avec eux leurs frontières religieuses ; et leur foi, au moment où ils la proclameront universelle, prophètes et apôtres ne cesseront de la considérer comme exclusive.

48. Seulement, et cela n'est pas moins caractéristique, à l'intérieur des frontières qu'ils ont ainsi définies par le nom propre de leur Dieu et de son « hiérophante », il sera permis d'introduire ensuite et d'amasser tout ce qui se rencontrera chez autrui. La théologie de Philon, fondée sur la valeur absolue de la loi mosaïque, ne néglige aucune des armes que peut lui fournir l'arsenal de la spéculation hellénistique, aucun des procédés qui ont été mis en pratique pour leur emploi.

Au premier rang va se trouver la méthode allégorique d'exégèse. Philon l'emprunte aux philosophes ; mais pour l'utiliser en sens inverse. Suivant les philosophes, il y a un plan de la vérité intrinsèque, celui qu'atteint la raison, et par rapport auquel se juge la valeur analogique des mythes. Or ce plan n'existe pas selon Philon ; de telle sorte que, s'il use de l'allégorie, ainsi qu'il le dit à propos du serpent d'airain ², c'est pour se débarrasser de l'élément mythique. La condamnation de la mythologie atteindra Platon lui-même, en qui Philon a vu surtout l'auteur du *Phèdre* et du *Timée*, et qu'il oppose à Moïse : « En effet, dit-il, Moïse n'aime pas les choses vraisemblables et persuasives, il poursuit la vérité sans nuage ; car... au

---

1 *Op. cit.*, p. 39, avec référence (n. 2) à Maa, déesse de la vérité, représentée par l'*Athena* de Saïs dans le traité de Plutarque d'*Isis et d'Osiris*.
2 *De agric.*, 97 ; M., 287 (*apud* Bréhier, p. 63).

serviteur de Dieu il convient de s'attacher à la vérité en laissant de côté la mythologie imaginaire (εἰκαστικήν) et incertaine du vraisemblable [1]. »

Le génie de Philon a ici créé ce qui s'appellera, au sens technique du mot, la théologie ; et il a placé la religion à sa merci par le même procédé qui a remis le droit au bon plaisir de la jurisprudence : jurisconsultes et théologiens s'attribuent une égale liberté pour invoquer, ou l'esprit contre la lettre quand la lettre leur déplaît, ou la lettre contre l'esprit quand l'esprit les effraie. Et c'est bien le caractère de l'exégèse allégorique qu'elle conduit, non pas de l'image à l'idée, vraie par soi, mais à quelque chose qui est fabriqué de toutes pièces et qu'on prétendra être la signification spirituelle de la lettre. Ce qui intéresse Philon, ce n'est nullement ce que l'intelligence serait en état d'apercevoir et de démontrer, ce n'est pas non plus ce que Moïse a dit, c'est ce qu'il voulait dire, *mais qu'il n'a pas dit*, qu'il a laissé à deviner. « La pensée philosophique ne se présente pas chez Philon d'une façon directe, mais seulement sous la forme d'une perpétuelle exégèse des textes de la Bible. Ces textes, dans leur sens littéral, ne contiennent bien entendu pas les théories de l'auteur. De là la nécessité de les en faire sortir par une interprétation qui est l'interprétation allégorique. » (Bréhier, *op. cit.*, p. 35.)

49. On s'explique alors que dans la théologie, constituée de cette manière étrange, à la fois en dépit et pour le profit de l'Écriture sainte [2], la philosophie n'ait à jouer qu'un rôle subordonné d'instrument. Moïse, spiritualisé ou plutôt transfiguré par Philon, devient un foyer virtuel qui attire à lui les fragments les plus hétéroclites des doctrines antiques : *pythagorisme, platonisme, stoïcisme*, sans oublier le *scepticisme*, et qui les volatilise en un amalgame, dont il faudrait se résigner à dire qu'il est pure incohérence si l'on ne remontait à l'inspiration que Philon trouvait dans la ferveur de sa vie interne.

A la source de cette inspiration, est l'idée d'un monothéisme rigoureux. Tous les intermédiaires dont son œuvre est peuplée,

---

1 *De sacrificiis Abelis et Caïni*, 12 ; M., 166 (*apud* Bréhier, p. 65).
2 « L'Écriture (écrit Duchesne à propos d'Origène) sera traitée par l'exégèse allégorique qui permet de trouver n'importe quelle doctrine en n'importe quel texte. » *Histoire ancienne de l'Église*, t. I, 1906, p. 356.

Philon les rejette hors de la sphère de la perfection divine, sous le sentiment profond, implacable, du contraste entre Dieu et l'homme, du néant humain, au regard de la plénitude divine de l'existence : « La grandeur de Dieu est, en quelque sorte, complémentaire de la faiblesse humaine. *Celui qui se méconnaît lui-même connaît Dieu* [1]. Croire en Dieu c'est savoir que tout change et que lui seul est immuable [2]. »

Ce sentiment, que, semble-t-il, l'hellénisme n'a guère connu, pourrait être une cause d'accablement et de désespoir ; il provoque au contraire chez Philon un sursaut de réaction morale.

Le Dieu de Philon, suivant ici le double mouvement qui s'est produit à travers le judaïsme avec les prophètes, et dans l'empire avec le stoïcisme, est le témoin de la conscience : μάρτυς τοῦ συνειδότος [3], dont on s'approche par la pureté de la vie et de la pensée, qui inspire lui-même cette pureté. C'est le θεὸς πιστός [4], *Dieu auquel il faut croire et Dieu qui fait croire*, offrant l'ambiguïté du sens passif et du sens actif, autour de laquelle tournait, depuis Cicéron du moins, la théorie stoïcienne de la connaissance dans l'interprétation du καταληπτικόν, qui n'est ni tout à fait le *compréhensible*, ni tout à fait le *comprehendens*. Mais cette ambiguïté, Philon la tranche en établissant l'antériorité du Dieu de la grâce sur le Dieu de la prière. La toute puissance de la grâce se manifeste dans le ravissement de l'extase : « Abraham, après avoir laissé ses facultés inférieures, sort de lui-même : *comme les possédés et les corybantes, il est dans l'état bacchique et animé d'un transport divin suivant un enthousiasme prophétique* : ce transport est dû à l'amour qui l'affole et à l'attraction que le Dieu exerce sur lui [5]. »

---

1 ὁ δ'ἀπογνοὺς ἑαυτὸν γινώσκει τὸν ὄντα (*De somniis*, I, 60 ; M., 630).
2 Bréhier, p. 219.
3 *De Josepho*, 265. M., 78. Bréhier, p. 75 ; cf. p. 300.
4 μόνῳ δὲ πιστεῦσαι θεῷ καὶ πρὸς ἀληθειαν μόνῳ πιστῷ (*Quis rerum divinarum heres*, 93 ; M., 485. Cf. Bréhier, p. 224).
5 *Quis rer. div. her.*, 69 ; M. 482 (*apud* Bréhier, p. 220). Voir les notes de Rohde (*Psyché*, 2ᵉ édit., 1893, pp. 308 et 312) sur les origines des notions d'*enthousiasme* et d'*extase*. Le caractère sacré de l'ivresse était exalté aussi par les Stoïciens : « Le Dieu était souvent figuré nu ; cette nudité, dit Cornutus, n'est-elle pas l'image de celle de l'âme humaine qui, dans le vin, se dépouille, de tout voile et se montre à découvert ? C'est pour une raison analogue en vertu du proverbe οἶνος καὶ ἀλήθεια, *la vérité est dans le vin*, que Dionysios est un Dieu prophète et qu'il rend des oracles. » (Decharme, *op. cit.*, p. 339).

Ainsi se concilient *sub ratione personæ* le plan de l'orthodoxie et le plan de la mysticité, conciliation qui avait déjà été opérée dans la littérature pseudo-prophétique : « Antérieurement à Philon, dit M. Bréhier, on trouve dans le *Deutéro-Isaïe* ces deux idées parfaitement unies : d'une part, Dieu n'est semblable à personne ; d'autre part, il a envers l'homme des sentiments de bienveillance ou de colère. C'est de ces deux idées que sont sortis les deux aspects, abstrait et concret, de la théologie. Or, ces deux idées, le prophète les avait conciliées de la même façon que les concilieront les mystiques de tous les temps et parmi eux Philon. Jamais un mystique n'a jugé contradictoire, dans son expérience personnelle, la vision concrète et parfois grossièrement matérielle d'un Dieu qui converse avec lui comme un ami, ou le conseille comme un maître, avec le sentiment de l'Être infini et illimité dans lequel l'extase le plonge. » (*Op. cit.*, p. 77.)

Section II
LA SYNTHÈSE DE PLOTIN

50. Les traits de la pensée philonienne que nous venons de rappeler sommairement, nous ont éloigné de la recherche proprement philosophique de la vérité, à quoi nous devrions revenir avec le néo-platonisme. Pourtant l'écart n'est pas très considérable entre un théologien orthodoxe comme Philon et ceux de ses contemporains qui font profession de philosophie. Les philosophies d'origine scientifique et rationnelle ont perdu sous l'empire romain la signification qu'elles pouvaient avoir durant le plein éclat de la civilisation hellénique. L'âme du pythagorisme originel était dans la valeur positive des raisonnements qui avaient permis d'établir les lois des combinaisons numériques, de les appliquer dans le domaine de l'astronomie et de la musique. Cette âme a disparu du néo-pythagorisme : la théorie des nombres est un souvenir prestigieux et illusoire qui couvre le chaos des symboles fantaisistes et des analogies puériles. Le double aspect, le double jeu, de la mathématique entraînent la même disgrâce dans le platonisme : la représentation du monde intelligible s'y détache de sa racine intellectuelle. « Lorsque, vers le Ier siècle après J.-C., on voulut utiliser Platon dans l'enseignement des écoles, on chercha avant tout à tirer de ses œuvres un système philosophique qui pût être exposé d'une manière cohérente et suivie, à la façon des cours d'Aristote ; Platon est alors devenu le théologien qui a systématisé nos connaissances sur le monde intelligible, comme Aristote a systématisé notre connaissance du monde sensible ; l'exposé d'ensemble de Gaïus de Pergame, dont nous retrouvons bien des fragments chez Albinus et chez Apulée, a créé le platonisme, en se désintéressant de Platon lui-même [1]. »

On peut préciser le caractère de cette nouvelle révolution, à l'intérieur du platonisme, en la rattachant à la vogue des *mystères*. Platon, au livre II de la *République*, définit la position de la philosophie par rapport à la mythologie des poètes ; il raille ceux de ses contemporains qui faisaient descendre Musée et Orphée de la Lune et des Muses : « Ils font accroire, non seulement à des particuliers, mais à des villes entières, qu'on peut, au moyen de victimes et de jeux, expier les péchés des vivants et des morts ; qu'il y a une perfection de sacrifices expressément désignée ainsi, qui délivre des maux de l'autre vie tandis que les plus grands tourments dans les enfers attendent ceux qui refusent de sacrifier. » (364 *e*.) Il proteste encore contre la grossièreté du Paradis orphique : les justes introduits dans l'Hadès s'y attablent pour un banquet sans fin, ils passent tout leur temps à s'enivrer, l'orphisme estimant sans doute que la plus belle récompense de la vertu serait une ivresse éternelle (363 *c*). Théophraste, dans son portrait du *Superstitieux*, n'oublie pas de le représenter, allant chaque mois trouver les prêtres orphiques pour renouveler son initiation, « se faisant accompagner, et de ses enfants et de sa femme, ou, si elle n'est pas libre, de la nourrice » [2].

Mais les siècles écoulés de Platon à Plotin ont déplacé le centre de la spiritualité, qui est désormais dans la révélation d'une gnose mystérieuse, le fond commun des mystères étant apparenté aux mythes qui avaient, « dans la *République*, dans le *Phédon*, dans le *Phèdre*... raconté les voyages de l'âme à travers le monde, sa vie avec les dieux sur la convexité de la voûte céleste, puis la perte des ailes et la chute dans le corps... Les lieux de l'univers... s'y partageaient selon les catégories du sacré et du profane ; chaque lieu

---

1 Bréhier, *Revue de métaphysique et de morale*, octobre-décembre 1923, p. 563.
2 *Caractères*, XVI, 11, trad. Navarre, 1920, p. 42.

de l'univers, par sa pureté ou son impureté, y était adapté à un degré déterminé de la perfection de l'âme, et l'âme se trouvait chez elle en des lieux différents selon le stade auquel elle était parvenue... Chez nos théologiens de la fin du paganisme, le mythe qui n'est plus contrebalancé par la science, ou plutôt qui absorbe ce qui reste en eux de la science cosmologique des anciens, prend toute la place. La topographie religieuse devient envahissante ; le monde entier apparaît uniquement sous l'aspect religieux ; il est uniquement destiné à servir de théâtre à la destinée humaine. A partir de l'état actuel de l'âme, les réalités physiques sont ordonnées en une série de valeurs ascendantes ou descendantes : d'une part, la sphère des planètes ; au-dessus la sphère des fixes ; au-dessus encore le Dieu invisible ; d'autre part, l'obscurité de plus en plus profonde de la matière, le véritable Hadès. La cosmologie se met au service du mythe. Les vieilles représentations mythiques du séjour des âmes bienheureuses ou malheureuses s'encadrent en un système du monde. Voyez par exemple (continue M. Bréhier) [1] la manière dont Numénius, le néo-platonicien du IIe siècle, interprète le mythe du Xe livre de la *République*, et comment il précise, avec la lourdeur d'un théologien, les traits que la poésie de Platon avait abandonnés à l'imagination du lecteur. Le lieu du jugement devient le centre du monde ; le ciel platonicien devient la sphère des fixes ; le lieu souterrain où sont punies les âmes, ce sont les planètes ; la bouche du ciel par laquelle les âmes descendent à la naissance, est le tropique du Cancer ; et c'est par le Capricorne qu'elles remontent ».

51. Tel est donc l'« arrière-fond d'idées religieuses » (*Ibid.*, p. 542) sur lequel va se dessiner le système de Plotin, mais par rapport auquel il se définira comme purement philosophique. Même lorsqu'il prétend à la possession de la vie unitive, sous une inspiration qui, par derrière les influences propres de l'Égypte ou de l'Asie Mineure, procède peut-être de l'Inde, Plotin ne met pas en œuvre d'autres procédés que ses prédécesseurs de l'époque hellénique ou hellénistique ; et c'est même là un des problèmes qu'il pose à ses interprètes de comprendre comment une spéculation qui se donne

---

[1] La philosophie de Plotin, III, Revue des cours et conférences, 28 février 1922, p. 540.

comme tout entière tournée vers le passé a pu se révéler d'une originalité, d'une fécondité aussi extraordinaires.

Plotin dit de lui-même qu'il est l'*exégète* de Platon. (V, I, 8.) C'est pour les sacrifier à la gloire de son maître qu'il intègre à son système les philosophies qui avaient succédé au platonisme et qui l'avaient supplanté. Si donc la philosophie se produisait dans l'espace comme l'architecture, il suffirait de comparer le plotinisme à un édifice de style composite, où se succèdent suivant les étages l'ordre dorique, l'ordre ionique, l'ordre corinthien. Et, en effet, il est visible que la théorie stoïcienne de l'âme universelle, la doctrine aristotélicienne du νοῦς, servent ici de support à l'*Un-Bien* qui est le sommet de l'édifice. Seulement, si l'idéalisme pratique de Platon s'oppose dans la profondeur de son rythme intime au réalisme physique dont ses successeurs ont tenté la restauration, il est possible qu'en s'adressant au stoïcisme et au péripatétisme pour établir les assises inférieures de ses spéculations, le néo-platonisme se soit condamné à ne plus rencontrer le platonisme sur le plan supérieur où il l'a cherché, qu'il ait été contraint de transformer la dialectique de la raison en une sorte de faculté *hypermétaphysique* située hors de la science et de la conscience, et qui serait à l'intuition suprasensible d'Aristote ce que celle-ci déjà est à l'intuition sensible. Quinze siècles d'histoire vont être liés à cette transformation, et c'est pourquoi il serait important d'en saisir avec précision le mécanisme.

Plotin, comme les Stoïciens, transpose dans le plan de la réalité la biologie cosmique du *Timée* : « Toutes les planètes concourent à l'univers ; leurs rapports entre elles sont ceux qui importent à l'univers. Ainsi l'on voit, en chaque animal, que chacune des parties est faite en vue de l'ensemble [1]. » De cette sympathie universelle procèdent les incantations et les charmes magiques qui opèrent à de longues distances le rapprochement et la communication et qui attestent l'unité de l'âme. (IV, IX, 3.) Le monde s'arrêterait si le principe d'animation était lui-même entraîné dans l'alternative de la γένεσις et de la φθορά, s'il ne tenait pas de soi ce qui le rend incorruptible et immortel (IV, VII, 9.) De là le progrès qu'Aristote accomplit en suspendant la hiérarchie des âmes à l'attrait domi-

---

1 II, III, 5, *sub fine*, trad. Bréhier, t. II, 1924, p. 32. — Nous avons utilisé aussi les traductions de textes données par M. Bréhier dans le cours de 1921-1922, publiées par la *Revue des cours et conférences*.

nant, à la finalité impassible, du νοῦς divin.

Ce progrès ne saurait être pourtant le terme de la spéculation. La formule même de la νόησις νοήσεως atteste que la dualité des termes, dont la séparation est essentielle à l'activité imparfaite du mouvement, subsiste dans l'acte du moteur immobile, qui était pourtant destiné à la surmonter et à l'effacer. La dualité des termes implique une hétérogénéité en connexion nécessaire avec l'affirmation même de leur identité. (VI, VII, 39.) On ne saurait donc dire que l'unité suprême, adéquate à son propre objet, soit celle que le νοῦς établit sur son propre plan, quand il se considère dans sa relation avec son objet, ou quand, se séparant de tout ce qui n'est pas soi, il se prend lui-même pour objet. (VI, VII, 41.) Et c'est pourquoi l'auteur de la *République*, selon qui le *Bien* est par delà l'être et la vérité dont il est la source commune, va se retrouver vainqueur sur le terrain même où Plotin avait commencé de se placer, d'accord avec les Stoïciens et les Péripatéticiens.

52. Les conditions de la victoire ainsi remportée permettent un renouvellement de la théologie et de la psychologie, qui définira le moment historique du néo-platonisme, et qui en explique la répercussion sur les générations ultérieures.

Platon avait échoué dans l'entreprise d'une synthèse progressive qui se maintiendrait au même niveau de rationalité que la dialectique ascendante : toute sorte de γένεσις, à commencer par l'opération démiurgique, étant, en effet, suivant lui, hors du plan de la vérité, ne sera jamais que matière d'opinion. Mais Plotin, ayant traversé le réalisme biologique d'Aristote et lui empruntant le dogmatisme de la causalité, n'a pas d'hésitation quand il s'agit de conférer à l'Un la nature *génératrice* [1].

La métaphore platonicienne qui faisait du Soleil le fils du Bien, analogue dans le monde visible à ce que le Père est dans le monde intelligible, cesse d'être simplement une métaphore comme s'il dépendait d'elle de créer sa propre hypostase. C'est, disait Marc-Aurèle, un caractère du soleil qu'il semble se répandre et qu'en effet il se répand partout, et que pourtant il ne s'épuise pas. (VIII, 57.) Et, d'autre part, toute la métaphysique aristotélicienne de l'acte et

---
[1] VI, IX, 3. Cf. Arnou, Le désir de Dieu dans la philosophie de Plotin, 1921, p. 157.

de la puissance tournait autour de l'ambiguïté inhérente au concept de paternité : l'enfant devient un homme semblable au père, ce qui paraît impliquer l'antériorité de la puissance par rapport à l'acte ; mais c'est l'homme qui engendre l'homme, c'est le père de qui l'enfant a reçu son aptitude à devenir homme. L'apparence de l'immanence ne contredit donc pas la réalité de la transcendance [1].

La spéculation de Plotin suivra ainsi un double mouvement. Il commence par utiliser les formules d'hyperbole qui lui avaient été léguées par Platon et qui sont devenues d'usage courant dans la littérature mystique, pour placer l'absolu de l'unité simple au-dessus de la beauté, de la pensée, ou de l'être [2] ; mais, cela fait, il trouvera encore dans la complaisance et dans l'obscurité du procédé hyperbolique de quoi rompre la solitude où l'*Un* s'enfermait : « Chez ce qui est parfait, ne demandant rien, ne possédant rien, n'ayant besoin de rien, il y a comme une superfluité (dira-t-il) ; et ce trop plein de soi a produit autre chose. » (V, II, 1.)

Les historiens de Plotin, obéissant à leurs scrupules ou à leurs préjugés, se sont efforcés de faire rentrer sa pensée dans les cadres des divisions auxquelles ils sont habitués : *immanence* ou *transcendance*, *procession* ou *émanation*, *panthéisme* ou *théisme*. Mais la causalité de l'*Un* est faite précisément pour déjouer toute tentative de classification par concepts : elle ne se saisit qu'à l'aide d'images, empruntées au spectacle de la nature organique ou inorganique : « Si le premier est le parfait et le plus parfait, s'il est la puissance première, il faut bien qu'il soit supérieur à tout le reste et que les autres puissances ne fassent que l'imiter dans la mesure de leurs forces. Or, dès qu'un être arrive à son point de perfection, nous voyons qu'il engendre ; il ne supporte point de rester en lui-même, mais il crée un autre être. Et ceci est vrai non seulement des êtres qui ont une volonté réfléchie, mais encore de ceux qui végètent ou des êtres inanimés qui communiquent tout ce qu'ils peuvent de leur être : ainsi le feu réchauffe et la neige refroidit ; ainsi le poison agit selon sa propriété ; toutes choses imitent autant qu'elles peuvent le principe en éternité et en bonté. Comment donc l'être le plus parfait, le Bien, resterait-il immobile en lui-même ? Est-ce par

---

1 L'expérience humaine et la causalité physique, § 77, p. 158 ; éd. de 1949, p. 152.
2 I, VIII, 2 ; et VI, VII, 32 ; I, VII, 1 et V, VIII, 13 ; VI, VI, 5 et VII, 17. Cf. ARNOU, *op. cit.*, p. 124.

envie ? Est-ce par impuissance, lui qui est la puissance de toutes choses ? Et comment alors serait-il le principe ? Il faut donc que quelque chose vienne de lui. » (V, IV, 1.)

Ce texte classique met en relief le bouleversement complet, par le néo-platonisme, de l'idéalisme platonicien. La psychologie du Principe premier y apparaît explicitement empruntée à la mythologie du *Démiurge* « sans jalousie » [1]. Et précisément dans le plan où Plotin s'est placé, il ne saurait être question pour lui de distinguer ce dont la raison exigerait la distinction. D'une part : « Si quelque chose s'engendre du principe demeurant en soi, il s'engendre quand le principe est au plus haut point ce qu'il est (ὅταν ἐκεῖνο μάλιστα ᾖ ὅ ἐστι). C'est donc lorsqu'il demeure dans son propre état (ἐν τῷ οἰκείῳ ἤθει) que s'opère la génération, lui demeurant. » (V, IV, 2.) D'autre part, cette immutabilité du principe ne brise pas la continuité de ce qui s'est produit avec ce qui l'a produit, ne consacre pas le détachement de l'effet par rapport à la cause : « L'être qui vient de l'Un ne se sépare pas de lui, bien qu'il ne soit pas identique à lui. » (V, III, 12.) L'imagination de Plotin résout la contradiction apparente, par un raffinement de subtilité sur le thème de la source, et particulièrement de la source lumineuse. « Puisque l'Un est immobile, s'il vient après lui un second principe, c'est sans effort de consentement ou de délibération, sans mouvement d'aucune sorte... Une lumière répandue de toute part s'échappe de lui, tandis qu'il demeure, comme la splendeur qui environne le soleil, est engendrée perpétuellement par lui, qui demeure ce qu'il est. » (V, I, 6.)

53. Ainsi, chez Plotin, mythologue si l'on veut, mais, comme Aristote ou comme Philon, mythologue au second degré, *qui s'ignore et se méconnaît en tant que tel*, la génération des hypostases éternelles à partir de l'*Un* dont il est dit dans les *Ennéades* qu'il s'hypostasie lui-même (VI, VIII, 16), aura la valeur d'une réalité métaphysique, et non pas d'un récit mythique. L'hiatus est donc comblé entre l'idée de l'*Un-Bien* et le *Démiurge*. Et, par suite, l'ordre de la dialectique ascendante s'appuie à l'ordre de la synthèse progressive. De là le progrès que le néo-platonisme peut s'attribuer par rapport au platonisme, d'avoir assuré l'égalité de niveau, la par-

---

1 *Timée*, 29 *e*. Voir encore *Ennéades*, II, IX, 17. Cf. ARNOU, *op. cit.*, p. 169.

faite réciprocité, entre le processus de la conversion et le processus de la chute.

La chute correspond à une séparation qui s'accomplit dans le temps, ou tout au moins au sentiment d'une séparation qui est liée à l'illusion du temps. Tel est, en effet, le propre de la mythologie, selon Plotin comme selon Platon, « qu'elle sépare dans le temps les circonstances du récit, qu'elle distingue bien souvent les uns des autres des êtres qui sont confondus et ne se distinguent que par leur rang ou par leurs puissances. » (III, V, 9.) Mais Platon savait se libérer du mythe par la dialectique, à cause du scrupule rigoureux qui la soumet aux exigences de la raison et de la vérité ; chaque idée commence par se définir pour soi avant d'entrer en communication avec les autres, avant que le jugement intervienne pour discerner entre les relations de compatibilité légitime et d'incompatibilité.

D'ailleurs, cette exigence ne devait servir, chez Platon tel que nous le connaissons, qu'à poser le problème, qu'à en mesurer la difficulté peut-être insurmontable. Pour Plotin, la difficulté s'évanouit d'elle-même ; il n'est plus nécessaire de faire appel à la dialectique de l'idéalisme et d'en subir la loi. La μίξις εἰδῶν, loin d'impliquer désormais la moindre élaboration intellectuelle, se conçoit sur le modèle de la *panmixie* cosmique ; et le souvenir de la dialectique platonicienne n'est plus évoqué qu'en vue d'étendre le procédé d'identification que les Stoïciens avaient appliqué simplement sur le plan, en quelque sorte *horizontal*, de la nature, et de l'ériger en une méthode d'identification *verticale* qui est un défi perpétuel à la raison commune. Le caractère spécifique de la synthèse néo-platonicienne consiste en ce que la νόησις, entendue au sens platonicien, ne joue plus aucun rôle dans le passage du τόπος αἰσθητὸς au τόπος νοητός. Mais ce passage consistera en une transfiguration du lieu, qui en nie la matérialité spatiale sans altérer en rien les rapports inhérents à la topographie en tant que telle.

Dire que de cette opération naît le monde qu'on appellera intelligible, ce n'est nullement dire qu'elle puisse se comprendre ; tout au contraire, ainsi que le remarque Rodier, c'est par des images ou par des métaphores que Plotin répond aux questions sur le genre d'unité qui relie les divers éléments du monde prétendu intelligible ¹. « Supposez que dans notre monde visible chaque partie reste ce qu'elle est, sans confusion, mais que toutes se rassemblent en une ; de telle sorte que, si l'une d'entre elles apparaît, par exemple la sphère des fixes, il s'ensuit immédiatement l'apparition du soleil et des autres astres ; on voit en elle, comme sur une sphère transparente, la terre, la mer et tous les animaux ; effectivement alors, on y voit toutes choses. Soit donc, dans l'âme, la représentation d'une telle sphère... Gardez-en l'image, et représentez-vous une autre sphère pareille, en faisant abstraction de sa masse ; faites abstraction aussi des différences de position et de l'image de la matière ; ne vous contentez pas de vous représenter une seconde sphère plus petite que la première... Dieu vient alors, vous apportant son propre monde, uni à tous les dieux qui sont en lui. Tous sont chacun et chacun est tous ; unis ensemble, ils sont différents par leurs puissances ; mais ils sont tous un être unique avec une puissance multiple. » (V, VIII, 9.)

De ce point de vue (et peut-être est-ce au fond celui de tous les systèmes à prétention de synthèse absolue) n'importe quelle antithèse est susceptible de se résoudre par le simple énoncé de ce qui la constitue comme telle. Les difficultés du rapport entre le particulier et l'universel, le multiple et l'un, la vie de l'âme cosmique et la fuite ascétique d'ici-bas, se trouveront immédiatement tranchées par l'affirmation simultanée des termes contradictoires. Puisque c'est le corps qui sépare, et non plus l'intelligence, la confusion devient le signe de la spiritualité. « Toutes les âmes sont issues d'une seule ; les âmes multiples issues d'une âme unique sont comme les intelligences ; elles sont séparées et ne sont pas séparées ². »

Dès lors, avec une telle liberté de méthode ou plutôt de langage, comment l'âme éprouverait-elle encore une hésitation devant le problème de sa destinée ? Il s'agira seulement d'abstraire de la durée l'histoire psychique par un procédé analogue à celui qui

1 Cf. Sur une des origines de la philosophie de Leibniz. Études citées, p.341.
2 IV, III, 5. Cf. Bréhier, *Revue des cours et conférences*, 30 avril 1922, p. 170 : « La connaissance, en tant qu'elle exige une pluralité d'idées liées ensemble, n'a lieu que dans une forme déchue de l'intelligence, dans la pensée discursive. Le néo-platonisme nous apparaît, à cet égard, comme un retour offensif de très anciennes idées, un retour à la pensée prélogique qui brouille toute représentation distincte. La vie intellectuelle, chez Plotin, est toute formelle. C'est le sentiment d'évidence, cette sorte d'euphorie intellectuelle, selon l'expression de M. Goblot (*Traité de logique*, 1918, p. 24), qui accompagne l'activité qui s'exerce sans obstacles. »

abstrait de l'étendue la topographie intelligible. Et tel sera le rôle dévolu au mythe de la réminiscence. Chez Platon, il signifiait la capacité de travailler de l'intelligence dans le monde des relations éternelles : « La nature universelle étant homogène (τῆς φύσεως ἁπάσης συγγενοῦς οὔσης), et l'âme ayant tout appris, rien n'empêche qu'un seul ressouvenir (c'est ce que les hommes appellent savoir) lui fasse retrouver tous les autres, si l'on est courageux et tenace dans la recherche ; car la recherche et le savoir ne sont au total que réminiscence. » (*Ménon*, 81 d.) Pour Plotin, le mythe consiste à ramener l'âme vers sa patrie en détruisant l'illusion du temps et de la mémoire. (IV, III, 32.) Ce que nous ne savions pas lorsqu'il nous arrivait de nous croire à jamais isolés du tout, exclus de l'unité, c'est que « rien n'est séparé par une coupure de ce qui le précède dans la hiérarchie » (V, II, 1) ; c'est que l'âme n'est pas dans le monde, mais le monde en elle, que le corps est dans l'âme et que l'âme est dans l'intelligence [1]. Il suffira donc à l'âme de nier sa chute pour en annihiler la conséquence ; elle s'aperçoit alors qu'elle n'a pas cessé de vivre au-dessus d'elle-même, d'une vie en quelque sorte *hyperbiologique*. « L'homme du dehors » qui est une ombre (III, II, 15) rentre alors en possession de cette âme supérieure dont les *Ennéades* disent qu'elle l'a laissée subsister ἐᾶ μένειν (III, VIII, 5) par une curieuse interversion de l' ἐᾶν χαίρειν platonicien. L'âme en procédant laisse subsister sa partie supérieure au lieu intelligible que sa partie inférieure a quitté.

Ainsi, ce qui se substitue à la dialectique platonicienne et qui soutient l'armature du système plotinien, c'est une sorte de psychologie transcendante : γίγνονται οὖν οἷον ἀμφίβιοι ἐξ ἀνάγκης. (IV, VIII, 4.) Grâce à cette nature *amphibie*, l'âme est capable d'exister dans le plan de la raison, qui est le plan de sa vérité, sans avoir eu à faire œuvre et preuve de raison [2]. « Quel rapport avons-nous

---

1 V, v, 9. Cf. VI, v, 7 : « Comme il n'y a pas un point où l'on peut fixer ses propres limites de manière à dire : *jusque-là, c'est moi*, on renonce à se séparer de l'être universel. »

2 (2) Il est malaisé pour les historiens de résister à la tentation d'interpréter les formules de Plotin selon la signification intrinsèque qu'elles avaient chez Platon, que Spinoza ou que Leibniz leur donneront. Mais justement il faut revenir au XVIIe siècle pour que ces formules, détachées du rationalisme platonicien, reprennent une racine et retrouvent leur lumière dans le rationalisme cartésien. A l'appui de cette remarque, importante pour la suite de notre exposé, nous citerons une page du cours de M. Bréhier sur Plotin : « A ne considérer la doctrine que de l'extérieur, elle

PREMIÈRE PARTIE

avec l'intelligence en entendant par ce mot, non plus la disposition que l'âme tient de l'intelligence, mais l'intelligence elle-même ? (Pourtant, même l'intelligence que nous possédons est au-dessus de nous.) La possédons-nous tous en commun ou chacun en particulier ? A la fois en commun et en particulier. En commun, parce qu'elle est une et indivisible, et partout la même ; en particulier, parce que chacun de nous la possède tout entière dans sa première âme. Nous possédons ainsi les idées de deux manières : dans l'âme, elles sont développées, séparées l'une de l'autre ; dans l'intelligence, elles sont toutes ensemble. » (I, I, 8, trad. Bréhier, p. 44.)

54. Ce qui décide, en définitive, le rythme du néo-platonisme, c'est la *dissociation*, dont Aristote en bonne justice historique doit porter la responsabilité, *entre le progrès intime de l'intelligence et le concept imaginaire de l'intelligible.* Par là s'explique comment, au moment de revenir pour son compte à l'unité de la vie spirituelle, Plotin s'arrête à mi-chemin de la dialectique du *Banquet* ; il est tiré en deçà des μαθήματα en arrière de la spiritualité pure, par son empirisme transcendant, comme Philon par son souci d'orthodoxie ; et il se réfugie, comme lui, dans la région équivoque et trouble des métaphores mystiques. Puisque l'intelligence en nousmêmes nous dépasse, l'unité sur laquelle se fonde la dualité même

---

paraît nous indiquer une méthode à suivre, nous suggérer un plan de vie intellectuelle. C'est, en somme, la dialectique platonicienne, qui, maniée par Platon, s'était montrée si féconde en applications aux questions physiques, morales et sociales. Or, il n'est pas douteux que, chez Plotin comme dans tout le néo-platonisme, cette méthode, comme telle, ne demeure stérile. L'intelligence n'y trouve aucun stimulant pour poser les problèmes. Ce qui était peut-être, chez Platon, surtout une méthode, s'est transformé en une réalité métaphysique. Cette réalité n'est plus l'esprit vivant, chercheur et questionneur ; c'est une intelligence parfaite, éternellement achevée, qui n'a plus rien à chercher. Sans doute, idéalement, la connaissance intellectuelle est la fin d'une recherche. L'intelligence est elle-même un désir (VI, VII, 37.) Mais cette *course vagabonde*, que l'intelligence accomplit au milieu des essences, n'est pas un mouvement réel ; car *comme l'intelligence est partout chez elle dans la plaine de la vérité, cette course est en réalité une station en elle-même.* Son mouvement est éternellement achevé. *Elle doit se mouvoir, ou plutôt avoir achevé son mouvement dans toutes les directions.* (VI, VII, 13,14.) Cette doctrine de Plotin offre, comme toutes les doctrines de son époque, un spectacle très instructif en nous montrant comment la transposition d'une méthode en une réalité métaphysique peut retirer à cette méthode, toute vie et toute efficacité. » (*Revue des cours et conférences*, 31 mai 1922, p. 363.)

dont elle témoigne ne pourra manquer de nous apparaître hors du centre lumineux de notre propre intelligence et de notre propre conscience ; de telle sorte que Plotin se trouve ramené, pour marquer d'une façon technique l'inconscience et l'excentricité caractéristiques de la vie unitive, à employer, lui aussi, l'expression d'*extase* [1].

Le plotinisme présente donc à l'égard de l'*Un* le même contraste qu'à l'égard de l'intelligence proprement dite : il invoque l'intériorité de ce qu'il appelle lui-même la contemplation [2] et se donne les apparences de parler le langage d'une rationalité parfaite : « Plus aucun intermédiaire : les deux (*c'est-à-dire l'âme et Dieu*) ne font qu'un, aucune distinction n'est possible tant que dure la présence. » (VI, VII, 34 ; cf. VI, IX, 10.) Mais, faute de se référer à la continuité d'une dialectique idéaliste, il est incapable de traduire cette exclusion de l'extériorité autrement que par des expressions qui la font retomber dans le plan de l'imagination et mettent en doute la pureté du sentiment dont elles travaillent à garantir la réalité véritable. Lorsqu'il transporte à l'homme la psychologie du dieu aristotélicien où la pensée éprouve le besoin de se transcender en vision immédiate, en toucher (VI, IX, 10 ; V, III, 17, et VI, IX, 7), ses effets de style, qui s'appliqueraient aussi bien à une suggestion illusoire, laissent planer un soupçon d'incomplétude et d'obscurité sur la réalité d'un état, par définition même, inaccessible et interdit au profane. (VI, IX, 11.)

L'*Histoire littéraire du sentiment religieux* (selon le titre des importants ouvrages de M. Brémond) est tout entière dominée, au Moyen Age et dans les temps modernes, par les formules et les images de Plotin qui seront répétées avec insistance et monotonie. Leur ascendant s'explique amplement par le rayon de grâce hellénique qui traverse l'exaltation de l'amour et de la beauté, par la noblesse de l'accent qui célèbre l'efficace des vertus ascétiques. Mais d'un point de vue qui n'est plus seulement littéraire et où l'on pénètre plus avant dans les choses de l'âme, le néo-platonisme crée

---

[1] VI, IX, 11. Cf. H. Guyot, *Les réminiscences de Philon le juif chez Plotin*, 1906, chap. III, pp. 69 et suiv.

[2] En un sens toute la doctrine de Plotin tourne autour de la notion de contemplation, mais qui est elle-même prise dans une agitation confuse, dans un tourbillon contradictoire, d'aperçus ou de souvenirs. Cf. Arnou, πρᾶξις et θεωρία, 1921, p. 80.

une rupture de continuité entre le progrès de la vie intérieure et l'aspiration à l'unité de l'esprit. La communauté même de but, par laquelle il se rattache à la tradition de l'idéalisme platonicien, a pour résultat nécessaire de mettre en relief l'antagonisme de structure entre les deux systèmes, l'un se développant par la concentration de l'intelligence, tandis que l'autre aboutit au *ravissement hors de soi*. (VI, VII, 35.)

Mais le paradoxe de l'histoire veut que le réalisme mystique des néo-platoniciens, qui contredit en chacun de ses points essentiels l'immanence du Γνῶθι σαυτόν, ait été placé sous le patronage de Socrate et de Platon. Voici à cet égard un « petit fait » qui montre assez bien la décadence de l'image que la philosophie conserve de sa propre tradition. Il se réfère au passage suivant de l'*Alcibiade*, dialogue qui est, sinon de Platon, du moins d'inspiration platonicienne (133 *b*) : « L'âme, si elle veut se connaître elle-même, doit regarder une âme, et dans cette âme, la faculté propre à l'âme, l'intelligence (σοφία) ou encore quelque autre objet qui lui est semblable. Or, dans l'âme, pouvons-nous distinguer quelque chose de plus divin que cette partie où résident la connaissance et la pensée ? Cette partie-là, en effet, semble toute divine, et celui qui la regarde, qui sait y découvrir tout ce qu'il y a en elle de divin, Dieu même et la pensée, celui-là a le plus de chance de se connaître lui-même. » Et dans les manuscrits le dialogue continue ainsi : « Se connaître soi-même ; n'est-ce pas ce que nous sommes convenus d'appeler sagesse morale (σωφροσύνη) ? »

Or, une citation d'Eusèbe[1] indique qu'avant cette dernière phrase, au point d'insertion marqué par l'évocation du mot *Dieu*, avaient été introduites, à un moment donné, les lignes suivantes : « Sans doute parce que, comme les vrais miroirs sont plus clairs, plus purs et plus lumineux que le miroir de l'œil, de même Dieu est plus pur et plus lumineux que la partie la meilleure de notre âme. C'est donc Dieu qu'il faut regarder ; il est le meilleur miroir des choses humaines elles-mêmes pour qui veut juger de la qualité de l'âme, et c'est en lui que nous pouvons le mieux nous voir et nous connaître. »

Avec cette addition, assurément légère, mais qui a, pour ainsi dire,

---

1 *Prép. évang.*, XI, 27 ; édit. GIFFORD, Oxford, II, 1903, p. 55I *b*. Cf. PLATON, *Œuvres complètes*, t. I, 1920, trad. Maurice CROISET, p. 110, n. 1.

une vertu de catalyse, nous sommes passés d'un monde à un autre. Il suffisait de gagner son âme pour gagner Dieu, qui est intérieur à la conscience, concentrique à l'intelligence, tandis que maintenant, suivant l'enseignement de Plotin (cf. *Ennéades*, V, III, 4), et qui était déjà l'enseignement de Philon, on ne se connaît qu'en haut, dans son principe : c'est au delà, au dehors, qu'il faudra, en fin de compte, tâcher de s'installer pour de là revenir à soi. En prétendant dépasser l'humanisme pratique de Socrate, l'idéalisme rationnel de Platon, l'on va donc à contre-sens de la civilisation hellénique.

Qu'on se rapporte sur ce point au récit d'Aristoxène de Tarente. Il raconte que Socrate avait été soumis lui-même à l'interrogatoire d'un Hindou, qui, se trouvant à Athènes, lui demanda quelle philosophie il pratiquait. Socrate répondit que ses recherches portaient sur la vie humaine. Et l'Hindou se mit à rire : *on ne peut pas contempler les choses humaines, si l'on ignore les choses divines* [1]. Mais, à l'époque même d'Aristoxène de Tarente, le spectacle s'est renversé : Pyrrhon accompagne Anaxarque, qui appartenait lui-même à la suite d'Alexandre, jusque chez les mages et les gymnosophistes de l'Inde. Il est le témoin émerveillé de leur incroyable impassibilité, il ramène en Europe un idéal, déjà évangélique, de « douceur » et de « renoncement [2]. » Et nous retrouverons sans doute chez Plotin la même séduction de l'ascétisme oriental. Mais les valeurs de la raison, après les six siècles de la décadence gréco-romaine, se trouvent réduites à la seule formule de leur terminologie, elles sont toutes disposées à se laisser transcender par l'imagination d'une théologie surnaturelle : de telle sorte que cela même qui apparaissait à Pyrrhon sur le plan *infra-rationnel* du scepticisme est transposé par Plotin dans le plan *supra-rationnel* d'un dogmatisme.

55. Dès lors le néo-platonisme devra suivre la pente inévitable de son destin : la forme purement philosophique dans laquelle Plotin a travaillé à faire rentrer les croyances religieuses et les aspirations mystiques était un frein illusoire. C'est afin de ne pas dépasser le domaine de la philosophie pure que Plotin, dans des textes clas-

---

[1] *Apud* Eusèbe, *Prép. évang.*, IX, 3, 511 *b*, cité par Bréhier, *Revue des cours et conférences*, 31 mai 1922, p. 263.
[2] Cf. Waddington, La philosophie ancienne et la critique historique, 1904, p. 305, et Brochard, Les sceptiques grecs, p. 73.

PREMIÈRE PARTIE

siques des *Ennéades*, avait souligné le danger, des expressions positives. Si l'on veut aller au simple, en disant : *je suis l'être*, alors c'est qu'on manque et à se posséder soi-même et à posséder l'être. *En parlant, nous disons ce qu'il n'est pas ; et ce qu'il est nous ne le disons pas.* (V, III, 13 et 14.) En fait, cet avertissement n'a servi qu'à une débauche de spéculations sur le rapport ineffable de l'Être à l'ineffabilité de l'Un. M. Bréhier en a suivi, avec une grande dextérité, le développement dialectique. Ce qui s'en dégage, du moins en gros, pour l'histoire générale, et qui explique la curieuse attraction que l'idée du néant exercera sur la pensée du Moyen Age, apparaît nettement dans la dernière œuvre que le néo-platonisme nous ait léguée : les *Questions et solutions sur les premiers principes*[1] : « Damascius met le premier principe plus loin encore, s'il se peut, par delà toute intelligence et toute activité, que les Plotin, les Jamblique et les Proclus même avaient fait. Tous avaient déjà dit que l'Un, étant au-dessus de l'être, était comme un non-être, supérieur à toute détermination, quelle qu'elle fût, et par conséquent impossible à connaître. Selon Damascius, on ne peut pas même savoir s'il peut ou ne peut pas être connu. On n'en saurait avoir la moindre idée ni le moindre soupçon. On ne peut l'honorer que par un silence absolu. C'est un néant, un vide dans lequel il faut se perdre ; c'est la Nuit ou le Chaos des premiers théologiens grecs, l'obscurité inconnaissable des Égyptiens, ou l'Abîme des Chaldéens et des Gnostiques[2]. »

D'autre part, selon un trait constant dans l'histoire du mysticisme, l'évanescence de la subtilité métaphysique a pour effet de renvoyer à la solidité, à la matérialité des pratiques surnaturelles. C'est ainsi, comme l'a remarqué en particulier Denis[3], que la biographie d'Apollonius de Tyane, écrite deux siècles après la mort du héros, laisse apercevoir un contraste perpétuel entre la pureté spirituelle des paroles qui lui sont attribuées et l'amas de prodiges, de miracles, de prophéties, que Philostrate y ajoute, comme si l'opinion exigeait désormais que l'ascète et le saint prissent figure de mage et de thaumaturge. A l'égard des pratiques occultes et des révé-

---

[1] L'idée du néant et le problème de l'origine radicale dans le néo-platonisme grec, *Revue de Métaphysique*, 1919, pp. 443 et suiv.
[2] RAVAISSON, *Essai cité*, t. II, p. 532.
[3] Histoire des théories et des idées morales dans l'Antiquité, t. II, 1856, p. 265, n. 1, et 272, n. 1.

lations extraordinaires, Plotin demeure sobre, non sans défiance même. Les incantations astrologiques et la magie médicale des Gnostiques excitent sa verve indignée [1]. Mais avec ses successeurs, avec Jamblique surtout, la sagesse, qui invoque encore le nom de Platon, dégénère en une recherche curieuse et anxieuse de toutes les superstitions et de toutes les extravagances qui forment, pour l'*homo credulus*, le trésor de sa tradition.

Les événements politiques, enfin, vont souligner d'un dernier trait cette solidarité, à l'intérieur de l'école, entre le mysticisme spéculatif et le mysticisme pratique. La propagande des Juifs et des Chrétiens dans l'empire romain avait renversé, aux yeux de leurs adversaires comme de leurs partisans, la conception que l'Occident avait acceptée jusque-là de l'organisation politique des cultes. Désormais, en effet, ce qui en détermine leurs limites, ce n'est plus la communauté géographique des citoyens de l'État, c'est la communauté spirituelle des fidèles qui se sont fait naturaliser dans la cité de Dieu. Par un choc en retour, les hommes qui conservent encore un vestige de l'enseignement platonicien, qui se refusent à concevoir Dieu sous les espèces du mal, comme faisaient, selon Plutarque, Juifs et Syriens [2], vont chercher à cristalliser leur pensée dans un système de religion qui sera défini par opposition au christianisme. Et il est remarquable que cette tentative de restauration ait abouti, du point de vue spéculatif, au moment où ses chances de succès durable se trouvaient réduites à néant par les circonstances générales de l'histoire. Au IVe siècle, lorsque l'Église chrétienne, consacrée dans l'Empire grâce au triomphe de Constantin, était menacée de nouveau par les luttes furieuses de l'arianisme, on voit que du côté païen il « s'établit peu à peu, par des compromis entre les vieilles idées orientales et la pensée gréco-latine, un ensemble de croyances dont un consentement universel semble prouver la vérité » [3]. Dans une fine étude sur l'empereur Julien, Constant Martha en retrace les lignes essentielles : « Ce qui fortifie surtout le paganisme, c'est le secours que lui prêta la philosophie en le rajeunissant. Elle, qui jusqu'alors lui avait fait la guerre, devient son alliée dans le péril commun et par l'instinct de sa propre conservation. La philosophie prit tout à coup des allures mystiques

---

[1] II, IX, 14, trad. Bréhier, t. II, 1924, p. 130.
[2] *De stoïc. repugn.*, XXXVIII, 1051 E.
[3] Cumont, *Les religions orientales*, VIII, édit. citée, p. 299.

et inspirées, elle entoure de savantes ténèbres la claire mythologie compromise par sa clarté ; à ses explications symboliques elle mêle les pratiques mystérieuses des cultes orientaux, à sa théologie subtile et confuse les redoutables secrets de la magie ; elle eut ses initiations clandestines et terribles, ses enthousiasmes extatiques, ses vertus nouvelles, souvent empruntées au christianisme, ses bonnes œuvres, ses miracles même. En un mot elle devint la théurgie, cet art sublime et suspect qui prétend pouvoir évoquer Dieu sur la terre et dans les âmes. Le christianisme rencontrait donc, non plus un culte suranné, facile à renverser, mais une religion vivante, puisant son énergie dans sa défaite, défendue par des fanatiques savants dont la sombre ferveur et l'éloquence illuminée étaient capables d'entraîner aussi une armée de prosélytes. Ainsi le paganisme n'était plus cet édifice ruineux qu'on nous peint quelquefois, qui devait s'écrouler au premier souffle. Sa vétusté avait été étayée par des superstitions nouvelles, et l'éclectisme alexandrin, moitié philosophique, moitié religieux, en avait cimenté les pierres disjointes. Cette religion, solidement assise sur la base séculaire des mœurs et des coutumes, solidement réparée, pouvait donner à quelqu'un l'idée de la défendre [1]. »

CHAPITRE IV
LE CHRISTIANISME

56. L'opposition qui a été une réalité historique au IVe siècle de notre ère entre paganisme et christianisme, peut-elle être généralisée jusqu'à fournir les termes exacts selon lesquels devrait être posé le problème de la conscience ? Une page remarquable, empruntée encore à Constant Martha, nous donnera occasion de nous éclairer à ce sujet. Après avoir rappelé le commentaire philosophique des *Vers d'or* où Hiéroclès « dit et répéter avec une visible insistance que *nous sommes juges de nous-mêmes*, αὐτὸς ἑαυτόν ... *notre raison, voilà le gouverneur que Dieu nous a donné, voilà notre précepteur* », Martha écrit : « Le christianisme a enlevé l'âme humaine à l'autorité dont jusqu'alors elle avait relevé ; il ne l'a plus laissée sous sa propre garde, et en lui faisant sentir le besoin d'un appui divin, en la rendant plus modeste et plus humble, il a enlevé

---
1 Études morales sur l'Antiquité, 1883, p. 260.

à la conscience les joies orgueilleusement paisibles que l'Antiquité goûtait sans remords... Tandis que l'âme païenne se rend compte à elle-même et demeure son propre juge, l'âme chrétienne se donne un juge qui n'est pas elle et se traduit au tribunal de Dieu [1]. »

Mais les analyses précédentes montrent que l'antithèse de l'*autonomie* et de l'*hétéronomie* traduirait, en termes trop généraux, le problème qui est l'objet de notre étude. On ne peut comprendre dix siècles d'histoire occidentale dans un *concept* tel que celui du *paganisme*, où viendraient se confondre, comme dans le corps mystique des réprouvés, l'ensemble des écrivains étrangers ou réfractaires aux révélations soit de l'Ancien, soit du Nouveau Testament. Bien au contraire, si l'on veut saisir exactement les circonstances dans lesquelles le christianisme s'est développé en Europe, il faut tenir compte avant tout de ce fait que le libre essor de la conscience a inspiré seulement les contemporains et les successeurs immédiats de Socrate. La philosophie d'Aristote, à plus forte raison celle des Épicuriens et des Stoïciens, a été une philosophie de la nature, non une philosophie de l'esprit. Et si le néo-platonisme s'élève au-dessus de la nature, c'est, il convient de ne pas l'oublier, qu'il s'écarte encore davantage de la conscience et de l'intelligence effective. La pensée dite païenne se présente à travers trois plans successifs : *esprit, nature, surnature*. Et la comparaison du christianisme avec l'Antiquité n'a aucune base positive de référence, aucune signification précise, tant que l'on laisse dans l'indivision d'un concept générique et confus des rythmes de pensée aussi différents, aussi contradictoires même, que la *dialectique* des Platoniciens et la métaphysique des Péripatéticiens, la physique des Stoïciens ou des Épicuriens et l'*hypermétaphysique* des Néo-Platoniciens.

A son tour cette pensée chrétienne a une histoire, et c'est par là d'ailleurs qu'elle intéresse le problème auquel se limitent nos recherches. Il ne se posera directement pour nous qu'à partir du moment où l'humanité connaît de nouveau un Socrate qui s'appelle Montaigne, un Platon qui s'appelle Descartes. Mais à ce moment aussi se manifestera l'empreinte profonde du christianisme sur l'Europe qu'il a conquise. En rapport à la courbe de l'évolution future, il convient donc de rappeler, si brièvement que ce soit, l'aspect que le christianisme naissant, avant même qu'il passât d'Orient en

---

1 Études morales sur l'Antiquité, pp. 224-225.

Occident, avait conféré aux valeurs de la conscience religieuse et ce qui a pu résulter de leur premier contact avec les synthèses déjà élaborées par les théologies hellénistiques.

Section I
LES THÈMES PRÉ-OCCIDENTAUX

57. La révélation chrétienne s'est produite dans une certaine région de l'espace et à une époque déterminée de l'histoire, mais, en se référant à la tradition des Écritures juives. La vérité du Nouveau Testament éclaire la signification de l'Ancien, en même temps qu'elle est attestée par lui ; et c'est en fonction de ces deux livres, rendus solidaires par la mission messianique de Jésus, que la conscience chrétienne se constitue pour soi dans ses thèmes fondamentaux.

Le premier de ces thèmes est fourni par les Évangiles : il consiste dans l'accomplissement de la loi d'Israël. Cette loi est un impératif d'origine surnaturelle. L'inspiration initiale du judaïsme ne laisse aucune place à l'idée d'une conscience morale, qui saisirait à sa propre lumière la norme intrinsèque du juste ou du vrai. Le fait où la Bible prend son point de départ, c'est le « pacte d'alliance » conclu par un Dieu local avec un peuple auquel il impose de lui réserver la totalité de ses offrandes et de ses sacrifices. Les prescriptions du culte sont purement formelles et littérales, sans aucun respect de l'intention, sans aucun souci de l'âme.

Or, de ce point qui marque comme l'absolu de l'*hétéronomie*, les différents livres de l'Ancien Testament font assister le lecteur à un mouvement nettement orienté de l'extérieur vers l'intérieur. Sans rompre avec la particularisation ethnique du Dieu juif, les prophètes, accomplissent une révolution en faisant servir l'autorité de la loi religieuse à développer, non seulement l'humilité sincère, mais une volonté juste et charitable [1]. C'est cette révolu-

---

[1] Cf. Loisy, *La religion d'Israël*, 2ᵉ édit., 1908, p. 163 : « L'un des traits les plus extraordinaires du iahvisme est assurément l'évolution qui, du voyant devin et sorcier, de l'enthousiaste délirant, a fait le prophète des derniers temps de la monarchie, juge des rois, défenseur des pauvres, prédicateur de la justice, toujours préoccupé de l'avenir par tradition d'état, mais coordonnant ses prédictions à un enseignement moral. »

tion dont Jésus annonce qu'elle touche enfin à son terme : « Ne pensez pas que je sois venu abroger la loi ou les prophètes. Je ne suis pas venu abroger, mais accomplir [1]. » Cet accomplissement sera la *catastrophe* dont la prédiction est le centre de l'enseignement évangélique. Obscurcissement du soleil, éclipse de la lune, chute des étoiles, ébranlement des puissances célestes, précèdent l'avènement du Fils de l'homme, venant sur les nuées d'en haut. « En vérité, je vous dis que cette génération ne passera pas que tout cela ne soit arrivé. Le ciel et la terre passeront. Mais mes paroles ne passeront point. Quant au jour et à l'heure, personne ne les connaît, pas même les anges des cieux, ni le Fils, mais le Père seul. » (Matth., XXIV, 34.)

La loi judéo-chrétienne est, selon Jésus, la loi d'un monde *fait pour ne pas durer*. Elle a pour caractère de mettre à l'épreuve la sincérité du repentir par le renoncement à tout ce qui implique la perpétuité profane, et d'abord par la rupture radicale avec les liens de la chair et du sang. De ce point de vue, et de ce point de vue seulement, se comprend la scène sublime et rude qui a transmis à l'Europe l'idéal de la vie monastique : « Comme il parlait encore aux foules, voici que sa mère et ses frères se tenaient dehors, cherchant à lui parler. Mais il répondit à celui qui le lui disait : *Qui est ma mère et qui sont mes frères ?* Et étendant la main vers ses disciples, il dit : *Voici ma mère et mes frères : car quiconque fait la volonté de mon Père qui est aux cieux, celui-là est mon frère, et ma sœur, et ma mère.* » (Matth., XII, 46.)

58. L'enseignement de Jésus vivant se complète par le *mystère* (au sens technique où le mot était pris alors) du *Christ crucifié*. L'apôtre Paul fait de la crucifixion le dénouement du drame où l'humanité s'agite depuis le péché d'Adam. Dès lors, le thème de la loi est repoussé du Nouveau Testament dans l'Ancien. « L'aiguillon de la mort, c'est le péché. Et la force du péché c'est la loi [2]. » Chez les juifs la nécessité de la loi marquait l'éloignement réciproque du Créateur et de la créature. Voici que l'avènement du Christ inaugure l'ère de la réconciliation, dans la grâce de la prière et dans la ferveur de la charité.

---

1 *Matth.* V, 17, trad. Loisy.
2 I, *Cor.*, XV, 56.

Un renversement complet se produit ainsi dans la perspective des valeurs morales. L'Adam de la Genèse avait reçu de Iavhé l'ordre de ne point manger du fruit de l'arbre qui portait la science du bien et du mal ; il a désobéi par une décision de sa volonté, qui était un péché. Chez ses descendants, au contraire, le péché précède la volonté de la personne : il est la *cause*, et non l'*effet*, de la corruption ; de telle sorte que l'effort de l'homme en tant qu'homme ne saurait suffire pour redresser ce qui est désormais comme le vice originel de la nature. La loi, telle qu'elle a été prescrite aux fils d'Adam, n'a jamais servi qu'à démontrer leur impuissance d'y satisfaire. La rédemption du péché devra s'opérer, comme s'en est opérée la transmission, sur un plan transcendant à l'ordre de la personnalité. « Quant à moi, en effet, par Loi je suis mort à Loi, pour vivre à Dieu. Avec Christ, je suis crucifié. Et ce n'est plus moi qui vis, mais vit en moi Christ. Et en tant que maintenant je vis en chair, je vis en la foi du Fils de Dieu, qui m'a aimé et qui s'est livré pour moi. » (Gal., II, 19.)

La substitution de personnes, entendue à la lettre, et consacrée par la communion eucharistique, explique l'orientation définitive de la conscience. Le chrétien met toute l'espérance du salut dans sa foi, qui elle-même doit être le fruit de la grâce. Il faut donc qu'il ne cesse de s'interroger, dans le raffinement du scrupule, sur la profondeur de sa croyance intime, et qu'en même temps il lutte contre la tentation d'inscrire à son propre compte le mérite de son progrès intérieur. Il faut que, par un effort héroïque d'humilité, il accepte de se ravaler au plan des choses fabriquées : « O homme, qui donc es-tu pour répliquer à Dieu ? Est-ce que la figure dit à qui l'a modelée : *Pourquoi m'as-tu faite ainsi ?* Ou bien le potier n'a-t-il pas pouvoir sur l'argile pour faire de la même pâte un vase de luxe et un vase à ordure ? » (Rom., IX, 20.)

59. Ainsi, dans ce renoncement à juger, dans cette abdication de toute autonomie, le don total de soi répond chez l'homme au don total que le Christ a fait de soi. Élan mystique de la foi, qui pourtant ne correspond en rien à ce que nous avons rencontré dans le mysticisme de Philon ou dans le mysticisme de Plotin : aucune élaboration intellectuelle, mais seulement l'intuition immédiate d'une réalité qui s'est manifestée sur terre par la présence adorable du Dieu fait homme, et qui trouvera sa confirmation prochaine dans la présence définitive, celle qui marquera l'avènement du royaume céleste, projetant tout d'un coup l'humain dans le divin, le temps dans l'éternité. « Nous qui sommes morts au péché, comment pourrions-nous encore y vivre ? Ou bien ignorez-vous que, nous tous qui avons été baptisés en Christ Jésus, c'est en sa mort que nous avons été baptisés ? Nous avons donc été ensevelis avec lui par le baptême pour la mort, afin que, tout comme Christ a été ressuscité des morts par la gloire du Père, ainsi nous-mêmes marchions en nouveauté de vie ; car, si nous sommes devenus associés par similitude à sa mort, nous le serons aussi à sa résurrection. » (Rom., VI, 2.) Dans la perspective originelle du christianisme, la première résurrection était le prélude et le gage de la seconde ; le fidèle a le sentiment qu'il touche du doigt son espérance : la ferveur de la charité suffira pour la faire épanouir.

Et sans doute la παρουσία ne s'est pas produite ; la promesse a dû s'éloigner du temps et de la terre pour revêtir un sens abstrait et métaphysique. Mais le renouvellement des valeurs subsiste au plus profond de la conscience occidentale. Il est acquis désormais que la vie religieuse, une fois détachée des cadres politiques de la tradition, est pourtant autre chose pour l'homme que le luxe et le couronnement de la vie intérieure. Elle ne s'ajoute pas aux actes et aux pensées de l'existence quotidienne, pour en augmenter le retentissement et l'efficacité. L'adhésion à une croyance change du tout au tout le sens de cette existence même, dont elle fait un lieu de passage, un moment d'exercice en vue de la destinée ultra-terrestre qui sera, selon le jugement d'en haut, élection au paradis, ou damnation dans l'enfer. Par chacune de ses décisions, par chacune de ses pensées, le chrétien a la tâche de se définir, face à sa conscience, en fonction de la divinité ; il s'engage, avec la totalité de son être, dans le temps et par delà le temps.

D'autre part, et ce sera plus sûrement encore une chose nouvelle dans l'histoire occidentale, l'effort pour dépasser à tout instant le niveau proprement humain de l'humanité, cesse d'être le privilège de quelques âmes d'élite. Il n'y a plus d'élite, déterminée par l'excellence du rang social ou par la supériorité du savoir. Tous participeront à la même espérance de salut. L'égalité universelle trouve sa confirmation, sa consécration, dans l'idée d'une communauté où la solidarité des œuvres et des mérites fait pressentir ce qui sera, dans la béatitude céleste, l'unité de la lumière et de l'amour. La conscience chrétienne se donne donc pour point d'appui l'idée d'une société où tous les hommes seraient rassemblés, indépendants de toute autre loi que la loi de Dieu lui-même, et qui témoignerait de son caractère divin par une réalité unanime de douceur, de paix et de charité. L'existence effective d'une société ainsi conçue, l'avènement d'une *chrétienté* véritable, voilà ce que le christianisme a réclamé de son Dieu comme le témoignage décisif de sa vérité, voilà ce qu'il s'est imposé à lui-même comme l'épreuve destinée à lui démontrer qu'il est capable de supporter et de remplir son propre idéal. C'est cela qui donne leur sens profond et émouvant au long travail et aux longues souffrances de l'Europe dans les siècles qui s'écoulent entre les deux cataclysmes de l'invasion des Barbares et des guerres de religion.

Section II
L'ÉLABORATION DU DOGME

60. Durant la période que nous avons ici à considérer, l'axe de la conscience chrétienne a été dans l'Église. Même l'authenticité de l'Écriture paraît relative à l'autorité de l'Église : « Pour moi (dira Augustin), je ne croirais pas à l'Évangile si je n'y étais porté par l'autorité de l'Église catholique [1]. » Corrélativement à la constitution de l'Église s'est opérée l'élaboration du dogme. Pour ce qui concerne le dogme fondamental de la Trinité, cette élaboration eut pour base le prologue du IVe Évangile, où le Christ, Messie annoncé par les prophètes juifs, attesté par la vérité de ses miracles, est aussi le λόγος devenu chair, fils unique de Dieu.

Et l'on verra encore ici l'Égypte jouer son rôle de médiation entre un culte d'origine asiatique et la littérature d'origine grecque. Comme le Nouveau Testament s'est greffé sur l'Ancien, la théologie chrétienne va se greffer sur le syncrétisme religieux de Philon et en faire la fortune : « Le mouvement allégorique fut, dans le monde juif, aussi peu considérable en étendue qu'important par ses conséquences éloignées. Cette exégèse n'est pas conciliable avec toute espèce de doctrines. A l'époque de Philon spécialement elle

---
[1] *Contra Epistolam Manichaei*, VI ; édit. Migne, t. VIII, 1845, col. 176.

s'unissait étroitement aux théories mystiques des néo-pythagoriciens, des orphiques, enfin des prêtres égyptiens. Les Juifs qui l'employaient furent naturellement ceux qui étaient en contact le plus intime avec cette civilisation hellénique dont les idées religieuses nous sont connues surtout par le traité de Plutarque sur *Isis* [1]. Philon fait partie de ce groupe peut-être peu nombreux et qui a peu marqué dans l'histoire nationale juive. Il acquit, moins d'un siècle après sa mort, droit de cité dans les écoles chrétiennes d'Alexandrie, et c'est par elles, non par les Juifs, que la méthode allégorique prit une signification historique [2]. »

61. Pour déterminer le moment de la conscience chrétienne auquel correspond cette introduction de la théologie dans la religion, nous disposons d'une excellente base de référence : *les premiers chapitres de la dixième conférence de Cassien* [3]. Il est curieux d'y voir quel trouble fut suscité chez les *Pères du Désert* par les lettres du patriarche d'Alexandrie. C'était, au début du Ve siècle, Théophile, le prédécesseur et l'oncle de Cyrille sous l'épiscopat duquel Hypatie fut assassinée. Or, en indiquant le jour de Pâques, « il prenait occasion de parler contre l'hérésie des *Anthropomorphites*, et de la combattre par un long discours. Les Solitaires d'Égypte, dont la simplicité avait été surprise par cette erreur, s'élevèrent presque tous d'un commun accord contre ces *Lettres* ; et la plus grande partie des anciens opina à se séparer de Théophile, et à ne le plus regarder qu'avec horreur comme un homme qui attaquait visiblement l'Écriture Sainte, et qui niait que Dieu eût la forme d'un homme, quoique la Genèse dise manifestement, qu'Adam avait été créé à son image et, à sa ressemblance ». Le scandale ne fut pas moins grand chez « les Solitaires qui demeuraient dans le désert de Schethé, et qui surpassaient par leur vertu et par leur science tous ceux qui demeuraient dans les monastères d'Égypte ».

---

1 Il est à noter que dans ce traité Plutarque fait aussi leur part aux légendes chaldéennes et à la doctrine du sage Zoroastre (chap. XLVI, trad. Mario MEUNIER, 1924, p. 147). « La théologie des mystères faisait de Mithra médiateur l'équivalent du λόγος Alexandrin. » (CUMONT, *Les mystères de Mithra*, 3e édit., Bruxelles, 1913, p. 203.)
2 BRÉHIER, *Les idées philosophiques et religieuses de Philon*, p. 61.
3 Nous citons la traduction naïve et charmante de SALIGNY, 4e édit., Lyon, 1687, t. I, 399 et suiv.

PREMIÈRE PARTIE

L'abbé Paphnuce eut fort à faire pour les convaincre que la tradition de l'Église n'était point d'entendre « cela à la lettre ni d'une manière grossière » ; et il croyait y avoir réussi lorsque l'abbé Sérapion, consommé dans toutes sortes de vertus et recommandable par l'austérité de sa vie... s'abandonna tout d'un coup aux soupirs et aux larmes. Se jetant par terre, il cria en gémissant à haute voix : *Hélas ! que je suis misérable, ils m'ont enlevé mon Dieu ! Je ne sais plus maintenant à quoi je me dois attacher, ou qui je dois adorer, ou à qui je puis m'adresser...* Et nous avons presque désespéré de nous-mêmes (ajoute, Cassien), voyant qu'un homme si saint, après cinquante années d'une si grande retraite et d'une vie si austère, non seulement ait perdu tant de travaux par son erreur, mais qu'il soit même dans un si grand danger de son salut ».

Ainsi, dès ses formes élémentaires, respectées d'une façon si touchante dans la vie monastique des premiers siècles, la conscience chrétienne se donne à elle-même un double idéal ; idéal pratique de sainteté, idéal déjà rationnel de spiritualité. Les fidèles lisaient dans Matthieu (XVIII, 3) : « En vérité, je vous dis, si vous ne changez et ne devenez comme les enfants, vous n'entrerez pas dans le royaume des cieux. Celui donc qui se fera petit comme cet enfant, celui-là sera le plus grand dans le royaume des cieux. » L'homme de Dieu a la simplicité d'un enfant ; et le « bon vieillard Sérapion », par l'humilité de sa soumission au texte révélé, sous la forme exacte où il a été révélé, est le type exemplaire du saint. Ni curiosité d'intelligence, ni inquiétude. La *lidibo sciendi*, la prétention à l'excès de sagesse, sont des tentations du démon au même titre que la sensualité ou l'ambition. Selon Aristote, la volonté n'a pas à délibérer sur les fins de l'action : la vertu consiste à subsumer le fait sous la loi, en se conformant aux majeures du syllogisme pratique, qui ont été inscrites par la nature dans les caractères spécifiques de l'animal raisonnable. Il en est de même dans l'ordre surnaturel, la perfection du chrétien sera de réaliser par l'ascèse de la mortification ce que les Écritures prescrivent à l'âme, ce que le sacrifice de Jésus lui obtient la grâce d'accomplir. Si la parole sacrée est divine, n'est-ce pas, en effet, parce qu'elle suffit à produire par soi l'évidence d'une illumination surnaturelle, qu'elle écarte les subtilités où se trahit la ruse de l'ennemi, à commencer par la duplicité du sens littéral, qui vient de Dieu, et du sens spirituel que les hommes y ajoutent ? La charité suffira pour mettre le fidèle en communication immédiate avec l'objet de sa foi, dans l'inclinaison du cœur et dans la pratique de l'Écriture, dans la sincérité de la prière et dans le zèle des œuvres.

Mais voici qu'apparaissent la destinée pathétique du christianisme et sa fécondité dans l'ordre de l'esprit : il a osé briser cette conception toute pragmatique, toute biologique, suivant laquelle la pureté de la vie suffirait pour attester la vérité de la foi, comme l'arbre se reconnaît aux fruits. L'état de grâce n'est pas l'état de l'enfance ; car la pureté de la foi implique l'intelligence de la foi, tout au moins la délimitation des principes qui la constituent. Et, en effet, le fidèle n'attend pas de la parole révélée qu'elle l'unisse simplement à Dieu, mais aussi qu'elle serve de principe à la communion universelle. Ce n'est pas pour un homme, c'est pour tous les hommes, c'est pour l'humanité, que le fils de Dieu s'est incarné sur la terre et s'est offert en holocauste. Or l'unité ne peut pas venir de la parole en tant que phénomène vocal ; c'est donc un devoir de charité que de la chercher dans la communauté de la pensée, de porter par suite l'interprétation des Écritures au niveau que la réflexion a pu atteindre, soit au dedans des Églises, soit même en dehors d'elles. Et ainsi, à travers le christianisme, par delà le christianisme peut-être, va se poursuivre dans l'Occident l'effort de la charité intellectuelle.

Comment, en effet, ne pas s'apercevoir que l'anthropomorphisme physique, qui se décèle de soi-même, n'est rien auprès de l'anthropomorphisme psychique ? A quoi bon avoir brisé les images plastiques de la divinité si, dans l'idée intérieure, qu'on a d'elle, l'on consent à introduire des passions, comme la jalousie, la colère, la vengeance, qui sont précisément ce que la morale chrétienne nous prescrit de vaincre et d'effacer de notre cœur, ce qui contredit le plus directement à l'idéal évangélique du pardon, de la douceur et de la résignation ?

62. Si éloignée donc qu'elle soit de la civilisation hellénique et de l'humanisme rationnel, la pensée chrétienne, en agitant le problème de l'anthropomorphisme, retrouve, pour l'aider à remonter la pente descendue par l'Antiquité, la dualité des thèmes que l'*Euthyphron* avait jadis opposés : ici la foi trouve complète satisfaction dans l'observation de la loi définie par le texte impératif des livres inspirés et sacrés, tandis que là, et à mesure qu'elle approfondit et qu'elle éclaircit les conditions de la religion véritable, elle travaille à rendre son objet digne de soi, en spiritualisant l'Écriture et Dieu lui-même.

La mission politique des conciles est d'assurer l'équilibre entre ces deux composantes de la foi. Et malgré la multiplicité des terminologies possibles, d'où naissait la farouche rivalité des sectes, cette tâche était singulièrement facilitée par l'atmosphère où nous avons vu respirer le mysticisme alexandrin. La découverte de la Trinité chrétienne, qui reçoit du symbole de Nicée sa structure définitive, s'est faite sur le terrain que l'exégèse stoïcienne avait rendu familier au monde gréco-romain : les éléments idéologiques du λόγος et du πνεῦμα apparaissent susceptibles d'y être adjoints au Dieu du monothéisme juif suivant un rythme de procession qui ne contredira pourtant ni leur égalité de rang, ni même leur identité radicale ; de telle sorte qu'on ne peut pas dire qu'ils fassent nombre avec lui. Nous avons, sans doute, affaire à deux démarches qui, prises à leur origine dans l'esprit, sont inverses l'une de l'autre : d'une part, la distinction des personnes qui aboutit à poser la Trinité, d'autre part leur confusion qui ramène cette Trinité à l'Unité ; mais elles sont destinées à se rejoindre, sans s'annuler, dans le mystère de la transcendance divine. La contradiction met la raison en déroute ; elle assure le triomphe de l'amour. Le lien mystique du Père et du Fils ne peut être saisi que dans l'Esprit qui en procède, et qui ne vient s'y ajouter qu'afin d'attester leur unité. Ainsi, les formules du symbole, fussent-elles empruntées au vocabulaire de la philosophie, n'ont pourtant pas une signification proprement philosophique. Ce que la conscience chrétienne leur demande, et ce que l'Église garantit en les consacrant, c'est que la communication du ciel et de la terre, qui s'est manifestée matériellement pendant la durée de l'Incarnation, se continue par la perpétuelle vigilance d'un vouloir divin qui demeure fidèle à ses promesses et maintient ouvertes les voies à l'espérance du salut.

Section III
LA TRANSITION MÉDIÉVALE

63. Avec le symbole de Nicée la vie religieuse du christianisme a pris conscience de soi : elle s'accorde sur l'Église qui est l'interprète autorisée de l'Écriture, qui se constitue en corps hiérarchique et qui fait seule l'efficacité des sacrements. C'est de la Trinité que partira le mouvement de spéculation auquel l'influence d'Augustin semblait devoir imprimer une vigoureuse impulsion dans l'Europe occidentale, mais qui ne prendra véritablement racine que lorsque les ruines des invasions barbares commenceront à s'effacer, et sous l'influence prédominante, semble-t-il, des œuvres mystiques du pseudo-Denys, traduites en latin au temps de Charles le Chauve. Déjà, comme le dit M. Inge, « depuis saint Augustin, jusqu'à l'époque actuelle, le néo-platonisme a toujours été chez lui dans l'Église chrétienne » [1]. Mais il s'ajoute à cela qu'en faisant passer pour l'Aréopagite lui-même un disciple chrétien de Plotin et de Proclus, on a entouré le néo-platonisme d'une auréole incomparable « en puissance et en Antiquité ». Le mysticisme chrétien, en tant qu'il commence avec le pseudo-Denys [2], déroulera ses innombrables variations sur les thèmes fondamentaux de la littérature alexandrine.

Avec Anselme de Canterbury la tradition scolastique se précise : du fourmillement d'images, du scintillement de formules, qui charment et embarrassent dans l'œuvre d'Augustin, la réflexion d'un Anselme [3] travaille à tirer une doctrine de la Trinité, plus sobre et plus précise ; et cette doctrine, à son tour, fécondée par l'inspiration de la mystique franciscaine, va s'épanouir, chez Bonaventure, dans un système complet d'analogies cosmiques et psychiques. Ainsi, au XIIIe siècle, la philosophie de Bonaventure exprimerait l'achèvement de la scolastique augustinienne, capable de prendre

---

1 *The philosophy of Plotinus*, Londres, t. I, 1918, p. 12.
2 Cf. Maurice BLONDEL, au mot *Mysticisme* dans le *Vocabulaire* de M. LALANDE: « C'est au pseudo-Denys l'Aréopagite qu'est dû le mot mystique (*Noms divins*, II, 7, et *Théol. myst.*, I, 1), et la plupart des termes qui sont devenus classiques dans la *mystique*. Après avoir montré que, pour atteindre à l'être, il faut dépasser les images sensibles, les conceptions et les raisonnements de l'esprit, il affirme, en se fondant sur une expérience qui n'a rien de dialectique mais qui semble l'expression d'un contact intimement éprouvé, *cette parfaite connaissance de Dieu qui s'obtient par ignorance en vertu d'une incompréhensible union ; et ceci a lieu quand l'âme, laissant toute chose et s'oubliant elle-même, s'unit aux clartés de la « gloire divine »*. (*Noms divins*, VII, 3). C'est cette science obtenue, non par des raisonnements, mais par une union pleine d'amour, que Denys appelle la *doctrine mystique qui pousse vers Dieu et unit à Lui par une sorte d'initiation qu'aucun maître ne peut apprendre.* » (*Ep.*, IX, 1.)
3 Cf. KOYRÉ, L'idée de Dieu dans la philosophie de saint Anselme, 1923, p. 191.

place en face de la scolastique thomiste qui commence de rivaliser avec elle, toutes deux d'ailleurs destinées à se compléter « comme les deux interprétations les plus universelles du christianisme »[1].

Mais, aux yeux de M. Gilson qui a si magnifiquement restitué la signification de l'une et de l'autre, la comparaison des deux doctrines a un intérêt qui dépasserait la sphère de la théologie : il ne s'agit de rien de moins que de reculer de quatre siècles en arrière la ligne de partage entre le Moyen Age et les temps modernes. Or, pour nous, la question ne fait aucun doute : la découverte du principe d'inertie, grâce à quoi le *Cogito* devient, selon l'expression de Pascal[2], le « principe ferme et soutenu d'une physique entière », à partir de quoi se « prouve la distinction des natures matérielle et spirituelle », était manifestement la condition nécessaire pour que l'humanité fût en état d'appeler *science* cela seulement qui est *science* véritablement et sans équivoque, d'appeler *âme* cela seulement qui est *âme* véritablement et sans équivoque. C'est là ce qui donne sa signification positive à la civilisation moderne et qui en marque la naissance de la façon la plus précise entre Campanella et Bacon d'une part, Galilée et Descartes de l'autre[3]. M. Gilson, au contraire, écrit dans la *Préface* de ses *Études de philosophie médiévale* : « Il nous a semblé de plus en plus évident, à mesure que nous cherchions à définir les conditions historiques au milieu desquelles s'est développée la pensée thomiste, que saint Thomas d'Aquin est le premier des philosophes modernes, au sens plein du mot. »

M. Gilson insiste dans une page vigoureuse où vient aboutir un demi-siècle de procédure en revision et en réhabilitation de la scolastique thomiste. « Il est certain que le thomisme était moderne dès le jour de sa naissance ; il l'était en ce sens que, s'installant délibérément sur le terrain commun de la raison humaine, il faisait profession de dénouer les problèmes philosophiques par des méthodes communes à tous. En acceptant l'*Organon* d'Aristote comme critérium du vrai et du faux en matière philosophique, Albert le Grand et saint Thomas permettaient aux théologiens chrétiens de communiquer, en tant que philosophes, avec tous ceux qui n'étaient que philosophes. Entre un thomiste de l'Université de Paris, de

---

[1] Gilson, La philosophie de saint Bonaventure, 1924, p. 473.
[2] *Œuvres*, édit, Hachette, t. IX, p. 286.
[3] L'expérience humaine et la causalité physique, § 100, p. 209 ; éd. de 1949, p. 200.

Naples ou de Cologne, et un Arabe, un Juif ou un averroïste, la conversation devenait possible ; ce qui était preuve pour l'un était preuve pour l'autre, et, en fait, de nombreuses doctrines leur appartenaient en commun à titre de doctrines rationnellement démontrées. Situons, au contraire, la doctrine de saint Bonaventure par rapport à ces philosophes, elle n'existe littéralement pas en tant que philosophie. Refusant d'accepter le terrain commun de la pure raison, elle s'exclut de la communion des intellects simplement humains. On n'y entre que par un acte de foi... Si philosophie égale raison pure, il n'y a pas de philosophie bonaventurienne, et, de ce point de vue, il n'est que juste de la traiter exactement comme si elle n'existait pas [1]. » Mais, selon M. Gilson, ce qui a pu être juste à l'égard de Bonaventure, deviendrait injustice à l'égard de Thomas, « le premier occidental dont la pensée ne se soit asservie ni à un dogme, ni à un système » [2].

64 Du point de vue où nous nous plaçons, il convient de considérer l'histoire dans son ensemble pour y trouver la base du jugement. Or Socrate et Platon nous ont enseigné le caractère auquel la sagesse occidentale reconnaît une philosophie de la raison : c'est la solidarité entre l'autonomie de la conscience et la vérité de la science. Le progrès de la vie spirituelle, qui fonde « la communion des intellects simplement humains », ne peut se déraciner de la vie intérieure, s'appuyer à autre chose qu'à la spontanéité radicale du sujet pensant.

Il est assuré que la spontanéité de la pensée est étrangère à l'horizon de la scolastique augustinienne : « Saint Bonaventure voit l'âme illuminée par la grâce tourner majestueusement, comme un soleil qui ne peut jamais fixer en un même point sa lumière et qui ne s'arrête jamais, mais qui, cependant, suit une course réglée comme si les douze demeures du ciel qu'il traverse étaient les seuls lieux qui fussent dignes de son passage. Une pensée mal disciplinée se laisse entraîner vers des directions incoordonnées par un mouvement qui ne la conduit nulle part ; la pensée hiérarchisée tourne au contraire autour de Dieu ; elle a fixé pour toujours les constellations spirituelles qui constituent son zodiaque, et, les ayant fixées,

---
1 La philosophie de saint Bonaventure, p, 462.
2 Préface citée des Études de philosophie médiévale, 1921.

elle passe continuellement de l'une de ses demeures dans l'autre, sans jamais sortir de la ceinture lumineuse qu'elles définissent [1]. » La pensée est ici une pensée *théocentrique*, comme celle de Philon, soumise à l'ordre de la loi, telle qu'il se révèle et s'impose dans la hiérarchie cosmique des créatures célestes et terrestres, dans la « hiérarchie intérieure » des perfections de l'âme chrétienne.

Or, malgré le déplacement des cadres, les changements de terminologie, sur aucun des point essentiels qui touchent réellement au fond des choses, la structure de la pensée ne paraît modifiée de la scolastique augustinienne à la scolastique thomiste. Le thomisme, aussi bien par son inspiration en matière profane que par son inspiration en matière sacrée, ne pouvait faire aucune place à l'autonomie de la conscience [2]. Quant à la vérité de la science, il ne saurait en être question davantage. Le XIIIe siècle ne soupçonne pas que la philosophie ait à faire état d'un plan du savoir positif, qui serait distinct du plan de la perception sensible. Platon n'y intervient que comme auteur du *Timée* pour accentuer le caractère anthropomorphique de la finalité aristotélicienne, pour rétablir, grâce à l'exemplarisme des Idées, la communication entre le Créateur et la Créature. Faute de référence au platonisme authentique, le Moyen Age, qui a tant aimé l'intelligence, n'a pu réussir à la rencontrer sur le terrain où elle fait la preuve de sa capacité à constituer l'ordre certain du vrai. Comme le dit M. de Wulf, « le Moyen Age ne connaissait pas le départ entre ce qu'on appelle aujourd'hui connaissance vulgaire, et connaissance scientifique. Des observations vulgaires, mais justes, ont pu conduire à des synthèses légitimes ; des faits imaginaires ont naturellement engendré des généralisations factices » [3]. Dès lors, si *philosophie* égale *raison pure* et si la raison pure est, du point de vue occidental, inséparable de la vérité de la science et de la réalité de la conscience, on ne

---

1 Gilson, La philosophie de saint Bonaventure, p. 458.
2 Dans son étude sur la *Conscience morale* (*La vie morale, d'après saint Thomas d'Aquin*, 1re série, 1923), le P. Noble a mis nettement en lumière « l'acte propre de la conscience morale » ; *jugement de la raison pratique, jugement d'appréciation motivée et clairvoyante*, ou, comme il dit encore, *de vérification raisonnée* : « Mon intelligence est donc obligée de brancher à la fois sur l'acte à juger et sur la règle morale du jugement, comme, dans l'ordre spéculatif, mon raisonnement n'admet une conclusion qu'à travers l'évidente vérité du principe général qui fonde une déduction » (pp. 12 et 13).
3 *Histoire de la philosophie médiévale*, Paris, Louvain, t. I, 5e édit., 1925, p. 258.

saurait assurément attendre de la scolastique thomiste autre chose qu'apparence de philosophie et qu'illusion de raison.

65. Allons au cœur de la doctrine. Thomas d'Aquin fait usage d'une argumentation logique, pour donner à l'existence de Dieu la valeur d'une certitude rationnelle. Suivant M. Gilson, il serait « vrai que le Dieu de saint Thomas est un Dieu démontré, au lieu d'être un Dieu évident comme celui de saint Anselme ou de saint Bonaventure » [1]. Et si nous demandons maintenant à M. Gilson lui-même quel est le caractère logique de ce qui nous est ainsi présenté comme une démonstration, il répond de la façon la plus nette : « Dans la pensée de saint Thomas les preuves de l'existence de Dieu ont manifestement une valeur contraignante. Chacune d'elles se fonde sur deux éléments dont la solidité et l'évidence sont également incontestables : une expérience sensible, qui peut être la constatation du mouvement, des causes, du contingent, des degrés de perfection dans les choses ou de l'ordre qui y règne ; et une application du principe de causalité, qui suspend le mouvement à l'immobile, les causes secondes à la cause première, le contingent au nécessaire, l'imparfait au parfait, l'ordre à l'intelligence ordonnatrice. » (*Ibid.*)

Mais comment concilier avec la *norme logique* dont le thomisme se réclame, la *pétition d'ontologie* que recouvre une pareille application du principe de causalité ? Il suffit, sur ce point décisif, de se référer à l'enseignement d'un penseur du XIXᵉ siècle qui n'avait aucun parti pris doctrinal contre l'aristotélisme, loin de là [2], mais qui exprime, en toute lucidité, l'exigence de raison à laquelle aucun philosophe moderne n'a le pouvoir de se soustraire : « Pourrai-je, muni de ces deux principes, l'idée de cause et la connaissance empirique du rapport entre l'antécédent et le conséquent, remonter jusqu'à Dieu ? Pour cela, je dois évidemment partir de l'observation du monde. J'en étudierai donc l'état présent, je chercherai la cause de cet état, et je la trouverai dans un état antérieur, dont l'état présent dérive selon les lois de la nature. Je remonterai ainsi

---

[1] Études citées, p. 113.
[2] Cf. Jules LACHELIER, au mot *Spiritualisme*, dans le *Vocabulaire* de M. LALANDE: « On ne peut parler trop sévèrement du mal que Descartes a fait à la philosophie en substituant sa doctrine à celle d'Aristote. »

d'époque en époque, jusqu'au temps où notre globe était liquide, et enfin gazeux, jusqu'où je voudrai ; car j'irai toujours de l'homogène à l'homogène, et jamais je n'atteindrai le bout de cette chaîne infinie... Mais, si je prétends inférer l'existence de Dieu de la considération de l'univers, à l'exemple du physicien qui conclut de l'effet à la cause, je commets un paralogisme. Sans doute, tout effet suppose une cause, mais une cause du même ordre que lui, c'est du moins tout ce que nous sommes en droit d'affirmer d'après les lois de notre entendement [1]. » Cette fois, avec Jules Lachelier, nous sommes en présence d'une démonstration rigoureuse, et qui ne laisse place à aucune échappatoire : ce que Thomas d'Aquin prenait pour une argumentation incontestablement solide et qui lui apportait la certitude, est, du point de vue de la philosophie moderne, *évidence de paralogisme*.

Non pas du tout que Thomas d'Aquin raisonne plus mal que les modernes : son illusion était seulement de se croire et de se dire philosophe alors que sa philosophie est, en réalité, une théologie déguisée. Il est clair, en effet, que son effort pour aboutir à un Dieu dont la psychologie sert à expliquer l'ordonnance du monde, suppose déjà la représentation d'un monde accordé sur cette psychologie, aperçu à travers la Providence de son Créateur. « La preuve par le premier moteur (dit M. Gilson), est de toutes la plus évidente [2]. » Mais, comme il le notait immédiatement auparavant, « la preuve par le premier moteur ne prend son sens plein que dans l'hypothèse d'une structure hiérarchique de l'univers. » (*Ibid.*, p. 55.) Et cette structure hiérarchique semble se prolonger comme d'elle-même dans le plan surnaturel : « L'ordre de créatures en qui se trouve réalisé le plus haut degré de perfection créée est celui des purs esprits, auxquels on donne communément le nom d'anges. » Sur quoi M. Gilson fait une remarque fort opportune : « Il arrive le plus souvent que les historiens de saint Thomas passent complètement sous silence cette partie du système ou se contentent d'y faire quelques allusions. Une telle omission est d'autant plus regrettable que l'angélologie thomiste ne constitue pas, dans la pensée de son auteur, une recherche d'ordre spécifiquement théologique. <u>Les anges sont des créatures dont l'existence peut être démontrée</u>,

1 Fragment de la leçon XV du *Cours de Logique*, cité par G. Séailles, apud *La philosophie de Jules Lachelier*, 1920, p. 129, n. 2.
2 *Le thomisme*, nouv. édit., 1922, p. 56.

et même, dans certains cas exceptionnels, constatée ; leur suppression rendrait inintelligible l'univers pris dans son ensemble ; enfin, la nature et l'opération des créatures inférieures, telles que l'homme, ne peut être parfaitement comprise que par comparaison, et souvent par opposition, à celle de l'ange. » (*Ibid.*, p. 122.)

Chez Thomas d'Aquin les anges jouent exactement le rôle qu'Aristote attribuait aux astres pour l'achèvement de sa métaphysique. Et cela permet de marquer le point précis où la métaphysique péripatéticienne et la théologie médiévale sont en contradiction directe avec le rationalisme de la science véritable : « Peut-être, écrit M. Gouhier, la philosophie *moderne* commence-t-elle au moment où les anges cessent de peupler l'univers [1]. » Et peut-être convient-il d'ajouter, corrélativement, que la philosophie du Moyen Age a commencé au moment où Aristote a renversé la signification que la *République* attribuait à l'astronomie. Il s'en est servi pour passer cosmologiquement, matériellement, à la perfection des mouvements circulaires et des âmes sidérales, tandis que Platon s'y appuyait pour s'élever à la pureté de l'intelligence. Or, dira Léonard de Vinci, « notre corps est au-dessous du ciel, et le ciel est au-dessous de l'esprit » [2].

66. Cette conclusion, fondée sur la considération de la courbe que la pensée antique a effectivement parcourue, trouve une confirmation singulière dans le progrès accompli par la scolastique chrétienne, au cours des siècles qui ont suivi l'avènement du thomisme. Sous l'impulsion même d'Aristote, qui transmettait à l'Europe, avec l'empirisme de la table rase, la curiosité des réalités naturelles, en soumettant la métaphysique péripatéticienne au contrôle d'une logique plus fine et plus rigoureuse, le nominalisme, que fera triompher Occam, dissocie l'universalité de l'essence et l'individualité de la substance. L'être du concept, au moment même où il proclamait sa propre ontologie, n'a pu manquer de s'évanouir dans la généralité de son abstraction, comme les juges de Galilée, dont Pascal se moquera plus tard, ne pouvaient s'empêcher de tourner avec la terre, dont ils décrétaient l'immobilité au nom de leur orthodoxie

---
1 La philosophie de Malebranche et son expérience religieuse, 1926, p. 60.
2 Manuscrit de la Bibliothèque Trivulce, Milan, 1893, f° 34 verso, traduit apud Péladan, Textes choisis de Léonard de Vinci, 4ᵉ édit., 1908, p. 53.

officielle. La réflexion nominaliste, toute négative qu'elle est, a eu ce rôle historique de fournir la condition du retour au savoir légitime qui apparaîtra, dans le rationalisme du XVIIe siècle, indissolublement lié à une critique préalable et radicale des Universaux. Et il faut remarquer, d'ailleurs, que le tableau du XIIIe siècle lui-même ne serait pas complet si l'on n'ajoutait que la poussée vers l'empirisme, qui devait donner à la scolastique médiévale sa physionomie définitive, s'y manifeste avec Roger Bacon, et que chez lui l'inspiration mystique provoque et redouble [1], loin de la contredire, l'ardeur à rechercher les secrets de la nature.

En définitive, dans le Moyen Age, qui est une époque de transition, la scolastique thomiste a elle-même été une transition entre la scolastique augustinienne et la scolastique nominaliste. Mais de l'une à l'autre on ne peut pas dire qu'il y ait rupture ou même discontinuité dans le rythme de la pensée : c'est la même référence à une même foi, dans l'unité de l'Église et la communauté de la loi. Et il semble que le XIIIe siècle marque ainsi, non pas l'apogée et l'arrêt, mais bien plutôt l'accélération, la précipitation, du mouvement de Renaissance qui date de l'époque carolingienne et qui se continue jusqu'au moment où avec Copernic apparaît une intelligence de l'univers irréductible au réalisme anthropocentrique de la tradition, tandis que la crise de la Réforme entraîne la destruction de la chrétienté occidentale.

CHAPITRE V
LE MOMENT HISTORIQUE DE MONTAIGNE

67. Les guerres de religion sont des événements dont l'humanité se détourne, pour ainsi dire spontanément, afin de ne pas perdre toute confiance dans ses propres destinées. Ceux-là sans doute qui prennent systématiquement parti, ou pour les catholiques ou pour les réformés, ont la ressource de rejeter sur leurs adversaires la responsabilité des crimes commis au nom de Jésus contre la paix et la charité dont il avait apporté le message sur la terre. Mais, par derrière, n'en subsiste pas moins le désarroi profond où la conscience

---

1 Voir à ce sujet les beaux travaux de M. Raoul CARTON, sur Roger Bacon : I. *L'expérience physique* ; II. *L'expérience mystique de l'illumination intérieure* ; III. *La synthèse doctrinale* (1924).

chrétienne devait être jetée par ces griefs réciproques d'hérésie, à l'appui desquels compatriotes et coreligionnaires versent tant de sang, accumulent tant de ruines, se déshonorent par tant de cruautés. Le christianisme a manqué à la chrétienté, qui a perdu le sentiment de sa communion, qui n'ose plus désormais regarder en face sa Providence.

Elle lui demande en vain d'expliquer comment il a pu être permis que les pontifes romains aient été accablés par les pires accusations de débauche et de simonie, scandaleuses dans le cas où ils auraient été coupables, plus scandaleuses encore s'ils étaient innocents. Et, une fois le conflit déchaîné entre ses enfants, comment le Père les a-t-il abandonnés ? Pourquoi l'arbitrage du Médiateur ne s'est-il pas produit afin de prévenir un irréparable déchirement ? A ces questions, aucune réponse, sinon la sentence implacable de l'Écriture : « Si une maison est contre elle-même divisée, cette maison-là ne pourra tenir. » (Marc, III, 24.) Le christianisme aurait fait la preuve de son origine surnaturelle, s'il avait échappé à cette nécessité des individus et des peuples pour lesquels il a toujours été plus facile de faire la guerre aux autres que la paix avec soi-même. En dépit du schisme d'Orient, la chrétienté avait présenté un front uni contre l'Islam ; voici maintenant que la menace créée par la rivalité de l'impérialisme germanique et de l'impérialisme pontifical finit par donner lieu à une rupture, peut-être définitive.

Du point de vue spéculatif, cette rupture s'est accomplie à l'intérieur même des cadres médiévaux. La contre-réformation a été repoussée vers la scolastique thomiste, dont la fortune s'est trouvée, par la communauté des attaques luthériennes, liée à l'autorité de l'Église romaine. La pensée protestante, de son côté, remonte jusqu'à la tradition d'Augustin, mais sans même chercher à retenir de l'œuvre augustinienne ce qu'elle devait à la méditation des philosophes, mettant au premier plan l'héritage paulinien de réalisme historique et de pessimisme moral. Il ne semble même pas lui répugner de placer l'essence du christianisme dans une contrariété qui doit être posée pour elle-même sans aucun souci de conciliation rationnelle, sans aucune apparence de synthèse systématique. L'éminent historien de Calvin, M. Émile Doumergue, n'écrivait-il pas récemment ? « Calvin a été pour le moins aussi logique que Pascal. Il l'a été davantage. Il ne s'est pas moins contredit. Il s'est contredit encore plus. Sur tous les points son système finit par se contredire. Personne n'a plus affirmé que Calvin l'autorité de Dieu et la responsabilité de l'homme, la perversion de la nature et la force normative de la nature, la divinité du Christ et son humanité, l'intellectualisme et le mysticisme, l'ascétisme et la jouissance des biens de ce monde, dons de Dieu. » Et M. Doumergue ajoute en note : « *Sur l'ascétisme*, Pascal, infidèle à son principe, ne se contredit pas ; de là son hérésie. Calvin se contredit ; de là son orthodoxie [1]. »

On dira sans doute que la foi ici pourvoit à tout. Mais cette foi, qui n'est plus liée à l'administration des sacrements selon les rites officiels, il faut pourtant que de l'âme du chrétien elle revienne à la loi d'une Église. C'est pourquoi la Réforme, qui méprise l'ontologie cosmologique de la scolastique, n'a pas su pourtant s'orienter décidément vers l'autonomie de la conscience. Elle se contente de transporter dans la conscience le *salto mortale* du dogmatisme entre l'ordre πρὸς ἡμᾶς, qui est humain, et l'ordre τῷ ὄντι qui est divin, témoin ce texte décisif de l'*Institution chrétienne* (IV, X, 3) : « Il nous est besoin de savoir en premier lieu ce que c'est que *Conscience*. Ce qui se peut en partie tirer du mot. Car *Science* est l'appréhension et notice de ce que les hommes connaissent, selon l'esprit qui leur est donné. Quand donc ils ont un sentiment et remords du jugement de Dieu, comme un témoin qui leur est opposé pour ne point souffrir qu'ils cachent leurs péchés, mais les attirer et solliciter au jugement de Dieu, cela est nommé *Conscience*. Car c'est une connaissance moyenne entre Dieu et l'homme. »

Sur la base de cette ontologie psychique, qui permet de restaurer l'autorité de l'Écriture, et malgré tant de revendications qui se sont fait jour au XVIe siècle pour les droits de la pensée individuelle, Calvin établit une République qui est un gouvernement des âmes par le feu et par le sang. C'est à la Révolution française que Genève devra la liberté de conscience. Et dans les autres pays protestants, la Réforme laisse retomber le christianisme sous la servitude politique. il est vrai que la Prusse accueillera au XVIIe siècle les calvinistes, transformés par Louis XIV en criminels d'État. Mais à la fin du siècle suivant, du siècle des lumières, un de ses souverains, le plus ridicule de tous peut-être, refuse à Kant lui-même la per-

---
1 *Foi et vie*, XXVI, 14 ; 1er et 16 août 1923, p. 819.

mission d'écrire sur la religion. Quelques années plus tard, Fichte devra quitter sa chaire d'Iéna pour avoir professé la pureté de l'idéalisme pratique : Gœthe est à la cour de Weimar, dont dépend l'université d'Iéna, et demeure indifférent [1].

Le XVIe siècle n'a pas rompu davantage, dans le domaine profane, avec le mouvement de la pensée médiévale. Là encore, l'humanité de l'Occident se borne à poursuivre la conquête de son propre passé ; par là, elle aboutit à considérer *simultanément* les stades successifs de son évolution ; et ainsi se trouve réunie la matière sur laquelle, plus tard s'exercera la réflexion du jugement, mais sans qu'on puisse dire que les plus grands penseurs de la Renaissance aient réussi pour leur propre compte à organiser et à dominer cette matière. Il semble qu'au contraire ils se soient laissé prendre à son agitation indéfinie, à sa fécondité confuse. L'époque d'un Rabelais ou d'un Bruno est celle à laquelle s'applique dans toute sa rigueur, la remarque de l'*Apologie de Raymond Sebond* : « Notre esprit est un outil vagabond, dangereux et téméraire ; il est malaisé d'y joindre l'ordre et la mesure [2]. »

Remarque négative, sans doute, et qui va commander toute la critique de Montaigne. Mais peut-être aussi convenait-il que la pensée de l'Occident passât par cette phase, qu'elle commençât par dénoncer les λόγοι illusoires des logiciens et des théologiens avant de restituer à la connaissance de l'ordre et de la mesure toute sa valeur d'exactitude et de positivité, de mettre en évidence, à nouveau, la spiritualité des μαθήματα. C'est donc hors de la Renaissance et hors de la Réforme, mais comme établissant le bilan de l'une et de l'autre, que nous essaierons de préciser le *Moment historique de Montaigne*.

---

1 Cf. Lettre à Guillaume de Humboldt, du 16 septembre 1799 : « Vous savez sans doute déjà que Fichte a quitté Iéna. Ils ont commencé par faire une sottise en publiant dans le *Journal philosophique* un « Essai » de FICHTE qui pouvait être interprété comme ayant un caractère « *d'athéisme* » pour employer l'expression banale. Fichte avait eu tort ; il a aggravé sa situation en manquant aux autorités, si bien qu'on lui a signifié son congé. Il est actuellement à Berlin. » *Apud Lettres choisies*, trad. A. FANTA, 1912, p. 121
2 Édit., STROWSKI-GEBELIN (à laquelle nous renvoyons dans la suite du chapitre), t. II, 1909, p. 305.

PREMIÈRE PARTIE

Section I
LE PRIMAT DU JUGEMENT

68. *Nous ne faisons que nous entregloser les uns les autres*, remarque Montaigne ; et il semble qu'il suive l'exemple commun. Non seulement les *Essais* sont écrits « en marge des vieux livres » ; mais encore, on voit qu'après la première édition, Montaigne revient à la charge ; il *farcit* son texte de citations supplémentaires comme si l'homme, avec son tempérament propre, avec son originalité, s'effaçait devant le collectionneur, d'autant plus désireux de faire admirer ses acquisitions qu'elles sont plus nombreuses et surtout plus récentes. Toutefois l'effort d'érudition impersonnelle n'est qu'un point de départ, qu'une occasion. On aurait d'autant plus de peine à saisir une évolution véritable dans la pensée de Montaigne qu'il s'est mis tard à écrire ; mais il y a, suivant l'heureuse expression de M. Villey, une évolution des *Essais* de Montaigne. La méthode sèche du commentaire historique, l'exercice de rhétorique abstraite, qui a pu faire croire à une période de stoïcisme, cèdent la place à quelque chose de tout nouveau, à une conversation familière où les événements et les ouvrages du passé sont considérés par rapport à un centre de convergence qui sera uniquement l'auteur lui-même, la conscience qu'il prend de soi, depuis les caractères d'individualité qui le définissent en tant que Michel de Montaigne, jusqu'à « la forme entière de l'humaine condition ».

Que la vie humaine soit liée à la conscience, qu'elle se perde quand la conscience se perd, et qu'elle se retrouve en reconquérant la conscience, c'est de quoi témoigne la pratique imaginée par Montaigne en vue de saisir sous forme positive, de capter à l'état naissant la joie du sommeil : « A cette fin que le dormir mesme ne m'échapat ainsi stupidement, j'ai autrefois trouvé bon qu'on me le troublat, pour que je l'entrevisse. » (III, XIII ; III, 425.) A l'état de veille la tâche humaine sera de même ordre : travailler à une conscience complète de soi en éliminant ce qui est apporté du dehors et déposé à la superficie de notre être, en découvrant à nu et à vif ce qui nous constitue nous-mêmes vis-à-vis de nous-mêmes. Les qualités qui ne tiennent qu'à la fortune et à l'opinion, qualités de convention et non de nature, ne sont pas nos qualités : « Ce n'est pas pour la montre que notre âme doibt jouer son rolle ; c'est chez nous, au dedans, où nuls yeux ne donnent que les nostres. » (II, XVI ; II, 396.) Et de même les mots qui ne sont appris et retenus que comme des mots, ne sont pas nos idées : « Nous ne travaillons qu'à remplir la mémoire, et laissons l'entendement et la conscience vuide. » (I, XXV; I, 176.) Ce qui est nôtre, c'est ce que nous avons fait tel, par l'acte propre du sujet pensant : « Le jugement doit tout par tout maintenir son avantage », avait écrit d'abord Montaigne dans l'*Essai XVII* du Livre II ; et il corrige : « Le jugement doit tout par tout maintenir son droit. » (II, 407.)

Aussi, « jaloux de la liberté de (son) jugement », où il a installé son *siège magistral*, Montaigne consacrera donc son effort à la détermination de l'objet qui correspond à l'exigence inséparable de l'entendement et de la conscience : « Il fault ménager la liberté de nostre ame et ne l'hypothequer qu'aux occasions justes. » (III, X ; III, 280.)

Seulement, à mesure que sa recherche avance, il lui devient plus manifeste que l'homme se refuse à lui-même les satisfactions légitimes de la raison. *Ordre* et *mesure*, selon l'heureuse association de termes que Platon inspire à Montaigne et que Descartes retiendra, sont conformes à la nature sans doute ; mais ils ne sont pas les produits spontanés de la nature. L'homme doit lutter contre l'entraînement de la passion ; dès avant l'heure où il avait voué sa vie à la réflexion, Montaigne avait pratiqué la méthode du détachement : « Estant jeune, je m'opposois au progrès de l'amour que je sentoy trop avancer sur moy. » (III, X ; III, 293.) Et, poussant plus loin encore la séparation entre le plan de la nature et le plan de la raison, il remet en question l'inclination la plus généralement et la plus profondément enracinée en nous, celle qui va des parents aux enfants. Il ne consent à l'avouer qu'avec l'approbation préalable de l'intelligence : « J'ai, de ma part, le goust estrangement mousse à ces propensions qui sont produites en nous sans l'ordonnance et entremise de nostre jugement... Une vraye affection et bien reglée devroit naistre et s'augmenter avec la connoissance qu'ils nous donnent d'eux ; et lors, s'ils le valent, la propension naturelle, marchant quant et quand la raison, les cherir d'une amitié vrayement paternelle ; et en juger de mesme, s'ils sont autres, nous rendans toujours, à la raison, nonobstant la force naturelle... » (II, VIII ; II, 71-72).

69. L'idéal des *Essais*, c'est celui d'une humanité où la nature s'est élevée, épurée, à l'épreuve de la raison, c'est celui que le poète évoquait lorsqu'il a décrit la société des sages, unie sous la législation du « jeune Caton ». (I, XXXVII ; I, 302.) Cette évocation suscite chez Montaigne un enthousiasme dont aucune expression ne lui paraît suffisante à donner l'idée. Mais c'est là vision du poète. Peut-être l'espérance ne doit-elle pas être abandonnée que l'esprit dans les générations nouvelles, formées selon les préceptes de l'*Institution des enfants* et de l'*Art de conférer*, deviendrait en effet capable par « choix et triage de ses raisons », de « quitter les armes à la vérité ». (I, XXVI ; I, 200.) Pour la réalité présente, elle est tout autre : ce serait abdiquer notre conscience que de confondre le *juste* et le *légal*, comme si ce qui *devrait être* nous masquait ce qui *est*. Socrate, cette âme « qui est la plus parfaicte qui soit venuë à ma connoissance » (II, VI ; II, 122), ne peut-il être blâmé d'avoir été comme Pythagore et comme Diogène, encore « trop asservi à la reverence des loix » ? (III, I ; III, 9.)

Selon Montaigne, la fonction du sage est de remettre dans leur lumière propre, de faire apparaître par suite dans l'évidence de leur contraste, l'idée que la raison nous donne de la justice et l'image que du dehors le monde nous en présente. Là, tout est droiture, simplicité, universalité ; ici, tout est confusion, multiplication, particularité.

Montaigne emprunte les yeux « des Cannibales » qui « furent à Roüan du temps que le feu Roy Charles neufiesme y estoit », pour mettre en évidence l'absurdité, radicale de la monarchie française : « Ils dirent qu'ils trouvaient... fort estrange que tant de grands hommes, portans barbe, forts et armez, qui estoient autour du Roy (il est vray-semblable qu'ils parloient des Suisses de sa garde), se soub-missent à obeyr à un enfant, et qu'on ne choisissoit plus tost, quelqu'un d'entr'eux pour commander. » (I, XXXI ; I, 280.) Mais « chascun appelle *barbarie* ce qui n'est pas de son usage ». (*Ibid.*, p, 268.)

Faute de pratiquer la réciprocité qui est la condition de l'intelligence, nous obéissons, dans notre, « justice speciale, nationale » (III, I ; III, 9), à cette même stupidité qui faisait au VIIIe siècle considérer les antipodes comme un paradoxe et presque comme une hérésie : « Quelle chose peut estre plus estrange, que de voir un peuple obligé à suivre des loix qu'il n'entendit onque, attaché en toutes ses affaires domestiques, mariages, donations, testamens, ventes et achapts, à des règles qu'il ne peut sçavoir, n'estans escriptes ny publiées en sa langue, et, desquelles, par nécessité, il luy faille acheter l'interpretation et l'usage ?... Qu'est-il plus farouche que de voir une nation, où par legitime coutume la charge de juger se vende, et les jugements soyent payez à purs deniers contant, et où legitimement la justice soit refusée à qui n'a dequoy la payer. » (I, 23 ; I, 149-150.)

Incapables donc de distinguer entre ce que nous devons du dehors à ce qui est respectable du dehors et ce que nous devons du dedans à ce qui est respectable du dedans, nous attribuons la dignité de la conscience aux effets de la convention et de la tradition : « Comme de vray, il semble que nous n'avons autre mire de la vérité et de la raison que l'exemple et idée des opinions et usances du païs où nous sommes. Là est toujours la parfaicte religion, la parfaicte police, perfect et accomply usage de toutes choses. » (I, XXXI ; I, 268.) Dès lors, tant que l'on considère la société, dans son cours ordinaire, il convient de conclure que « les loix de la conscience, que nous disons naistre de nature, naissent de la coustume : chacun aïant en veneration interne les opinions, et meurs approuvées et receues autour de luy, ne s'en peut desprendre sans remords, ni s'y appliquer sans applaudissement) ». (I, XXIII ; I, 146.)

70. Les chrétiens et les philosophes s'accorderont à considérer comme provisoire cette conclusion : à leurs yeux, en effet, les puissances supérieures, religion ou raison, auront la mission de redresser l'infirmité de la nature, de ramener l'homme dans les voies de la justice et de la vérité. Mais pour Montaigne, ni les chrétiens, ni les philosophes ne sont exclus du préjugé social. « C'est un commun vice, non de vulgaire seulement, mais quasi de tous hommes, d'avoir leur visée et leur arrest sur le train auquel ils sont nais. » (I, XLIX ; I, 380.) Lui-même d'ailleurs avouera qu'il fait « conscience de manger de la viande le jour de poisson. » (III, XIII ; III, 412.) Cela ne suffit pas toutefois pour attester le sentiment d'une âme ; et comment se méprendre à l'accent de l'*Apologie de Raymond Sebond* ?. « Nous ne recevons nostre religion qu'à nostre façon et par nos mains, et non autrement que comme les autres religions

PREMIÈRE PARTIE

se reçoyvent. Nous nous sommes rencontrez au païs où elle estoit en usage ; ou nous regardons son ancienneté ou l'authorité des hommes qui l'ont maintenue ; ou craignons les menaces qu'elle attache aux mescreans ; ou suyvons ses promesses. Ces considerations là doivent estre employées à notre creance, mais comme subsidiaires : ce sont liaisons humaines. Une autre region, d'autres tesmoings, pareilles promesses et menasses nous pourroyent imprimer par mesme voye une croyance contraire. Nous sommes Chrestiens à mesme titre que nous sommes ou Périgordins ou Alemans. » (II, 149.) *Signe très évident*, dit encore Montaigne, que la religion, au moment même où elle s'attribue une origine surnaturelle et une autorité surhumaine, subit la loi commune de la nature et de l'humanité.

Montaigne parle du christianisme, non pas du tout avec la nonchalance d'un sceptique, mais avec la gravité d'un moraliste soucieux de percer à jour l'hypocrisie des fanatiques comme la vanité des dogmatiques. Il ne prétend certes pas que la raison ait à juger la foi ; du moins, il exige de la foi qu'elle se juge elle-même. N'ayant pas le moyen de savoir si le christianisme est la vraie religion, puisque la sorte de vérité dont il se réclame est soustraite par définition aux prises de notre intelligence, nous n'en devons que davantage demander au christianisme d'attester qu'il est vraiment une religion, en s'incarnant dans l'âme des chrétiens, en y attestant par ses effets la réalité de sa vertu. Et il n'y a pas de doute sur la conclusion de Montaigne à cet égard : l'inefficacité morale, et par suite le néant religieux, du christianisme, sont mis en évidence par le début de l'*Apologie* qui donne le ton à tout l'*Essai*, à tous les *Essais* : « Si ce rayon de la divinité nous touchoit aucunement, il y paroistroit par tout ; non seulement nos parolles, mais encore nos operations en portraient la lueur et le lustre... Comparez nos meurs à un Mahometan, à un Payen ; vous demeurez toujours au dessoubs... Si nous avions une seule goutte de foy, nous remuerions les montagnes de leur place, dict la saincte parole ; nos actions, qui seraient guidées et accompaignées de la divinité, ne seroient pas simplement humaines ; elles auroient quelque chose de miraculeux comme nostre croyance... Les uns font accroire au monde qu'ils croyent ce qu'ils ne croyent pas ; les autres, en plus grand nombre, se le font accroire à eus mesmes, ne sçachans pas penetrer ce que c'est que croire. » (II, 144-146.)

Un chrétien du IVe siècle disait, au cours de sa polémique contre les païens : *ils ont une morale, mais le paganisme n'en a pas.* Pour Montaigne, le christianisme présenterait le phénomène inverse : *il a une vertu religieuse, et les chrétiens n'en ont pas.* Or, qu'est-ce qu'un christianisme sans chrétiens, aux yeux d'un homme aussi profondément épris de la réalité concrète que Montaigne, aussi résolument nominaliste, sinon une entité imaginaire ? « Confessons la vérité : qui trieroit de l'armée, mesmes légitime et moïenne, ceux qui y marchent par le seul zele d'une affection religieuse, et encore ceux qui regardent seulement la protection des loix de leur païs ou service du Prince, il n'en sçauroit bastir une compagnie de gensdarmes complete... Je voy cela evidemment que nous ne prestons volontiers à la devotion, que les offices qui flatent nos passions. Il n'est point d'hostilité excellente comme la chrestiene. Nostre zele faict merveilles, quand il va secondant nostre pente vers la haine, la cruauté, l'ambition, l'avarice, la detraction, la rebellion. A contrepoil, vers la bonté, la benignité, la temperance, si, comme par miracle, quelque rare complexion ne l'y porte, il ne va ny de pied ny d'aile. Nostre religion est faicte pour extirper les vices ; elle les couvre, les nourrit, les incite. » (*Apol.*, II, 147-148.)

71. Ainsi, et c'est la marque de la sincérité scrupuleuse avec laquelle Montaigne procède à son examen de conscience, la foi ne s'abaisse et ne s'humilie que devant la foi ; le christianisme lui-même, par le spectacle qu'il a donné au XVIe siècle, a démenti sa promesse et a renversé son espérance.

De même que la foi, la raison pose le principe qui lui servira pour se juger elle-même. « La vérité doit avoir un visage pareil et universel ». (*Apol.*, II, 334.) Or, pas plus que la postérité de Jésus, la postérité de Socrate n'a supporté l'épreuve de son propre idéal. Et pour Montaigne, s'il en parle d'un ton plus libre, la désillusion sera plus amère encore. N'a-t-il point pratiqué, autant qu'homme de son temps, le culte de la pensée antique ? La Renaissance abandonnait à la faiblesse du vulgaire, à la misère du Moyen Age, les croyances qui leur étaient adaptées : *repentir du péché, nécessité de l'expiation,* tandis qu'elle se relève à ses propres yeux et s'exalte dans la restauration et la méditation de la raison hellénique. Ce sont les sommets de la sagesse, non les cimes de la sainteté, qui attirent l'auteur des *Essais* : « Laissons-là le peuple... qui ne se sent point, qui ne se juge point, qui laisse la plupart de ses facultez naturelles oisives. Je veux prendre l'homme en sa plus haute assiete. Considérons le en ce petit nombre d'hommes excellens et triez qui, ayant esté douez d'une belle et particuliere force naturelle, l'ont encore roidie et esguisée par soin, par estude et par art, et l'ont montée au plus haut point de sagesse où elle puisse atteindre. Ils ont manié leur ame à tout sens et à tous biais, l'ont appuyée et estançonnée de tout le secours estranger qui luy a esté propre, et enrichie et ornée de tout ce qu'ils ont peu emprunter pour sa commodité, du dedans et dehors du monde ; c'est en eux que loge la hauteur extreme de l'humaine nature. Ils ont réglé le monde de polices et de loix ; ils l'ont instruict par arts et sciences, et instruict encore par l'exemple de leurs meurs admirables en reglement et en droiture. Je ne mettray en compte que ces gens-là, leur tesmoignage et leur experience. Voyons jusques où ils sont allez, et à quoi ils se sont tenus. Les maladies et les défauts que nous trouverons en ce college-là, le monde les pourra hardiment bien avouer pour siens. » (*Apol.*, II, 225.)

Or voici où l'œuvre de la Renaissance se retourne contre soi, en ramenant à la surface du sol, dans un inextricable amas d'opinions et de raisonnements, toutes les écoles de philosophes, sans posséder pour son propre compte une méthode exacte qui donne à l'intelligence le pouvoir de discerner entre elles. « L'instrument judicatoire » de la science manque au XVIe siècle, qui se rabat sur une érudition confuse et indigeste. Ce que Montaigne, en fin de compte, retient de la morale antique, c'est le « calcul de Varro », ce sont les 288 sectes, nées du combat qui se dresse, âpre et violent, entre les philosophes « sur la question du souverain bien de l'homme ». (*Apol.*, II, 333.) Et la diversité des principes, ruineuse pour la pratique morale, est liée aux contradictions spéculatives des systèmes que Montaigne oppose les uns aux autres, comme faisait Socrate pour les physiologues. Qu'il s'agisse de l'univers ou de l'âme, de l'intuition sensible ou de la déduction logique, toute argumentation est inévitablement tenue en échec par l'argumentation opposée. « La veuë de nostre jugement se rapporte à la vérité, comme faict l'œil du chat-huant à la splendeur du soleil, ainsi que le dit Aristote. » (*Apol.*, II, 296.) La raison devrait avoir la souveraineté ; en fait, elle est un instrument servile, à toutes sortes de fins et d'effets : « J'appelle toujours raison cette apparence de discours que chacun forge en soi ; cette raison, de la condition de laquelle il y en peut avoir cent contraires autour d'un mesme subject, c'est un instrument de plomb et de cire, allongeable, ployable, et accomodable à tous biais et à toutes mesures. » (*Apol.*, II, 314.)

La haute réputation des philosophes anciens se trouve assez mal de la puérilité des doctrines qu'ils ont professées ; aussi Montaigne imagine-t-il de douter qu'ils les aient eux-mêmes prises au sérieux : « Moy, j'aime mieux croire qu'ils ont traité la science casuellement, ainsi qu'un jouet à toutes mains, et se sont esbattus de la raison comme d'un instrument vain et frivole, mettant en avant toutes sortes d'inventions et de fantaisies, tantost plus tendues, tantost plus lâches. » (*Apol.*, II, 287).

72. Ainsi, qu'il dénonce les fausses valeurs de l'orthodoxie chrétienne ou du rationalisme dogmatique, Montaigne applique, avec une lucidité impeccable, avec une fermeté incorruptible, les principes sur lesquels auront à se fonder légitimement la religion juste et la philosophie vraie : principes « d'entendement et de conscience » qui lui interdisent de descendre au niveau où les Églises et les Écoles lui paraissent être tombées. Ce n'est donc pas d'une sorte de scepticisme congénital que procède l'attitude d'isolement et de détachement où l'on voit s'achever les *Essais*, c'est d'un pessimisme, appuyé à la double expérience de la Réforme et de la Renaissance. Et rien n'était plus contraire, en effet, à l'élan spontané de la pensée chez Montaigne : « Il y a des naturels particuliers, retirez et internes. Ma forme essentielle est propre à la communication et à la production : je suis tout au dehors et en évidence, nay à la société et à l'amitié. » (III, I ; III, 46.)

A cette *forme essentielle* surent répondre les quatre années où une amitié unique fit de Michel de Montaigne et d'Étienne La Boëtie une âme unique. Mais le thème des *Essais* demeure constant : un tel commerce, où la raison de l'un se retrouve et se satisfait dans la raison de l'autre, est un privilège de la fortune, qui fait ressortir l'universelle corruption du siècle. Montaigne rencontre le mensonge partout. Il est dans la vie publique, où il s'autorise, non seulement des exemples les plus illustres et les plus atroces, mais

PREMIÈRE PARTIE

encore d'apologies préméditées comme le *Prince* de Machiavel [1] ; il est dans la vie domestique : « Mais quoi ? nous vivons en un monde où la loyauté des propres enfants est inconnue. » (III, IX ; III, 214.)

L'obsession de la réalité la plus poignante se dissimule sous l'affectation de *nonchalance* et d'*incuriosité*, et sous la résignation désabusée au conformisme de la politique et de la religion. Autant il paraît indigne d'un sage comme Socrate de rattacher à l'ordre établi dans le pays une norme de raison ou de justice, autant un « Français né chrétien » est tenu d'accepter les lois et les coutumes qui sont les conditions de l'existence sociale. Voilà pourquoi, du moment qu'il n'est plus question de foi véritable ou d'intelligence effective, il est contre le sens de continuer à discuter et à marchander : « Ou il faut se submettre du tout à l'autorité de nostre police ecclesiastique, ou du tout s'en dispenser. Ce n'est pas à nous à establir la part que nous luy devons d'obeïssance [2]. »

Le loyalisme politique de Montaigne est d'ailleurs attesté par ce qu'il dit de La Boëtie : « Je ne fait nul doute qu'il ne crût ce qu'il écrivait, car il était assez consciencieux pour ne mentir pas mêmes, en se jouant : Et sait davantage que, s'il a eut à choisir, il eut mieux aimé être né à Venise qu'à Sarlac ; et avec raison. Mais il avait une autre maxime souverainement empreinte en son âme, d'obéir et de se soumettre très religieusement aux lois sous lesquelles il était né. Il ne fut jamais un meilleur citoyen, ni plus affectionné au repos de son pays, ni plus ennemi des remuements et nouvelleter de son temps. » (I, XXVIII ; I, 254.)

L'obéissance au pouvoir doit être intégrale, puisqu'elle est tout extérieure ; mais de là même il suit qu'elle s'arrête au seuil de la conscience : « Nous devons la subjection et l'obeïssance également à tous Rois : car elle regarde leur office, mais l'estimation non plus que l'affection, nous ne la devons qu'à leur vertu. » (I, III ; I, 15.) Laissons aux grands la responsabilité des pratiques qu'ils estiment

---

[1] Cf. II, XVII; II, 431 et IV. (*Sources*, par Pierre VILLEY), p. 295 B.
[2] I, XXVII, I, 237 B. — « M. STROWSKI a vu dans l'*Apologie* « l'expression complète d'une âme vraiment religieuse et sincère. » (*Montaigne*, 1906, p. 208.) « Il me semble au contraire (répond M. Villey dont le travail a tant éclairci pour nous la pensée des *Essais*), que la religion de Montaigne a pour caractère distinctif d'être complètement dépouillée de tout sentiment religieux. » (*La sources et l'évolution des Essais de Montaigne*, t. II, 1908, p. 326.)

utiles à la défense de leurs intérêts : « En toute police, il y a des offices necessaires, non seulement abjects, mais encore vitieux. » (III, I ; III, 2.) Et même, dans toutes conditions et professions, sachons nous dédoubler nous-mêmes, afin de préserver l'intégrité de notre être intérieur : « Pour estre advocat ou financier, il n'en faut pas mesconnaistre la fourbe qu'il y a en telles vacations. Un honneste homme n'est pas comptable du vice ou sottise de son mestier, et ne doibt pourtant en refuser l'exercice : c'est l'usage de son pays, et il y a du proffict. Il fait vivre du monde, et s'en prevaloir tel qu'on le trouve. Mais le jugement d'un Empereur doit estre au dessus de son empire, et le voir et considerer comme accident étranger ; et lui, doit sçavoir jouyr de soy à part et se communiquer comme Jacques et Pierre, au moins à soy mesmes. » (III, X ; III, 291.)

Mettre l'essence de la réalité spirituelle qui est tout interne, à part du personnage social qui est tout *farcesque*, cela est au-dessus des forces du vulgaire. « Nous ne sçavons pas distinguer la peau de la chemise. C'est assez de s'enfariner le visage, sans s'enfariner la poictrine. » (III, X ; III, 290.) Pourtant, selon le témoignage que se rend l'auteur des *Essais*, le maire de Bordeaux et Montaigne « ont toujours été deux, d'une séparation bien claire ». (*Ibid.*)

Section II
CONSCIENCE ET NATURE

73. Partie de la conscience, la pensée de Montaigne aboutit ainsi à la conscience. Seulement au point de départ la conscience était aspiration à fonder l'unité de l'humanité sur l'absolu du vrai et du juste. Au point d'arrivée, elle ne se manifeste plus que d'une façon toute négative, résistant au raisonnement plutôt qu'elle ne s'accorde avec lui. Les athées ne sauraient être convaincus de leur folie par la raison ; pourtant ces mêmes athées, « s'ils sont assez fous, ne sont pas assez forts pour l'avoir plantée en leur conscience ». (*Apol.*, II, 151.) C'est un caractère de la conscience qu'elle fasse encore sentir son aiguillon à ceux qui ont cru aller à l'encontre de la moralité : « Les Cantarides ont en elles quelque partie qui sert contre leur poison de contre-poison, par une contrariété de nature. Aussi, à mesme qu'on prend le plaisir au vice, il s'engendre un desplaisir contraire en la conscience, qui nous tourmente de plusieurs imagi-

nations pénibles, veillans et dormans. » (II, V ; II, 45.) Seulement, la conscience, ainsi considérée, n'a pas de valeur générale et en droit ; c'est une donnée d'ordre individuel : « Nous autres principalement, qui vivons une vie privée qui n'est en montre qu'à nous, debvons avoir establi un patron au dedans, auquel touche nos actions, et, selon iceluy, nous caresser tantost, tantost nous chatier. J'ay mes loix et ma court pour juger de moy, et m'y adresse plus qu'ailleurs. » (III, II ; III, 25.)

En fin de compte, Montaigne sera le moraliste de la conscience pure, de celle qui se décrit, se scrute, s'approfondit, avec la seule ambition d'être en soi et de se développer pour soi, sans aucun souci de rejaillir et de peser sur autrui : « J'ai une ame toute sienne, accoustumée à se conduire à sa mode... Cela m'a amolli, et rendu inutile au service d'autruy, et ne m'a faict bon qu'à moy. » (II, XVII ; II, 423.) Et ainsi s'explique comment, ayant renoncé à l'universalité d'un vrai qui se formulerait dans un dogme ou dans un système, Montaigne ne s'en attache que plus scrupuleusement, plus jalousement, à cette sorte de vérité qui exprime, qui laisse transparaître, la réalité de l'être intérieur : « Je me deschiffrai fidelement et conscientieusement tout tel que je me sens estre. » (III, X ; III, 282.) Et encore : « Les autres forment l'homme, je le recite... je ne puis asseurer mon object. Il va trouble et chancelant, d'une yvresse naturelle. Je le prends en ce poinct, comme il est, en l'instant que je m'amuse à luy. Je ne peints pas l'estre. Je peints le passage ; non un passage d'age en autre ou, comme dict le peuple, de sept en sept ans, mais de jour en jour, de minute en minute. Il fault accommoder mon histoire à l'heure... » (III, II ; III, 20.) Mais aussi cette vérité du *moi*, qui s'oppose à la vérité en *soi*, c'est la racine en nous de l'humanité : « Il se fault reserver une arrière-boutique toute nostre, toute franche, en laquelle nous establissions nostre vraye liberté et principale retraicte et solitude... La plus grande chose du monde, c'est de sçavoir estre à soy. » (I, XXXIX ; I, 313-315.)

Pour Montaigne, comme l'a dit excellemment M. Lanson, la *conscience est au-dessus de tout* [1], sans qu'il y ait dans les *Essais* de Montaigne, pas plus que dans les *Mémorables* de Xénophon, place pour cette abstraction des facultés qui nous fait imaginer une

---

[1] La vie morale selon les Essais de Montaigne, *Revue des Deux-Mondes*, 15 février 1924, p. 840.

transcendance de la conscience morale par rapport à la conscience psychologique. La grandeur de Socrate est précisément d'avoir été au niveau de sa propre conscience : « Il fut aussi toujours un et pareil, et se monta, non par saillies mais par complexion, au dernier poinct de vigueur. Ou, pour mieux dire, il ne monta rien, mais ravala plutost et ramena à son point originel et naturel, et lui soubmit la vigueur, les aspects et les difficultez. » (III, XII ; III, 323.)

L'absence de toute norme externe et de toute sanction fait la délicatesse et la pureté de la morale chez Montaigne : « Un cœur genereux ne doibt point desmentir ses pensées ; il se veult faire veoir jusques au dedans. Ou tout y est bon, ou au moins tout y est humain... Apollonius [1] disoit que c'estoit aux serfs de mentir, et aux libres de dire vérité. C'est la première et fondamentale partie de la vertu. Il la faut aimer pour elle mesme. Celuy qui dict vray, par ce qu'il y est d'ailleurs obligé, et parce qu'il sert, et qui ne craint point à dire mensonge, quand il n'importe à personne, n'est pas veritable suffisamment. Mon ame, de sa complexion, refuit la menterie, et hait mesmes à la penser : j'ai une interne vergouigne et un remors piquant, si par fois elle m'eschape ; comme parfois elle m'eschape, les occasions me surprenant et agitant impremeditement. » (II, XVII ; II, 430.) Et voici ce que ce prétendu sceptique dit encore de soi : « Ma consciance ne falsifie pas un *iota* ; ma sciance, je ne sçay. » (I, XXI ; I, 133.) Par le sens scrupuleux de la vérité, qui est inhérent à la qualité de son âme, il se sent étranger aux dogmatismes affectés d'un siècle « où la dissimulation est des plus notables qualitez ». (II, XVIII ; II, 455.) Non moins naturellement, non moins profondément, il se déclare étranger à la cruauté qui se déploie au nom de Jésus ou simplement d'Aristote : « Je vy en une saison en laquelle nous foisonnons en exemples incroyables de ce vice, par la licence de nos guerres civiles ; et ne voit on rien aux histoires de plus extreme que ce que nous en essayons tous les jours. Mais cela ne m'y a nullement apprivoisé. » (II, XI ; II, 135).

Les imaginations monstrueuses des supplices le révoltent, et même la conduite ordinaire des armées dans les villes conquises : « Des violences qui se font à la conscience, la plus à éviter, à mon avis, c'est celle qui se faict à la chasteté des femmes... A la vérité, ces

---

1 APOLLONIUS DE TYANE, *Lettre* 83. Une traduction des *Lettres* avait été publiée à Bâle en 1554. Cf. VILLEY, t. IV de l'Édition de Bordeaux, 1920, p. 295, col. A.

cruautez ne sont pas dignes de la douceur françoise. »(II, III ; II, 33.) C'est lui aussi qui écrit : « Si y a-t-il un certain respect qui nous attache, et un général devoir d'humanité, non aux bêtes seulement qui ont vie et sentiment, mais aux arbres même et aux plantes. Nous devons la justice aux hommes, et la grâce et la bénignité aux autres créatures qui en peuvent être capables : il y a quelque commerce entre elles et nous, et quelque obligation mutuelle. » (II, XI ; II, 139.) Et peut-être est-ce en contredisant son époque encore davantage, que Montaigne, comme Rabelais, réclame que l'on soit humain envers les enfants : « J'accuse toute violence en l'éducation d'une âme tendre, qu'on dresse pour l'honneur et la liberté. Il y a je ne sçay quoy de servile en la rigueur et en la contraincte ; et tiens que ce qui ne se peut faire par la raison, et par prudence et adresse, ne se faict jamais par la force. » (II, VII ; II, 75.)

74. *Sincérité*, *douceur*, voilà les deux aspects de cette humanité qui fait le fond de la conscience suivant Montaigne ; ce qui ne veut nullement dire que cela soit une propriété universelle de l'espèce. L'expression du pessimisme est formelle chez Montaigne : « Nature, à ce crains-je, elle mesme attache à l'homme quelque instinct à l'inhumanité. » (II, XI ; II, 136.) Il n'en demeure pas moins vrai que cette conscience n'a sa valeur de vertu que si elle a chez nous la force et la solidité de la nature, si elle est capable de s'attester par « l'ordre, la moderation et la constance ». (II, XXIX ; II, 505.) Et c'est pourquoi Montaigne fait un aveu qui devait alarmer Pascal [1] : « Je me repens rarement. Ma conscience se contente de soy, non comme de la conscience d'un ange ou d'un cheval, mais comme de la conscience d'un homme. » (III, II ; III, 22.)

Dès lors, quand on a cherché à faire le tour des *Essais* et qu'on croit toucher au terme de la course, on ne saurait éviter qu'une dernière question se pose : l'accord de la nature et de la conscience, qui se réalise chez Montaigne, est-il autre chose qu'une réussite singulière, due aux hasards de l'éducation, de l'hérédité, surtout de la naissance ? « Les inclinations naturelles s'aident et se fortifient par institution ; mais elles ne se changent guière et surmontent. Mille natures, de mon temps, ont eschappé vers la vertu ou vers le vice,

---

1 Cf. *Pensées*, f° 425, fr. 63 : « Il inspire une nonchalance du salut, *sans crainte et sans repentir.* »

au travers d'une discipline contraire... On n'extirpe pas ces qualitez originelles ; on les couvre, on les cache. » (III, II ; III, 28.) L'auteur des *Essais* reconnaît assurément que c'était pour lui un grand privilège d'avoir eu un père, « plein de reverence pour les doctes » et chez qui se remarquait une « monstrueuse foi en ses parolles et une conscience et relligion en general penchant plus tost vers la superstition que vers l'autre bout ». (II, II ; II, 15.) A son jugement pourtant, les vertus que Michel de Montaigne trouve en soi ont leur origine dans l'individualité de son caractère : « La pluspart des vices, je les ay de moy mesme en horreur.... d'une opinion si naturelle et si mienne que ce mesme instinct et impression que j'en ay apporté de la nourrice, je l'ay conservé sans que aucunes occasions me l'ayent sceu faire alterer... L'innocence qui est en moy est une innocence niaise. » (II, XI ; II, 128-130.)

N'y aurait-il pas là de quoi comprendre la limitation systématique de l'œuvre ? Au maître de la vie intérieure, il manque ce qui fait le rayonnement infini de la vie spirituelle : la générosité d'une raison capable de se justifier et de se communiquer. Du moins Montaigne a-t-il senti, avec une acuité incomparable, que son époque, disgraciée et malheureuse entre toutes, la lui refusait. La douleur d'avoir à s'y défendre contre une perpétuelle tentation de *misanthropie*, comme de *misologie*, accompagne le commentaire des choses, des hommes et de soi-même, et en rend émouvante l'ironie.

Le sage qui aime l'humanité a dû renoncer à l'expansion de sa propre sagesse à travers l'humanité : « La raison privée n'a qu'une juridiction privée (I, XXIII ; I, 154). Pour l'usage de la vie, et service du commerce public, il y peut avoir de l'excez en la pureté et perspicacité de nos esprits ; cette clarté penetrante a trop de subtilité et de curiosité. Il les faut appesantir et emousser pour les rendre plus obeïssans à l'exemple et à la pratique, et les espessir et les obscurcir pour les proportionner à cette vie tenebreuse et terrestre. » (II, XX ; II, 467.)

Le prix dont il a fallu payer un tel renoncement apparaît plus manifeste à mesure que Montaigne vieillit, et qu'on le voit accumuler les détails sur son régime alimentaire et sur ses maladies. Mais du moins à chacun de ses lecteurs il a donné la joie d'être introduit dans le secret de cette amitié sans fissure, qu'il avait contractée avec lui-même, et qu'il aurait eu le droit d'expliquer en disant de soi comme il a dit de La Boëtie : *Parce que c'est moi et parce que c'est moi.*

LIVRE III
LA SPIRITUALITÉ CARTÉSIENNE

CHAPITRE VI
DESCARTES

75. L'*Entretien avec Monsieur de Saci*, où Pascal oppose Épictète et Montaigne, a suggéré à Sainte-Beuve des pages classiques sur la postérité des deux moralistes : « Épictète, chef de file de tous ceux qui relèvent l'homme, la nature humaine, et la maintiennent suffisante ; qu'ils soient ou Stoïciens rigides, ou simplement pélagiens, sociniens, déistes ; croyant à la conscience avant tout comme Jean-Jacques, au sentiment moral des Écossais, aux lois de la raison pure de Kant, ou simples et humbles psychologues, comme tel de nos jours entre nos maîtres, que nous pourrions citer [1] ; tous, ils viennent se ranger, bon gré, mal gré, sous Épictète, en ce sens qu'ils s'appuient tous sur le *moi*. Puis Montaigne, *sergent de bande*, comme il dirait, et des sceptiques et de tous ceux qui ne s'appuient pas sur la grandeur morale intérieure, sur la conscience une et distincte ; et en ce sens il préside non seulement aux sceptiques purs (Bayle, Hume), mais à tous les autres qui infirment l'homme et lui contestent son point de vue du *moi* central et dominant... [2] », à Sainte-Beuve lui-même : « Il y a du Montaigne en chacun de nous. Tout goût, toute humeur et passion, toute diversion, amusement et fantaisie, où le christianisme n'a aucune part et où il est comme non avenu, où il est, non pas nié, non pas insulté, mais ignoré par une sorte d'oubli facile et qui veut se croire innocent, tout état pareil en nous, qu'est-ce autre chose que du Montaigne ? » (*Ibid.*, p. 412.)

Mais ce n'est pas assez dire encore ; au XXe siècle la postérité de Montaigne absorbe la postérité d'Épictète : elle s'incorpore les religions, ou plutôt les religions s'y incorporent. Les *Variétés de l'ex-*

---
1 C'est à Jouffroy que SAINTE-BEUVE fait sans doute allusion.
2 *Port-Royal*, 5e édit., 1888, t. II, p. 391.

périence religieuse, dont le titre seul eût ravi Montaigne et Sainte-Beuve, ont, dans l'intention de leur auteur, une vertu apologétique ; et il semble en effet qu'elles aient édifié plus d'un lecteur chrétien. Du point de vue romantique, Sainte-Beuve ne se laisse-t-il pas solliciter vers le catholicisme ? et d'un point de vue pragmatique, pour une conception de la religion tout opposée, il est vrai, à celle de Pascal, le conformisme de Montaigne offrirait encore quelque satisfaction.

Pourtant, si frappantes que soient la jeunesse et l'actualité des *Essais*, on peut se demander si ce ne serait pas trahir Montaigne que de détacher sa pensée des circonstances qui en expliquent le cours *ondoyant et divers*, pour travailler à la fixer dans une sorte de geste monotone, mécanique et abstrait. Encore une fois nous invoquerons Sainte-Beuve : « Ce n'est pas toujours une supériorité d'être et de rester tout d'une pièce, d'être *inentamable, irramenable*. Entêtement n'est pas constance. Enfin on a pu dire plus sérieusement qu'il ne semble : *L'homme absurde est celui qui ne change jamais* [1]. » Comment soutenir la gageure de supposer semblable *absurdité* chez l'écrivain le plus attentif et le plus docile à la leçon des faits, d'imaginer indifférent à l'enseignement de l'histoire celui qui faisait de l'histoire *son propre gibier* ?

Sans doute, Montaigne se hasarde à prédire : « Cette grande dispute... a toujours été entre les philosophes pour trouver le souverain bien de l'homme... dure encore, et durera éternellement, sans résolution et sans accord. » (I, LIII ; I, 398.) Sans doute aussi la révolution copernicienne est, à ses yeux, le contraire d'un progrès ; le crédit du système ptoléméen était assuré par une prescription plus que millénaire, et du fait qu'elle l'avait remis en question, la Renaissance lui semblait simplement avoir enrichi d'un argument nouveau l'arsenal des controverses sceptiques. A plus forte raison les « nouvelletez » d'un Paracelse ne serviront-elles qu'à fortifier le mépris qu'il professe à l'égard de la médecine, de ses artifices indignes et de ses prétentions à l'autorité [2]. Mais pour nous, cette inférence du passé à l'avenir va poser la question dont le XVIIe siècle fournira la réponse. Il ne s'agira rien de moins que de reconstituer

---
1 *Port-Royal*, Édit. citée, t. V, p. 452, n. 1.
2 *Apol.*, II, 323 ; II, XXXVII ; II, 585 ; et note de l'édition VILLEY, t. II, 1922, p. 583, n. 2.

PREMIÈRE PARTIE

l'idée positive de l'*homo sapiens*, que Socrate avait jadis essayé d'incorporer à la conscience de l'Occident, et qui s'y était effacée depuis Platon. Cette idée, il faut songer qu'elle est encore absente du *Novum Organum* : l'appel à la puissance multipliée de l'*homo faber* n'y exclut en rien la survivance de l'*homo credulus*. Dans l'esprit confus et chimérique de Bacon toutes les superstitions médiévales se sont donné rendez-vous [1], tandis que Montaigne est celui qui écrit les lignes décisives de l'*Apologie* : « On reçoit la médecine comme la géométrie ; et les batelages, les enchantemens, les liaisons, le commerce des esprits des trespassez, les prognostications, les domifications et jusques à cette ridicule poursuitte de la pierre philosophale, tout se met sans contredict. » (*Apol.*, II, 307.)

En d'autres termes, la frontière de la civilisation moderne se trouve marquée par l'histoire elle-même ; elle est au delà de la Renaissance, car il ne fallait rien de moins pour la franchir que la découverte d'une méthode où la raison puisât la conscience de ce qui la fait à la fois conquérante et positive et qui, portant en elle la promesse de son universalité, donnât l'espoir de communiquer même au raisonnement du médecin la rigueur d'une démonstration géométrique. Avec Descartes, et avec Descartes seul, l'humanisme de la sagesse, qui était l'idéal de Montaigne mais qui n'était pour Montaigne qu'un idéal, descend à nouveau sur la terre, et prend désormais possession de l'Occident.

Section I
LES FONDEMENTS DU RATIONALISME MODERNE

76. Il n'y a pas, chez Descartes, de révolution philosophique, à part de la révolution mathématique ; et le secret de cette révolution est tout entier dans les pages, dissimulées avec soin au IIIe Livre de la *Géométrie*, qui concernent la théorie des équations. Là, en effet, se dissipe la confusion séculaire que la tradition du discours logique avait entretenue entre l'analyse, procédé de l'invention et la synthèse, procédé de l'exposition. L'analyse cartésienne, pure transparence à l'esprit puisqu'elle n'établit que des relations entièrement intelligibles entre termes eux-mêmes clairs et distincts, est

---

[1] Cf. L'expérience humaine et la causalité physique, § 96, p. 200, éd. de 1949, p. 191.

en même temps fécondité absolue ; car dans la composition des équations, elle procède du simple au complexe et ainsi « fait voir comment les effets dépendent des causes »[1].

La méthodologie mathématique de Descartes fournit à l'idéalisme ce que Platon avait cherché vainement, et faute de quoi l'intelligence des μαθήματα devait se perdre dans le verbalisme des λόγοι ; à savoir l'évidence des vérités premières, grâce à laquelle la science franchit la région des hypothèses et rend inutile le recours à une dialectique qui demeure aléatoire en dépit de ses promesses et de ses prétentions.

Mais le merveilleux, c'est que l'intelligence enfin rendue à l'autonomie de son activité méthodique, cet *intellectus sibi permissus*, apparaisse aussi capable de supporter l'édifice d'une cosmologie. La physique entre dans l'ère positive, du jour où il est possible de faire succéder un mouvement à un mouvement sans avoir besoin de faire appel à autre chose qu'au mouvement lui-même — et cela grâce au principe d'inertie qui permet de faire passer d'un moment à l'autre du temps la formule du mouvement rectiligne, qui fournit la relation élémentaire destinée à constituer le système du monde, que Descartes, par un nouveau coup de génie, fera entrer dans l'unité d'une équation totale.

En même temps, donc, que la finalité d'Aristote est renvoyée dans le plan mythologique dont elle procède, se trouve mise en relief la valeur d'anticipation qui est inhérente aux schèmes géométriques du *Timée*. Seulement, dans l'essai de physique platonicienne ces schèmes ne se déterminaient que pour prendre conscience de leur caractère illusoire : la science exacte était celle qui « envoie promener les phénomènes ». Avec Descartes, comme avec Galilée, la mathématique s'empare de la nature pour donner une certitude effective d'application à ce qui, au siècle précédent, n'était encore qu'espérance et que prophétie. La raison de l'homme, depuis vingt siècles méconnue, aussi bien dans la pureté spirituelle de ses principes que dans sa capacité à se rendre maîtresse de l'univers, est enfin mise au jour. Nulle part l'événement décisif n'a été proclamé avec une conscience de soi, aussi lumineuse et aussi insolente,

---

1 *Rép. aux IIe objections* (édit. ADAM-TANNERY (que nous désignerons par A. T.), IX (1), p. 121. Cf. *Les étapes de la philosophie mathématique*, § 76, pp. 119-121 ; éd. de 1947, *mêmes pages*.

PREMIÈRE PARTIE

que dans les premières pages du *Traité du monde*, consacrées à mettre en parallèle et en opposition le *Monde des Philosophes* que Descartes abandonne à la *logomachie* de la puissance et de l'acte, et le monde fondé sur le mouvement véritable, qui apparaît immédiatement comme continu, qui par cette continuité même explique l'origine et soutient la clarté de l'espace [1].

Il est vrai qu'en laissant inachevé son *Traité du monde*, sous la réaction de la condamnation de Galilée, en obscurcissant comme à plaisir sa *Géométrie* pour déjouer la malice qu'il attribuait à ses rivaux, en réduisant l'exposé de sa méthode à la définition des quatre règles, Descartes n'avait guère facilité à ses propres contemporains l'accès de sa pensée. Suivant la pente de leur érudition paresseuse, ils ont rejeté sa métaphysique dans les perspectives des siècles antérieurs, comme si elle avait consisté à reprendre l'alternative entre le dogmatisme et le scepticisme, à la laisser en suspens dans la *Première méditation*, à la résoudre dans la *Sixième*.

77. En réalité, selon Descartes, le doute méthodique a une portée définitive, relativement au dogmatisme scolastique, qui s'appuyait tout à la fois sur la pseudo-physique de la qualité, sensible et sur la pseudo-logique du concept générique. Et c'est pourquoi l'intervention en était nécessaire afin de justifier ce qui va s'introduire au XVIIe siècle dans le monde occidental et qui sera la base même de la civilisation moderne : l'existence d'un ordre de connaissance qui est radicalement distinct du plan de la perception. Les phénomènes de l'univers y sont saisis, comme mouvements dans l'acception exacte du mot, c'est-à-dire ramenés à un système de déplacements dans l'espace, soumis en tant que tels, à la norme de rationalité véritable qui est une norme mathématique, et non proprement logique. Le moment du doute est donc destiné à démontrer l'incompatibilité de l'intelligence aristotélicienne et de l'intelligence scientifique. Et en effet, comment la science pourrait-elle constituer l'armature du monde réel, si déjà la sensation possède une vertu ontologique ? Or, il suffit de considérer sans préjugé la définition de la sensation : *acte commun du sentant et du senti*, pour y apercevoir une pétition de principe. En apparence,

---
1 Cf. *L'expérience humaine et la causalité physique*, § 88, p. 184 ; éd. de 1949, p. 176.

la formule ne fait que traduire la donnée immédiate et simple de l'intuition : en réalité, par delà l'intuition qui exprime l'événement propre de conscience, c'est-à-dire l'apparition de l'idée chez le *sentant*, elle postule une intuition implicite et antérieure, l'intuition en quelque sorte impersonnelle du *senti*, à laquelle se réfère ensuite l'intuition comme état personnel du *sentant*.

C'est cette dualité imaginaire de l'intuition, que le péripatétisme a transportée dans son ontologie de l'intelligible, calquée sur l'ontologie du sensible. L'intuition de l'être du concept, qui confère une valeur métaphysique aux principes de la déduction logique, a pour modèle l'intuition de l'être en tant qu'être, dont l'objet sera situé hors des catégories de l'affirmation de l'être, qui ne peut par conséquent correspondre à aucun événement de la conscience, à aucune opération de la pensée, qui n'a d'autre raison en définitive que le parti pris de se donner raison. Le maître impose silence à l'élève ; et c'est tout le secret de la scolastique, comme l'avait rappelé l'*Apologie de Raymond Sebond* : « Le dialecticien se rapporte au grammairien de la signification des mots... Car chaque science a ses principes présupposez par où le jugement humain est bridé de toutes parts. Si vous venez à choquer cette barrière en laquelle gits la principale foiblesse et faulceté, ils ont incontinent cette sentence en la bouche, qu'il ne faut pas debattre contre ceux qui nient les principes. » (II, 280.)

L'originalité du cartésianisme est d'avoir accepté le problème dans les termes où l'avait posé la ruine du dogmatisme antérieur, et c'est ce dont témoigne le début de l'*Abrégé des six méditations* : « Dans la première, je mets en avant les raisons pour lesquelles nous pouvons douter généralement de toutes choses, et particulièrement des choses matérielles, au moins tant que nous n'aurons point d'autres fondements dans les sciences que ceux que nous avons eus jusqu'à présent. » (A. T., IX (1), p. 9.) Descartes récuse, de la même façon que Montaigne, les *universaux des dialecticiens* [1], et il abandonne à son destin illusoire l'entité du concept de l'être. D'où cette conséquence immédiate : les « longues chaînes de raisons » qui se déploient à partir de l'évidence des équations algébriques

---

[1] *Réponse au V^{es} objections* (de Gassendi) *contre la Ve Méditation*. A. T., VII, 362. Cf. Montaigne, « Je sçay mieulx que c'est qu'*homme* que je ne sçay que c'est *animal*, ou *mortel*, ou *raisonnable*. » (III, XIII ; III, 366.)

et qui permettent de construire, dans les « espaces imaginaires », le mécanisme rigoureux du monde, demeurent enfermées dans la pensée comme une sorte de rêve intelligible. Considérées en elles-mêmes, elles n'ont pas plus de rapport à la réalité que nos rêves ordinaires. La mathématique universelle, c'est une *Cogitatio universa*, dont la vérité se fonde sur l'unité, sur l'intériorité, de la relation qui est constitutive du jugement ; mais, en vertu de cela même, comme le montrait déjà la seconde partie du *Parménide*, on n'en saurait tirer valablement aucune affirmation de l'être ; elle ne renseigne, pour reprendre encore une fois les expressions des *Essais*, que sur la faculté du sujet connaissant : « Tout ce qui se connoist, il se connoist sans doute par la faculté du cognoissant ; car, puis que le jugement vient de l'operation de celuy qui juge, c'est raison que cette operation il la parface par ses moyens et volonté, non par la contrainte d'autruy, comme il adviendroit si nous connoissions les choses par la force et selon la loy de leur essence. » (*Apol.*, II, 348.)

Or, voici le coup d'audace : à ce même retour du jugement sur soi, qui paraissait marquer l'apogée de la crise sceptique, Descartes demande d'en apporter le dénouement ; pour cela, au lieu de laisser en face l'un de l'autre *jugement d'intériorité intellectuelle* et *jugement d'extériorité sensible*, il adaptera le jugement d'existence aux conditions requises pour sa légitimité, il prendra pour point d'application, non plus l'*objet* à juger, mais le *sujet* même qui juge. L'acte du *Cogito* implique la réalité du *sum* : *Cogito ergo sum*.

78. L'*ergo* cartésien correspond à un type nouveau d'intuition qui, d'une part, a l'évidence immédiate de la relation simple en mathématique, qui, d'autre part, porte avec soi la certitude incontestable de la réalité. Sur cette norme d'intuition, Descartes va faire fond pour résoudre le problème de la valeur de la science, que le *Cogito* avait laissé en suspens, dont il semblait avoir rendu la solution plus malaisée.

Il s'agit en effet, de découvrir le moyen de garantir l'accord de la mathématique universelle avec le réel. Or, le jugement primitif d'existence consiste à éliminer du *Cogito* le contenu de la *Cogitatio universa*, pour n'en retenir que la forme, c'est-à-dire la relation à l'individualité du *moi*, qui apparaît restreinte elle-même à la succession discontinue des moments où s'exerce la réflexion de conscience. « Cette proposition : *je suis, j'existe*, est nécessairement vraie (dit Descartes dans la *Seconde méditation*) toutes les fois que je la prononce ou la conçois en mon esprit. » (A. T., IX (1), 19.) Le problème qui est ainsi posé ne pourra se résoudre que sur le modèle du *Cogito*, par une implication de la solution dans la définition même de la difficulté. Qu'il y ait place en *moi, res cogitans*, pour une pensée qui n'est pas individuelle comme le *moi*, pour une *cogitatio universa*, ce fait atteste l'existence d'une réalité qui m'est immédiatement et intérieurement présente, dont on ne peut pas dire pourtant que l'individualité du moi soit l'origine, qui se caractérise, au contraire, par sa disproportion avec ce qu'il y a de nécessairement imparfait et fini dans mon individualité. Cette réalité sera dite *infinie* ou *parfaite*, c'est-à-dire qu'il n'y en aura pour l'homme qu'une idée, idée commune à la mathématique, à la métaphysique, à la religion, idée qui se forme tout entière à la fois, *tota simul*, entièrement simple, non susceptible de degrés, réfractaire à toute composition. Une telle idée enveloppe dès lors dans sa seule manifestation l'être qu'elle exprime : proposition qui ne peut pas faire de doute, du moment que l'exercice de la pensée, même sous ses formes de défaillance et d'incomplétude, est lié du dedans à cette réalité plus intérieure et plus primitive en moi que moi-même : « J'ai en quelque façon premièrement en moi la notion de l'infini, que du fini, c'est-à-dire de Dieu, que de moi-même. Car comment serait-il possible que je pusse connaître que je doute, et que je désire, c'est-à-dire qu'il me manque quelque chose, et que je ne suis pas tout parfait, si je n'avais en moi aucune idée d'un être plus parfait que le mien, par la comparaison duquel je connaîtrais les défauts de ma nature [1] ? »

Le passage de l'homme à Dieu est d'ordre intellectuel, et non d'ordre cosmologique. Il n'a de signification que si l'intelligence est tout autre chose qu'une faculté de concepts qui procèderaient du sensible. L'idée cartésienne se définit et se constitue par sa compréhension interne ; elle a la plénitude d'un acte qui égale en réalité « formelle » ce qu'elle représente en tant qu'objet, son contenu objectif suivant la langue de l'époque : de la sorte, cette idée de l'infini dont la mathématique nouvelle a fait apparaître à tous qu'elle est pure, claire et simple, suffit par sa seule présence en nous à éta-

---

1 *IIIe Méditation*, A. T., IX (1), p. 36.

blir l'existence d'un être correspondant à cette essence infinie. Et pareillement, que le *moi* existe, cela implique, comme condition inhérente à notre existence, une capacité de franchir la distance entre le néant et l'être. Or, cette distance est infinie, de même qu'est infinie en nous la distance entre le *oui* et le *non*, franchie par l'acte de la volonté, par le jugement ; elle atteste donc la mise en œuvre d'une puissance absolue, caractéristique d'un Être parfait.

Descartes obtient ainsi deux preuves de l'existence de Dieu : l'une par l'idée de l'infini, l'autre par l'existence du *moi*, qui se meuvent toutes deux dans le plan du *Cogito*, à la condition expresse d'y voir, non le *Cogito* des psychologues, qui est une forme sans contenu, mais un *Cogito* tout chargé d'une pensée universelle qui est aussi une pensée infinie, apportant au sujet individuel le sentiment de l'inadéquation entre la forme et le contenu de son affirmation. Les deux preuves ne font donc que développer les conséquences d'une même inadéquation, considérée, *à la limite supérieure* selon l'idée de l'infini, *à la limite inférieure* selon la finité du *moi* ; et l'on s'explique ainsi que, tout en les présentant ordinairement à part l'une de l'autre, Descartes ait pu dire aussi qu'elles composent un seul argument qui remplirait la troisième méditation : « Toute la force de l'argument dont j'ai ici usé pour prouver l'existence de Dieu, consiste en ce que je reconnais qu'il ne serait pas possible que ma nature fût telle qu'elle est, c'est-à-dire que j'eusse en moi l'idée d'un Dieu, si Dieu n'existait véritablement. » (A. T., IX (1), p. 41.)

79. *Idea Dei est, ergo Deus est* ; autrement dit, la relation entre l'être de Dieu et son idée, c'est, dans l'absolu, cette liaison immédiate, cette affirmation intuitive, qui avait fourni l'*ergo*, implicite ou explicite, du *Cogito*. Et c'est bien ce qu'indique Descartes dans un commentaire de la IVe Partie du *Discours de la méthode*, daté de mars 1637 : « En s'arrêtant assez longtemps sur cette méditation, on acquiert peu à peu une connaissance très claire, et si j'ose ainsi parler intuitive, de la nature intellectuelle en général, l'idée de laquelle, étant considérée sans limitation, est celle qui nous représente Dieu, et limitée, est celle d'un ange ou d'une âme humaine. » (A. T., I, 353.)

Manifestement Descartes s'oriente vers une doctrine d'immanence spirituelle, mais avec des restrictions et des tempéraments qu'il exprime dans une lettre adressée sans doute au marquis de Newcastle (mars ou avril 1648). La connaissance intuitive, c'est *une lumière pure, constante, claire, certaine, sans peine, et toujours présente*. (A. T., V, 137.) D'une telle connaissance, la proposition : *Je pense, donc je suis*, est un exemple ; car cette « connaissance n'est point un ouvrage de votre raisonnement, ni une instruction que vos maîtres vous aient donnée ; votre esprit la voit, la sent et la manie ». Mais si nous nous rendons compte ainsi de la capacité de l'âme à connaître par intuition, on n'a pas le droit d'en conclure que, placés naturellement à notre propre niveau, nous soyons par là même et dès cette vie au niveau de la divinité.

Pour avoir de quelque objet que ce soit une connaissance entièrement adéquate, il ne suffit pas de connaître la chose, il faudrait être assuré par ailleurs qu'il n'y a rien d'autre en elle que ce que l'on connaît, c'est-à-dire qu'il faudrait égaler la puissance infinie de Dieu, et cela nous est tout à fait impossible [1]. La remarque s'applique naturellement à la connaissance même de Dieu. Elle sera intuitive « en la béatitude », lorsque notre esprit « sera détaché du corps, ou que ce corps glorifié ne lui fera plus d'empêchement ». Mais « connaître Dieu par soi-même, c'est-à-dire par une illustration immédiate de la divinité sur notre esprit, comme on l'entend par la connaissance intuitive, est bien autre chose que de se servir de Dieu même pour en faire une induction d'un attribut à l'autre ». (A. T., V, 137-138.)

Entre la connaissance intuitive de Dieu que nous espérons recevoir au séjour céleste, et celle de nous-mêmes que nous recevons effectivement ici-bas, il subsiste un écart ; et combler cet écart, c'est la fonction qui est, sinon remplie par les Théologiens, du moins réservée à la théologie. Le philosophe, lui, qui ne saurait se flatter « d'avoir quelque extraordinaire assistance du ciel, et d'être plus qu'homme » [2], doit procéder autrement. Le Dieu qu'il ne peut « comprendre », c'est-à-dire « embrasser par la pensée », du moins il peut savoir qu'il est infini et tout puissant, car « pour savoir une chose il suffit de la toucher de la pensée [3] ». Et cette « touche » relève des *illustrations et connaissances directes* dont Descartes

---

1 Rép. aux objections d'Arnault, A. T., VII, 221.
2 *Discours de la Méthode*, Ire Partie, A. T., VI, 8. Voir le *Commentaire* de M. GILSON, 1925, pp. 132-134.
3 *Lettre à Mersenne*, du 27 mai 1630, A. T., I, 152.

dira : « J'avoue qu'elles sont un peu obscurcies par le mélange du corps ; mais encore nous donnent-elles une connaissance première gratuite, certaine, et que nous touchons de l'esprit avec plus de confiance que nous n'en donnons au rapport de nos yeux [1]. »

Sans cet arrière-fond d'intuition, la preuve ontologique ne se comprendrait pas : il s'agit, en effet, d'y transposer une évidence immédiate en un argument de forme discursive, mais qui du moins aura la rigueur stricte, la force contraignante, du jugement mathématique. L'existence suit de la notion de l'Être parfait, comme de la notion d'un triangle suivait le calcul de la somme de ses angles. Mais il reste que la liaison, qui se produisait alors dans le plan du possible, se produit maintenant dans le plan du nécessaire : « Dieu est son être, et non le triangle [2] ». Dieu se définit par l'unité de l'essence et de l'existence selon une dérivation éternelle de raison qui se substitue aux notions aristotéliciennes de cause efficiente et de cause formelle. Et grâce à cela vont se résoudre les problèmes qui sont posés par l'événement capital de l'histoire, par le passage du réalisme des qualités à la physique mathématique.

80. Descartes ne permet plus à l'imagination anthropocentrique et anthropomorphique de s'installer en Dieu comme si l'homme avait reçu en confidence, comme s'il pouvait dicter, au besoin, les plans de la création et les desseins de la Providence [3]. La divinité de Dieu est bien au delà de ce que nous prétendons atteindre de sa volonté ; elle réside dans une région de liberté absolue, par rapport, non seulement aux existences, mais aux essences mêmes. C'est à cette source mystérieuse, que Descartes se réfère d'une façon constante pour abriter, derrière ses professions de catholique soumis, le dédain, ou l'effroi, que lui inspirent les théologiens : « Je tiens que c'est faire tort aux vérités qui dépendent de la foi et qui ne peuvent être prouvées par démonstration naturelle que de les vouloir affirmer par des raisons humaines et probables seulement. [4] »

On peut même dire davantage, et Descartes se réfère encore à la « liberté de Dieu » afin de passer par-dessus les lacunes de

---

[1] *Lettre citée*, A. T., 137.
[2] Réponse aux V^{es} objections (de GASSENDI) contre la Ve Méditation, A. T., VII, 363.
[3] Cf. GILSON, La doctrine cartésienne de la liberté et la théologie, 1913, p. 93.
[4] *Lettre citée*, du 27 mai 1630, A. T., I, 153.

sa propre philosophie ; il s'octroie ainsi la permission de poser comme un fait primitif l'union en l'homme de substances hétérogènes ; il invoque des raisons d'utilité vitale pour expliquer que la réalité de l'univers, qui consiste uniquement dans « l'objet des spéculations géométriques », se dissimule sous le revêtement illusoire des qualités sensibles. S'il fallait donc, pour surmonter le doute « hyperbolique et métaphysique », avoir réussi à transformer en système entièrement clair et distinct la doctrine de Dieu et du monde, on ne peut pas dire que Descartes ait tenu la gageure, et il lui est arrivé d'en faire un jour l'aveu : « Pour ceux qui disent que Dieu trompe continuellement les damnés, et qu'il nous peut aussi continuellement tromper, ils contredisent au fondement de la foi et de toute notre créance, qui est que *Deus mentiri non potest* ; ce qui est répété en tant de lieux dans saint Augustin, saint Thomas et d'autres, que je m'étonne que quelque théologien y contredise, et ils doivent renoncer à toute certitude, s'ils n'admettent cela pour axiome que *Deus nos fallere non potest* [1]. »

Il y a donc une réserve de droit à faire et qui n'est pas négligeable par rapport à l'ordonnance logique des *Méditations*, telle que Descartes la présentait aux auteurs des *Objections*, et particulièrement à Hobbes [2]. Mais cette réserve de droit n'entame point le fait, qu'aussi bien il suffira de constater, puisque nous n'imposons plus à Dieu de suivre les lois de notre propre finalité. Les vérités que Dieu n'a pas voulues *nécessairement*, il les a voulues *nécessaires*, accessibles à la raison qui trouve dans l'intelligence des perfections divines les principes d'où se déduira la connaissance exacte de la nature. Il s'établit donc entre Dieu et l'homme une communication intérieure, par la raison et dans la vérité. Le Dieu des idées claires et distinctes rend à l'homme son autonomie. Et, par une heureuse conséquence, l'avènement de la raison, dans la science, délivre la physique de son impuissance séculaire ; elle ouvre la voie

---

1 *Lettre à Mersenne* du 21 avril 1641, A. T., III, 3.59. Il était arrivé la même aventure à Anselme de Canterbury, dans sa polémique avec Gaunilon. Pour soutenir la réalité de son concept de l'*Ens quo majus cogitari non potest*, il en est réduit à invoquer la foi et la conscience de son adversaire : *Fide et conscientia tua pro firmissimo utor argumento* (Lib. apologeticus. I).

2 Cf. *Réponse à la XVIe objection de Hobbes sur la VIe Méditation.* « Un athée peut reconnaître qu'il veille par la mémoire de sa vie passée ; mais il ne peut pas savoir que ce signe est suffisant pour le rendre certain qu'il ne se trompe point, s'il ne sait qu'il a été créé de Dieu et que Dieu ne peut être trompeur. » (A. T., IX (1), p. 152.)

à une infinité d'applications. Tout en faisant profession de mépriser semblables niaiseries, Descartes écrivait à Mersenne : « Il y a une partie dans les Mathématiques que je nomme la science des miracles, pour ce qu'elle enseigne à se servir si à propos de l'air et de la lumière, qu'on peut faire voir par son moyen toutes les mêmes illusions, qu'on dit que les Magiciens font paraître par l'aide des Démons [1]. » Du moins y a-t-il un véritable intérêt à soulager le travail des artisans, et comme l'emprise de la raison sur la nature ne connaît point de limites, comme la sagesse est une et indivisible ainsi que l'œuvre même de Dieu, l'ensemble du domaine biologique tombera sous l'investigation et sous la domination de l'être pensant, entraînant avec soi toute la partie de vie psychologique qui est directement liée à l'évolution de l'organisme et à ses vicissitudes [2]. Ainsi de la source, sinon tout à fait pour Descartes la plus haute, du moins la plus pure, de la spiritualité, jaillit une fécondité pratique d'une puissance infinie, un renouvellement total des valeurs qui marquent l'ère de la civilisation moderne.

Section II
LES CONSÉQUENCES PRATIQUES DU CARTÉSIANISME

81. Lorsque Descartes mourut, à 54 ans, il n'avait achevé que la partie proprement physique de son système. Et encore l'exposition des *Principes* montre-t-elle qu'il n'a réussi à éviter ni « la prévention » : ni la « précipitation » : l'élan de son génie le portait « d'un bond », selon l'expression de Leibniz, à des conséquences extrêmes que la réalité de l'expérience ne soutenait pas, que parfois elle contredisait directement. Malgré son acharnement à poursuivre ses recherches biologiques, malgré l'espérance qu'il avait mise dans la découverte d'une médecine véritable, il devait se sentir arrêté, moins encore peut-être, étant donné son tempérament intellectuel, par la complexité des faits que par la confusion et l'obscurité où la survivance du réalisme substantialiste avait laissé sa théo-

---

[1] Lettre de septembre 1629, A. T., I, 21. Cf. Cogitationes privatæ, X, 216.
[2] Cf. *Discours de la Méthode*, VIe Partie, VI, 62 : « Même l'esprit dépend si fort du tempérament et de la disposition des organes du corps, que s'il est possible de trouver quelque moyen qui rende communément les hommes plus sages et plus habiles qu'ils n'ont été jusques ici, je crois que c'est dans la médecine qu'on doit le chercher. »

rie des rapports entre l'âme et le corps. Les vues de Descartes en psychologie, en morale, en religion, n'ont été livrées au public que d'une façon fragmentaire. Descartes, qui s'était borné à résumer ses thèses physiologiques dans les derniers articles des *Principes de la philosophie*, faisait paraître, en 1649, le *Traité des passions de l'âme* ; et en 1657, Clerselier réunissait, en tête du premier volume de la *Correspondance*, celles des *Lettres de M. Descartes où sont traitées les plus belles questions de morale*. Ces textes épars, comme les fragments de l'*Apologie* de Pascal, ont un accent plus intime et plus direct, ils ont plus de force suggestive, ils ouvrent plus de perspectives diverses et lointaines, que n'en aurait eu peut-être la forme définitive et impersonnelle d'un système. Il suffira, pour en apercevoir toute la richesse, de parcourir successivement les plans à travers desquels se déploie la pensée de Descartes.

La relativité, qui est essentielle à la science du mouvement, se transporte à l'intelligence du rapport entre le corps et l'âme. Ce qui est *action* pour le corps est *passion* pour l'âme, et réciproquement [1]. Au plus bas degré de la réalité spirituelle, tout se passera dans la pratique comme si la vie psychologique était le reflet de la vie corporelle. « Lorsque le sang est si grossier qu'il ne coule et ne se dilate qu'à peine dans le cœur, il excite dans les mêmes nerfs un mouvement... qui est institué de la nature pour donner à l'âme le sentiment de la tristesse, bien que souvent elle ne sache pas elle-même ce que c'est qui fait qu'elle s'attriste. » (*Princ.*, IV, 190.) Le *Traité des passions de l'âme* insiste encore sur cette inconscience radicale, dont les historiens ont si souvent méconnu la portée dans la philosophie cartésienne : « L'expérience fait voir que ceux qui sont les plus agités par leurs passions ne sont pas ceux qui les connaissent le plus et qu'elles sont du nombre des perceptions que l'étroite alliance qui est entre l'âme et le corps rend confuses et obscures. » (I, XXVIII ; XI, 349.)

Cette science même, qui fait comprendre le mécanisme inconscient de l'imagination et de la passion, démontre la possibilité de s'en affranchir. La « machine » de l'homme est la même que celle de l'animal, qui est directement et absolument l'automate de Dieu ; « mais, dit Descartes dans le *Traité de l'homme*, quand l'âme raisonnable sera en cette machine, elle y aura son siège principal dans

---
[1] Traité des passions de l'âme, I, I, A. T., XI, 327.

le cerveau, et sera là comme le fontenier, qui doit être dans les regards où vont se rendre tous les tuyaux de nos machines, quand il veut exciter ou empêcher ou changer en quelque façon leurs mouvements. » (A. T., XI, 131.) L'homme devient son propre médecin. Et, en effet, le principe d'inertie, en vertu duquel le monde matériel se suffit à lui-même sur un plan en quelque sorte horizontal, consacre selon Descartes l'autonomie du monde spirituel. L'âme, ayant pour essence la pensée, va conquérir le pouvoir de se soigner et de se guérir en orientant systématiquement le cours de la vie organique où la quantité de mouvement est déterminée, mais non la vitesse, et en l'imprégnant du sentiment de son indépendance.

82. Ce n'est pas tout encore aux yeux de Descartes : savoir que l'on a une âme, c'est autre chose que de connaître la place qui nous est réservée dans la hiérarchie des créatures, entre les astres, ou les anges, et les animaux, c'est prendre conscience d'une activité qui se manifeste intérieurement par la capacité d'affirmer ou de nier, par le jugement. Dès lors toute la psychologie se dédouble, il y a une joie proprement *intellectuelle*, ou spirituelle, distincte de la joie *sensible* provoquée par les mouvements du corps, alors même que celle-ci apparaît à l'occasion de celle-là, qu'elle l'accompagne et la renforce : « Lorsqu'on nous dit quelque nouvelle, l'âme juge premièrement si elle est bonne ou mauvaise ; et, la trouvant bonne, elle s'en réjouit en elle-même, d'une joie qui est purement intellectuelle et tellement indépendante des émotions du corps que les Stoïques n'ont pu la dénier à leur sage, bien qu'ils aient voulu qu'il fût exempt de toute passion. Mais sitôt que cette joie spirituelle vient de l'entendement en l'imagination, elle fait que les esprits coulent du cerveau vers les muscles qui sont autour du cœur, et là excitent les mouvements des nerfs, par lequel est excité un autre mouvement dans le cerveau, qui donne à l'âme le sentiment ou la passion de la joie. » (*Princ.*, IV, 190.)

Cette dualité radicale de la vie purement spirituelle et de la vie mêlée au corps, qui va nous faire passer du plan de la psychothérapie au plan proprement éthique, est un trait constant de la doctrine cartésienne. Les états de l'âme existent, comme les objets de la connaissance, à la fois en image et en idée ; de telle sorte qu'ils se rencontrent, mais avec des caractères entièrement différents, et dans le monde sensible et dans le monde intelligible. De l'instinct lui-même, Descartes écrit : « Pour moi, je distingue deux sortes d'instincts : l'un est en nous en tant qu'hommes et est purement intellectuel : c'est la lumière naturelle ou *intuitus mentis*, auquel seul je tiens qu'on doit se fier ; l'autre est en nous en tant qu'animaux, et est une certaine impulsion de la nature à la conservation de notre corps, à la jouissance des voluptés corporelles, etc., lequel ne doit pas toujours être suivi [1]. »

Il est remarquable qu'à l'appui de cette séparation dans les plans d'émotion, Descartes invoque une expérience d'ordre esthétique : « Le chatouillement des sens est suivi de si près par la joie, et la douleur par la tristesse, que la plupart des hommes ne les distinguent point. Toutefois ils diffèrent si fort qu'on peut quelquefois souffrir des douleurs avec joie, et recevoir des chatouillements qui déplaisent... On prend naturellement plaisir à se sentir émouvoir à toutes sortes de passions, même à la tristesse et à la haine, lorsque ces passions ne sont causées que par les aventures étranges qu'on voit représenter sur un théâtre, ou par d'autres pareils sujets qui, ne pouvant nous nuire en aucune façon, semblent chatouiller notre âme en la touchant [2]. »

Il est donc vrai que « l'âme peut avoir ses plaisirs à part » [3], fondés sur l'exercice propre de son activité, c'est-à-dire sur *le jugement* : « Notre volonté ne se portant à suivre ni à fuir aucune chose que selon que notre entendement lui représente bonne ou mauvaise, il suffit de bien juger pour bien faire et de juger le mieux qu'on puisse, pour faire aussi tout son mieux, c'est-à-dire pour acquérir toutes les vertus, et ensemble tous les autres biens qu'on puisse acquérir ; et lorsqu'on est certain que cela est, on ne saurait manquer d'être content. » Et telle est, en effet, la conclusion que Descartes, dans la IIIe Partie du *Discours de la méthode* [4], donnait à sa morale <u>« par provision »</u>, inspirée, sinon reproduite, de Montaigne [5]. *Mais*

1 *Lettre du 11 octobre 1639*, A. T., II, 599. Voir, en ce qui concerne la théorie de la mémoire, LANDORMY. La mémoire corporelle et la mémoire intellectuelle dans la philosophie de Descartes, *Bibliothèque du Congrès international de Philosophie de Paris*, 1900, t. IV, 1902, p. 259.
2 *Passions*, II, 94 ; A. T., XI, 399.
3 *Passions*, III, 212 ; A. T., XI, 488.
4 A. T., VI, 28.
5 Les rapprochements avec les *Essais* sont indiqués dans l'excellent Commentaire, par M. GILSON, du *Discours de la Méthode*.

cette conclusion, elle, n'est nullement provisoire. Elle explique, au contraire, et elle justifie, la relativité des règles de cette morale qui sont destinées seulement à écarter ou du moins à restreindre dans la mesure du possible les obstacles et les contraintes dont s'accompagne la nécessité d'agir dans la société des hommes. Ce sont des moyens pour la libre recherche de la vérité, qui, elle, est un absolu : « Comme il n'y a aucun bien au monde, excepté le bon sens, qu'on puisse absolument nommer bien, il n'y a aussi aucun mal dont on ne puisse tirer quelque avantage, ayant le bon sens [1]. »

83. Le plus simple et le plus naturel instrument du bon sens, c'est le calcul : on trouve chez Descartes la suggestion précise d'une arithmétique utilitaire : « Lorsqu'on offre un emploi à quelqu'un, il considère d'un côté l'honneur et le profit qu'il en peut attendre comme des biens, et de l'autre, la peine, le péril, la perte du temps, et autres telles choses, comme des maux ; et, comparant ces maux avec ces biens, selon qu'il trouve ceux-ci plus ou moins grands que ceux-là, il l'accepte ou le refuse [2]. » En appliquant le calcul à la conduite, l'intelligence ne peut manquer d'étendre l'horizon que le jugement embrasse. Même dans l'hypothèse où elle ne poursuivrait que le maximum d'utilité individuelle, elle devrait prendre en considération l'intérêt d'autrui : « La raison qui me fait croire que ceux qui ne font rien que pour leur utilité particulière, doivent aussi bien que les autres travailler pour autrui, et tâcher de faire plaisir à un chacun, autant qu'il est en leur pouvoir, s'ils veulent user de prudence, est qu'on voit ordinairement arriver que ceux qui sont estimés officieux et prompts à faire plaisir, reçoivent aussi quantité de bons offices des autres, même de ceux qu'ils n'ont jamais obligés, lesquels ils ne recevraient pas si on les croyait d'autre humeur, et que les peines qu'ils ont à faire plaisir ne sont point si grandes que les commodités que leur donne l'amitié de ceux qui les connaissent. » (*Ibid.*, IV, 356.)

La liaison des sentiments à l'intérieur de la communauté sociale n'est encore ici qu'un fait dont Descartes tire argument pour orienter le souci de l'intérêt propre dans le sens de l'intérêt général. Mais il appartient à la raison humaine de ne pas subordonner à l'hy-

---

1 *Lettre à la princesse Élisabeth*, juin 1645, A. T., IV, 237.
2 *Lettre à la princesse Élisabeth*, janvier 1646, A. T., IV, 355.

pothèse d'un égoïsme prémédité la vérité qu'elle dégage des faits et sur laquelle elle réfléchit. A l'utilitarisme où l'individu en tant qu'individu est le centre, où la raison n'est qu'un moyen de gagner et de parvenir, Descartes opposera donc, sur un autre plan, un rationalisme qui s'appuie sur la vérité pour faire un choix entre les émotions et prescrire sa règle à l'action : « *Que la force de l'âme ne suffit pas sans la connaissance de la vérité. Il y a...* grande différence entre les résolutions qui procèdent de quelque fausse opinion et celles qui ne sont appuyées que sur la connaissance de la vérité : d'autant que si on suit ces dernières, on est assuré de n'en avoir jamais de regret ni de repentir ; au lieu qu'on en a toujours d'avoir suivi les premières lorsqu'on en découvre l'erreur. » (*Passions*, I, XLIX ; A. T., XI, 367-368.)

Autour de cette vérité inhérente au bien, il va se faire un travail de dissociation analogue à celui qui, dans le domaine spéculatif, s'opère entre la forme de la conscience qui rattache au *moi* toute idée comme étant une de ses perceptions, et le contenu de la connaissance qui, par delà l'individualité limitée du *Cogito*, décèle dans l'idée de l'infini l'effet d'une présence divine. Cette dissociation, qui fournira son thème central au système de Malebranche, est déjà nettement indiquée par Descartes : « Selon la règle de la raison, chaque plaisir se devrait mesurer par la grandeur de la perfection qui le produit, et c'est ainsi que nous mesurons ceux dont les causes nous sont clairement connues [1]. » Le problème pratique aura donc le même caractère et relèvera de la même méthode que le problème spéculatif : « Le souverain bien considéré par la raison naturelle sans la lumière de la foi, n'est autre chose que la connaissance de la vérité par ses premières causes, c'est-à-dire la sagesse dont la philosophie est l'étude [2]. »

84. A ce point, qui marque le tournant décisif de la doctrine, et comme pour en souligner la portée, il convient de relever une hésitation de Descartes ; le scrupule de l'application thérapeutique vient limiter l'ambition spéculative du philosophe : « Dans les rencontres de la vie, où nous ne pouvons éviter le hasard d'être trompés, nous faisons toujours beaucoup mieux de pencher vers

---
1 *Lettre à la princesse Élisabeth*, du 1er septembre 1645, A. T., IV, 284.
2 Lettre au traducteur des Principes, A. T., IX (2), 4.

les passions qui tendent au bien que vers celles qui regardent le mal, encore que ce ne soit que pour l'éviter. Et même souvent une fausse joie vaut mieux qu'une tristesse dont la cause est vraie [1]. » Mais le conflit est destiné à se résoudre par le développement même de la science qui de lui-même éliminera les désirs en conflit avec la réalité : « Tout est conduit par la Providence divine, dont le décret éternel est tellement infaillible et immuable qu'excepté les choses que ce même décret a voulu dépendre de notre libre arbitre, nous devons penser qu'à notre égard il n'arrive rien qui ne soit nécessaire et comme fatal, en sorte que nous ne pouvons, sans erreur, désirer qu'il arrive d'autre façon [2]. Lorsqu'une chose que nous avons estimée dépendre de la fortune n'arrive pas, cela témoigne que quelqu'une des causes qui étaient nécessaires pour la produire a manqué, et par conséquent qu'elle était absolument impossible, et qu'il n'en est jamais arrivé de semblable, c'est-à-dire à la production de laquelle une pareille cause ait aussi manqué ; en sorte que, si nous n'eussions point ignoré cela auparavant, nous ne l'eussions jamais estimée possible ni par conséquent nous ne l'eussions désirée [3]. »

La résignation à l'universel enchaînement des phénomènes, qui est l'un des aspects du stoïcisme, n'exprime à son tour qu'un moment de la pensée cartésienne. De la valeur positive, de la valeur essentielle, que prend avec Descartes l'intelligence scientifique, se dégage la liaison du bien propre de l'individu avec le bien total de l'univers et de l'humanité : « Bien que chacun de nous soit une personne séparée des autres et dont, par conséquent, les intérêts sont en quelque façon distincts de ceux du reste du monde, on

---

1 *Passions*, II, CXLII ; A. T., XI, 435.
2 *Passions*, II, CXLVI ; A. T., XI, 439.
3 *Passions*, II, CXLV ; A. T., XI, 438. Ces articles du *Traité des passions* ont leur contre-partie dans un passage remarquable de la *Lettre*, du 15 septembre 1645, *à la princesse Élisabeth* : « Si on s'imagine qu'au delà des cieux il n'y a rien que des espaces imaginaires, et que tous ces cieux ne sont faits que pour le service de la terre, ni la terre que pour l'homme, cela fait qu'on est enclin à penser que cette terre est notre principale demeure, et cette vie notre meilleure ; et qu'au lieu de connaître les perfections qui sont véritablement en nous, on attribue aux autres créatures des imperfections qu'elles n'ont pas, pour s'élever au-dessus d'elles, et entrant en une présomption impertinente, on veut être du conseil de Dieu et prendre avec lui la charge de conduire le monde, ce qui cause une infinité de vaines inquiétudes et fâcheries. » (A. T., IV, 292.)

doit toutefois penser qu'on ne saurait subsister seul, et qu'on est, en effet, l'une des parties de l'univers, et plus particulièrement encore l'une des parties de cette terre, l'une des parties de cet État, de cette société, de cette famille, à laquelle on est joint par sa demeure, par son serment, par sa naissance. Et il faut toujours préférer les intérêts du tout, dont on est partie, à ceux de sa personne en particulier. » Pas plus d'ailleurs que la suprématie de la raison n'entraîne la condamnation et l'exclusion des passions, cette subordination de l'individu au tout n'implique nécessairement le sacrifice du *moi* : la règle est la vérité. Dès lors dans l'objectivité du bien qui rattache l'homme à la communauté, dans l'estimation de ce qu'il appelle *la juste valeur* [1], Descartes trouvera le fondement d'un exact équilibre entre l'intérêt du tout et l'intérêt de la partie. « *Et il faut toujours préférer les intérêts du tout, dont on est partie, à ceux de sa personne en particulier*, toutefois avec mesure et discrétion, car on aurait tort de s'exposer à un grand mal pour procurer seulement un petit bien à ses parents ou à son pays ; et si un homme vaut plus, lui seul, que tout le reste de la ville, il n'aurait pas raison de se vouloir perdre pour la sauver [2]. »

85. A mesure que le *Cogito* se remplit de *Cogitatio*, la fonction autonome du jugement conquiert le double domaine du monde physique et du monde moral. L'âme, au lieu d'être occupée de son commerce avec le corps, absorbée dans la manœuvre du *microcosme*, devient le foyer de l'amour universel. Il y a un fond de volonté, c'est-à-dire de jugement, dans l'amour, tel que Descartes le définit : *consentement par lequel on se considère dès à présent comme joint avec ce qu'on aime : en sorte qu'on imagine un tout, duquel on pense être seulement une partie, et que la chose aimée en est une autre* [3]. L'amour s'ennoblira donc du fait que s'ennoblit l'objet auquel nous sommes joints.

Si vaste qu'il soit, et Descartes le considère comme « indéfini », l'univers n'épuise pas la capacité de juger, qui elle, est proprement infinie. Tout ce que l'entendement peut effectivement comprendre demeure limité, tandis que l'acte par lequel l'homme affirme ou nie,

---

1 *Passions*, II, CXXXVIII ; A. T., XI, 431.
2 *Lettre citée*, du 15 septembre 1645, A. T., IV, 293.
3 *Passions*, II, LXXX ; A. T., XI, 387.

est en soi un *absolu*, opérant dans le domaine de la connaissance ce même passage de rien à quelque chose, qui dans l'ordre de l'être est la marque de la toute puissance et de la perfection divine. Aussi le jugement procède-t-il de la volonté qui s'oppose à l'entendement, comme l'action à la passion : *Intellectus proprie mentis passio est, et volitio ejus actio* [1]. Par là, Descartes, s'oriente vers le primat moral de la volonté. Non seulement elle est ce qui établit l'égalité entre les hommes [2], mais elle est aussi ce qui les met le plus près de la divinité. « Le libre arbitre... nous rend, en quelque façon, semblables à Dieu, en nous faisant maîtres de nous mesmes, pourvu que nous ne perdions point par lâcheté les droits qu'il nous donne [3]. »

Il y a donc chez Descartes une ascèse pratique du vouloir parallèle à l'ascèse spéculative du doute : se donner des objets, c'est se sentir supérieur à eux, c'est se rendre capable de surmonter leur rapport à l'individualité sensible. Et Descartes écrivait à la princesse Élisabeth : « Nous pouvons empêcher... que tous les maux qui viennent d'ailleurs, tant grands qu'ils puissent être, n'entrent plus avant en notre âme que la tristesse qu'y excitent les comédiens quand ils représentent devant nous quelques actions fort funestes ; mais j'avoue qu'il faut être fort philosophe pour arriver jusqu'à ce point [4]. »

Le progrès de l'entraînement vers la condition du philosophe véritable suppose un moment d'exercice formel, celui « où il nous est permis de nous refuser à poursuivre un bien clairement connu, à admettre une vérité manifeste, pourvu seulement que par là nous pensions attester la liberté de notre arbitre » [5]. Mais cette affectation d'indifférence n'est qu'un exercice destiné à nous assurer le maniement des armes propres à la volonté. Et, dit Descartes, « ce que je nomme ses propres armes, sont des jugements fermes et déterminés touchant la connaissance du bien et du mal, suivant

---

1 *Lettre à Régius*, mai 1641, A. T., III, 372.
2 Cf. la lettre dédicatoire des *Principes* à la princesse Élisabeth : « De deux choses qui sont requises à la sagesse ainsi décrite, à savoir que l'entendement connaisse tout ce qui est bien et que la volonté soit toujours disposée à le suivre, il n'y a que celle qui consiste en la volonté que tous les hommes peuvent également avoir, d'autant que l'entendement de quelques-uns n'est pas si bon que celui des autres. » (A. T., IX (2), 22.)
3 *Passions*, III, CLIII ; A. T., XI, 445.
4 *Lettre*, de janvier 1646, A. T., IV, 355.
5 *Lettre au Père Mesland*, 9 février 1645, A. T., IV, 173.

lesquels on a résolu de conduire les actions de sa vie » [1].

86. L'autonomie du jugement n'aboutit donc point, en dernière analyse, à l'exaltation du *moi* pour le *moi*, pas plus qu'au repliement du sujet sur soi. Elle implique au contraire un rythme d'expansion vers la science de la nature, vers l'amour de l'humanité, dont l'élan finit par porter l'esprit par delà le plan de l'union avec le corps, par delà même le plan de l'intellectualité, jusqu'à ce qu'on pourrait appeler déjà une *troisième vie*, où l'âme trouve dans la conscience de son infinie liberté le principe de sa béatitude, et s'unit au Dieu libre qui l'a faite libre. La générosité, « clé de toutes les autres vertus... [2] faisant qu'on estime fort peu tous les biens qui peuvent être ôtés et qu'au « contraire on estime beaucoup la liberté et l'empire absolu sur soi-même », nous détache de « tous les soins vains et inutiles qui travaillent les ambitieux... A mesure que nous considérons plus souvent ce que c'est que le libre arbitre et combien sont grands les avantages qui viennent de ce qu'on a une ferme résolution d'en bien user » (*ibid.*), nous comprenons aussi que « tout notre contentement ne consiste qu'au témoignage intérieur que nous avons d'avoir quelque perfection » [3].

Mais aussi bien, et « pour ce que le vrai objet de l'amour est la perfection », la satisfaction de soi-même n'a sa *juste valeur* que si la causalité de soi dans l'âme se fonde sur la causalité essentielle de soi, qui est Dieu : « Tout de même, quand un particulier se joint de volonté à son prince ou à son pays, si son amour est parfaite, il ne se doit estimer que comme une fort petite partie du tout qu'il compose avec eux, et ainsi ne craindre pas plus d'aller à une mort assurée pour leur service, qu'on craint de tirer un peu de sang de son bras pour faire que le reste du corps se porte mieux. Et on voit tous les jours des exemples de cette amour, même en des personnes de basse condition, qui donnent leur vie de bon cœur pour le bien de leur pays, ou pour la défense d'un grand qu'ils affectionnent. Ensuite de quoi il est évident que notre amour envers Dieu doit être sans comparaison la plus grande et la plus parfaite

---

1 *Passions*, I, XLVIII ; A. T., XI, 367.
2 *Passions*, III, CLXI ; A. T., XI, 454.
3 Lettre du 1er septembre 1645, A. T., IV, 284.

de toutes [1]. »

Et comme la raison chez Descartes est toute spiritualité, il ne fait « aucun doute que nous ne puissions aimer véritablement Dieu par la seule force de notre nature », et d'une amour qui, en son principe, est « purement intellectuelle ou raisonnable », qui assure l'adhésion totale de l'être humain à l'être divin : « Se joignant entièrement à lui de volonté, il l'aime si parfaitement qu'il ne désire plus rien au monde, sinon que la volonté de Dieu soit faite. Ce qui est cause qu'il ne craint plus ni la mort, ni les douleurs, ni les disgrâces, pour ce qu'il sait que rien ne lui peut arriver que ce que Dieu aura décrété ; et il aime tellement ce divin décret, il l'estime si juste et si nécessaire, il sait qu'il en doit si entièrement dépendre que, même lorsqu'il en attend la mort ou quelque autre mal, si par impossible il pouvait le changer, il n'en aurait pas la volonté. »

Seulement, Descartes ne serait pas Descartes s'il n'ajoutait immédiatement : « Mais, s'il ne refuse point les maux ou les afflictions, pour ce qu'elles lui viennent de la providence divine, il refuse encore moins tous les biens ou plaisirs licites dont il peut jouir en cette vie, pour ce qu'ils en viennent aussi ; et, les recevant avec joie, sans avoir aucune crainte des maux, son amour le rend parfaitement heureux. » (*Ibid.*, p. 609.)

CHAPITRE VII
SPINOZA

Section I
LES PROBLÈMES NOUVEAUX DE LA VIE RELIGIEUSE

87. En suivant la pensée cartésienne à travers les différents plans qu'elle a parcourus, nous avons, en un sens, isolé Descartes de son époque ; par là même nous nous sommes écartés de la perspective historique qui est propre à la première moitié du XVIIe siècle. Il s'en faut que le crédit de Descartes y ait été prédominant. Non seulement il devait se heurter aux traditions de l'enseignement philosophique et de la théologie ; mais surtout celui qui se présentait à ses contemporains comme le *méthodique* par excellence, leur avait

---

[1] *Lettre à Chanut*, pour la reine Christine, *du 1er février 1647*, A. T., IV, 612.

proposé de sa méthode des applications si paradoxales qu'ils étaient tentés d'y voir les produits d'une imagination singulière, bien plutôt que les conséquences véritables de procédés rationnels. Fermat, Roberval, Gassendi, sont déconcertés par le parti pris d'abstraction qui ramène l'intuition de l'espace à l'idéalité de l'analyse, qui réduit la matière, c'est-à-dire la réalité de l'espace physique, à la simple notion de l'espace mathématique. En s'obstinant à soutenir la prétendue impossibilité du vide, Descartes ne manifeste-t-il pas la même rigidité de dogmatisme *a priori* que les péripatéticiens les plus attardés ? Il a fallu attendre les commentaires mathématiques de Florimond de Beaune, la mécanique de Huygens et la physique de Rohault, les systèmes enfin de Geulincx, de Malebranche et de Spinoza, pour voir les courants secondaires de la pensée moderne s'amortir, et se perdre dans le flot puissant du cartésianisme.

Alors, c'est-à-dire au moment où commence le dernier quart du XVIIe siècle, on peut parler d'un cartésianisme constitué, à partir duquel vont se poser, en termes nouveaux, les questions fondamentales de la vie spirituelle. Jusque-là tout demeure ambigu. Et ainsi s'expliquerait, nous semble-t-il, l'embarras des historiens pour définir l'attitude réciproque de la philosophie cartésienne et de la théologie catholique. D'une part, les encouragements du cardinal de Bérulle [1], l'accueil favorable d'Antoine Arnauld, attestent que l'avènement de la métaphysique cartésienne pouvait paraître de nature à consolider les bases chancelantes du rationalisme chrétien, à développer l'influence augustinienne qui tend à reprendre l'avantage sur la doctrine proprement thomiste. D'autre part, la ruine du dogmatisme scolastique remet en question l'infrastructure philosophique de la théologie ; or, au lendemain des controverses aiguës que la Réforme avait soulevées, des solutions dogmatiques qui avaient été décrétées par le Concile de Trente, il semble souverainement imprudent et souverainement inquiétant d'ébranler cette « théorie de la forme substantielle et des accidents réels et séparables, qui rend concevable la transsubstantiation sous la persistance des mêmes espèces sensibles dans l'Eucharistie » [2].

Dans quelle mesure Descartes a-t-il été préoccupé pour son

---
1 Voir Espinas, Descartes et la morale, t. I, 1925, pp. 217 et suiv. ; et Gilson, La doctrine cartésienne de la liberté et la théologie, p. 173.

2 E. Boutroux, Aristote, apud *Études d'histoire de la philosophie*, 4e édit, 1913, p. 199.

propre compte de difficultés semblables ? N'a-t-il cherché à les résoudre que pour écarter les obstacles qui s'opposaient à la diffusion de ses doctrines ? Il serait téméraire de le décider. L'élan qui anime sa pensée le porte assurément au delà des formules qui divisent les théologiens, dans un plan d'intuition où les révélations de l'histoire s'effacent devant la lumière naturelle de la raison, où l'universalité de la méthode est la base de la catholicité vraie. Pourtant rien ne nous donne le droit de mettre en doute, quel qu'en soit par ailleurs le motif profond, la sincérité de l'attitude adoptée par Descartes lorsqu'il délimite, avec le même soin que l'École, les domaines séparés de la raison et de la foi [1], ou lorsque, répondant aux invites d'un ministre protestant par un mot que Montaigne n'eût pas désavoué, il déclare qu'il reste *fidèle à la religion de sa nourrice* [2].

En dehors donc de la personnalité de Descartes, va se développer dans l'histoire le problème soulevé par l'avènement de l'esprit cartésien, et qui trouve se définition dans les premières lignes des *Principes de la philosophie* : « Comme nous avons été enfants avant que d'être hommes, et que nous avons jugé tantôt bien et tantôt mal des choses qui se sont présentées à nos sens lorsque nous n'avions pas l'usage entier de notre raison, plusieurs jugements ainsi précipités nous empêchent de parvenir à la connaissance de la vérité. » Le passage de l'imagination puérile à l'intelligence proprement humaine s'accomplit dans l'histoire avec le XVIIe siècle. La vérité intrinsèque des relations mathématiques dissipe définitivement le mirage d'un univers hiérarchisé suivant un ordre de finalité transcendante. A l'époque de la Renaissance Copernic pouvait encore passer pour un érudit anachronique qui avait eu l'idée singulière de remettre en vogue le paradoxe héliocentrique des Pythagoriciens. Avec Galilée, il est avéré que l'espace, *là-haut* comme *ici-bas*, est peuplé d'une même matière, obéissant à une même nécessité de raison.

88. L'aspect nouveau d'un ciel, désormais dépouillé du reflet divin qu'après Aristote, et d'après Aristote, le Moyen Age y avait projeté, provoque chez Pascal une réaction douloureuse : « Le silence

---

1 Cf. GOUHIER, La pensée religieuse de Descartes, 1924, p. 218.
2 Ch. ADAM, Vie et œuvres de Descartes, 1910, p. 345 ; et COHEN, Écrivains français en Hollande, dans la première moitié du XVIIe siècle, 1920, p. 475.

éternel de ces espaces infinis m'effraie [1]. » Et, sans doute, à travers les fragments de l'*Apologie*, on voit le chrétien faire effort pour se détourner d'un Descartes qui est, aux yeux même du savant, « inutile et incertain ». Comment « toute la philosophie », c'est-à-dire l'élaboration d'un système cosmique, vaudrait-elle « une heure de peine » [2], alors que chacun de nous doit résoudre, pour son propre compte, le problème du salut éternel ou de la damnation ? « Je trouve bon qu'on n'approfondisse pas l'opinion de Copernic : mais ceci !... Il importe à toute la vie de savoir si l'âme est mortelle ou immortelle [3]. »

Et le tableau de l'univers crevant les voûtes dans lesquelles Ptolémée l'avait enfermé, s'agrandissant indéfiniment sous la « lunette d'approche », lui sera une occasion de souligner l'infirmité pitoyable de la créature et de rabaisser sa présomption. Il n'en demeure pas moins que l'œuvre de Pascal doit une part de sa puissance d'émotion au contraste des deux rythmes : un rythme d'exaltation et d'épanouissement selon lequel l'homme prend conscience de sa grandeur dans la dignité d'une intelligence capable de comprendre un univers qui le comprend et qui l'écrase ; un rythme de resserrement et d'angoisse où l'homme, dans le sentiment de sa faiblesse organique et de la mort inévitable, jette les yeux sur le peuple juif, dont les livres sacrés, soudés à l'Évangile qui les commente et les contredit tout à la fois, révèlent le mystère du salut.

L'époque facile n'est plus où science et théologie pouvaient toutes deux avoir raison à la fois, le *géocentrisme* de l'une pouvant servir d'introduction naturelle au *théocentrisme* de l'autre. N'est-ce pas sur la terre, en effet, que s'est joué le drame de l'Incarnation ? le Dieu d'Israël a envoyé son fils unique, non pas seulement dans « ce canton détourné de la nature », dans « ce petit cachot » qu'est l'univers, mais dans un de ses recoins assurément les plus obscurs, dans le misérable royaume du tétrarque Hérode. Et n'est-ce pas dans un ciel défini par l'apparence qu'il offre à des yeux humains, que s'établit la hiérarchie des sphères à laquelle correspond la hiérarchie des créatures animales ou angéliques ? Or, avec Copernic, avec Galilée, avec Descartes, l'humanité a su constituer un système

---

1 Première copie du manuscrit (B), f° 101, fr. 206 des éditions HACHETTE.
2 A., 152, fr. 79.
3 A., 27, fr. 218.

cosmique qui a pour centre, non un lieu privilégié où Dieu aime à fixer son regard paternel, mais une intelligence capable de renverser l'ordre des données sensibles pour rapporter des mouvements apparents à une base réelle de référence, pour embrasser l'infinité des mondes dans la nécessité de leurs rapports éternels. A mesure que se relève la dignité de l'homme, en tant qu'être pensant, diminue aussi l'importance qu'il s'attribuait, en tant qu'espèce particulière, par rapport à l'ensemble de la création et comme fin d'une volonté toute puissante.

Malgré lui, Pascal est emporté par ce sentiment qui transforme l'homme au XVIIe siècle, d'une opposition aiguë entre l'autonomie du sujet spirituel et l'imagination médiévale d'une hiérarchie imposée du dehors à une certaine espèce d'être. N'est-ce pas, au fond, ce sentiment qui a fait du procès de quelques Casuistes un événement décisif pour le progrès de la conscience ? Le conceptualisme scolastique supposait un monde moral qui est un tissu de notions abstraites, rattachées à la formule de principes officiellement consignés. Dès lors, on pouvait, pour appliquer la généralité de la forme à la particularité de la matière, mettre à profit les subtilités et les artifices du droit romain. Simplement parce qu'il laisse tomber cette pseudologique de l'École, dont il avait percé à jour la vanité dans ses réponses au P. Noël, dont il dévoile au grand public l'immoralité radicale, l'auteur des *Provinciales* se trouve avoir restitué sa rectitude à la conscience, non pas seulement du chrétien, mais de l'homme simplement homme.

Et toujours en suivant Pascal on est entraîné plus loin encore : le rationalisme véritable de Descartes a mis fin au dynamisme équivoque et confus, qui parlait « des choses corporelles spirituellement et des spirituelles corporellement. » L'âme cesse d'être conçue par analogie avec le schème abstrait de la substance matérielle. Alors se pose à Pascal la question : « Qu'est-ce que le *moi* ? » Et il répond qu'il n'y a pas de réponse : « Celui qui aime quelqu'un à cause de sa beauté, l'aime-t-il ? Non : car la petite vérole, qui tuera la beauté sans tuer la personne, fera qu'il ne l'aimera plus. Et si on m'aime pour mon jugement, pour ma mémoire, m'aime-t-on, *moi* ? Non, car je puis perdre ces qualités sans me perdre moi-même. Où est donc ce moi, s'il n'est ni dans le corps, ni dans l'âme ? Et comment aimer le corps ou l'âme, sinon pour ces qualités, qui ne sont point ce qui fait le *moi*, puisqu'elles sont périssables ? » (B., 275, *fr.* 323.) Mais alors aussi on se demandera en vain sur quoi portera désormais, à quoi pourra s'accrocher, le dogme de l'immortalité individuelle, une fois mis à nu le caractère imaginaire du « suppôt » de l'ontologie péripatéticienne comme son incapacité à recevoir la moindre détermination d'ordre moral, *a fortiori* d'ordre religieux.

89. Tels sont les problèmes nouveaux que Pascal aperçoit, entre la métaphysique traditionnelle dont il enregistre l'effondrement, et le cartésianisme dont toutefois les conséquences lui répugnent : il y pressent trop bien la réponse au pessimisme des *Essais*, sur le terrain même de la nature et de la raison où Montaigne s'était placé.

De ces problèmes, Pascal n'apportera pas, pour son propre compte, une solution définie en formules didactiques, susceptible d'être démontrée par les voies ordinaires de l'intelligence. Mais la direction de sa pensée est d'une netteté tranchante. Nul n'a, comme Pascal, approfondi la conception que la première moitié du XVIIe siècle apportait avec soi, d'une humanité qui se développe comme un organisme, sans avoir pourtant à subir les vicissitudes et la décadence de l'organisme individuel ; la constitution de la science la met désormais en état de ne retenir que les propositions suggérées par l'expérience et vérifiées par elles, toutes marquées d'un coefficient positif, et destinées à former une somme sans cesse croissante.

Or, ce progrès, selon lequel la destinée de l'individu se relie à la destinée de l'espèce grâce à cette capacité de communauté intime, d'universalité véritable, qui est l'être même de la raison, c'est aux yeux de Pascal un *progrès profane*, c'est l'antithèse radicale de la vie chrétienne qu'il définira et qu'il éclairera par le renversement même de cette antithèse. Le savant confond l'ignorant par l'établissement des lois de la nature, et Dieu confond le savant par le miracle de la *surnature*. L'historien raconte le passé ; Dieu confond l'historien en racontant l'avenir [1]. Jonas et Daniel attestent Jésus-Christ, car ils transportent l'homme dans un ordre qui dépasse et qui contredit l'ordre de l'esprit comme l'ordre de l'esprit dépasse et contredit l'ordre de la chair ; au-dessus de la chair et de l'esprit, il y a la charité, qui a en Dieu son principe et en Dieu sa fin.

---

1 Cf. L'expérience religieuse de Pascal, apud *Le génie de Pascal*, 1924, p. 146.

Pour Pascal, l'aspiration à l'autonomie, chez un Épictète ou chez un Descartes, est la marque d'une « superbe » qui est « diabolique ». Par delà le néo-platonisme et l'aristotélisme, Port-Royal revient aux Pères du désert, qu'Arnauld d'Andilly traduit et raconte, afin de renouer la tradition de l'Église primitive. Et Pascal demeure son interprète fidèle, soit qu'il dénonce dans la théologie scolastique les libertés qu'elle a prises avec la parole de Dieu pour la ramener à la mesure des raisonnements humains, soit qu'il se défende contre l'orgueil mystique qui voudrait passer par-dessus la grâce du médiateur pour s'assurer dès maintenant les jouissances de la vie unitive. La certitude dont le feu a illuminé son âme ne se réfère pas au privilège d'une révélation intérieure ; ce qu'elle implique, au contraire, et ce qui la cause, c'est la « renonciation totale et douce » selon « les voies enseignées dans l'Évangile », c'est l'inquiétude et le tremblement dont la discipline du salut doit s'accompagner. Dieu fait peser « l'incertitude du jugement » sur la destinée du chrétien, consentant seulement à laisser entrevoir, dans l'*éclair* d'un miracle, le secret de l'élection qui répond d'une façon terrible aux persécutions que le juste doit souffrir dans l'Église et par l'Église.

Section II
LA THÉORIE SPINOZISTE DE LA CONSCIENCE

90. Le génie scientifique de Pascal, consacré par la double victoire qu'il remporte sur Descartes, en opposant la géométrie de l'infini à l'algèbre du fini, la physique positive du vide à la cosmologie dogmatique du plein, donnent dans l'opinion du XVIIe siècle un grand poids au réquisitoire des *Pensées* contre la raison humaine et la science profane. Rien, d'autre part, ne devait paraître fait pour justifier la défiance des Églises chrétiennes à l'égard du cartésianisme comme l'apparition de l'*Éthique*, tant les motifs de réprobation et de scandale semblent s'y être donné rendez-vous.

L'auteur est un juif excommunié de la Synagogue, connu pour avoir publié un ouvrage anonyme qui dans le pays le plus libéral de l'Europe a provoqué les condamnations officielles des Synodes et des États. Le *Tractatus theologico-politicus* part de cette évidence que les rapports entre la foi, qui naît de la révélation historique, et la philosophie qui fait fond sur l'intelligence elle-même, sont les rapports mêmes du temps et de l'éternité. Il éclaire la signification de l'Ancien Testament par la méthode stricte d'exégèse que l'érudition de la Renaissance avait appliquée aux textes de l'Antiquité profane. Il récuse l'authenticité mosaïque du Pentateuque ; il rejette les Prophètes hors du plan de la « certitude mathématique » où réside la vérité véritable, il réduit l'autorité de leurs imaginations à la « certitude morale », qui est liée à l'intention vertueuse de leurs commandements et à leur efficacité pour la modération pratique, par suite pour le salut, de la multitude. Il explique la croyance aux miracles par l'ignorance des lois de la nature ; en revanche, il fonde la spiritualité de l'Évangile sur l'accord de l'enseignement de Jésus avec ces lois, que l'homme connaît par la lumière intérieure de la raison. Et la publication posthume de l'*Éthique* met le comble aux impiétés du *Tractatus theologico-politicus*. Tandis que la Préface de Jarig Jelles [1] multiplie les citations des livres saints, qui doivent garantir l'innocence et la pureté du spinozisme, on trouve, dans les lettres qui suivent, la négation de tout dogmatisme surnaturel relativement à la résurrection du Christ ou même à l'Incarnation : « Quant à ce que certaines doctrines ajoutent que Dieu aurait assumé la nature de l'homme, j'ai indiqué d'une façon expresse que je ne sais pas ce qu'elles veulent dire ; et même pour parler au vrai, leur langage ne me paraît pas moins absurde que si l'on me disait que le cercle a revêtu la nature du carré [2]. » Enfin, le Recueil s'achève par la lettre âpre, brutale même, où Spinoza, répondant à un nouveau converti catholique, Albert Burgh, met dans un relief cru le matérialisme de la communion eucharistique : « Toutes les absurdités auxquelles tu crois, elles seraient encore tolérables si tu adorais le Dieu éternel et infini, non celui que Chastillon, à Tirlemont, donna impunément à manger à ses chevaux [3]. »

Or, Spinoza s'est fait la réputation d'un « habile cartésien », lorsqu'il a donné la traduction des deux premiers livres des *Principia philosophiæ* en langage géométrique, selon l'esquisse que Descartes lui-même avait tracée à la fin de sa réponse aux IIes *Objections*. Et c'est ce même procédé que l'*Éthique* applique à l'ensemble des problèmes métaphysiques et religieux, psychologiques et moraux.

---

1 Gebhardt, *Œuvres de Spinoza*, édit. de l'Académie de Heidelberg, t. II, p. 314.
2 *Ep. XXI* (aujourd'hui LXXIII), p. 450, de l'édition *princeps*.
3 *Lettre LXXIV* (aujourd'hui LXXVI), p. 612.

91. Tout, dans l'œuvre de Spinoza, marque l'influence dominante de Descartes. La première des définitions initiales est celle de la cause de soi : et il suffisait de se reporter à la discussion avec Arnauld pour se convaincre que là était le point délicat et décisif où Descartes avait rompu avec la tradition scolastique afin de ramener la relation extérieure et transcendante de la causalité efficiente à la forme intelligible du rapport entre l'essence et l'existence [1]. Cette transformation de la causalité devait transformer à son tour la notion de la substance dans un sens d'immanence et de spiritualité. La substance est, dans l'*Éthique*, l'origine radicale de l'être, et non plus l'image de son substrat ; à plus forte raison Spinoza ne laisse-t-il aucune place pour une pluralité de substrats dont la représentation implique nécessairement la supposition du réalisme spatial.

Ce n'est pas tout : après que la substance unique se confère l'être à soi-même en vertu de l'argument ontologique, la notion d'essence reparaît, non plus cette fois pour la dérivation de l'être, mais pour l'expression intellectuelle de ce qui le constitue ; et la façon dont Spinoza en use ne peut se comprendre, même littéralement, qu'à la lumière de la double révolution que l'avènement du rationalisme cartésien a opérée dans la science. La *facies totius universi*, qui, à travers la variété des modes infinis, demeure cependant toujours la même [2], est une énigme indéchiffrable pour qui ne se réfère pas à l'équation du mouvement, que Les principes de la philosophie appuyaient aux perfections infinies de Dieu. Et l'attribut dont procède cette constance de l'aspect total à travers la diversité infinie des apparences, cette étendue, qui est non seulement éternelle et infinie, mais indivisible, n'aurait assurément aucun sens, si elle ne traduisait dans le langage métaphysique, comme l'étendue intelligible de Malebranche, le succès de cette résolution de la géométrie en algèbre, où, d'après les commentaires de Florimond de Beaune, le XVIIe siècle avait appris à chercher le secret de la mathématique universelle [3]. L'objet de la spéculation géométrique se détache alors de l'intuition spatiale pour ne plus consister que dans un système de relations entièrement pénétrables du dedans à l'activité de l'in-

---
1 Cf. *Spinoza et ses contemporains*, 1923, p. 290 ; éd. de 1951, p. 184.
2 *Lettre LXIV* (*olim* LXVI), à Schuller, du 29 juillet 1675.
3 Cf. *Les étapes de la philosophie mathématique*, § 80, p. 126 ; éd. de 1947, même page.

telligence. Ce que signifie la notion spinoziste de l'attribut *étendue*, c'est que l'intellectualité pure de l'étendue se conçoit par la spiritualité pure de la pensée, qu'elle implique par conséquent un attribut qui lui sera parallèle et qui exprimera dans son genre l'infinité de la substance cause de soi. De cet attribut procède à son tour la puissance infinie de penser, donnée dans la nature selon l'ordre de la pensée au même titre et sur le même plan que la *facies totius universi* selon l'ordre de l'étendue [1].

Par là donc qu'il suffit au géomètre de considérer l'équation d'une courbe pour en développer les propriétés sans référence ultérieure aux données spatiales, la pensée, dans son ensemble, se révèlera, par rapport à l'étendue, capable d'une vérité interne qui se rend témoignage à elle-même. L'adéquation de l'idée, qui lui assure la conformité de son objet, cesse donc de supposer cette conformité même, à titre de condition préalable, de cause extérieure, ainsi que l'avait imaginé le réalisme de la perception sensible ; elle se fonde du dedans et par soi, comme le démontre l'idéalisme de la science exacte. Il est manifeste, dès lors, que Spinoza se trouve amené par Descartes lui-même à la solution du problème auquel le cartésianisme s'était heurté. Il était, en effet, inconcevable que Descartes, après avoir prouvé par le *Cogito* « la distinction des natures matérielle et spirituelle », eût ensuite « mêlé d'une façon réaliste l'étendue et la pensée, restaurant ainsi, sous le nom d'union de l'âme et du corps, une de ces entités, demi-matérielles, demi-spirituelles, qu'il avait justement dénoncées et poursuivies chez les Scolastiques » [2]. Or, grâce à la notion spinoziste de l'adéquation, l'âme développe en soi et par soi tout ce que comporte la continuité de durée qui fait son existence sans avoir besoin de se référer à quelque chose d'extérieur, et elle se garantit cependant, à tout instant, la réalité de son objet. Le corps est l'*idéat* de l'âme dont l'autonomie radicale a sa source dans l'existence de l'attribut pensée ; l'âme est l'idée du corps qui lui-même a la racine de son être dans l'attribut étendue.

92. Tels sont les cadres métaphysiques à l'intérieur desquels va se

---

1 *Lettre XXIII* (*olim* XV), à Oldenburg, du 20 novembre 1665 : « Je professe donc qu'il y a dans la Nature une puissance infinie de penser qui en tant qu'infinie, contient objectivement en soi la Nature tout entière, et dont les pensées ont la même manière de procéder que la Nature, qui en est l'idéat. »
2 HAMELIN, *Le système de Descartes*, 2ᵉ édit., 1921, p. 288.

constituer la théorie spinoziste de la conscience. Elle a pour point d'appui la définition de l'âme comme idée du corps. Cette définition suffit pour trancher d'un coup trois questions qui sont isolées ordinairement les unes des autres, et traitées successivement : *l'existence de l'âme, sa fonction propre, son rapport au corps*.

Mais ce qui est vrai de l'âme, *idée du corps*, s'applique également à la conscience, *idée de cette idée* ; en même temps que nous sentons que nous avons un corps, nous avons l'expérience de ce sentiment, l'« idée de cette idée » [1] ; et cela permet de comprendre à la fois l'existence de la conscience et sa fonction et son rapport à l'âme. L'âme est l'objet de la conscience, comme le corps est l'objet de l'âme. D'où il ne résulte pourtant pas que l'expression consciente soit, à l'égard de l'expression psychique, exactement ce qu'est celle-ci à l'égard de l'expression corporelle. La différence radicale entre le corps et l'âme, qui fait de l'un et de l'autre deux modes appartenant à deux ordres différents d'attributs, tient à ce que le corps est objet pur, un *idéat*, tandis que l'âme est idée. En revanche, le propre de l'idée, par quoi se définit le sujet en tant que tel, c'est la capacité de réfléchir sur soi. *Ame* et *conscience* ne constituent pas seulement une même existence ; ils relèvent et ils procèdent d'une même essence, qui est la pensée. Il ne sera donc pas besoin de faire appel à d'autres attributs que l'étendue et la pensée, pour étudier les propriétés de la nature humaine, sous le triple aspect du corps, de l'âme et de la conscience.

93. Quel sera le point de départ de cette étude ? La thèse *que l'âme est plus aisée à connaître* ne concerne, chez Descartes lui-même, que l'ordre des jugements d'existence : l'affirmation de l'objet corporel est relative à l'affirmation du sujet pensant, qui elle-même est fournie par la réflexion de conscience. Mais il en est autrement pour la doctrine de la science, c'est-à-dire pour l'explication intellectuelle de la réalité. La méthode cartésienne demande que l'on parte de la mathématique universelle, que la pensée commence à s'exercer sur les phénomènes de la mécanique et de la physique, qui en offriront l'application la plus simple et la plus aisée. En ce sens, dans le cartésianisme comme dans le péripatétisme, la cosmologie ouvre la voie à une psychologie, qui est tout d'abord une psycho-phy-

---

1 *Eth.*, II, XXI.

siologie. Mais la doctrine psycho-physiologique ne consiste plus à considérer le corps comme un système défini pour soi et dont les phénomènes dériveraient d'une puissance dissimulée à l'intérieur de l'organisme individuel. Les mouvements du corps sont les effets d'une solidarité entre toutes les parties de la matière, qui fait rentrer l'ensemble des changements universels dans l'unité d'une équation immuable. Ce qui se produit dans le corps d'un individu et qui est perçu dans l'âme à titre de représentation immédiate, s'expliquera ainsi pour une science qui étend à travers l'infinité de l'espace la loi de la causalité rationnelle, qui comprend « l'ordre commun de la Nature », non pour une conscience séparée de la science et limitée à l'appréhension passive de faits immédiatement donnés.

Les idées qui remplissent une telle conscience seront donc mutilées et confuses ; mais, inconsciente de ses bornes, ignorant sa propre ignorance, l'âme, inévitablement, érigera ces idées en réalités absolues ; ce qui rend à son tour inévitable, autant qu'elle est illusoire, la croyance vulgaire au libre-arbitre. « Tous les hommes naissent sans connaître la causalité des choses, et tous, ayant l'appétit de chercher ce qui leur est utile, ils ont conscience de cet appétit [1]. » Voilà pourquoi « un petit enfant se croit libre quand il a envie de son lait, ou un jeune garçon en colère quand il veut se venger, ou un poltron quand il veut fuir. Un homme ivre croit également qu'il dit, par un libre décret de l'âme, ce qu'une fois sorti de l'ivresse il voudrait n'avoir pas dit » [2]. Sur la base de cette inconscience fondamentale qui régit l'âme dans le plan de la sensibilité immédiate, Spinoza construit une théorie des passions qui a la rigueur de la cosmologie cartésienne. Il est nécessaire, en effet, que, détachés de leurs conditions explicatives, les événements de la vie individuelle apparaissent associés, selon les hasards de leur synchronisme ou de leur succession, à la représentation conceptuelle de la classe, de la nation, du culte, où l'on fait rentrer les personnes. D'autre part, la croyance au libre-arbitre complique cette représentation par cela qu'elle suppose des centres de force indépendante et de finalité : l'image dont s'accompagne l'émotion se trouvera, par le jeu tout subjectif des mouvements organiques, spontanément érigée en cause de cette émotion ; elle devient objet d'amour ou de haine. A

---

1 *Eth.*, I, XXXVI.
2 *Eth.*, III, 2, *Sch.*

l'oscillation et à la dépression que présente le cours de notre propre vie individuelle, vont se joindre les vicissitudes des individualités innombrables qui entourent la nôtre, pour multiplier les *fluctuations* de l'amour et de la haine. Et ce phénomène de multiplication se répercute en quelque sorte à l'infini, du fait que la conscience se replie sur un moi qui s'attribue l'absolu de la causalité libre, et qui s'imagine à l'origine des sentiments d'autrui [1].

Ainsi la complexité des causes qui s'entre-croisent pour une modification incessante des actions ou réactions entre agrégats de mouvements et d'idées introduit au sein du déterminisme spinoziste une variété d'aspects qui, non seulement confère à l'essence de chaque individu, à ses émotions et à ses passions, une structure originale et incomparable par rapport à toute autre [2], mais explique encore comment il arrive que les « efforts, impulsions, appétits, volitions, d'un même homme varient suivant sa disposition variable : il n'est pas rare que tous les mouvements se contrarient si bien les uns les autres que l'homme est tiré en sens divers et ne sait plus où se tourner » [3].

94. Dans l'*Éthique*, comme dans la métaphysique stoïcienne, la rigueur du nominalisme assure la rigueur de la nécessité universelle ; il faut même ajouter qu'avec la substitution de la mathématique à la finalité disparaissent les éléments de destin ou de providence auxquels la tradition attribue une valeur de spiritualité ou de moralité. Le mécanisme s'achève donc, selon la logique de sa déduction, avec la théorie spinoziste de la conscience : « L'idée, doublure de la chose, se redouble elle-même indéfiniment en une idée de l'idée, et voilà la conscience [4]. » Et Hamelin ajoute : « Telle ne saurait être la conception que doit s'en faire l'idéalisme ». Mais telle n'est pas non plus, croyons-nous, celle que doit s'en faire l'interprète de Spinoza. Et peu importent sans doute les dénominations d'*idéalisme* et de *réalisme*, qui ont été prises dans trop de sens différents pour ne pas devenir machines de guerre et occasions d'équivoque. La question fondamentale est de savoir si la conscience dans l'*Éthique* est une

1 *Eth.*, III, XXX.
2 *Eth.*, III, LVII, *Sch.*
3 Eth., III, Déf. des affections, I. Expl.
4 HAMELIN, Essai sur les éléments principaux de la représentation, 2ᵉ édit., 1925, p. 364.

« chose », posée une fois pour toutes par une définition, ou si elle laisse place pour un progrès dialectique où se transforment corrélativement et le corps et l'idée du corps et l'idée de cette idée du corps.

Or, que la réalité de ce progrès soit impliquée par la vérité même du mécanisme, c'est un point sur lequel l'ordonnance de l'ouvrage, considéré dans son ensemble, ne permet aucune incertitude. L'intelligence des relations causales qui relient le corps de l'individu à la nature universelle, suffit pour que l'âme de cet individu soit capable de se rendre intérieure à soi-même la puissance de penser qui est donnée dans la nature, et donnée comme infinie. Autrement dit, la déduction des propriétés, des illusions mêmes, qui sont selon Spinoza, inhérentes à la connaissance du premier genre, atteste une connaissance qui, elle, est adéquate. La théorie de la conscience comme doublure de la chose, se réfère donc à une théorie qui la dépasse et qui la contredit, théorie de la conscience, progrès de l'autonomie spirituelle — *automa spirituale* — où l'idée de l'idée du corps humain est la conscience d'une « essence particulière affirmative », enveloppant dans l'intériorité de sa spontanéité radicale, sinon l'infinité, du moins l'éternité de l'essence divine. Et c'est par là que se manifeste l'originalité décisive de Spinoza : ayant éliminé dans l'interprétation du *Cogito* toute survivance de réalisme substantialiste, il établit *une transparence parfaite de l'âme à l'idée*, qui va lui permettre de constituer une nouvelle définition et de la réalité psychique et de la conscience, fondée sur l'adéquation de l'idée, sur le développement de vérité qui lui est immanent.

Ce développement est décrit avec précision dans le *Traité sur la réforme de l'entendement*, qui est aussi, peut-on dire, un traité sur la Réforme de la méthode cartésienne. A partir de l'idée simple, qui témoigne de son adéquation par sa simplicité même, il est possible d'embrasser l'infinité de la nature totale dans un réseau de synthèses créatrices qui ont leur modèle dans la géométrie propre à Descartes, mais dont Spinoza, invoquant contre Descartes la fécondité radicale de l'attribut étendue, assure qu'elles sont capables de prendre possession de la réalité universelle en vertu de leur seule intelligibilité intrinsèque. De là cette conséquence que la méthode n'est plus quelque chose qui se détermine antérieurement au savoir et puisse s'en détacher. Dans le *Traité sur la réforme de l'entendement*, science et méthode croissent parallèlement l'une à l'autre ; la méthode éprouve la solidité du savoir, comme le savoir éprouve la fécondité de la méthode, et le progrès naît de leurs réactions réciproques, de la façon dont tour à tour l'enclume meilleure a servi pour perfectionner le marteau, le marteau meilleur pour perfectionner l'enclume. On ne peut pas savoir, sans prendre conscience que l'on sait ; et les sceptiques, qui se refusent à reconnaître le sentiment qu'ils ont de leur propre intelligence, sont condamnés à se taire. La certitude objective de soi accompagne nécessairement le savoir, dans son déploiement interne de vérité ; c'est cela qui constitue la méthode : « D'où résulte qu'elle n'est rien d'autre, dit Spinoza, qu'une connaissance réflexive, ou encore une idée de l'idée [1]. »

La définition de la méthode scientifique est littéralement identique à la définition de la conscience adéquate dans l'*Éthique* ; et de là le problème spinoziste de la conscience reçoit une solution définitive. La conscience inadéquate réduisait l'*Ego* du *Cogito* à l'abstraction du sujet individuel ; la conscience adéquate a pour contenu, au contraire, la pensée infinie dont l'univers infini est l'objet, et qui a sa source dans l'unité de la substance divine. L'ignorant qui voit tout de son propre point de vue, « vit sans presque savoir ce qu'il est lui-même, ce qu'est Dieu, ce que sont les choses », tandis que « le sage... a par une éternelle nécessité la conscience de lui-même, de Dieu et des choses » [2].

95. Telle est donc la signification que le dernier *Scholie* de l'*Éthique* confère à l'ensemble de l'œuvre : c'est une conquête de la conscience par l'intelligence qui, en chacun de nous, grâce à l'immanence rationnelle de Dieu, est donnée avec une puissance illimitée. d'expansion. Non seulement aucune acception de personne, suspendue au dessein préalable d'une Providence, ne vient du dehors imposer à tel ou tel individu le terme de son effort et le dénouement de sa destinée ; mais encore, dans un spiritualisme exclusif effectivement (*et le cas est peut-être unique dans l'histoire de la philosophie*) de toute représentation de facultés, il n'y a point de barrière à franchir entre l'idée, qui est τό *ipsum intelligere*, et le ju-

---

[1] Cf. *Spinoza et ses contemporains*, pp. 35 et suiv. ; éd. de 1951, pp. 22 et suiv.
[2] *Eth.*, V, XLII, *Sch.*

gement que l'on supposerait relever d'une entité abstraite, comme la volonté en général. L'idée, avec son dynamisme interne où l'acte de l'intelligence est indivisiblement *jugement* et *vouloir*, apparaît comme l'être tout entier ; de telle sorte que, tout ce que l'homme comprend, l'homme le devient véritablement.

L'ontologie traditionnelle qui pose le pluralisme des substances, faisait de l'essence le principe qui retient un être à l'intérieur de sa notion, générique, spécifique ou individuelle. Chez Spinoza, l'essence est la puissance d'affirmation de soi, qui est constitutive de tout ce qui est, par quoi il tend à persévérer dans l'être et à l'accroître. L'essence d'un individu s'étendra donc jusqu'où s'étend le système de mouvements ou d'idées par quoi il se définit, et qui n'est jamais déterminé *a priori* pour un mode fini, abstraction faite de sa relation à la nature universelle ; car il n'y a pas de matière, étendue ou psychique, dont la constance serve de base à l'individu ; l'individualité, résidant uniquement dans des rapports de proportion, dans le jeu de combinaisons auquel ils donnent lieu, comporte des degrés innombrables jusqu'à cette totalité des choses, jusqu'à cet univers concret qui est lui-même un individu [1].

L'*Éthique* ne nous suppose pas limités à nous-mêmes, comme un empire dans un empire. Notre âme, du moment qu'elle consiste uniquement en idées, pourra être faite avec l'idée d'une affection d'autrui aussi bien qu'avec l'idée de notre propre affection. « Ainsi, écrit Spinoza dans une lettre à Pierre Balling, un père aime tellement son fils que lui et ce fils chéri sont comme un seul et même être. Et puisque... il doit y avoir nécessairement dans la pensée, une idée des affections de l'essence du fils et de leurs conséquences, d'autre part que le père, en raison de son union avec son fils, est une partie du fils dont il se souvient, l'âme du père doit nécessairement participer de l'essence idéale du fils et de ses affections et de leurs conséquences [2]. » Il est donc vrai de dire avec Descartes qu'aimer c'est vouloir s'unir à l'objet aimé ; seulement ce n'est là qu'une propriété qui découle de l'essence de l'amour, ce n'est pas l'essence même [3]. Dans l'amour Spinoza discernera un élément fondamental de désir et de joie, accompagné de l'idée d'une cause ; et autour de

---

1 *Eth* II ; *Lemme* 7, après la *Prop*. XII.
2 *Lettre XVII* (*olim* XXX), du 20 juillet 1664.
3 *Eth*., III, *Def. Aff.* 6, *Expl.*

la dialectique de l'idée, qui passe du plan de l'imagination au plan de la science, il organisera une dialectique de la causalité, qui est par là même une dialectique de l'amour.

L'homme dont la conscience s'arrête aux limites de sa propre représentation spatiale, ne peut rapporter les alternatives des émotions qu'à des causes externes, mais le progrès de l'intelligence, grâce auquel l'âme apparaît comme l'idée *rationnelle* du corps, revêt d'un caractère tout différent notre relation à autrui ; il nous permet d'apercevoir ce qui se retrouve identique en nous et en autrui, ce qui, par suite de sa simplicité et de sa communauté, ne peut manquer d'être connu entièrement et *intérieurement*.

Dans ce passage de l'extériorité à l'intériorité, intelligence et liberté coïncident. Il nous appartient de nous soustraire aux alternatives d'exaltation et de dépression qu'entraîne, en régime de conscience inadéquate, le jeu des forces sociales ou cosmiques ; car il nous suffit de comprendre la loi à laquelle ces forces obéissent pour que nous la fassions nôtre. Au lieu de nous considérer comme une partie en opposition d'intérêt avec le tout, nous effaçons, au-dedans de nous-mêmes, les frontières qui semblaient séparer les individus comme les empires, qui allaient jusqu'à transformer la similitude des sentiments en conflit de rivalités et en source de haine. L'union de la partie au tout s'accomplira par un pouvoir de totalisation réelle, qui transforme la nature de l'amour. Il était une *passion*, au sens propre du mot, subie par l'individu en tant que tel ; il devient l'*action* de l'âme, qui la rend capable de l'univers, et dans cet univers avant tout de l'humanité, grâce à l'accroissement de *réalité*, c'est-à-dire de *perfection*, que comporte le dynamisme de son essence interne [1].

En même temps que la doctrine de l'amour s'éclaire, la doctrine de la générosité se consolide et s'élargit. Comme il arrive chez certains héros de Corneille, par exemple chez Nicomède [2], l'attitude du généreux selon Descartes demeure équivoque. On dirait parfois qu'il est plus attentif à l'exercice de son libre arbitre qu'à la valeur véritable de son acte. Dans la vertu de la vie adéquate,

---

1 Eth., III, Définition générale des affections. Expl.
2 Cf. LANSON, Le héros cornélien et le généreux selon Descartes, apud *Hommes et livres*, 1895, p. 114, et DESJARDINS, *Théâtre choisi de Corneille*, 1898, pp. 59, 345 et suiv.

dans la *fortitudo*, l'*Éthique* distinguera ce qui est proprement *force d'âme* (*animositas*) : le désir par lequel on fait effort pour conserver son être d'après le seul commandement de la raison, et ce qui est proprement *générosité* : le désir par lequel on fait effort pour aider les autres hommes d'après le seul commandement de la raison, et pour se les joindre d'amitié [1]. Le déploiement de l'activité rationnelle hors des limites apparentes de l'individu intègre à la communauté des hommes libres notre essence d'homme libre : « Rien n'est plus souhaitable pour la conservation de l'être humain qu'un accord de tous en tout point, faisant que les âmes et les corps de tous composent comme une seule âme et comme un seul corps [2] ».

96. Ce n'est pas tout encore. De même que la doctrine spéculative de Spinoza ne s'achève pas sur le plan de la science, l'*Éthique* ne s'achève pas sur le plan proprement moral. Le mécanisme de Spinoza relève d'un mathématisme purement analytique, où la représentation d'un espace constitué *partes extra partes* se résout dans l'intériorité de l'attribut étendue. Et l'intellectualisation de la quantité, qui soutient toute l'architecture du système, en commande aussi les conclusions pratiques. La *Lettre à Louis Meyer, sur l'infini*, explicite la correspondance étroite entre le progrès de pensée qui part du nombre, et à travers l'étendue va jusqu'à la substance, et celui qui part du temps et à travers la durée va jusqu'à l'éternité.

Pour l'imagination qui se représente toutes choses sous l'aspect de l'extériorité, chaque moment du temps se détache dans une sorte d'absolu ; hypothèse absurde puisqu'elle rendrait inintelligible l'expérience de la durée. Si l'on compose la durée de moments (et c'est ce que faisait encore Descartes), « on n'en a, dit Spinoza, qu'une conception abstraite, confondue avec le temps, et l'on devient incapable de comprendre comment une heure aura pu s'écouler : car il faudrait pour cela que la première moitié s'en fût écoulée, et ensuite la moitié de cette moitié, et puis la moitié du reste ; de telle sorte qu'obligé de poursuivre à l'infini ce processus de dimidiation, jamais on n'arrivera jusqu'à la fin de l'heure » [3]. La durée consiste

---

1 *Eth.*, III, LIX, *Sch*.
2 *Eth.*, IV XVIII, *Sch*.
3 *Lettre XII* (*olim* XXIX), du 20 juillet 1664.

dans une « continuité indéfinie d'existence »[1] qui est son essence interne, ou plus exactement l'essence interne de tout être, ce qui le constitue comme affirmation de soi ; de telle sorte que cette durée, considérée dans son origine radicale, est indépendante de ce qui en mesure du dehors l'amplitude. Il ne s'agira donc point de savoir si nous avons à vivre plus ou moins longtemps, mais si, pendant que nous vivons, nous parvenons à prendre conscience de cette existence continue sans laquelle il n'y aurait point de durée effective et qui, indépendamment du laps de temps que notre existence occupe, nous rattache à la source unique de l'être, à cette nécessité qui dans la substance unit l'existence à l'essence, et la constitue comme éternelle. En fait, nous avons le sentiment et l'expérience de notre éternité[2]. Et de cette expérience et de ce sentiment, Spinoza retrouve le témoignage dans les croyances vulgaires. Seulement, traduites en langage d'imagination, transposant l'éternité dans le temps, elles substituent à l'éternité de la raison, « l'immortalité après la mort »[3], comme s'il était possible, en étirant la chaîne des années et des siècles, d'atteindre à l'intensité tout interne d'un sentiment proprement intellectuel, à la concentration toute spirituelle de la conscience adéquate. Le but de l'*Éthique* sera de dégager de toute équivoque et de toute obscurité l'expérience de la vie éternelle, et elle y parvient en faisant tourner, en quelque sorte, autour d'elle-même, la notion d'*actualité*. Au lieu de nous envisager comme existant actuellement, semblables, par exemple, à des sécantes tracées effectivement dans un cercle et par là même distinguées des autres sécantes qui sont seulement conçues idéalement, considérons que toutes les sécantes, tracées ou non, possèdent la même essence idéale, par le rapport de leurs propriétés à la définition du cercle qu'elles enveloppent en elles ; et nous comprendrons que nous-mêmes, en outre du fait que l'existence de notre corps en un temps et dans un lieu donnés résulte du jeu des lois universelles, nous impliquons dans notre être propre cette idée de l'être infiniment infini que l'idée de toute réalité singulière, l'idée de tel ou tel corps et par suite de telle ou telle âme, enveloppe comme les conséquences enveloppent leurs prémisses[4]. Nous voyons alors

---
1 *Eth.*, II, *Déf.* 5.
2 *Eth.*, V, XXIII, *Sch.*
3 *Eth.*, V, XXXIV, *Sch.*
4 Cf. *Spinoza et ses contemporains*, p. 268 ; éd. de 1951, p. 171.

notre corps éternel en Dieu ; nous nous sentons éternels en lui, *avec les yeux de l'âme qui sont les démonstrations*, d'une façon aussi lumineuse, aussi indubitablement et immédiatement certaine, qu'avec les yeux du corps nous voyons notre propre corps et nous sentons liés à ses affections.

Section III
SPINOZISME ET PLATONISME

97. Descartes avait publié à Paris, en 1641, les *Méditations sur la philosophie première, où sont démontrées l'existence de Dieu et l'immortalité de l'âme*. Mais, comme le P. Mersenne le lui avait fait observer avant l'impression, et comme le remarquaient à leur tour les auteurs des *IIes objections* [1], il n'y était point question de l'immortalité de l'âme. Aussi, dans la seconde édition qui parut à Amsterdam l'année suivante, les *Méditations sur la philosophie première* s'annoncent comme *démontrant l'existence de Dieu et la distinction de l'âme d'avec le corps*. Il n'est pas douteux, d'ailleurs, que pour Descartes l'immortalité de l'âme ne découle en effet de l'établissement de sa spiritualité. La métaphysique du cartésianisme fournirait par conséquent à la religion tout l'appui qu'il est raisonnable d'en espérer. Mais par rapport à la logique interne de la doctrine, le fait n'en est pas moins significatif : la philosophie s'arrête à mi-chemin de l'immortalité, laissant la pensée dans l'hésitation entre l'éternité qui serait inhérente à l'esprit, conçu dans sa pureté universelle, et la survie d'une substance propre à l'individu. Descartes ne reprend à son compte aucun des arguments que le platonisme faisait valoir sous la forme exotérique du *Phédon*. Ils pouvaient encore trouver place dans les cadres du réalisme scolastique ; mais le XVIIe siècle n'est pas dupe de la mythologie ; et Fénelon lui-même écrira : « Que peut-on voir de plus faible et de plus insoutenable que les preuves de Socrate sur l'immortalité de l'âme [2] ? »

D'autre part, et tant qu'il n'avait pour fondement que l'interprétation averroïste d'Aristote, le rationalisme de l'éternité apparais-

---
1 A. T., III, 265 et VII, p. 128. Cf. Ch. ADAM, *Vie et œuvres de Descartes*, p. 304
2 Lettre sur l'existence de Dieu, le christianisme et la véritable Église, 1713, III, édit. GAUME, 1851, t. I, p. 133 B.

sait comme une machine de guerre, introduite par les ennemis du christianisme, contre les valeurs positives de la religion. Le spiritualisme de Descartes lui rouvre la voie royale, que l'*Éthique* suit jusqu'au bout. Elle proclame, au sommet de la vie unitive, l'union de l'amour et de l'intelligence, de la vertu et de la béatitude, mais sans qu'elle ait eu à rompre jamais avec le rythme de la science, sans qu'elle ait dû renoncer à la lumière de la conscience, par le seul approfondissement de ce qui fait la certitude du savoir scientifique et de la réalité pensante. La vérité du mécanisme confère sa qualité à la vérité de la religion, et l'arrache à l'instabilité de ce qui n'est que foi et qu'espérance.

Avec Spinoza il est légitime de dire que la philosophie cesse de signifier un système dans la succession historique des systèmes, pour devenir une chose qui s'éprouve du dedans et se justifie par le fait même qu'elle est comprise. Telle est la portée de la réponse à Burgh : « Tu me demandes comment je sais que ma philosophie est la meilleure de toutes celles qui ont jamais été, qui sont, ou qui seront plus tard, enseignées dans le monde. Et c'est moi certes qui pourrais, à bien meilleur droit, te renvoyer la question. Car je n'ai nullement cette présomption d'avoir inventé la meilleure philosophie ; mais celle qui est vraie, je sais que je la comprends. Et si tu me demandes comment je le sais, je répondrais : de la même façon que tu sais que la somme des trois angles d'un triangle est égale à deux droits. Or, que cela soit suffisant, personne n'ira le nier s'il a un cerveau sain, s'il ne rêve pas d'esprits immondes capables de nous inspirer des idées fausses qui ressemblent à des vraies : car le vrai est critère de lui-même et du faux [1]. »

98. Cette adéquation parfaite entre la raison universelle et le sentiment de soi, fait de l'apparition de l'*Éthique* un moment capital dans l'histoire de l'Occident. Spinoza résout le problème du mysticisme, sous la forme où il était posé depuis Philon et depuis Plotin, non pas en l'écartant comme transcendant aux forces humaines, mais en le surmontant grâce à une intuition d'intelligence qui serait au delà de la *fides ex auditu*, comme la νόησις de la République est au delà de la πίστις et de l' εἰκασία. Par là et sans qu'il s'en doute aucunement, il renoue en vérité la tradition du platonisme, non

---

1 *Lettre citée*, LXXVI (*olim* LXXIV).

pas tel que Marsile Ficin le présentait à la Renaissance, soudé encore à la métaphysique et à la théologie des néo-platoniciens, mais selon son rythme originel, selon l'élan qui poussait l'étrangère de Mantinée à justifier l'enthousiasme de l'amour par le μάθημα qu'il prépare et où il s'accomplit.

Ce qui est remarquable, et l'un des phénomènes les plus curieux de l'histoire, c'est que, pour revenir ainsi de Descartes à Platon, l'inspiration néo-platonicienne, transmise à Spinoza en particulier par les philosophes juifs du Moyen Age et du XVIe siècle, devait servir de véhicule. La formule du but que l'*Éthique* atteint au *Scholie final* de la Ve Partie, se trouve, littéralement identique, dans un passage des *Ennéades*, comme celui-ci : « Regardant en dehors, et non où nous sommes suspendus, ignorant que tous ensemble nous sommes comme une tête à plusieurs visages tournés vers le dehors alors que vers le dedans elles se terminent toutes en un sommet unique, si l'on pouvait se retourner, soit spontanément, soit qu'on eût la chance d'avoir les cheveux tirés par Athéna, on verrait à la fois Dieu, et soi-même, et le tout. » (VI, V, 7.) Mais, en fonction du but commun, vont s'opposer l'une à l'autre l'inquiétude inévitable du mystique dans l'attente de l'événement extérieur, *ravissement* ou *extase*, et la quiétude rationnelle de Spinoza. La sagesse suivant l'*Éthique* n'a rien à voir avec le caprice gracieux d'Athéna ou le miracle d'une conversion spontanée : elle est liée à la continuité d'un progrès qui porte avec soi sa propre certitude à partir de cela même qui en paraît comme la négation ; car la connaissance de l'inadéquat comme tel, la conscience, pourrait-on dire, de l'inconscient, ne sauraient se produire sans impliquer l'existence et la possession du plan supérieur au plan de l'inadéquat et de l'inconscient ; l'erreur n'existe que lorsqu'elle est dévoilée à titre d'erreur avérée, c'est-à-dire lorsqu'est apparue la vérité, qui révèle les ténèbres et les dissipe en les illuminant.

Ainsi, dans le fond radical d'aspiration religieuse, qui remonte au delà du cartésianisme, mais auquel Descartes lui-même n'a été nullement étranger, Spinoza transporte le renouvellement de perspective que comportait l'avènement de la science moderne. Le primat de l'entendement sur les sens ne peut plus avoir pour base spéculative la superposition au monde sensible de ce monde intelligible, dont Plotin réalisait la métaphore sans savoir au fond ni qu'en dire ni qu'en faire ; car le τόπος νοητος cesse tout à la fois et d'être un lieu, du moment qu'il est intelligible, et d'être intelligible du moment qu'il est un lieu. L'humanité du XVIIe siècle a rappris ce qu'elle avait oublié depuis Platon, que la qualité du savoir n'est pas liée à la hiérarchie topographique de son objet, qu'elle repose sur le progrès de l'esprit qui seul fait la vérité de l'idée. Voilà ce que ne pouvait comprendre le P. Bourdin, témoin naïf et précieux du dogmatisme scolastique : « Partout, dit Descartes, il considère le doute et la certitude, non pas comme des relations de notre connaissance aux objets, mais comme des propriétés des objets mêmes qui y demeurent toujours attachées ; en sorte que les choses que nous avons une fois reconnues être douteuses ne peuvent jamais être rendues certaines. Ce que l'on doit plutôt attribuer à simplicité qu'à malice [1]. »

99. De ce renversement complet d'attitude procède l'idéalisme rationnel dont l'*Éthique* s'est proposé de développer, dans l'évidence de leur clarté, les conséquences morales et religieuses. Le thème fondamental est qu'il n'y a pas deux mondes, l'un qui serait sensible et l'autre qui serait intelligible ; le paysan, pour qui le soleil est à 600 pieds de lui, contemple la même réalité que l'astronome, qui en comprend les dimensions véritables. La différence de leurs représentations tient à ce que l'un se contente de subir, en tant qu'*animal voyant*, les lois de l'optique physiologique, tandis que l'autre est l'*automate spirituel* qui crée le réseau des relations cosmologiques, indépendamment du centre particulier de perspective que semble imposer à l'homme sa situation sur la terre. Chacune de ces représentations est également fondée dans la nature des choses, exprime par suite une nécessité qui se déduit d'une façon rigoureuse ; ce qui ne veut nullement dire qu'elles se constituent sur le même plan, comme si elles étaient les deux termes d'un dilemme entre lesquels l'esprit aurait à exercer la liberté de son choix. *Le propre de l'idéalisme rationnel, c'est qu'il ne pose jamais d'alternative*. L'homme n'est pas libre d'être à son gré ou animal sensible ou automate spirituel. Une fois qu'il est devenu astronome, il ne cessera pas de voir le soleil avec les mêmes yeux que le paysan, mais comprenant ce qu'il y a d'illusoire, en même temps que de nécessaire et de bien fon-

---

1 Descartes, *Réponses aux VIIe objections*, K ; A. T., VII, 473.

dé, dans le jugement du paysan, il ne pourra plus en être dupe. La fonction de l'intelligence, telle qu'elle apparaît en lui, consiste donc, non pas à forger une réalité par delà l'univers donné, mais à laisser l'apparence trompeuse du sensible se dissoudre dans l'intelligence effective du savoir.

Semblablement le sage, loin de chercher une vie au delà de la vie, dans la méditation de la mort, selon la formule du *Phédon*, qui évoque la révélation mystérieuse de l'orphisme, est celui qui saisit et qui comprend la vie, en tout ce qu'elle comporte d'extension et de profondeur. Par un processus analogue à celui par lequel l'imagination et l'erreur s'évanouissent, le mal s'élimine de ses émotions et de ses volontés : « Supposons un homme concevant sa propre impuissance du fait qu'il comprend quelque chose de plus puissant que lui dont la connaissance lui permet de délimiter sa propre puissance d'agir, nous ne concevons rien d'autre par cette supposition, sinon que l'homme se comprend lui-même distinctement, c'est-à-dire que sa propre puissance d'agir est augmentée. » (*Éth.*, IV, LIII.) Les mêmes événements qui, rapportés au centre individuel du moi, provoqueraient une réaction de tristesse et d'humilité, une dépression douloureuse, deviennent donc des occasions pour le développement de l'intelligence autonome, pour le sentiment d'une exaltation interne, des sources de joie par conséquent.

La morale spinoziste rejoint ainsi la conclusion que Descartes avait donnée au *Traité des passions de l'âme* : « La sagesse est principalement utile en ce point qu'elle enseigne à s'en rendre tellement maître, et à les ménager avec tant d'adresse, que les maux qu'elles causent sont fort supportables, et même qu'on tire de la joie de tous [1]. » Et l'*Éthique* est plus qu'en germe dans l'*article* sur la *satisfaction de soi-même*, où le sentiment de ce qu'on est redevable justement à l'exaltation de sa propre force, distingué avec soin de l'illusion du glorieux (III, CXCI) comme de la faiblesse du repentir (III, CCIV), est opposé à la présomption de ceux qui s'imaginent être en communication directe et privilégiée avec Dieu, au-dessus et aux dépens de l'humanité [2]. Seulement Descartes hésite à

---

1 CCXXII ; A. T., XI, 488.
2 (2) « La satisfaction qu'ont toujours ceux qui suivent constamment la vertu est une habitude en leur âme, qui se nomme tranquillité et repos de conscience. Mais celle qu'on acquiert de nouveau, lorsqu'on a fraîchement fait quelque action qu'on pense bonne, est une passion, à savoir une espèce de joie, laquelle je crois être la plus douce

rompre avec la tradition ; il réserve, à côté de la « bassesse ou humilité vicieuse » (III, CLIX et CLX), la place d'une « humilité vertueuse » (CLV) ; il délimite du dehors la raison par la foi comme il accepte une frontière commune à l'âme et au corps. Spinoza, lui, n'est retenu par aucun scrupule de conformisme social, par aucun préjugé de sacré ; il surmonte l'imagination de l'anthropomorphisme religieux, au même titre et par la même méthode que celle du réalisme spatial.

De même que sur le plan de la perception, où se tenait la physique d'Aristote, le vrai et le faux se heurtent dans la contingence et la généralité des représentations finalistes, de même, sur le plan de la conscience vulgaire, les concepts du bien et du mal sont posés systématiquement en face l'un de l'autre comme les deux termes d'une alternative. Mais, en réalité, ces représentations abstraites n'ont aucun pouvoir véritable ; si les idées du bien et du mal agissent, c'est en tant qu'elles s'incarnent dans un désir humain, qu'elles rentrent, selon leur degré d'intensité, avec leur point déterminé d'application, dans le champ des forces qui remplissent notre conscience et d'où dérivent nécessairement les actions de notre conduite et les réactions de notre sentiment.

De ce point de vue, les valeurs, en apparence transcendantes, de la moralité commune, du droit idéal, de la tradition religieuse, sont réintégrées dans la nature. *Perfection* ne signifie rien d'autre que *quantité d'être*. Et Spinoza parle comme Hobbes : pour l'individu en tant que tel, il n'y aura pas d'autre règle que le calcul de l'intérêt, pour la société pas d'autre loi que la subordination du plus faible au plus vigoureux, au plus habile. De ce point de vue d'ailleurs, afin

---

de toutes, pour ce que sa cause ne dépend que de nous-mêmes. Toutefois, lorsque cette cause n'est pas juste, c'est-à-dire lorsque les actions dont on tire beaucoup de satisfaction ne sont pas de grande importance, ou même qu'elles sont vicieuses, elle est ridicule et ne sert qu'à produire un orgueil et une arrogance impertinente. Ce qu'on peut particulièrement remarquer en ceux qui, croyant être dévots, sont seulement bigots ou superstitieux, c'est-à-dire qui, sous ombre qu'ils vont souvent à l'église, qu'ils récitent force prières, qu'ils portent les cheveux courts, qu'ils jeûnent, qu'ils donnent l'aumône, pensent être entièrement parfaits et s'imaginent qu'ils sont si grands amis de Dieu qu'ils ne sauraient rien faire qui lui déplaise, et que tout ce que leur dicte leur passion est un bon zèle ; bien qu'elle leur dicte quelquefois les plus grands crimes qui puissent être commis par des hommes, comme de trahir des villes, de tuer des princes, d'exterminer des peuples entiers pour cela seul qu'ils ne suivent pas leurs opinions. » (III, CL ; A. T., XI, 471.)

de prévenir les conflits, de maintenir dans les meilleures conditions l'équilibre entre les hommes, les passions qui se développent *sub ratione mali*, et qui sont affectées d'un coefficient négatif, par la dépression et la tristesse dont elles s'accompagnent, ne sont pas sans justification. Le peuple pourra être sauvé par l'obéissance à l'enseignement de l'Écriture, comme les marchands peuvent faire des opérations justes en suivant les règles de calcul qu'ils ont apprises par ouï dire. Il reste cependant que la tradition, dans un cas comme dans l'autre, est dépourvue de valeur intrinsèque. Dans un cas comme dans l'autre, Spinoza, se détachant du mécanisme et de l'utilitarisme qui régissent le degré inférieur de la connaissance humaine, opère le passage d'une pratique qui demeure inconsciente de ses raisons, à un progrès d'autonomie spirituelle qui supprime toute alternative entre le faux et le vrai, toute oscillation entre le mal et le bien, pour ne plus laisser subsister dans l'âme que les valeurs positives de l'intelligence, de la joie et de l'amour.

100. Du moment que l'âme se définit par l'idée, et que l'idée est elle-même jugement de vouloir, l'adéquation de l'idée suffit à créer la force de l'âme, c'est-à-dire la décision constante de ne jamais fermer sur soi la perspective de la réalité universelle, de ne pas considérer du dehors la nature comme une puissance tantôt amie et tantôt ennemie, et dont nos émotions réfléchiraient les caprices. Au delà du rythme vital d'exaltation et de dépression, qui fait succéder le rire de l'espérance et les larmes de la peur, qui suggère l'antithèse illusoire de l'optimisme et du pessimisme, est la joie de comprendre ce qui se passe, quel que soit l'aspect sensible de l'événement, quelle que soit sa répercussion sur l'individu. La sagesse livre le combat d'amour et de générosité, combat dont Spinoza démontre qu'il ne peut manquer d'être triomphal puisque l'homme que de telles armes ont vaincu, est récompensé de sa défaite par l'accroissement de l'être intérieur, par le bonheur d'une perfection grandissante [1].

Une semblable vision du monde et de l'humanité a sans doute une portée religieuse, mais qu'elle doit à la certitude intrinsèque de ses affirmations, qui ne saurait être liée, comme le vulgaire en

---

1 *Éth.*, IV, XLVI, *Sch.*

est communément persuadé [1], à nos croyances touchant la destinée d'outre-tombe. *Platon pour disposer au christianisme*, écrivait Pascal [2], et le platonisme auquel il se référait, c'était sans nul doute la mythologie du *Timée* et du *Phédon* qui ouvrait l'accès aux mystères de la création et de l'immortalité. La pensée de Spinoza irait à l'inverse : le christianisme ramènerait, par delà le réalisme de la tradition néoplatonicienne, au rationalisme pur de Platon. Et, en effet, la mission de Jésus, telle que l'interprète le *Tractatus theologico-politicus*, consiste, non pas du tout à confondre l'humain et le divin, le plan de l'histoire et le plan de l'éternité, mais à se débarrasser, tout au contraire, de l'anthropomorphisme biblique, qui était utilement et heureusement adapté à l'imagination dominant chez les Juifs, mais qui les retenait sous le joug de passions inévitablement solidaires : espérance et crainte. Le Nouveau Testament a mis fin au paradoxe sur lequel Plutarque avait insisté jadis, de concevoir Dieu *sub ratione mali*. Par la voix de Jésus, « philosophe souverain », il a proclamé la loi de Dieu à titre de vérité. On peut donc dire que, dégagé des survivances qu'a pu y laisser la thaumaturgie des prophètes, interprété selon l'authenticité de son inspiration spirituelle, il accomplit dans le domaine de la religion le même progrès que le cartésianisme dans le domaine de la métaphysique : le mal, dont la connaissance est nécessairement inadéquate [3], disparaît, comme l'erreur, par l'inconsistance radicale qui est inhérente à sa limitation. Qui ne fait que *croire* à Dieu, sans doute peut croire aussi aux démons ; mais leur fantôme s'évanouit pour qui *comprend* Dieu, positivité absolue dont il n'y a pas de contraire.

Le christianisme tout intellectualiste de Spinoza ramène donc la pensée religieuse d'Orient en Occident, du Dieu d'Abraham, d'Isaac et de Jacob, vers le Dieu « en esprit et en vérité », qui ne saurait soutenir aucun rapport avec la succession des époques et la diversité des traditions, avec les frontières des peuples et les haines des races ; car il n'est pas un être donné dans la pluralité des êtres sous la catégorie du nombre [4] ; il ne correspond pas à une vérité particulière, parmi d'autres vérités ; il est ce par quoi il y a être et il y a vérité dans le parallélisme nécessaire entre la réalité de l'idéal et

1 *Éth.*, V, XLI, *Sch.*
2 *Pensées*, f° 73, fr. 219.
3 Cognitio mali est necessario inadæquata. Éth., IV, LXIV.
4 Lettre L du 2 juin 1674, à Jarig Jelles.

l'intelligence de l'idée. Le Dieu de l'*Éthique* est *reciprocans* et non *reciprocatus* ; ce n'est pas une chose à laquelle on s'attache dans un commerce exclusif comme si le Créateur avait à être jaloux de sa créature, ce n'est pas un membre de la communauté que les hommes constituent par l'amour, c'est la raison de cette communauté. Véritablement aimer Dieu, c'est renoncer à vouloir que Dieu nous aime de la façon dont une personne humaine aime une autre personne [5] ; c'est avoir porté sa conscience au point d'intelligence claire et distincte où l'amour qui va vers Dieu s'identifie à l'amour qui vient de lui, c'est réaliser dans cette vie même un rayon de sa gloire en savourant l'immanence de la béatitude à la vertu [6].

Le spinozisme fermerait donc, dans l'histoire de la pensée occidentale, l'épisode ouvert, à partir d'Aristote, par la substitution du réalisme métaphysique à l'idéalisme rationnel de Platon. Et il n'est pas sans intérêt, pour comprendre l'évolution générale de l'Europe, de rappeler que le moment où se termine la crise qui a coïncidé avec la conquête macédonienne et l'*impérialisme mystique* de l'élève d'Aristote, est celui où l'*impérialisme mystique* de Louis XIV se brisait contre la résistance tenace des compatriotes de Spinoza, défendant, avec leur indépendance nationale, l'institution démocratique et la pensée libre dont le *Tractatus politicus* démontrait qu'elles se fondaient solidairement dans la dignité de l'être spirituel.

Mais, si fécond que le rationalisme religieux de Spinoza puisse paraître aujourd'hui pour le progrès de la conscience, il est demeuré, dans la perspective historique du XVIIe siècle, et même du point de vue où se plaçaient les Cartésiens, excentrique et suspect, comme durant l'Antiquité le platonisme devait rester étranger, non pas seulement aux doctrines qui se constituaient en rivalité ouverte avec lui, mais aux écoles mêmes qui se réclamaient de sa tradition. L'interprète de Platon ou de Spinoza n'aura nullement accompli sa tâche s'il se borne à incriminer les préjugés du temps et l'incompréhension naturelle aux philosophes de profession. C'est dans la technique des œuvres elles-mêmes, dans le rapport de leur ordonnance externe à leur inspiration interne, qu'il doit chercher ce qui explique la diversité des interprétations auxquelles il leur arrive de donner lieu, et les vicissitudes étonnantes de leurs destinées histo-

---

5 *Éth.*, V, XIX.
6 *Éth.*, V, XLII.

riques.

101. Nous avons essayé de saisir les rythmes dialectiques qui traversent l'œuvre de Platon, et le défaut de l'armature nous a paru manifeste : la jonction ne se fait pas entre le processus de l'analyse régressive et le processus de la synthèse progressive. Celle-là conduit à l'*Un-Bien*, à l'*unité unifiante* de la *République*, tandis que celle-ci ne peut accomplir la moindre démarche sans que l'*autre* soit posé à côté du *même*, sans impliquer par conséquent une dualité qui est en un sens une exigence de la constitution d'un monde intelligible et qui en un autre sens est réfractaire à l'intelligibilité de ce monde : d'où la nécessité de recourir au dynamisme *démiurgique*, d'introduire la mythologie à côté de la philosophie.

La relation de la dialectique ascendante et de la dialectique descendante paraît inverse, dans le spinozisme ; ce qui l'apparenterait plutôt au néo-platonisme qu'au platonisme lui-même. La marche de pensée qui remplit l'*Éthique* de la IIe Partie à la Ve, qui conduit l'homme de la servitude des passions à la liberté de l'âme, a pour garantie la déduction de la Ire Partie. De l'être cause de soi, qui ne peut pas ne pas être la substance infiniment infinie, découle dans leur enchaînement éternel l'infinité des modes qui en expriment la productivité sous l'infinité de leurs aspects, et à travers leur parallélisme interne. L'immanence du mécanisme universel supprime l'hétérogénéité de l'*Un-Bien* et du *Démiurge*, en résolvant la χώρα dans l'unité indivisible de l'attribut étendue. Du moment qu'il n'y a rien en dehors de la substance, il n'est plus nécessaire de franchir les limites de l'intelligence pour demander à l'imagination de risquer le *salto mortale* d'une finalité créatrice. Sans doute, le mode, et c'est cela qui le constitue comme tel, se conçoit en autre chose ; mais cette *altérité* ne le fait sortir de lui-même que s'il a commencé par s'ériger en absolu, de telle sorte que son rapport à autrui ne pourrait être que la dépendance d'un être à l'égard d'un autre être. Par contre, une fois dissipée l'illusion de la substance individuelle et du libre-arbitre, la connaissance de notre rapport à « l'ordre commun de la nature de la nature » nous conduit à retrouver en nous-même, à expérimenter, le fond d'essence éternelle qui relie tout ce qui existe à l'unité radicale de l'existence universelle. La contradiction du réalisme qui posait l'*Autre en soi*, est donc surmontée, en même temps qu'elle est aperçue, grâce à l'intelligence des conditions véritables de l'*altérité*. Cessant d'opposer notre nature à la nature, nous cessons aussi d'opposer la nature à Dieu.

Entre Dieu et la nature, entre la *natura naturans* des attributs, tels que l'étendue ou la pensée, et la *natura naturata* des modes encore infinis, tels que le mouvement universel et l'idée de Dieu, le spinozisme établit une *identité numérique*, sans confusion pourtant : car à aucune des expressions qui correspondent à un certain degré dans la détermination de l'être, il n'appartient d'épuiser l'affirmation de l'être pris à la spontanéité de sa source, de capter la causalité, de la cause, en tant qu'elle se concentre sur soi dans le passage éternel de l'essence à l'existence. Mais, à toutes du moins, il est permis de remplir jusqu'au bout leur fonction d'*expression*, de rendre intérieure à leur propre conscience de soi la conscience de leur liaison à l'univers et de leur dérivation divine. En conséquence, le problème du passage, qui se posait pour le mode dans son rapport à la substance, ne se retrouvera plus dans le sens inverse, où l'on va de la substance au mode ; car le rapport du *même* à l'*autre* ne saurait avoir de signification proprement ontologique dans une philosophie qui ne connaît pas deux mondes : *monde intelligible de l'unité, monde sensible de la multiplicité*, qui, par suite, n'a pas à résoudre leur antithèse par une métaphysique de la procession. Spinoza ne demande pas à son Dieu qu'il se mette à la place de l'homme, pour rendre raison de ce qui n'est pas lui. C'est à l'homme, c'est à l'effet, d'aller au-devant de la cause, au-devant de Dieu, d'accomplir le progrès, de conversion morale qui le transporte dans la sphère de nécessité universelle, d'éternelle actualité, d'amour intellectuel, où l'essence du mode fini se compose, *sans aucune extériorité*, avec les autres essences de façon à former cette intelligence infinie, qui est l'expression immédiate de la pensée infinie, et se rattache en elle à l'unité de la substance.

En fin de compte, ce qui permet de comprendre que l'homme puisse rejoindre du dedans le Dieu purement intérieur sans avoir de barrière métaphysique à renverser, de crise mystique à surmonter, c'est que le rythme dialectique de l'*antithèse* est rejeté de la Ire Partie de l'*Éthique*, qui ne fait qu'expliciter l'inconditionnalité de la thèse ; dans les quatre autres, parties à travers lesquelles vont s'opposer effectivement la vie de l'ignorant et la vie du sage : l'un faisant de sa personne un absolu et se plaçant en face d'un Dieu lui-même confiné dans les limites d'une personnalité ; l'autre, ayant dissipé l'illusion égocentrique qui l'avait poussé à juger de la Nature et de Dieu par son propre intérêt, capable désormais de fonder l'ordre de ses événements intérieurs et de ses affections sur l'ordre des idées vraies. Sans doute le parallélisme de l'étendue et de la pensée qui est déduit dans le *De Deo* explique à la fois l'inconscience de l'un et la conscience de l'autre ; mais c'est précisément parce que le parallélisme a des effets contraires, selon qu'il est interprété dans la connaissance du premier genre ou dans la connaissance du troisième genre. Ici, à une imagination purement spatiale, correspond une matérialisation du psychique ; là, en revanche, une spiritualisation de l'étendue correspond à l'adéquation de l'intelligence. D'où une inversion que met en lumière le premier théorème de la Ve Partie : « De même que l'ordre et la connexion des idées se fait dans l'âme suivant l'ordre et l'affection des corps, de même, *vice versa*, l'ordre et la connexion des affections du corps se fait selon l'ordination et l'enchaînement dans l'âme des pensées et des idées des choses. »

Le caractère *pratique* de l'idéalisme spinoziste est donc lié à ce fait que le renversement dans l'application du parallélisme relève uniquement du progrès de la connaissance, sans concerner Dieu lui-même. Ce n'est pas au point de départ de ce progrès, c'est à son point d'arrivée, que vient aboutir la déduction fondée sur la substance ; et peut-être vaudrait-il mieux encore, pour ne pas se méprendre sur le sens de l'*Éthique*, laisser de côté la Ire Partie que de négliger les quatre autres, grâce auxquelles seules l'ouvrage correspond à son titre.

102. Mais lire l'*Éthique* comme une *Éthique*, c'était peut-être ce dont le XVIIe siècle était le plus incapable. Loin de chercher dans l'aboutissement de la dialectique ascendante ce qui pouvait éclairer la structure de la dialectique descendante, il s'est arrêté à l'identification de Dieu et de la nature, dans laquelle il a vu le contraire de ce que Spinoza avait entendu par là. L'objet du spinozisme était de montrer comment, en partant du mécanisme cartésien, on pouvait, grâce à la résolution analytique de ce mécanisme, franchir la zone équivoque où s'arrêtait le monisme stoïcien avec son double réalisme de la matière et de la Providence et parvenir à l'intuition de la pure unité spirituelle. Mais, pour les prétendus critiques de Spinoza, Malebranche, Bayle, Fénelon [1], ce n'a été là que l'occasion de rééditer les plaisanteries des Épicuriens contre la divinité stoïcienne : « Si le monde est Dieu, il faudra dire que les membres de Dieu sont partiellement brûlants et partiellement en train de se refroidir [2]. »

Du point de vue historique, il est permis de se demander si ce travestissement d'un idéalisme pratique en panthéisme vulgaire, tout illusoire qu'il nous apparaît par rapport à la pensée spinoziste, n'est pas pourtant une illusion bien fondée relativement à la forme sous laquelle se présentait cette pensée. Les écrits publiés par Spinoza antérieurement à l'*Éthique*, les *Cogitata Metaphysica* et les *Principia philosophiæ* nous font assister à l'élaboration des moyens que Spinoza a crus les meilleurs pour ménager à la vérité « des oreilles amies » : c'est la terminologie scolastique d'une part, l'appareil euclidien de l'autre. Or, il est visible que celui-ci, comme celui-là, devait trahir son intention, et faire écran, pour ainsi dire, entre l'auteur et ses lecteurs.

La relation de la substance et de l'attribut se modèle sur le jugement de prédication tel qu'il est à la base de la logique conceptualiste ; elle n'a rien à faire dans un rationalisme de la pure immanence et de la pure activité, qui résout la multiplicité de la représentation spatiale dans l'unicité du jugement d'existence. Le spinozisme, traduit dans un langage qui ne peut pas être le sien, offre des apparences absurdes. « Tous ceux qui régentent la philosophie de l'École (écrit Bayle) apprennent d'abord à leurs auditeurs ce que c'est que *genre*, qu'*espèce*, qu'*individu*. Il ne faut que cette leçon pour arrêter tout d'un coup la machine de Spinoza [3]. » Et, en effet, dans le réalisme scolastique, l'identité spécifique des substances n'en interdit nullement la pluralité numérique.

Si l'interprétation du spinozisme dépasse les forces d'un Bayle, dont Hamilton dira plus tard qu'il « était la subtilité logique personnifiée », mais qui « avouait, comme le rapporte Le Clerc, qu'il n'avait jamais pu comprendre la démonstration du premier pro-

---

1 Cf. *Spinoza et ses contemporains*, p. 350 ; éd. de 1951, p. 225.
2 De natura deorum, I, x, 24.
3 *Dictionnaire*, article *Spinoza*, note P.

blème d'Euclide ¹ », le revêtement euclidien de la démonstration devait être une source nouvelle d'embarras. La méthodologie synthétique convient parfaitement à une philosophie qui reçoit, à titre de donnée immédiate, l'espace du sens commun, où elle construit librement, par un jeu de définitions, l'enchaînement du mécanisme universel. Par contre, elle ne peut manquer de trahir une philosophie où le mécanisme se renverse sur lui-même pour revenir à sa source, et substituer aux « fantasmes » de l'imagination l'intériorité de la raison. Autrement dit, le matérialisme de Hobbes peut se dérouler sur le plan de la représentation euclidienne ; le spiritualisme de Spinoza réclame une élaboration infiniment subtile de la notion de quantité : « Si vous demandez (écrivait Spinoza dans un passage de la lettre à Louis Meyer, reproduit par la Ire Partie de l'*Éthique*) pourquoi nous sommes naturellement portés à diviser la substance étendue, je réponds qu'il y a pour nous deux façons de concevoir la quantité : abstraitement, c'est-à-dire superficiellement, telle qu'à l'aide des sens nous la recevons dans l'imagination, ou comme substance, ce qui ne peut venir que de l'entendement. Si l'on considère la quantité sous la forme qu'elle revêt dans l'imagination, ce qui est très fréquent, et plus facile, on la trouvera divisible, finie, composée de parties, multiple. Si on la considère telle qu'elle est dans l'entendement, c'est-à-dire si la chose est perçue en soi, ce qui est très difficile, ...on trouvera qu'elle est infinie, indivisible, unique ². » Or, cette extrême difficulté à passer de l'imagination vulgaire de l'espace à l'intelligence intime de l'étendue, deviendra presque inextricable si elle est masquée par l'homogénéité illusoire de la déduction euclidienne. En commençant par se référer au concept commun de l'espace, « en traitant des actions et des appétits de l'homme comme s'il était question de lignes, de surfaces ou de solides » ³, Spinoza risquera de paraître prisonnier d'une méthode qui le condamnerait à la métaphysique matérialiste et à la morale utilitaire de Hobbes. Et ainsi, l'exposition de l'*Éthique* dans le style géométrique des Anciens a fini par jouer, dans l'évolution de la philosophie moderne, le même rôle que jadis la mythologie des *Dialogues* dans la destinée de la pensée antique : elle a rendu

---

1 De l'étude des mathématiques, 1835, apud *Fragments de philosophie*, trad. Peisse, 1840, p. 326.
2 *Lettre XII* (*olim* XXIX), et *Éth.*, I, XV, *Sch.*
3 *Éth.*, III, *Préface.*

la doctrine impuissante à se défendre contre sa propre caricature dans l'esprit de ses partisans comme de ses adversaires. L'article de Bayle, qui se substitue pour le public du XVIIIe siècle au texte même de l'*Éthique*, y contribuant d'ailleurs fortement, on voit se réclamer du spinozisme « des sectes de naturalistes » à qui rien certes n'était plus étranger que ce qui en définit pour un lecteur attentif l'inspiration fondamentale : une dialectique de la nécessité appuyée à la hiérarchie des genres, de connaissance, à la distinction des types de quantité, et permettant d'invoquer la rigueur rationnelle du rationnel du mécanisme pour assurer en toute certitude d'intelligence, le progrès vers l'intuition de l'unité divine et la conscience de la béatitude.

CHAPITRE VIII
MALEBRANCHE ET FÉNELON

Section I
LE RATIONALISME CATHOLIQUE

103. Dans l'histoire du XVIIIe siècle il ne nous paraît pas qu'il y ait de place pour la légende qui ferait du spinozisme comme un centre secret d'attraction, dont les successeurs de Descartes ne demeuraient éloignés que par leur fidélité aux dogmes de leurs confessions respectives. Le maître du cartésianisme, pour la génération à laquelle appartiennent Locke et Leibniz, ce n'est pas Spinoza, qui l'aurait bien plutôt compromis par la façon téméraire dont il en a paru exploiter la méthode, c'est effectivement Malebranche ; et la philosophie de Malebranche procède d'une réflexion originale sur la mathématique cartésienne, sur son rapport aux données de la vie intérieure et à l'expérience de l'univers matériel. C'est en psychologue et en physicien que Malebranche s'oppose à Spinoza.

Dans l'*Éthique*, le progrès de la conscience est lié au progrès de la science. Malebranche, au contraire, interrogera la conscience, en s'interdisant d'ajouter quoi que ce soit au contenu de l'observation immédiate : l'homme ne peut rien rapporter légitimement à soi, sinon la donnée de fait par laquelle il est averti qu'il se passe quelque chose en lui. En prenant pour point de départ la critique du réalisme scolastique, on écartera donc tout ce que les suggestions de l'imagination ou la réflexion de l'intelligence ont associé au phénomène de l'avertissement intérieur. L'illusion des amputés ne suffit-elle pas, d'ailleurs, pour rompre la correspondance que le sens commun établit entre la présence de l'idée et la réalité de l'idéal ? D'un manchot « dira-t-on, qu'il n'a point actuellement la perception sensible et désagréable d'une main, et qu'il s'imagine l'avoir, cette perception fâcheuse ?... Il répondrait sans doute, *certa scientia, clamante conscientia*, qu'il sent un bras, et un bras qui lui fait grand mal, quoique certain d'ailleurs qu'il n'a plus de bras » [1].

Poussant plus loin encore l'analyse de l'intuition de conscience, Malebranche va la détacher, non plus seulement de son *idéat* externe, mais encore de son *idéat* interne : le sentiment de notre effort, en même temps qu'il nous convainc du but auquel nous tendons, nous convainc aussi de la distance qui nous sépare de notre but, et dont il y a un témoignage évident : l'ignorance des moyens nécessaires aussi bien pour obtenir la lumière de l'intelligence que pour mettre notre organisme en mouvement. « C'est par préjugé que nous croyons que notre attention ou nos désirs sont causes de nos idées [2]. »

Doublement fidèle à l'impulsion de l'Oratoire [3], Malebranche se refuse à chercher dans l'expérience intérieure la racine de la spiritualité ; et d'autre part il poursuivra l'entreprise où le cardinal de Bérulle avait jadis encouragé l'auteur des *Méditations métaphysiques*. Il invoque pour soutenir la distinction de l'esprit et de la matière, non la dualité du psychique et du corporel, mais l'opposition de l'intelligible et du sensible. En nous tournant vers notre

---

1 *Réponse à la IIIe Lettre d'Arnauld*, Recueil de 1709, t. IV, p. 122.
2 Éclaircissements à la recherche de la vérité, XV, 6. Cf. L'expérience humaine et la causalité physique, § 6, p. 12 ; éd. de 1949, pp. 9-10.
3 Cf. *Lettres et Discours du Révérend Père Ch. de Condren*, 3e édit., 1668, pp. 234-235 : « Laissez-vous à Jésus-Christ et à ses conduites saintes, dans un esprit de foi, et détaché de toute adhérence à vos sentiments et à vos pensées, sans vous arrêter à rien de ce qui se passe en vous... Nous ne pouvons pas voir ni connaître la vie naturelle et animale dont nous vivons dans nos corps, et nous voulons bien souvent voir et connaître la vie spirituelle et incompréhensible dont Dieu vit par sa grâce dans nos âmes : ce que nous devons éviter, en ne cherchant point, par aucune expérience intérieure, les mouvements de la vie de la grâce dans nos âmes. » Cité par H. Brémond, *Histoire littéraire du sentiment religieux en France depuis les guerres de religion jusqu'à nos jours*, t. III, 1923, p. 380.

âme, nous ne saisissons que nos perceptions, c'est-à-dire nos « ténébreuses modalités », tandis que la clarté, l'universalité, l'infinité des *nombres nombrants* et de l'*étendue intelligible* font de l'application aux mathématiques « l'application de l'esprit à Dieu, la plus pure et la plus parfaite dont on soit naturellement capable »[1].

Malebranche s'engage ainsi dans la voie que la métaphysique augustinienne avait tenté de frayer à la piété des fidèles, mais que le respect de la tradition péripatéticienne l'avait empêchée de suivre jusqu'au bout : « Si saint Augustin n'avait pas été dans ce préjugé commun, et dont on est maintenant délivré, que les couleurs appartiennent aux corps, et dans cet autre que nous voyons les corps en eux-mêmes, ou par des espèces qui en partent ou que l'on en tire ; je conclus, dis-je, que ses principes, qu'il a certainement bien prouvés, l'auraient obligé à reconnaître qu'on voit en Dieu les corps créés aussi bien que leurs idées incréées[2]. » Descartes, en ce sens, corrige Augustin, comme Augustin avait fécondé le cartésianisme par le dogme de la vision en Dieu. Si les idées immuables de la mathématique, par leur pure intellectualité, sont irréductibles au contenu immédiat de la conscience, elles le sont par là même aux données de la sensation. Et ainsi se constitue, en quelque sorte, une seconde dualité à partir de l'étendue intelligible, qui va, non plus de cette étendue considérée comme objet immédiat de la pensée à la perception de cette pensée dans tel ou tel moment de la vie psychique, mais de cette étendue, considérée comme archétype éternel des choses, à la réalité de telle ou telle chose en particulier. Or, à cette seconde dualité, pas plus qu'à la première, Malebranche n'a été conduit par un préjugé de théologien et en vue d'une doctrine théologique. A mesure qu'il poursuivait ses travaux en optique, dont Pierre Duhem a mis en relief la portée et l'originalité[3], à mesure aussi qu'il révisait les lois du choc sous l'influence des critiques dirigées par Leibniz contre la mécanique cartésienne[4], il a vu s'accroître, au sein d'une physique mathématique dont les *Principes de la philosophie* prétendaient faire un système de déduction homogène et parfaite, la distance entre la forme analytique de

---

1 Recherche de la vérité, V, 5.
2 *Écrit contre la prévention*, édit. de 1709 (avec pagination spéciale de l'*Écrit*), p. 92.
3 Revue de Métaphysique, 1916, p. 89.
4 Cf. *L'expérience humaine et la causalité physique*, § 114, p. 242 ; éd. de 1949, p. 234.

la relation et la détermination expérimentale de son contenu.

L'occasionalisme de Malebranche détache donc la physique de la mathématique pure aussi bien que la psychologie de la physique [1]. De même qu'il nous est impossible de conclure *a priori* des mouvements qui ont lieu dans l'univers la spécificité des qualités sensibles qui leur correspondent, les équations de l'algèbre et de la géométrie qui forment l'étendue intelligible et non spacieuse ne fournissent par elles-mêmes aucune détermination caractérisant en tant que telle la réalité matérielle de l'étendue locale. Voilà pourquoi « Spinoza... ne pouvant comprendre la puissance divine, et comment Dieu, par sa seule volonté, a pu créer l'univers, a pris cet univers pour son Dieu » [2]. Mais le spinozisme n'est pas seulement impie, il implique aussi une erreur épistémologique, une confusion métaphysique : car la méthode véritable de la science ne permet pas le passage rationnel du monde éternel des idées à l'univers, tel qu'il apparaît aux sens. L'idéalité de la mathématique, comme l'idéalité de la conscience, condamnerait donc l'homme au scepticisme, si la philosophie n'appelait la religion à son aide.

104. Il ne nous suffira donc pas de dire que Malebranche adapte les solutions chrétiennes aux solutions cartésiennes, en superposant l'un à l'autre le dogmatisme du philosophe et le dogmatisme du théologien ; il faudra bien plutôt comprendre ceci : le système de Malebranche consiste à démontrer que les problèmes soulevés, <u>et laissés en suspens</u>, par le cartésianisme, requièrent des solutions

---

1 Cf. *Entr. Mét.*, III, 7. « Si ma substance était intelligible par elle-même ou en elle-même, si elle était lumineuse, si elle pouvait m'éclairer, comme je ne suis pas séparé de moi-même, certainement je pourrais voir, en me contemplant, que je suis capable d'être touché de tels et tels sentiments que je n'ai jamais éprouvés, et dont je n'aurai peut-être jamais aucune connaissance. Je n'aurais jamais eu besoin d'un concert pour savoir quelle est la douceur de l'harmonie ; et quoique je n'eusse jamais goûté d'un tel fruit, j'aurais pu, je ne dis pas sentir, mais connaître avec évidence la nature du sentiment qu'il excite en moi. » Et 17 : « Les géomètres se trompent rarement, et les physiciens presque toujours... Il ne faut point juger des objets sensibles sur les sentiments dont ils nous frappent, mais sur les idées qui les représentent. Nos sentiments sont confus. Ce ne sont que des modalités de notre âme qui ne peuvent nous éclairer. Mais les idées que la raison nous découvre sont lumineuses : l'évidence les accompagne. Il suffit de les considérer avec attention pour en découvrir les rapports et s'instruire solidement de la vérité. »

2 *Réflexions sur la prémotion physique*, VIII, édit. de Genoude et de Lourdoueix, t. II, 1837, p. 383 *a*.

spécifiquement chrétiennes et même expressément catholiques. Si Descartes refusait à l'athée la moindre assurance de la plus élémentaire proposition d'arithmétique, c'est que la transcendance divine lui paraissait nécessaire pour la consécration de vérités qui étaient des créatures de Dieu. Mais aux yeux de Malebranche, l'hypothèse du mathématicien athée se détruit immédiatement elle-même : les idées mathématiques participent à l'infinité divine ; de telle sorte que la disproportion de leur contenu objectif à la perception psychique suffit pour établir au sein de l'animal raisonnable la transcendance de l'*homo mathematicus* à l'homme simplement homme. Et dans un passage remarquable du Xe *Éclaircissement à la recherche de la vérité (sur la nature des idées)*, Malebranche invoque, à l'appui de sa thèse, la double évidence de l'existence des nombres incommensurables et de l'impossibilité d'en épuiser l'essence [1].

Lorsque donc on médite et la divinité de Dieu et l'humanité de l'homme, la nécessité du Verbe médiateur entre l'infini et le fini apparaît immédiatement. D'une part, en effet, « il est indubitable

---

1 « L'esprit de l'homme conçoit clairement qu'il y a ou qu'il y a eu, ou qu'il peut y avoir un nombre infini de triangles, de tétragones, de pentagones intelligibles et d'autres semblables figures. Non seulement il conçoit que les idées des figures ne lui manqueront jamais, et qu'il en découvrira toujours de nouvelles, quand même il ne s'appliquerait qu'à ces sortes d'idées pendant toute l'éternité ; il aperçoit même l'infini dans l'étendue, car il ne peut douter que l'idée qu'il a de l'espace ne soit inépuisable. L'esprit voit clairement que le nombre qui, multiplié par lui-même, produit 5, ou quelqu'un des nombres entre 4 et 9, entre 9 et 16, entre 16 et 125, etc., est une grandeur, un rapport, une fraction, dont les termes ont plus de chiffres qu'il ne peut y en avoir d'un pôle du monde à l'autre. Il voit clairement que c'est un rapport tel qu'il n'y a que Dieu qui le puisse comprendre, et qu'il est impossible de l'exprimer exactement parce qu'il faut pour l'exprimer une fraction dont les deux termes soient infinis. Je pourrais apporter beaucoup de semblables exemples dont on peut conclure non seulement que l'esprit de l'homme est borné, mais que la Raison qu'il consulte est infinie. Car enfin, l'esprit voit clairement l'infini dans cette souveraine Raison, quoiqu'il ne le comprenne pas. En un mot, il faut que la Raison que l'homme consulte soit infinie, puisqu'on ne la peut épuiser, et qu'elle a toujours quelque chose à répondre sur quoi que ce soit qu'on l'interroge. » Et voici, dans les *Méditations chrétiennes*, le texte classique où MALEBRANCHE montre comment se répercute dans le monde du sentiment la distinction des nombres commensurables et des nombres incommensurables : « Pourvu que les mouvements qui arrivent à son corps ne la blessent point ou ne lui soient point utiles, Dieu a dû faire sentir du plaisir à l'âme lorsque les rapports de ces mouvements se pourraient mesurer par quelque chose de fini ; et au contraire, il a voulu lui faire sentir quelque peine lorsque ces mouvements sont incommensurables, et par conséquent incompréhensibles à l'esprit humain. » (IV, 14.)

qu'il n'y avait que Dieu seul avant que le monde fût créé, et qu'il ne l'a pas pu créer sans connaissance et sans idée : que par conséquent ces idées que Dieu en a eues ne sont pas différentes de lui-même ». (*Recherche*, III (2), V.) D'autre part, « si la raison que je consulte n'était pas la même qui répond aux Chinois, il est évident que je ne pourrais pas être aussi assuré que je le suis, que les Chinois voient les mêmes vérités que je vois. Ainsi la Raison que nous consultons quand nous rentrons dans nous-mêmes est une Raison universelle ». (Xe *Éclaircissement.*)

Dès lors « en supposant que l'homme soit raisonnable, certainement on ne peut lui contester qu'il sache quelque chose de ce que Dieu pense, et de la manière dont Dieu agit ; car en contemplant la substance intelligible du Verbe qui seule me rend raisonnable, et tout ce qu'il y a d'intelligences, je puis voir clairement les *rapports de grandeur* qui sont entre les idées intelligibles qu'il renferme ; et ces rapports sont les mêmes vérités éternelles que Dieu voit »[1].

105. *La méditation du Verbe* devient donc la pierre angulaire du système. Toutefois, considérée sous sa forme universelle, elle n'est encore qu'une union profane. Malebranche fait dire à Jésus, dans la *IIIe des Méditations chrétiennes*, où l'homme-Dieu déroule les replis de sa psychologie : « Sache que tous les esprits sont unis à moi, que les philosophes, que les impies, que les démons même ne peuvent être entièrement séparés de moi ; car, s'ils voient quelque vérité nécessaire, c'est en moi qu'ils la découvrent, puisqu'il n'y a point hors de moi de vérité éternelle, immuable, nécessaire. » (§ 20.)

Or il est manifeste, selon Malebranche, que la nécessité, l'éternité, l'immutabilité des rapports entre les idées interdisent, bien plutôt qu'elles ne favorisent, la déduction de l'existence des choses et de leurs rapports : « Je ne puis, en contemplant le Verbe, ou en consultant la raison, m'assurer si Dieu produit quelque chose au dehors ; car nulle créature ne procède nécessairement du Verbe : le monde n'est point une émanation nécessaire de la divinité ; Dieu se suffit pleinement à lui-même. L'idée de l'être infiniment parfait se peut concevoir toute seule. Les créatures supposent donc en Dieu des décrets libres qui leur donnent l'être. Ainsi, le Verbe précisément

---
[1] Traité de morale, I, I, 6.

en tant que Verbe, en tant que raison universelle des esprits, ne renfermant point leur existence, on ne peut en le contemplant s'assurer de ce que Dieu fait. » (*Morale*, I, I, 5.)

Voici donc le point capital pour l'exacte situation de Malebranche dans l'histoire de la pensée philosophique et religieuse. Si le Verbe qui est pure immanence à l'Unité divine, si le *Logos* des « philosophes et savants », ne l'a point contenté, ce n'est point du tout parce que Malebranche aurait d'avance infléchi son système vers les vérités de foi auxquelles il veut aboutir, c'est tout au contraire parce que les difficultés proprement philosophiques ne lui paraissent susceptibles de solution que dans la mesure où les vérités de la foi viennent les éclaircir. Tandis que Descartes établissait la réalité de l'univers physique comme une simple promotion du monde mathématique, la dualité radicale, chez Malebranche, de la raison mathématique et de l'expérience physique, de l'étendue intelligible et de l'étendue matérielle [1], le conduit, simplement pour être en état d'affirmer et de justifier l'existence de la nature, à concevoir *une seconde forme de méditation*, grâce à laquelle la pensée de l'homme se relie, non plus seulement à la souveraine intelligence de Dieu, mais encore à sa puissance créatrice. « Certainement (selon la doctrine exposée dans la conclusion du VIe *éclaircissement à la recherche*), il n'y a que la Foi qui puisse nous convaincre qu'il y a effectivement des corps. » Et seule aussi la foi nous expliquera pourquoi il en existe : « Le monde par rapport à Dieu n'est rien. Dieu ne peut donc pas se résoudre à rien faire, si une personne divine ne se joint à son ouvrage pour le rendre divin, et par là digne de sa complaisance et proportionné à l'action infinie de sa volonté. Mais quelle personne divine sanctifiera l'ouvrage de Dieu ? Ce sera le Verbe éternel... Un monde profane étant indigne de Dieu, la sagesse de Dieu le rendait, pour ainsi dire, impuissant, ou l'empêchait d'agir... Ainsi une personne divine devant rendre divin l'ouvrage de Dieu, faire de nous des dieux ou des enfants adoptifs du Père éternel, il fallait que son Fils unique fût le premier-né entre plusieurs frères, et que nous reçussions tout de son abondance ou de la plénitude de la divinité en lui [2]. »

---

[1] Cf. *Spinoza et ses contemporains*, p. 343 ; éd. de 1951, p. 216.
[2] *Addition* à l'Avertissement, et à l'article premier de la Première Partie du *Traité de la nature et de la grâce*.

La création s'est accomplie, à l'image de la Trinité, par la raison et pour la raison, par l'amour et pour l'amour : « Il n'y a rien de plus informe que la substance des esprits, si on la sépare de Dieu : car qu'est-ce qu'un esprit sans intelligence et sans raison, sans mouvement et sans amour ? Cependant c'est le Verbe et la Sagesse de Dieu qui est la raison universelle des esprits ; et c'est l'amour par lequel Dieu s'aime, qui donne à l'âme tout le mouvement qu'elle a vers le bien [1]. »

106. Ce mouvement d'amour, l'expérience intime que nous avons de nous-mêmes nous apprend qu'il est libre, ou de continuer (et en effet nous sentons que *nous avons toujours du mouvement pour aller plus loin*) ou de s'arrêter, et le repos prématuré, c'est le péché : « Le pécheur (écrit Malebranche dans le *Ier éclaircissement à la recherche*), ne fait rien ; car le péché n'est rien. » Il n'y a qu'à concevoir une simple déficience de la volonté chez Adam, et l'on comprend que les situations réciproques du Créateur et de la créature aient été interverties. Les lois faites en vue de l'*ordre* servent au *désordre*. Le corps, que Dieu avait lié à l'âme pour le décharger du soin vital et pour le tourner vers la lumière intelligible, interpose entre Dieu et l'homme le double écran des sens et de l'imagination.

Le péché originel, qui est, comme la liberté, attesté par l'expérience interne [2], a rompu le parallélisme entre l'intelligibilité de la raison et l'intelligibilité de l'amour, entre l'ordre des vérités spéculatives et l'ordre des perfections pratiques, qui sera, dans la langue de Malebranche, l'*ordre* tout court. Il réclame donc, pour que les suites en puissent être réparées, *une troisième forme de médiation*, qui soit exactement adaptée à l'état de l'homme corrompu : « Ne savez-vous pas, Ariste, que la Raison elle-même s'est incarnée pour être à la portée de tous les hommes, pour frapper les yeux et les oreilles de ceux qui ne peuvent ni voir ni entendre que par leurs

---

1 Traité de la nature et de la grâce, III, 1.
2 (1) Cf. *VIIIe Éclaircissement à la recherche*, 3 : « Il est évident que la nature est corrompue et dans le désordre, puisque l'esprit est naturellement porté à aimer les corps qui ne sont point aimables, ou n'ont nulle efficace pour agir en lui, et qu'il les aime souvent plus que Dieu même. Le péché originel, ou le dérèglement de la nature, n'a donc pas besoin de preuve : car chacun sent assez en soi-même une loi qui le captive et le dérègle, et une loi qui n'est point établie de Dieu, puisqu'elle est contraire à l'ordre immuable de la justice qui est la règle inviolable de toutes ses volontés. »

sens ? Les hommes ont vu de leurs yeux la Sagesse éternelle, le Dieu invisible qui habite en eux. Ils ont touché de leurs mains, comme le dit le bien-aimé disciple, le Verbe qui donne la vie. La vérité intérieure a paru hors de nous, grossiers et stupides que nous sommes, afin de nous apprendre d'une manière sensible et palpable, les commandements éternels de la loi divine, commandements qu'elle nous fait sans cesse intérieurement, et que nous n'entendons point, répandus au dehors comme nous sommes. » (*Entr.*, V, 9.)

107. Les étapes de la médiation chrétienne commandent les degrés du retour vers la lumière de Dieu. Il est vrai, en effet, que dans l'ordre pratique l'homme ne peut plus atteindre à cette plénitude d'évidence qui, dans l'ordre spéculatif, accompagne et récompense le travail de l'attention. Mais la nécessité misérable de recourir aux moyens sensibles ne saurait altérer la pureté spirituelle du but que Malebranche assigne à la religion : « Il est permis d'incarner la vérité pour l'accommoder à notre faiblesse naturelle et pour soutenir l'attention de l'esprit, qui ne trouve point de prise à ce qui n'a point de corps. Mais il faut toujours que le sensible nous mène à l'intelligible, que la chair nous conduise à la raison, et que la vérité paraisse telle qu'elle est sans aucun déguisement. Le sensible n'est pas le solide. Il n'y a que l'intelligence qui, par son évidence et sa lumière, puisse nourrir des intelligences. [1]. »

Et Malebranche, en terminant la *IVe Méditation*, écrit : « O Jésus, je me console présentement par la nourriture sacrée de votre corps... Mais ma consolation n'est pas entière. Votre sacrement me fait qu'augmenter mes désirs... Car hélas ! est-ce posséder la vérité, est-ce vivre de sa substance que de ne la pas contempler ? Est-on rempli et pénétré de la splendeur du Père, lorsqu'on vous a reçu sous les apparences sensibles de la nourriture ordinaire ? Ne vous êtes-vous pas voilé, ô Jésus, dans ce sacrement pour nous donner un gage qu'un jour notre foi se changera en intelligence, que maintenant nous vous possédons sans le savoir ? »

Les philosophes, qui accusent le christianisme de subordonner la foi, chose historique et sensible, à la raison, qui est éternelle et intelligible, calomnient la religion du Dieu-homme ; car le caractère d'une telle religion est précisément qu'elle relèvera les philosophes

---
[1] *Entretiens*, X, début.

de leur impuissance à aimer Dieu comme « Dieu veut être aimé, d'un amour éclairé, d'un amour qui naisse d'une lumière pure, et non d'un sentiment confus tel qu'est le plaisir » [1]. Un semblable amour ne naîtra pas dans le cœur de l'homme, sans le Christ : « O Jésus ! *ordre, vérité, lumière* [2] ! »

Malebranche avait consacré son premier ouvrage à dénoncer le naturalisme idolâtrique d'Aristote, où l'homme se divinise en s'arrogeant une efficacité causale qui n'appartient qu'au Créateur. Dans les *Réflexions sur la prémotion physique*, qui sont « comme son testament [3] », il se préoccupe avant tout des principes à observer « pour ne pas humaniser la divinité et ne pas juger de la conduite que Dieu tient, et doit tenir, dans sa providence ordinaire, par celle que mous tiendrons nous-mêmes. Écueil ordinaire et où l'on donne toujours, parce qu'on a toujours un sentiment intérieur de ce qui se passe en soi-même, et qu'il faut que l'esprit travaille pour se rendre attentif à l'idée abstraite de l'être infiniment parfait, et pour le faire agir selon ce qu'il est » [4].

L'idéalisme de la sagesse doit contrebalancer le réalisme de la puissance, qui confine au matérialisme pur : « Le vrai et le faux, le juste et l'injuste, ne sont nécessairement et immuablement tels que parce que Dieu est un être immuable et nécessaire... Si Dieu n'était que tout-puissant, sans sagesse, justice, bonté, et que ses attributs n'eussent entre eux aucun ordre ou aucun rapport, si, dis-je, Dieu n'était que tout-puissant, et qu'il fût semblable aux princes qui se glorifient plus de leur puissance que de leur nature, alors son souverain domaine ou son indépendance lui donnerait droit à tout : il n'agirait que comme Tout-puissant. Hobbes, Locke et quelques autres auraient découvert le vrai fondement de la morale : l'autorité et la puissance donnant, sans raison, droit à faire tout ce qu'on veut quand on n'en a rien à craindre. » (XVII, 401 *a* et XIX, 406 *a*.)

La justice, dont la charité n'est, en un certain sens, qu'une approximation [5], demeure inviolable ; et Malebranche fait dire à Jésus,

---

1 Conversations chrétiennes, VIII.
2 Méditations chrétiennes, IV, 15.
3 ANDRÉ, *La vie du Père Malebranche*, édit. INGOLD, 1886, p. 386.
4 XXI, édit. GENOUDE, II, 412 *b*.
5 Cf. *Entr.*, VIII, 13 : « Ce n'est pas qu'on ne puisse dire que ceux qui ont la charité sont justes véritablement, quoiqu'ils forment souvent des jugements fort injustes. Ils sont justes dans la disposition de leur cœur ; mais ils ne sont pas justes en toute

dans les *Méditations*, que « la miséricorde et la clémence de son Père s'accordent avec les règles de la justice ». (X, 6.) Car Dieu « est la justice essentielle et nécessaire »[1].

108. Il appartiendra donc à la doctrine du Verbe incarné de répandre la lumière de la justice dans le domaine de l'ordre comme la doctrine du Verbe incréé apporte la lumière de vérité dans le domaine de la grandeur : « Selon la vraie et immuable justice, toute offense de Dieu doit être punie, jusqu'à ce que la punition en ait égalé l'énormité. Le péché ne peut être pardonné selon la loi éternelle, sans une satisfaction convenable. Or, une même personne ne peut pas se faire satisfaction à elle-même, ou tirer d'elle-même ce que demande nécessairement la justice vraie et immuable. Donc il y a en Dieu pluralité de personnes ; car il n'y a certainement qu'un seul Dieu et il n'y a qu'un Dieu qui puisse satisfaire à Dieu, l'énormité du péché étant infinie à cause de la majesté infinie de Dieu, puisque l'offense mérite une peine proportionnée à la dignité de celui qui est offensé[2]. »

L'aptitude du dogme catholique à tirer les philosophes « de l'embarras où ils se trouvent » (selon l'expression des *Entretiens*, IV, 17), tient donc à ce qu'il met à la disposition de Malebranche, par la double personnalité du Père et du Fils au sein de l'unité divine, deux plans de manœuvre, à ce qu'il comporte, comme diraient les savants contemporains, deux degrés de liberté : « Dieu a deux sortes de lois qui le règlent dans sa conduite. L'une est éternelle et nécessaire, et c'est l'ordre ; les autres sont arbitraires, et ce sont les lois générales de la nature et de la grâce. Mais Dieu n'a établi ces dernières que parce que l'ordre demande qu'il en soit ainsi. » (*Médit.*, VII, 18.) Il n'y a donc ni philosophie séparée ni théologie séparée : la nature et la grâce entrent dans l'architecture d'un même système. La création et l'incarnation sont liées l'une à l'autre dans le conseil divin où se combinent la puissance du Père et la sagesse du Fils[3]. Cette combinaison ne s'explique, à son tour, que parce que le

---

rigueur, parce qu'ils ne connaissent pas exactement tous les rapports de perfection qui doivent régler leur estime et leur amour. »
1 *Écrit contre la prévention*, XIII, *id.* édit. cit., p. 140.
2 *Prémotion physique*, XXIII, 419 a.
3 Cf. *Prémotion physique*, XVIII, p. 406 *b* : « La toute-puissance n'entra point, pour ainsi dire, dans les conseils du Créateur, lorsqu'il voulut bien former le dessein de

Dieu-homme, capable de dire de soi : « J'ai été et je suis toujours le même », jouit pourtant aussi de deux degrés de liberté, *quatenus Deus* et *quatenus homo* [1] : « Jésus-Christ lui-même nous apprend que *toute-puissance lui a été donnée dans le ciel et sur la terre*. Or il n'a pas reçu cette puissance comme Dieu égal au Père, mais en tant qu'homme semblable à nous. Et Dieu ne communique sa puissance aux créatures que parce qu'il exécute leurs volontés, et par elles ses propres desseins, car Dieu seul est cause véritable de tout ce qui se fait dans la grâce et dans la nature. Ainsi il est certain, par l'Écriture sainte, que Jésus-Christ, comme homme, est la cause occasionnelle qui détermine par ses prières ou par ses désirs l'efficace de la loi générale, par laquelle Dieu veut sauver tous les hommes en son Fils. » (*Morale*, I, VIII, 3.)

109. De l'occasionalisme, tel qu'il nous apparaît chez les prédécesseurs de Malebranche, on peut dire, semble-t-il, qu'il était surtout un expédient désespéré pour échapper aux difficultés de la psycho-physiologie cartésienne : un double coup de génie le transforme et le transfigure. D'une part, Malebranche met l'obscurité de l'expérience physique en contraste avec le plan lumineux de l'analyse mathématique ; d'autre part, il transporte dans le domaine de l'ordre, il applique à sa beauté, cette dualité de l'intelligible et du sensible, que lui a suggérée l'« évidence de la vérité ». Dès lors, l'Incarnation humaine du Verbe devient le centre de la *philosophie chrétienne*, indépendamment de toutes les spéculations alexandrines et médiévales qu'entraîne le postulat du réalisme cosmique et hypercosmique : « Il est évident que ce n'est point le péché qui rend possible l'incarnation du Verbe, et que, quand même Dieu n'aurait point créé d'hommes, le Verbe aurait pu se faire ange, pour conserver en sa personne la nature angélique, et comme chef de l'Église, offrir à Dieu un culte digne de lui, et où il pût mettre sa

---

créer le monde. Bien loin d'y présider et d'y décider, ce fut la sagesse éternelle qui le prononça, ce sage et admirable dessein ; qui le prononça, dis-je, conformément à l'ordre immuable, conformément à son aimable et son inviolable loi, écrite dans sa substance, en caractères éternels. Elle parla, et la toute-puissance exécuta. »

1 Cf. *Médit.*, XVIII, 4 : « Ma conduite doit porter le caractère de mes qualités. Je suis Dieu, je dois donc agir en Dieu par des voies simples, générales, uniformes et constantes. Je suis homme : je dois donc agir en homme et me servir des moyens humains. »

complaisance sans rabaisser son infinie majesté ¹. »Mais, sinon par le péché du premier homme, du moins à la suite de ce péché, le drame qui se joue entre le ciel et la terre a passé du plan simplement métaphysique au plan moral. La révélation de la volonté divine est achevée : « Les fins de Dieu étant subordonnées les unes aux autres, jusqu'à la dernière qui est lui-même, l'homme se rapporte à Jésus-Christ, et Jésus-Christ à Dieu, la création de l'homme est subordonnée à l'incarnation du Verbe, l'homme terrestre à l'homme céleste, le monde présent au monde futur, et le monde futur à la gloire du Créateur. » (*Ibid.*, 422 *b.*)

La même joie que Pascal a dû éprouver à vérifier l'adaptation de l'interprétation chrétienne de l'histoire aux conditions, toutes nouvelles alors pour l'humanité, de l'expérimentation scientifique, Malebranche l'a ressentie en découvrant que la réflexion sur la structure complexe de la physique mathématique le conduisait à l'ordonnance d'un système où il a pu opérer la pénétration intime et réciproque de la raison et de la foi sans avoir jamais rien à céder, ou des exigences rigoureuses de l'une, ou de la plénitude de fervente de l'autre. La méditation du sage illumine, dans la profondeur de son mystère, la conduite de Dieu avant le péché d'Adam ²,

---

1 *Prémotion physique*, XXV ; 424 *a.* — Malebranche a eu le souci de faire leur juste part aux anges, comme aux miracles et au Saint-Esprit. Toutefois il n'a pas évité que la divergence s'accuse dans son système entre la théologie inspirée par la tradition du *Logos* stoïcien ou philonien, et la théologie qui se réfère à l'anti-thèse aristotélicienne du monde sublunaire et du monde supralunaire. La communication que le Verbe établit entre Dieu et l'homme, et qui remplace l'antique rapport d'œuvre à ouvrier par le rapport d'esprit à esprit, diminue d'autant le privilège hiérarchique de l'ange. Déjà, au moyen âge, la question s'était posée : « Puisque la plus excellente des formes spirituelles, celle d'un Homme-Dieu, a pu trouver place entre les limites de l'espèce des âmes humaines, n'est-il pas bien douteux que l'ange l'emporte en dignité sur l'âme au point d'appartenir à une espèce supérieure ? » (GILSON, *La philosophie de saint Bonaventure*, p. 231.)

2 Cf. *Lettre à Leibniz*, du 14 décembre 1711 : « La volonté de Dieu n'étant que l'amour invincible qu'il se porte à lui-même et à ses divines perfections, il est clair que l'ordre immuable qui est entre elles est sa loi, et qu'il y trouve tous ses mobiles... En demeurant immobile à la chute de l'homme, il exprime par là que le culte de la plus excellente de ses créatures n'est rien par rapport a lui... Il a en vue Jésus-Christ qui divinise le culte de ses créatures, ce culte dans lequel il pourra mettre sa complaisance sans démentir son attribut essentiel, son infinité. C'est là son vrai et premier dessein. La chute du premier homme le favorise. Il veut que Jésus-Christ ait la gloire de bâtir l'Église future, non du néant de l'être, mais du néant de la sainteté et de la justice ; car la grâce n'est point donnée aux mérites, afin que les hommes qui sont

comme l'ascétisme du saint justifie l'espérance sublime du salut :
« Si nous portons l'image du Verbe humilié sur la terre, et si nous
suivons les mouvements du Saint-Esprit, cette image primitive de
notre première création, cette union de notre esprit au Verbe du
Père, et à l'amour du Père et du Fils sera rétablie et rendue ineffaçable. Nous serons semblables à Dieu, si nous sommes semblables
à l'homme-Dieu. » (*Recherche*, III (2), VI.)

Section II
LES QUERELLES DE L'ÉGLISE FRANÇAISE

110. L'opposition profonde qui domine le cours de l'histoire occidentale, entre le conceptualisme abstrait et l'intellectualisme concret se traduit, dans l'Église catholique de France au XVIIe siècle, par les deux apologétiques inverses de Pascal et de Malebranche. Selon la première, Jésus, dans son avènement d'humanité sainte et humiliée, a placé l'ordre de la charité au-dessus de l'ordre de l'esprit ; et c'est pourquoi Pascal peut écrire dans les *Pensées* « On se fait une idole de la vérité même. » (F° 85, fr. 582.) Au contraire, pour Malebranche, la valeur de vérité ne saurait être une espèce dans le genre des valeurs ; car il n'y a point de concept de la valeur en général. Le philosophe considérera seulement les valeurs véritables, c'est-à-dire celles qui, dans le domaine de la science, de la morale, ou de la religion, auront accepté de traverser, auront réussi à surmonter, l'épreuve de la vérification : « Il faut que la foi nous conduise à l'intelligence ; il ne faut pas céder la Raison en parti ennemi de la Vérité », porte l'édition de 1702 des *Conversations chrétiennes*. (IV, p. 182.)

Si l'intelligence de la raison et de la vérité a manqué au Moyen Age, c'est que la scolastique s'est laissée séduire par cette soi-disant physique d'Aristote, qui est, en réalité, une logique des qualités. Or, la logique des qualités est proprement un infini de discours et un néant de pensée : « Une qualité est ce qui fait qu'on appelle une

---

par le péché dans un état pire que le néant même, n'aient aucun sujet de se glorifier en eux-mêmes, et qu'ils doivent à Jésus-Christ, leur chef, par qui ils peuvent rendre à Dieu des honneurs divins, leur bonheur éternel, et qu'ils soient liés avec lui par une étroite reconnaissance. » (Édit. Gerhardt des *Écrits philosophiques de Leibniz*, I, 352).

chose d'un tel nom, on ne peut le nier à Aristote, car enfin cette définition est incontestable. Telles ou semblables manières de parler ne sont point fausses, mais c'est qu'en effet elles ne signifient rien. Les idées vagues et indéterminées n'engagent point dans l'erreur, mais elles sont entièrement inutiles à la découverte de la vérité. » (*Recherche*, VI (2), VII.)

La critique radicale des « universaux »[1] consacre la victoire de l'augustinisme sur le thomisme. Il convient seulement de rappeler que l'intelligence à laquelle Augustin s'était référé dans ses spéculations métaphysiques, était l'intelligence des néo-pythagoriciens et des néo-platoniciens, intelligence *nominale* qui se contentait d'évoquer du dehors l'intelligence *réelle* de Pythagore et de Platon, et d'y appuyer l'imagination de ses symboles et la fantaisie de ses analogies. Depuis Descartes, et depuis Descartes seulement, les nombres et les idées sont, non pas des choses que l'on célèbre et que l'on adore, mais qu'effectivement l'on comprend.

L'importance historique du malebranchisme, c'est qu'il est le premier système, peut-être le seul, où le dogme chrétien soit mis directement en connexion avec une philosophie de l'esprit, de la raison et de la vérité, qui ne cherche d'aucune manière à ruser avec l'esprit, avec la raison, avec la vérité. De là aussi le caractère décisif de l'accueil qu'il devait rencontrer dans l'Église. Déjà l'auteur des *Conversations chrétiennes* avait souligné dans le *VIe Entretien, sur le péché originel*, les obstacles qui devaient en résulter pour la méditation de la sagesse divine, et particulièrement les ravages qui sont exercés dans l'opinion du monde « par la manière hardie et par l'air dominant ».

Et il lui est arrivé, en effet, de se heurter à la brutalité « hardie », à l'autorité « dominante », d'un Bossuet et d'un Arnauld. On sait sur quel ton proprement inouï l'évêque de Meaux l'entreprit « en public, et dans une occasion qui ne venait pas fort à propos ; car ayant été nommé par le roi pour faire l'oraison funèbre de la reine, il s'avisa d'y peindre le P. Malebranche, ou plutôt le fantôme qu'on s'en était formé... Voici l'endroit, continue le P. André ; on jugera[2] :

---

[1] Cf. GOANACH, La théorie des idées dans la philosophie de Malebranche, 1908, pp. 90 et suiv.

[2] (2) *La vie du Père Malebranche*, p. 109. — Il n'est pas sûr, à vrai dire, que l'occasion ne soit plutôt pour Bossuet une circonstance atténuante. Courtisan parlant à des courtisans, il devait célébrer la vertu conjugale de Louis XIV ; et il était le premier

Que je méprise ces philosophes qui, mesurant les conseils de Dieu à leurs pensées, ne le font auteur que d'un certain ordre général, d'où tout le reste se développe comme il peut ! Comme s'il avait, à notre manière, des vues générales et confuses, et comme si la souveraine intelligence pouvait ne pas comprendre dans ses desseins les choses particulières qui seules subsistent véritablement !

111. L'éclat scandaleux de Bossuet contre Malebranche devait se prolonger par l'interminable polémique à laquelle Arnauld se livra, du fond de l'exil où l'avait relégué la rupture de la « paix de l'Église ». Sainte-Beuve, dans une note rédigée à propos de l'*Histoire de la philosophie cartésienne* que Francisque Bouillier publia en 1854, affecte de n'y voir que des « combats dans les nuages »[1].

Formule assurément étrange, si du moins, comme le *Port-Royal* tend à le suggérer, l'histoire religieuse du XVIIᵉ siècle doit être prise au sérieux ; car c'est là que la philosophie chrétienne joue son destin. Il s'agit de savoir qui est Descartes, si doit être maintenu le bénéfice de la révolution entraînée par l'avènement de la

---

à savoir que la vie amoureuse du souverain, comparée à la vie amoureuse de David, aurait véritablement fourni la matière d'un supplément inattendu à la *Politique tirée des propres paroles de l'Écriture sainte*. Pour franchir ce pas délicat, pour réprimer le sourire que ses paroles allaient provoquer chez les auditeurs et chez les auditrices, il prémédite une diversion, il leur donne à deviner le nom du philosophe qu'il accable d'un mépris soudain, sans le désigner expressément. Puis, l'effet de curiosité obtenu, il reprend le cours majestueux de l'oraison. A relire le morceau dans son ensemble, on se convainc qu'il n'est pas d'un homme méchant, mais bien plutôt d'un politique habile et d'un artiste raffiné ; on comprend ainsi que Bossuet ait pu se vanter de sa période auprès de ses amis, comme le rapporte le P. André, et qu'il ait tenté, en même temps, de s'en excuser indirectement auprès de sa victime. (Cf. Lettre du marquis d'Allemans au Père Malebranche, du 6 mai 1684, *apud* VIDGRAIN, *Fragments philosophiques inédits et correspondance de Malebranche*, p. 51) : « C'est donc Dieu qui a voulu élever la reine, par une auguste naissance à un auguste mariage, afin que nous la vissions honorée, au-dessus de toutes les femmes de son siècle, pour avoir été chérie, estimée, et trop tôt, hélas ! regrettée par le plus grand de tous les hommes. Que je méprise ces philosophes qui, mesurant les conseils de Dieu à leurs pensées, ne le font auteur que d'un certain ordre général, d'où tout le reste se développe comme il peut ! Comme s'il avait, à notre manière, des vues générales et confuses, et comme si la souveraine intelligence pouvait ne pas comprendre dans ses desseins les choses particulières qui seules subsistent véritablement ! N'en doutons pas, Chrétiens, Dieu a préparé dans son conseil éternel les premières familles qui sont les sources des Nations, etc. »
1 *Port-Royal*, 5ᵉ édit., t. V, p. 441, note.

spiritualité véritable, ou s'il sera encore possible de revenir aux errements de la scolastique en parlant indifféremment le langage de l'image et de l'idée, de la matière et de l'esprit. Pour Arnauld, dans toute représentation, se trouvent impliquées, on ne sait par quelle magie verbale, la présence et la réalité d'un objet extérieur à l'esprit ; de telle sorte que le problème de la connaissance, avant que d'être posé, se trouve résolu suivant la tradition du dogmatisme précartésien. Du haut de ce prétendu *sens commun*, dont précisément le doute méthodique a fait justice, il oppose au *bon sens* de Malebranche un sempiternel refus de comprendre, qu'il accompagne de hautaines leçons d'intelligence cartésienne et de rigueur géométrique. Il faut avouer que le spectacle est affligeant. Arnauld a trop bien mérité le *satisfecit* innocemment cruel que lui décernait jadis Ollé-La-prune : « C'est plaisir que de suivre Arnauld dans cette lutte contre les êtres représentatifs. Reid même n'a rien dit de plus sensé et de plus vif [1]. »

Mais il convient d'ajouter que le spectacle a du moins un intérêt historique. Ce n'est point par hasard que Leibniz se tourne vers Arnaud comme vers le penseur le plus capable de favoriser son entreprise pour verser les μαθήματα du cartésianisme dans les cadres des λόγοι péripatéticiens, pour fonder l'économie d'un système théologique sur la structure du jugement de prédication : *Prædicatum inest subjecto* [2]. Et, dans ce sens, l'éclectisme incohérent avec lequel la *Logique de Port-Royal* avait accueilli pêle-mêle les *Analytiques* d'Aristote, les règles de la méthode cartésienne et les *Réflexions* de Pascal sur l'*Esprit géométrique*, laisse pressentir les embarras auxquels Kant lui-même s'exposera dans la *Critique de la raison pure* lorsqu'il s'efforcera de traduire les résultats nouveaux de la déduction transcendantale dans le langage traditionnel de la déduction logique.

112. Du point de vue catholique, la question sera au moins aussi grave : il s'agit de savoir qui est cet Augustin dont tous les partis de l'Église s'accordent à faire l'arbitre infaillible de l'orthodoxie. Est-ce le théoricien des Idées, que les spéculations néoplatoni-

---

1 La philosophie de Malebranche, t. II, 1875, p. 18.
2 *Lettre à Arnauld*, du 14 juillet 1686, édit GERHARDT des *Œuvres philosophiques*, t. II, 56.

ciennes ont ramené à la religion du Verbe ? Est-ce le théoricien de la grâce, animé, contre la liberté de Pélage, par le même zèle furieux qui emportait l'apôtre Paul contre la sagesse des philosophes ? L'un et l'autre, dira-t-on. Jansénius et *Ambrosius Victor* ont donné de l'augustinisme des interprétations contradictoires ; ils ne se contredisent pourtant pas en tant qu'historiens. Mais le siècle des idées claires et distinctes ne permet plus que l'on se résigne à enregistrer tel quel un chaos de textes hétéroclites. Bon gré, malgré, il faudra que la théologie chrétienne sorte de l'état où elle était depuis Philon le Juif ; car le temps est révolu du syncrétisme patristique, qui juxtaposait, dans les formules ambiguës et pacifiantes des Conciles, des manières de parler qui n'étaient, en effet, que des manières de parler, destinées à se heurter et à se détruire elles-mêmes du jour où elles deviendraient des manières de penser. Il est alors fatal que les apports du néo-platonisme et de l'Évangile à l'œuvre augustinienne se séparent comme deux fleuves au cours parallèle qui n'ont pas véritablement mêlé leurs eaux. Et de là le conflit de systèmes, parfaitement organiques et tous deux augustiniens, mais dont il est impossible de masquer l'antagonisme et l'incompatibilité, du moment que la synthèse, dût-elle s'opérer au-dessus du plan de la raison ou même contre la loi de la raison, exige cependant de se définir pour soi dans son ordonnance interne. Aux yeux d'Arnauld le christianisme est essentiellement, et il doit demeurer, une religion de la puissance [1]. Il taxera donc d'*anthropomorphisme* la conception d'un dieu que le soin de sa gloire contraint de se conformer aux lois de la sagesse : « C'est une impiété voisine du manichéisme d'imaginer qu'il lui ait été impossible d'établir des lois à la fois très simples et entièrement exemptes de suites fâcheuses [2]. » Malebranche retourne l'accusation contre son adversaire. Pour lui l'apothéose de la volonté particulière, de l'« acception de personne », revient à imaginer le Créateur sur le modèle d'un monarque absolu que l'on feint de vénérer et d'adorer alors

---

[1] Cf. *Réponse au livre des vraies et des fausses Idées*, XXIV : « Selon M. Arnauld, pour découvrir la vérité, quelle qu'elle puisse être, ou du moins pour avoir l'idée de Dieu présente à l'esprit, on a besoin que Dieu modifie notre âme par sa *puissance* ; mais on n'a nul besoin que Dieu l'éclaire par sa *sagesse*. » Recueil de 1709, t. I, p. 284.
[2] Jean LAPORTE, La doctrine de Port-Royal, II. Les vérités de la grâce, 1923, p. 45 (avec renvoi à ARNAULD, Réflexions philosophiques et théologiques sur le nouveau système de la nature et de la grâce, 1685, Œuvres, édit. de Lausanne, XXXIX, p. 225).

que l'arbitraire de son caprice fait trembler. N'est-ce pas là détruire toute la certitude intrinsèque du christianisme et toute sa spiritualité spécifique ? Dans l'*Écrit contre la prévention*, Malebranche n'hésite pas à dire d'Arnauld : « Le même auteur me paraît nier la nécessité des lois éternelles ou nécessaires en voulant que la volonté de Dieu n'ait pas besoin d'être réglée par autre chose que par elle-même, ou que ce que Dieu veut soit sage, non parce qu'il ne fait rien sans consulter sa sagesse, mais précisément de ce qu'il le veut ; car obliger Dieu à consulter sa sagesse et à la suivre exactement, c'est, selon lui, mettre des bornes à sa liberté, ce qui est une étrange témérité. Et par là il établit une théologie qui m'est entièrement inconnue, une théologie par conséquent que je ne sais comment nommer ; c'est à d'autres à la qualifier. Mais il me paraît évident que c'est une théologie qui renverse par ses conséquences directes généralement toute religion et toute morale. De sorte que, comme la philosophie de l'auteur sur les idées est le fondement du pyrrhonisme, sa théologie l'est du libertinage et de l'impiété [1]. »

L'autorité propre d'Arnauld renforçant l'autorité officielle de Bossuet, on comprend alors que le combat autour du malebranchisme, loin de se perdre dans les nuages, mettait en réalité aux prises les forces mêmes qui devaient jusqu'à l'époque même où écrivait Sainte-Beuve, diriger l'évolution ultérieure de la pensée. D'un côté, parce que Malebranche demande à la sagesse de fonder l'amour véritable, il lui arrivera de faire prononcer par le Jésus des *Méditations* une condamnation explicite et prophétique de Rousseau : « Tu dois savoir, mon fils, qu'on aime et qu'on hait en deux manières, par instinct et par raison... C'est par instinct que les ivrognes aiment le vin... Il en est de même de tous les faux biens : on ne les aime que par l'instinct du sentiment. Mais, à l'égard des vrais biens, des biens de l'esprit, on les aime, ou plutôt on devrait les aimer uniquement par raison. Car enfin que l'amour soit parfaitement raisonnable, méritoire en tout sens, entièrement conforme à son principe, l'amour consubstantiel et divin, il doit naître ou procéder de la lumière ; il doit être uniquement réglé par la raison. » (XIV, 5.) D'un autre côté, la *Politique tirée de l'Écriture sainte* est à la base de cette théologie romantique qui devait inspi-

---

1 Éd. 1709, p. 141. Cf. *Réflexions sur la prémotion physique*, XXV, p. 423 *b* : « On sape les fondements de la religion et de la morale ; et tout étant arbitraire, il n'y a plus rien de certain. »

rer aux autorités religieuses du XIXe siècle leur attitude conservatrice, et par là marquer d'une empreinte décisive les événements de l'histoire contemporaine. Déjà chez Bossuet on voit l'idolâtrie des *grandeurs de chair* servir de prélude au culte du *Roi des rois* : « Je ne sais quoi de divin s'attache au prince, et inspire la crainte aux peuples. »(*Politique*, V, IV, 1.)

113. La profondeur des courants qui s'y heurtent et s'y paralysent explique l'âpreté de la controverse à laquelle donne lieu, dans les dernières années du XVIIe siècle, le *Traité de la nature et de la grâce*, et qui a brisé, à l'intérieur du catholicisme, l'élan de la pensée chrétienne et de la vie religieuse. De ce point de vue, non moins douloureux et non moins inquiétant devait paraître le spectacle de la querelle quiétiste où Bossuet et Fénelon échangent des coups mortels pour eux-mêmes comme pour leur Église : « Nous adorerons, nous aussi (écrit M. Brémond dans sa brillante *Apologie pour Fénelon*), la mystérieuse providence qui se sert quelquefois des saints eux-mêmes pour faire souffrir les saints. » (1910, p. 35.) Mais il nous paraît bien malaisé de mettre debout, fût-ce à titre d'hypothèse, la notion d'une Providence qui marcherait vers un but de bonté par des moyens de malice ; le Dieu véritable, disait Platon, *ne saurait être injuste à quelque moment et sous quelque rapport que ce puisse être* : θεός οὐδαμῇ οὐδαμῶς ἄδικος. (*Théétète*, 176 c.) La guerre du quiétisme ferait plutôt songer à la réflexion du *Discours sur l'histoire universelle* touchant la crise provoquée par l'arianisme au lendemain de la paix de Constantin : « L'enfer fit alors ses plus grands efforts pour détruire par elle-même cette Église que les attaques de ses ennemis déclarés avaient affermie [1]. » Le scandale ne se produit-il pas à un moment semblable, lorsque le catholicisme français vient de proclamer, par la révocation de l'Édit de Nantes, le triomphe de son unité ?

Bien souvent, il est vrai, on a voulu le ramener à une question de personnes. Bossuet écrivait à son neveu le 16 septembre 1697 : « M. de Cambrai continue à semer partout que c'est moi seul qui remue la cabale qui est contre lui. Il m'a cru le meilleur de ses amis quand il m'a prié de le sacrer et qu'il a remis tant de fois sa doctrine entre mes mains. Toute la cabale a été de le retirer de l'entête-

---

[1] *Discours sur l'histoire universelle*, II, xx.

ment de Mme Guyon, à quoi j'ai travaillé de concert avec Mme de Maintenon, sa protectrice, à qui il doit tout, et à cacher son erreur au roi, dans l'espérance qu'il donnait de se corriger [1]. » En réalité, la querelle est bien autre chose qu'une rivalité de femmes ; elle est bien autre chose même qu'un débat de théologiens. Sur le fond de la doctrine, en effet, il n'est pas sûr du tout que les protagonistes aient été séparés par d'invincibles dissentiments. Certes Bossuet se plaît aux régions moyennes de la foi, là où il peut prendre le dogme en quelque sorte à bras le corps, et le soutenir par des éclats oratoires qui sont parfois d'un réalisme cru, d'une ingénuité redoutable. La première de ses *Élévations à la Très Sainte Trinité* débute ainsi : « *Dieu est fécond : Dieu a un fils*. Pourquoi Dieu n'aurait-il pas de fils ? Pourquoi cette nature bienheureuse manquerait-elle de cette parfaite fécondité qu'elle donne à ses créatures ? Le nom de père est-il si déshonorant et si indigne du premier être, qu'il ne lui puisse convenir selon sa propriété naturelle [2] ? » Mais, tout en se réservant d'en « tempérer par de saintes interprétations les excessives exagérations » [3], Bossuet sera bien obligé d'accepter la tradition des vrais mystiques, de la suivre jusqu'au point où l'ont portée Thérèse d'Avila, Jean de la Croix, François de Sales, c'est-à-dire en somme de consacrer toute la spéculation néo-platonicienne recueillie par l'intermédiaire du pseudo-Denys.

En fait, la condamnation de la nouvelle spiritualité ne pouvait porter que sur des nuances imperceptibles, étrangères à l'essence de la mysticité [4]. En droit, quelle que soit la bonne ou la mauvaise volonté des parties en présence, il est visible que le conflit du mysticisme et de l'orthodoxie est nécessairement illusoire. L'expérience mystique de la vie unitive, si elle se produit, a lieu dans une région d'indistinction ineffable ; elle n'a jamais pu rencontrer, *au même moment d'une même âme*, les formules du dogme : l'accord ou le

---

1 *Correspondance*, édit. Urbain et Levesque, t. VIII, 1914, p. 364.
2 IIe Semaine des Élévations sur les Mystères, I, 1.
3 *Instruction sur les états d'oraison*, I, édit. Lachat, 1872, t. XVIII, p. 389.
4 M. Delplanque, dans l'*Appendice* à son ouvrage, *Fénelon et la doctrine de l'amour pur* (1908), à reproduit l'aveu du prélat Giori (que le cardinal d'Estrées avait donné aux adversaires de Fénelon comme un homme qui pouvait les bien servir auprès du pape, p. 93) : « Je tiens que le livre sera censuré, Ce qui allongera, c'est que la plupart des propositions condamnables, *in rigore justitia*, se trouvent dans sainte Thérèse, saint François de Sales, Jean de la Croix ; mais il faut remédier à cette dangereuse mysticité. » (p. 98).

désaccord entre celles-ci et celles-là ne se supposera donc qu'après avoir laissé la mysticité se dégrader et s'évanouir dans un plan de traductions conceptuelles, faites pour atténuer ou dissimuler le fond des choses. Et le fond demeure le même à travers les siècles. C'est, pour parler avec M. Henri Delacroix, « l'antithèse du Dieu personnel représentable, doué d'attributs, vivant, qui a une histoire, et du Dieu impersonnel confus, infini, que n'exprime aucune image et aucune forme, qui est, au delà de l'être même, un néant divin »[1]. Mais surtout Fénelon ne possède aucune expérience personnelle qu'il veuille opposer à Bossuet, encore moins se soucie-t-il de quelque système dogmatique : « Socrate n'a presque rien trouvé, pendant qu'une femmelette humble et un artisan docile trouvent tout en trouvant l'amour [2]. » L'amour parle tous les langages comme il suscite tous les élans. La Ire Partie du *Traité de l'existence et des attributs de Dieu*, consacré à la théologie des causes finales, montre avec quelle complaisance Fénelon développe ce qu'il appelle lui-même : « une philosophie sensible et populaire dont tout homme sans passions et sans préjugés est capable. » (I, I.) Et il lui arrivera d'écrire, accentuant encore l'anthropomorphisme du Jahveh biblique : « Il se nomme lui-même le *Dieu jaloux*. La jalousie, qui est déplacée et ridicule dans l'homme, est la justice suprême en Dieu [3]. »

114. Qu'y aura-t-il donc chez Fénelon, que Bossuet ne comprend pas et ne pardonne pas ? Peut-être est-il permis de préciser en considérant le sentiment religieux du point de vue de l'histoire littéraire et dans le cadre général de cette histoire. A l'époque des *Précieuses*, la « galanterie spirituelle » qui effrayait Nicole [4], avait dessiné une carte du Tendre pour la Cité de Dieu. Dans les dernières années du XVIIe siècle, la *Querelle des anciens et des modernes*, qui agitait le monde profane, s'empare du monde sacré. Le cas de Mme Guyon va être une pierre de touche. Mme Guyon s'est

---

1 *Société française de Philosophie* (Séance du 26 octobre 1905, Bulletin, janvier 1906, p. 10).
2 Lettre sur l'existence de Dieu, le christianisme et la véritable Église, II (fin), édit. GAUME, 1851, I, 131 B.
3 Lettre sur le culte de Dieu, l'immortalité de l'âme et le libre-arbitre, chap. I, 1, édit. citée, p. 101 A.
4 SAINTE-BEUVE, *Port-Royal*, 5e édit., VI, 58.

présentée à Fénelon comme une âme d'expérience [1]. « Il ne vous faut point d'autre maître que l'expérience, et vous en avez assez pour juger de ce que l'on vous dit... Allons, sans regarder le guide que l'on nous donne, ni le chemin... [2]. La foi conduit donc aveuglément, mais où ? à l'unité... C'est en Jésus-Christ et par Jésus-Christ que la vie est rendue dans cette unité rendant l'âme et simple et multipliée, autant agissante qu'elle est mue et agie. Toutes ces puissances sont agissantes sans sortir de leur unité, et sans être salies d'aucunes espèces, elles ont tout sans rien avoir, on sait tout sans rien savoir [3]. Cet état est réel, je vous assure, et vous y êtes assurément appelé. Mais, quoique les expressions ne soient peut-être pas conformes à la science, l'expérience démêle tout cela et contraint d'approuver ce que l'on condamnerait sans elle. » (*Ibid.*, p. 320.) C'est cette expérience qui attachera Fénelon à Mme Guyon : « J'ai dit d'elle que je l'avais trouvée fort expérimentée dans les choses intérieures... J'ai dit de moi que j'avais plus appris en ces matières en examinant cette personne qu'en raisonnant avec les docteurs [4]. »

De cette expérience, Fénelon va être le commentateur rationaliste, suivant l'expression significative de M. Delacroix [5]. L'obstacle à comprendre comment la foi nue du chrétien réalise son propre idéal, dans la désappropriation du moi, dans la vie en Dieu, est lié à la tradition du réalisme scolastique ; il se résout par le retour à l'intellectualité augustinienne, que la philosophie de Descartes a rendu possible. Et c'est ce qu'indique avec netteté une page de l'*Explication des maximes des saints sur la vie intérieure* relative à la contemplation passive : « Il est vrai que plusieurs mystiques ont supposé que cette contemplation était miraculeuse, parce qu'on y contemple une vérité qui n'a point passé par les sens et par l'imagination. Il est vrai aussi que ces mystiques ont reconnu un fonds de l'âme qui opérait dans cette contemplation sans aucune opéra-

---

1 Pierre-Maurice MASSON, *Fénelon et Madame Guyon*, 1907 ; lettre III, de Mme Guyon, p. 22. Cf. *Introduction*, XLII.
2 *Ibid.*, Lettre XV, p. 49.
3 Pierre-Maurice MASSON signale en note un passage des Lettres spirituelles où Fénelon reproduit la formule de Mme Guyon : « Je dis que dans cet état de simplicité et d'union à Dieu, on sait tout sans rien savoir. » (*Œuvres*, édit. citée, t. VIII, p. 500 A. Cf. VI, 120 B).
4 *Réponse inédite de Fénelon à Bossuet* (sur le § 19 de la *Relation sur le quiétisme*, n. 70), 1901, p. 59. Cf. édit. citée, t. III, p. 10.
5 Études d'histoire et de psychologie du mysticisme, 1908, p. 188.

tion distincte des puissances. Mais ces deux choses ne sont venues que de la philosophie de l'école [1], dont ces mystiques étaient prévenus. Tout ce grand mystère s'évanouit dès qu'on suppose avec saint Augustin que nous avons sans miracle des idées intellectuelles qui n'ont point passé par les sens, et quand on suppose d'un autre côté que le fonds de l'âme n'est point réellement distingué de ses puissances. Alors toute la contemplation passive se réduit à quelque chose de très simple et qui n'a rien de miraculeux. C'est un tissu d'actes de foi et d'amour si simples, si directs, si paisibles et si uniformes qu'ils ne paraissent plus faire [2] qu'un seul acte, ou même qu'ils ne paraissent plus faire aucun acte, mais un repos de pure union. C'est ce qui fait que saint François de Sales ne veut pas qu'on l'appelle union, de peur d'exprimer un mouvement ou action pour s'unir, mais une simple et pure unité [3]. »

Plus rien ne sépare de la simple et pure unité, qu'est devenue l'âme, Dieu lui-même, dégagé de toutes les déterminations qui en voilent la pure et simple unité : « Je ne saurais (écrit Fénelon) concevoir qu'un seul infini, c'est-à-dire que l'être infiniment parfait, ou infini en tout genre. Tout infini qui ne serait infini qu'en un genre, ne serait point un infini véritable. Quiconque dit un genre ou une espèce, dit manifestement une borne, et l'exclusion de toute réalité ultérieure, ce qui établit un être fini ou borné. C'est n'avoir point assez simplement consulté l'idée de l'infini, que de l'avoir renfermé dans les bornes d'un genre. Il est visible qu'il ne peut se trouver que dans l'universalité de l'être, qui est l'être infiniment parfait en tout genre, et infiniment simple [4]. » Et Fénelon s'abandonne à l'élan de la spiritualité, sans assurément songer qu'il puisse trahir « la véritable idée de la religion chrétienne. En quoi consiste cette religion ? Elle n'est que l'amour de Dieu, et l'amour de Dieu est précisément cette religion. Dieu ne veut point d'autre culte intérieur que son amour suprême. *Nec colitur ille nisi amando* (*Epist.*, 190, *ad Honorium*),

---

1 Dans le texte corrigé par Fénelon, qu'a publié M. CHEREL (1911, p. 262), les mots : *de l'école* sont rayés.
2 FÉNELON corrige : *qu'ils ne paraissent* plus aux personnes ignorantes qu'un seul acte. (*Ibid.*).
3 Article XXIX, *vrai*, éd. 1697, pp. 200-202.
4 *Lettres sur la religion*, IV ; *Sur l'idée de l'infini*, etc., édit. GAUME, I, 124 A. Cf. *Spinoza et ses contemporains*, p. 359 ; éd. de 1951, pp. 225-226.

dit sans cesse Augustin » [1].

115. Cette identité d'une âme qui serait *pur amour* et d'un Dieu qui serait *esprit pur*, voilà ce qui alarme le zèle épiscopal de Bossuet. Lui aussi revendique l'héritage d'Augustin ; mais ce qu'il met au centre, ce n'est ni le pessimisme, ni le rationalisme, ni le mysticisme, ce n'est pas même une doctrine définie en vue de nourrir et d'enrichir la vie intérieure ; c'est quelque chose, au contraire, qui est donné du dehors pour soutenir l'armature de la foi et assurer, avec le gouvernement des âmes, leur communion dans le Christ, c'est la tradition de l'Église. De ce point de vue, une contemplation qui passerait par-dessus la méditation du dogme sera suspecte de ne plus voir dans les éléments complexes de ce dogme qu'une initiation à une religion plus sublime et plus pure. Si, à force d'imaginer les souffrances de Jésus et de se fondre en lui, l'on réussit à les tourner en joie comme si l'on était capable de prendre auprès de Dieu la place du Fils [2], la tentation devient inévitable de ne plus faire appel au Médiateur que pour rendre inutile sa médiation.

Les nouveaux mystiques travaillent à détacher l'âme de sa propre conscience, sous le prétexte « captieux » d'en chasser l'amour-propre, qui est réflexion sur soi. Mais c'est renverser la règle de la foi en même temps que de la discipline des mœurs, c'est « tomber dans le fanatisme » que de substituer à la raison et à la prudence « l'instinct et un élan soudain » [3]. « J'oserai pourtant prononcer (dit Bossuet), et on avouera que ce n'est point témérairement, que les

---

[1] Lettre VI, sur les moyens donnés aux hommes pour arriver à la vraie religion, I, 140 B.
[2] Jamais, sans doute, la sympathie esthétique, l'*Einfühlung*, n'a été précisée d'une façon aussi merveilleuse que dans cette page du *Château intérieur* : « Peut-être cette âme entendra-t-elle de la bouche du Sauveur les paroles qu'il adressa à une personne qui, prosternée devant un crucifix, était en proie à une amère affliction. Comme elle se désolait de n'avoir jamais eu rien à offrir à Dieu, ni à quitter pour l'amour de lui, le même Seigneur crucifié lui dit, pour la consoler, *qu'il lui donnait toutes les peines et toutes les douleurs qu'il avait souffertes dans sa passion ; qu'elle les regardât désormais comme siennes, et les offrît à son Père*. Cette personne fut inondée d'une telle joie et se trouva si riche, ainsi que je l'ai appris d'elle-même, qu'elle ne put jamais oublier cette faveur signalée. Au contraire, toutes les fois qu'elle faisait réflexion sur sa misère, ce souvenir relevait son courage et la remplissait de consolation. » VIe Demeure, 5, apud *Œuvres mystiques de sainte Thérèse*, trad. BOUIX, 3e édit., 1869, p. 444.)
[3] *Mystici in tuto*, I, II, 9, n° 141 ; t. XIX, p, 627 ; cf. DELACROIX, *op., cit.*, p. 290.

actes distinctement aperçus sont les plus parfaits en eux-mêmes [1]. »

La prétendue expérience qu'accompagne la perte totale du *moi* ne saurait avoir de valeur décisive : « Qu'on ne croie pas toutefois, écrit Bossuet dans la *Préface* à l'*Instruction*, que je rejette le secours de l'expérience : ce serait manquer de sens et de raison ; mais je dis que l'expérience, qui peut bien régler certaines choses, est subordonnée dans son tout à la science théologique, qui consulte la tradition et qui possède les principes. C'est ici une vérité constante et inébranlable qu'on ne peut nier sans erreur : le contraire... est un moyen indirect de se soustraire à la sainte théologie, et en général à l'autorité des jugements ecclésiastiques. » (VIII, XVIII, 373.) De même que les amis de Molière répugnaient à reconnaître, sous les déguisements d'un comédien du roi, le rival heureux de ce Plaute et de ce Térence qu'on traduisait jusqu'à Port-Royal, de même Bossuet refuse d'avouer la présence effective de Dieu et la sainteté vivante chez une femme qui a du être délacée, et se vante de l'avoir été par une duchesse, un jour que sa plénitude spirituelle la faisait crever [2]. La vérité de l'expérience mystique, Fénelon l'a vainement cherchée dans l'âme d'une contemporaine, alors qu'il fallait s'adresser aux livres des anciens : « Les prophètes et les apôtres... les saints Pères... nous ont laissé des traditions infaillibles... Voilà les expériences solennelles et authentiques sur lesquelles il se peut fonder, et non pas sur les expériences particulières qu'il est difficile, ni d'attribuer, ni de contester à personne par des principes certains. » (*Préface* citée de l'*Instruction*, III, XVIII, p. 413 B.)

116. Ainsi, ce qui sépare Fénelon et Bossuet, au delà de la théologie même qui a une substance identique pour l'un et pour l'autre, c'est la conception du rapport entre le catholicisme et la religion. Fénelon disait : « En matière de religion, je crois, sans raisonner, comme une femmelette ; et je ne connais point d'autre règle que l'autorité de l'Église qui me propose la révélation. » Mais, chez Fénelon, l'autorité de l'Église détermine le domaine à l'intérieur duquel se poursuit le progrès de la vie spirituelle et de l'amour désintéressé tandis que, pour Bossuet, l'orthodoxie a sa fin en elle-même. Il invoque en sa faveur, comme Platon pour l'Idée du

---

1 Instruction sur les états d'oraison, V ; XVIII, 476.
2 *Relation sur le quiétisme*, section II, §§ 5-6, t. XX, pp. 92-93.

Bien, un primat de δύναμις et de πρεσβεία. Mais sa δύναμις c'est la puissance des Rois que la Providence lui a donnée pour appui ; sa πρεσβεία, c'est l'antiquité des textes que la coutume sainte a consacrés et qui ont acquis force de loi. Le christianisme de Bossuet s'assigne la tâche du φύλαξ platonicien, qui a mission d'assurer « le bon ordre de la discipline », qui surveille les frontières de l'État, inquiet sans cesse et sans cesse menaçant. Il ne lui suffit pas d'avoir à repousser les agressions du dehors, il recherche, et aussi bien il finit par se créer, des ennemis au-dedans. Il « méprise la philosophie » autant que l'apôtre Paul [1], et il lui plaît que Fénelon ait réfuté le système de Malebranche ; il veut, par l'histoire de leurs *Variations*, rendre les Églises protestantes « méprisables » aux protestants eux-mêmes, et il commence par encourager les efforts de Richard Simon en vue d'éclaircir les origines du dogme. Mais ce même Fénelon et ce même Richard Simon, il faudra qu'il les provoque, dès que l'indépendance et l'ingénuité de leur méthode leur font dépasser les limites que son préjugé d'autorité leur avait tracées à l'avance.

La *Défense de la tradition et des saints Pères* n'est ni plus calme, ni plus équitable, ni plus clairvoyante, que l'*Instruction sur les états d'oraison*. Aux « nouveaux mystiques » font pendant les « nouveaux critiques », qui « s'imaginent que la victoire de la foi sur les hérésies ne sera jamais complète s'ils ne s'en mêlent. Leur présomption fait pitié... Nous serions très malheureux si, pour défendre la vérité et la légitime interprétation de l'Écriture, surtout dans les matières de foi, nous étions à la merci des hébraïsants ou des grecs, dont on voit ordinairement en tout autre chose le raisonnement si faible » [2].

---

1 Cf. *Panégyrique de saint Paul* (1659), I ; et la lettre à un disciple du P. Malebranche (21 mai 1687) : « Croyez-moi, Monsieur, pour savoir de la physique et de l'algèbre, et pour avoir même entendu quelques vérités générales de la métaphysique, il ne s'ensuit pas pour cela qu'on soit fort capable de prendre parti en matière de théologie. » (Édit. URBAIN-LEVESQUE, t. III, 1910, p. 377). La lettre, destinée au marquis d'Allemans, semble n'avoir pas été envoyée. » (*Ibid.*, p. 367, note à la lettre CCCCXXVIII).
2 VII, V. Cf. COURNOT, *Considérations sur la marche des idées dans les temps modernes*, t. I, 1872, p. 192 : « Plus on y regarde de près, plus on se convainc que Bossuet, si admiré avec raison de ses contemporains et de la postérité, n'a exercé effectivement la puissance, ni d'un réformateur, ni d'un restaurateur. Les yeux tournés sur le passé, fermés sur un avenir si rapproché, il a tracé les plans d'une grandiose architecture, restée sur le papier. »

L'exactitude des termes devient à son tour aussi « méprisable » que l'intelligence des idées.

Et le destin, cruel pour la cause que Bossuet avait à cœur de servir, voulut qu'il fût vainqueur partout, contre l'hérésie protestante et contre la philosophie catholique, contre la tradition mystique et contre l'exégèse naissante, dans des combats où succombaient en réalité les choses divines : la liberté de la conscience, l'élan de la raison, le désintéressement de l'amour, le scrupule de la critique. Lui-même, tiraillé par les prétentions rivales de ses « deux souverains », le Pape et le Roi, n'a pas réussi à satisfaire, purement et simplement, les exigences de la discipline ecclésiastique. Le « dernier Père de l'Église » ne devait recevoir ni la pourpre du cardinal ni l'auréole du saint. En fin de compte, s'il n'y eut jamais sans doute, à aucune époque de l'histoire religieuse, une floraison de génies supérieure à celle qui se produisit en France, autour de Pascal et de Malebranche, de Fénelon et de Bossuet lui-même, il semble que cette richesse n'ait eu d'autre effet que de rendre plus dangereuse l'obsession imaginaire d'hérésie — *jansénisme* ou *rationalisme*, *quiétisme* ou *gallicanisme* — qui les a faits suspects les uns pour les autres, qui finit par raréfier l'atmosphère du catholicisme français au point de la rendre décidément irrespirable. L'évolution du XVIIIe siècle, traduit dans ses conséquences, elle manifeste du dehors, une dissolution intérieure qui était chose accomplie avant que Voltaire vint au monde. L'unité du Roi et l'unité de la Loi n'avaient pas suffi pour créer l'unité de la foi ; et dès 1689 La Bruyère pouvait écrire : « A parler populairement, on peut dire d'une nation qu'elle vit sous un même culte, et qu'elle n'a qu'une seule religion ; mais, à parler exactement, il est vrai qu'elle en a plusieurs, et que chacun presque y a la sienne [1]. »

LIVRE IV
LE RETOUR à L'HUMANISME

CHAPITRE IX
LOCKE ET BAYLE

---

1 Les caractères des esprits forts (25), 4e édit., 1689.

117. Le discrédit des synthèses scolastiques avait directement contribué au succès de la Réforme. Il était donc naturel que les penseurs attachés à l'Église catholique eussent demandé au cartésianisme de quoi relever l'édifice de la théologie ; c'est en s'appuyant sur la raison véritable, enfin découverte, qu'un Malebranche marche à la rencontre de la tradition de sa foi. Par contre, les confessions protestantes devaient se montrer, sinon hostiles, du moins indifférentes à l'avènement d'une métaphysique nouvelle.

Non sans doute que le christianisme réformé fût le moins du monde incompatible avec l'esprit du cartésianisme. Si Geulincx a quitté l'Église catholique et s'est fait calviniste, ce fut pour réaliser l'unité de sa pensée philosophique et de sa vie religieuse. Or Geulincx est loin d'être un *philosophus minor*. Avec autant de précision et de verve que les occasionalistes français, il s'est attaché à mettre en lumière les conséquences du principe qui définit la causalité de l'action par l'intelligence claire et distincte des moyens d'agir : « Il est vrai que mon corps se meut de façons variées selon ce que je décide (*pro arbitrio meo*)... Mais ce mouvement, je ne le fais pas ; car je ne sais pas comment il s'exécute ; et de quel front dirai-je que c'est moi qui le fais, alors que je ne sais pas comment il se fait [1] ? » La répercussion pratique du principe est immédiate : la raison commande à l'homme de ne point avoir de volonté, là où il n'a point de valeur : *Ubi nihil vales, ibi nihil etiam velis* [2].

Toute la morale de Geulincx tourne autour de cet axiome qui fait aboutir la métaphysique cartésienne, non plus à l'optimisme de l'ordre, mais au pessimisme de l'obligation. Se convertir à sa propre conscience, suivant l'expression profonde dont se sert Geulincx [3], c'est mettre en évidence l'inconditionnalité absolue qui est le caractère du devoir [4]. Et l'on dirait qu'un anneau unique suffit pour

---
1 *Ethica*, I, II, sect. II, § 4. *Œuvres philosophiques*, édit. LAND, t. III, 1893, p. 32.
2 *Annotata ad Ethicam*, Ad Tr. I, Cap. 2, S. 2, § 3, édit. cit., III ,222.
3 « Homines sensibus suis inescati raro ad conscientiam suam se convertunt », *Annotata ad Ethicam*, Ad Tr. I, Cap. 2, S. 2, § 2 (9), édit. cit., p. 205.
4 « Proprius locus, et velut domus atque familia Rationis est Ethica, in qua multis prærogativis Ratio se prodit. Nam in rebus physicis Ratio tantum *exhibet* seu dictat ; in Ethicis vero, seu moralibus, et item dictat ratio (quod ad diligentiam pertinet) ; insuper vero etiam *præcipit* atque *velat* (quod ad obedientiam spectat) et regulat (quod justitiam concernit)... Ex quibus vides, Rationem tantum obiter in rebus Physicis versari, et velut peregrinari, cum in rebus Ethicis deditâ operâ versetur, et totam se quasi effundat... regulas tradit et onus injungit disputanti vel argumentan-

joindre l'enseignement de Socrate et le *Fondement de la métaphysique des mœurs*. Mais Geulincx demeure obscur et isolé ; son œuvre relève des découvertes de l'érudition contemporaine plus encore qu'elle n'appartient à l'histoire même du XVIIe siècle. En fait, le courant de la pensée à travers le monde protestant passe par ailleurs, par Locke, par Bayle, par Leibniz, par Jean-Jacques Rousseau, jusqu'à Kant, jusqu'à Hegel, jusqu'à Nietzsche, allant dans des directions diverses, mais toujours loin du centre des orthodoxies ecclésiastiques.

Section I
LE PRIMAT DE LA « CONSCIENCE PSYCHOLOGIQUE »

118. L'action exercée par Locke sur ses contemporains ne saurait être exagérée ; le premier ouvrage de philosophie véritablement moderne, ç'a été, d'une façon presque constante aux yeux des Anglo-Saxons (et pour la plupart des Français depuis l'époque des *Lettres philosophiques* jusqu'à la Restauration) l'*Essai sur l'entendement humain* : « Immédiatement après Aristote vient Locke », écrira Condillac dans l'*Extrait raisonné du traité des sensations*. Et, en effet, Locke a bien eu l'intention de rompre avec le cartésianisme. Il n'est étranger sans doute ni à Descartes ni à Malebranche ; mais à ses yeux les penseurs du XVIIe siècle, qui se sont le mieux appliqués à réagir contre la *logomachie* du Moyen Age, n'ont pas su éviter, à leur tour, la faute d'expliquer le clair par l'obscur. L'appel à la cohésion des parties insensibles de la matière ou à la pression de l'éther ne fait pas que la notion du mouvement soit plus consistante chez les atomistes ou chez les cartésiens, qu'elle l'était dans le péripatétisme [1].

Pour affranchir la pensée du préjugé scolastique, il faut revenir au simple, comme Descartes, mais autrement que lui. Les idées claires et distinctes, ce sont les idées *déterminées* [2], qui se ramènent

---

ti ; — non absolute tamen vetat aut præcipit, sed fere sub condicione, nempe si hoc vel illud (puta syllogismum) conficere in animo habes ; in rebus autem moralibus absolute præcipit Ratio aut vetat, nulla interposita condicione. » *Ann. ad Eth. ad* I, 2, S. I, § 2 (2), éd. citée, III, p. 183.
1 Essai sur l'entendement humain, II, XXIII, 23 et suiv.
2 Cf. Préface de la 4e édit. de l'*Essai*. « Par ce mot déterminé, lorsqu'il est appliqué à une idée simple, j'entends cette simple apparence que l'esprit a en vue, ou qu'il aper-

dans leurs éléments aux données de la sensation ou du sentiment intérieur que Locke appelle *réflexion*. Malebranche les considérait comme des « modalités ténébreuses ». Locke en fait les « instruments ou matériaux »[1] d'une construction synthétique, destinée à retracer la genèse de l'entendement humain dans le domaine de la connaissance et dans le domaine de l'action. « Méthode claire et pour ainsi dire historique »[2], où l'intention est nettement dessinée d'une critique de la raison. Toutefois, l'intention n'assure pas ici l'exécution ; le décousu de la pensée à travers les quatre livres de l'*Essai* a fait le désespoir des interprètes, d'autant qu'on ne peut accuser l'auteur ni de négligence ni d'impuissance. L'ouvrage est écrit contre les métaphysiciens et les théologiens dont l'étroitesse dogmatique a compromis la paix et le bonheur de l'humanité ; ne serait-ce pas un péché de les imiter en s'enfermant à son tour dans l'enveloppe rigide d'un système ? Aussi bien Locke s'épargne-t-il tout embarras spéculatif, par un parti pris d'optimisme pragmatique qui se manifeste dès l'*Introduction*, accompagné d'une déclaration religieuse : « Quelques bornées que soient les connaissances des hommes, ils ont raison d'être entièrement satisfaits des grâces que Dieu a jugé à propos de leur faire, puisqu'il leur a donné, comme dit saint Pierre (*II Ep.*, 1, 3) toutes les choses qui regardent la vie et la piété. » La nature et Dieu, le Dieu de la Raison et le Dieu de l'Écriture, tout se tient ou se confond. Après donc qu'il s'est mis en garde contre les imperfections et les abus du langage, contre la « frivolité » des axiomes identiques, contre l'imagination creuse de la substance, contre l'inconscience de l'innéité cartésienne, Locke s'accordera le droit de dépasser la sphère des idées simples dans laquelle seule la vérité se trouve jointe à la certitude.

119. A ses yeux, ce n'est guère que dans les mathématiques pures que les hommes « découvrent des idées moyennes capables de faire

---

çoit en soi-même lorsque cette idée est dite être en lui ; lorsqu'il est appliqué à une idée complexe, j'entends une idée composée d'un nombre déterminé de certaines idées simples : ou d'idées moins complexes, unies dans telle proportion et situation où l'esprit la considère comme présente à sa vue, ou la voit en lui-même lorsque cette idée est présente ou devrait y être présente au moment où on lui donne un nom. »
1 « Je ne sais (écrit LOCKE) laquelle de ces deux dénominations leur convient le mieux. » (II, XXXIII, 19).
2 Essai. Introduction.

apercevoir la compatibilité ou l'incompatibilité des autres idées, qu'il était impossible de comparer immédiatement (IV, XII, 14.). La plupart des hypothèses qu'on fait en physique (*et Locke ajoute* : j'ai pensé dire toutes sans exception) sont des conjectures incertaines dont nous faisons des vérités incontestables, dupés que nous sommes par le terme illusoire de principes ». (*Ibid.*, 13.) D'autre part, fidèle à l'enseignement de Malebranche, Locke sait bien reconnaître que l'association des idées est une « liaison vicieuse ». (II, XXXIII, 5.) Les combinaisons dues au hasard et à la coutume « mal fondées, et contraires à la nature..., produisent ces oppositions irréconciliables qu'on voit entre tant de sectes de la philosophie et de la religion... C'est ce qui fait passer le galimatias pour bon sens, les absurdités pour des démonstrations, et les discours les plus déraisonnables pour des raisonnements solides et bien suivis. C'est le fondement, j'ai pensé dire, de toutes les erreurs qui règnent dans le monde ». (II, XXXIII, 18.)

Il reste toutefois, entre l'enchaînement rigoureux des idées mathématiques et les bizarreries, les extravagances, qui se produisent sous l'influence de l'association, une large zone, celle que Locke se propose d'explorer. Or, si l'on se garde d'y ériger la clarté de l'évidence intuitive ou de serrer de trop près la trame des opérations de l'entendement, on en verra disparaître comme par enchantement les questions qui avaient suscité les méditations des cartésiens. Il suffit à Locke d'invoquer l'idée primitive et originale de la solidité, fournie par le toucher (II, IV, 1) pour qu'il place immédiatement les corps dans l'espace. Le sentiment de la puissance a la vertu de résoudre le problème de la causalité (II, XXII, 11). Locke passe non moins ingénument de l'expérience de la durée interne à l'objection de la durée dans l'univers (II, XIV, 17), de l'immanence de l'action humaine à la transcendance de l'action divine (IV, X, 3). Et ainsi on peut dire que Locke, dans tout le cours des *Essais*, ne cesse de se dérober à l'appel de sa propre méthode. Après Bacon, avant Hume, il prend comme thèmes en quelque sorte littéraires les procédés minutieux et stricts de la chimie, pour ne nous offrir effectivement que les fantaisies désordonnées et contradictoires de l'alchimie. Aussi, devant ce spectacle paradoxal d'un écrivain qui commence par se vanter de sa modestie et de sa circonspection, puis, cela dit, qui se met avec une semblable légèreté à rouler de *salto mortale* en *salto mortale*, on est tenté de l'arrêter à chaque tournant de la route, et de chicaner. Mais ce qu'a voulu Locke, après le temps de Cromwell et de Hobbes, c'est fermer l'ère des chicanes, rendre la paix à la pensée anglaise, en repoussant la tyrannie de la « théocratie anglicane » [1], sans aller pourtant jusqu'à la pleine liberté de conscience qui pourrait compromettre, avec le crédit d'un *Christianisme raisonnable*, l'équilibre des institutions politiques.

Section II
LE PRIMAT DE LA « CONSCIENCE MORALE »

120. Bayle a participé comme Locke aux agitations violentes du XVIIe siècle. Seulement, Locke est rentré dans sa patrie, redevenue un foyer d'indépendance morale et de prospérité matérielle : il a touché le port où toutes les valeurs de la vie lui paraissent converger pour se renforcer mutuellement. Par lui s'explique ce qu'il y aura tout à la fois de sérieux et de bienveillant dans la religion naturelle du XVIIIe siècle. Avec Bayle, fils de pasteur qui a traversé le catholicisme pour retourner à la Réforme, Français réfugié aux Pays-Bas, en polémique ouverte avec ceux-là même qui de l'exil président aux destinées spirituelles du calvinisme, on aperçoit, au contraire, en quoi la religion naturelle s'oppose à l'autorité des dogmes révélés.

Bayle, pour les mêmes causes que Montaigne, a été victime de la même légende. La rigueur de son « moralisme » l'a fait passer pour un sceptique, alors que sa critique ne cesse d'invoquer les normes de la raison commune et de la conscience. Il est vrai qu'il perd pied dès le moment où il essaie de pénétrer dans le domaine de la spéculation pure. Mais et détachement de toute philosophie devait, aux yeux du XVIIIe siècle, augmenter la portée de l'œuvre. De même que Hume a fait réussir la négation de la causalité naturelle, qu'il empruntait à la *Recherche de la vérité*, en l'isolant de la doctrine propre à Malebranche, de même Bayle transporte dans l'esprit public, mais séparée de toute solidarité avec le spinozisme proprement dit, la thèse maîtresse du *Tractatus theologico-politi-*

---
1 Cf. Ch. Bastid, John Locke. Ses théories politiques et leur influence en Angleterre, 1906, p. 227.

cus ¹ qu'il a lu durant son professorat à Sedan ².

Spinoza ne se contentait pas de ramener la révélation de l'Écriture dans la sphère de la relativité humaine, il la justifiait en invoquant, avec les vertus des prophètes, l'efficacité de leurs paroles et de leur exemple pour la bonne conduite du peuple ; il lui attribuait « une certitude morale » ³. Sans se soucier de la certitude mathématique qui, selon Spinoza, s'oppose à cette certitude morale, et la domine, Bayle s'installera dans la conscience, pour en faire la règle universelle de la croyance et de l'action. « *En matière de religion, la règle de juger n'est point dans l'entendement, mais dans la conscience*, c'est-à-dire qu'il faut embrasser les objets, non pas selon des idées claires et distinctes, acquises par un examen sévère, mais selon que la conscience nous dicte qu'en les embrassant nous ferons ce qui est agréable à Dieu ⁴. »

Cette interprétation purement morale où le plan humain et le plan divin sont nettement identifiés, heurte directement le dogmatisme théologique tel que nous l'avons rencontré chez Calvin ⁵ et qui maintient d'une façon explicite, à l'intérieur même de la

---

1 Cf. DELVOLVÉ, *Religion, critique et philosophie positive chez Pierre Bayle*, 1906, p. 26. L'ouvrage substantiel et original de M. DELVOLVÉ nous a guidé constamment à travers « les 9 compacts in-folios » de BAYLE. Voir aussi la communication de M. DELVOLVÉ au Premier Congrès international de Philosophie (Paris 1900) *Bibliothèque du Congrès*, t. IV, 1902, pp. 299-335.
2 Cf. LANSON, Origines et premières manifestations de l'esprit philosophique dans la littérature française, de 1675 à 1748. (*Revue des Cours et Conférences*, 1907-1908, t. II, p. 631) : « Bayle a dû quelque chose au *Tractatus* ; mais contrairement à ses habitudes de probité et de loyauté, il ne l'a pas avoué. Il s'en laisse influencer, sans trop laisser voir qu'il s'en sert, et cela sans doute par mesure de prudence. »
3 Cf. *Spinoza et ses contemporains*, p. 29 ; éd. de 1951, pp. 18-19 ; et supra, § 90, p. 160.
4 Nouvelles lettres critiques sur l'histoire du calvinisme. (Œuvres diverses, 1727-1737, II, 334 B.) Cf. Commentaire philosophique (ibid., II, 422 B) ; sur ces paroles de l'Évangile selon saint Luc (XIV, 23). Contrains-les d'entrer (VIII) : « Il est si évident que la conscience est une lumière qui nous dit qu'une telle chose est bonne ou mauvaise qu'il n'y a pas apparence que personne doute de cette définition de la conscience. Il n'est pas moins évident que toute créature qui juge qu'une action est bonne ou mauvaise suppose qu'il y a une loi ou une règle touchant l'honnêteté ou la turpitude d'une action. Et si l'on n'est pas athée, si l'on croit une religion, on suppose nécessairement que cette loi et cette règle est en Dieu ; d'où je conclus que c'est la même chose de dire : Ma conscience juge qu'une telle action est bonne ou mauvaise, et de dire : Ma conscience juge qu'une telle action plaît ou déplaît à Dieu. »
5 *Vide supra*, § 67, p. 114.

conscience, la dualité entre l'homme et Dieu. De là devaient naître d'âpres polémiques qui, dans l'histoire de la fin du XVIIe siècle, ne sont pas loin d'égaler l'importance des controverses catholiques : tandis que l'élan de la Réforme se cristallise, chez Jurieu, pour la restauration d'une orthodoxie, par contre, Bayle achève de dégager le principe de liberté que la politique des Églises avait naturellement cherché à contenir dans les limites de leur autorité [1].

Jurieu pousse le fanatisme de l'hétéronomie aussi loin que Bossuet lui-même. Il n'hésite pas à écrire, en réponse à Bayle : « *La conscience est un Législateur, un Juge, un Témoin, un Bourreau... Ce législateur en a un autre qui lui est supérieur, c'est Dieu. Non seulement ces deux Législateurs sont différents, mais ils sont très souvent opposés* [2]. » D'où résulte qu'en cas de conflit entre le texte de l'Écriture et le sentiment de la conscience, celui-là prévaut sur celui-ci, et crée l'obligation, dont la « conscience errante » est nécessairement dépourvue.

C'est en « honnête homme » et aussi en théologien averti, que Bayle, s'insurge contre les prétentions du dogmatisme. Il ne se contente pas de dénoncer, dans son *Dictionnaire*, « ce sentiment affreux *qu'il ne faut pas toujours agir selon les lumières de sa conscience* [3] : d'où il s'ensuit qu'on fait quelquefois une bonne action en agissant contre les lumières de sa conscience : monstre de doctrine qui renverse toute la morale, et en comparaison duquel le probabilisme le plus outré est un sentiment innocent » [4]. Il étend à l'Ancien Testament, aux ruses de David et aux subterfuges d'Élie, les méthodes critiques dont Pascal avait usé à l'égard de la casuistique dégénérée : « David, le pieux auteur des Psaumes, *répand par ses ouvrages une lumière féconde de consolation et de piété* : mais c'est aussi *un homme de sang*, un chef de brigands qui tue tout sauf le bétail, objet de ses expéditions, un traître, un fornicateur, qui fait

---

1 Cf. W. BORLIN, *Pierre Bayle, sein Leben und seine Schriften*, Stuttgart, 1905, p. 109.
2 Des droits des deux Souverains en matière de Religion, la Conscience et le Prince, pour détruire le dogme de l'indifférence des religions et de la tolérance universelle contre un livre intitulé : Commentaire philosophique sur ces paroles de la parabole : Contrains-les d'entrer, Rotterdam, 1687, VIII, 2-5, pp. 168-170.
3 Cf. THAMIN, Le traité de morale de Malebranche, *Revue de Métaphysique*, 1916, p. 115 : « Malebranche écrit cette phrase d'un accent tout moderne et à propos de laquelle il faut rappeler qu'elle est écrite un an avant la révocation de l'Édit de Nantes : *Il ne faut pas forcer les hommes à agir contre leur conscience.* » (II, IX, 13.)
4 Articles sur *Pierre d'Ailli*, n. L.

assassiner Urie pour avoir sa femme. *On ferait un très grand tort aux lois éternelles et par conséquent à la vraie religion si on donnait lieu aux profanes de nous objecter que dès qu'un homme a eu part aux inspirations de Dieu nous regardons sa conduite comme la règle des mœurs.* Élie assemble traîtreusement les prêtres de Baal et les fait massacrer au nombre de mille. *Les théologiens sont obligés de reconnaître, afin de pouvoir disculper Élie, qu'il reçut visiblement de Dieu une mission extraordinaire et spéciale pour faire mourir ces prophètes* [1]. » L'application du *criterium* moral au contenu de la révélation renverse donc l'ordre de valeur, sur lequel se fonde le respect de l'orthodoxie. Selon Bayle, comme selon Spinoza, la religion véritable a pour bases la lumière naturelle et la raison : « Tout dogme qui n'est point homologué, pour ainsi dire, vérifié et enregistré au Parlement suprême de la raison et de la lumière naturelle, ne peut qu'être d'une autorité chancelante et fragile comme le verre [2]. »

121. La thèse semble annoncer l'exaltation de la religion naturelle et de la morale naturelle, selon l'humanisme de la raison, que connaîtra le XVIIIe siècle. Telle n'est pourtant pas la conclusion de Bayle. Certes les vérités premières de la morale ont un caractère d'évidence que Bayle ne songe point à contester : « Il y a dans la vertu une honnêteté naturelle et intérieure, et dans le vice une déshonnêteté de la même espèce. Et ainsi la vertu et le vice sont deux espèces de qualités naturellement et moralement différentes. J'ajoute qu'il est très facile de connaître que l'on se conforme à la raison quand on respecte son père, quand on tient ce qu'on a promis, quand on console les affligés, quand on assiste les pauvres, quand on a de la gratitude pour ses bienfaiteurs, etc. [3]. » Mais cela ne va guère au delà, et surtout cela demeure stérile. L'idée est une

---

1 Albert MONOD, *De Pascal à Chateaubriand. Les défenseurs français du christianisme, de 1670 à 1802*, 1916, p. 149. Les citations de BAYLE, que nous avons soulignées, sont empruntées aux articles *David* et *Élie* du *Dictionnaire*.
2 Commentaire philosophique sur le Contrains-les d'entrer, Part. I, chap. I, édit. cit., t. II, 368 A. Cf. 370 B. Tout dogme particulier, soit qu'on l'avance comme contenu dans l'Écriture, soit qu'on le propose autrement, est faux lorsqu'il est réfuté par les notions claires et distinctes de la lumière naturelle, principalement à l'égard de la morale. Voir LÉVY-BRUHL, History of modern Philosophy in France, Chicago, 1899, pp. 119.
3 Continuation des pensées diverses, 150 ; III, 406 A.

chose, l'action en est une autre ; ceci ne s'engrène pas sur cela, et finalement, comme l'a fort bien montré M. Delvolvé [1], la conscience, chez Bayle, demeure « en l'air », sans point d'appui dans la spéculation, sans point d'application dans la pratique. En nous, travaille un instinct plus fort que nous : « Je n'épuiserais jamais la matière de l'instinct si je la voulais pousser. Il y a là-dedans des profondeurs impénétrables ; car qui pourrait entrevoir, sans quelque sorte d'épouvantement, que les erreurs, que les passions déréglées, que les préjugés déraisonnables sont si nécessaires au monde, pour être le théâtre de cette diversité prodigieuse d'événements qui font admirer la Providence ? Qui pourrait, dis-je, s'apercevoir sans étonnement que cela est si nécessaire au monde que qui réduirait les hommes à n'agir que selon les idées claires et distinctes de la raison, ruinerait la société civile [2] ? »

Dans un paragraphe de la *Théodicée* où il s'étonne, assez naïvement, que Bayle éprouve le « besoin de recourir au système des causes occasionnelles », et qu'il « ne s'est point souvenu du système de l'harmonie préétablie », Leibniz dit de lui « : Il passait aisément du blanc au noir, non pas dans une mauvaise intention, ou contre sa conscience, mais parce qu'il n'y avait encore rien d'arrêté dans son esprit sur la question dont il s'agissait [3]. » Mais le point sur lequel la pensée de Bayle n'a jamais varié, et qui marque la profondeur de l'empreinte chrétienne, c'est le pessimisme. Suivi à la rigueur, il entraîne des conséquences où l'on a feint de voir des jeux d'esprit pour s'épargner la peine d'en mesurer la gravité. Déjà, comme le rappelle l'article *Ovide* (H) du *Dictionnaire*, les philosophes anciens n'ignoraient pas « que la puissance de la raison s'est perdue, que sa lumière, néanmoins, s'est conservée » [4]. Le péché originel a pour conséquence la contrariété entre ce que nous connaissons et ce que nous faisons : il explique donc à merveille l'obstacle auquel s'est heurté le christianisme, non pas du tout l'in-

1 *Op. cit.* Voir en particulier, p. 162.
2 Nouvelles lettres critiques, XVI (9) ; II, 278 B.
3 III, 353. Cf. PILLON, L'évolution de l'idéalisme au XVIIIe siècle. La critique de Bayle ; critique du spiritualisme cartésien. *Année philosophique*, XI (1900), 1901, p. 89.
4 Cf. Article *Hélène*, n. Y : « La vie humaine n'est pas autre chose qu'un combat continuel des passions avec la conscience, dans lequel celle-ci est presque toujours vaincue... La Raison, la Philosophie, les idées de l'honnête, la connaissance du vrai intérêt de l'amour-propre, tout cela est incapable de résister aux passions. »

crédulité des hommes en général, mais l'*indifférence des croyants*, qui professent un culte, mais qui ne le pratiquent pas. De là l'inefficacité des apologétiques qui se plaisent à montrer dans les dogmes de l'immortalité de l'âme et des sanctions ultra-terrestres la véritable et la principale force de la religion par rapport à la pratique de la vertu. Ils voudraient « donner la preuve d'un fait par une raison de droit » ; or, leur fait observer doucement Bayle, « cela est quelquefois illusoire, vu que les hommes ne sont pas accoutumés à vivre selon leurs principes » [1].

Aussi bien, les conditions dans lesquelles la civilisation se développe ne permettraient pas de subsister à une société de chrétiens sincères [2] : thèse qui a fait l'effet d'un paradoxe, mais où il n'entre aucun soupçon d'ironie, encore moins d'impiété ; plus simplement elle exprime une vue de la nature humaine où Bayle se rencontre avec Pascal, comme Voltaire, le Voltaire de *Candide*, se rencontrera plus tard avec eux : « Cette proposition, *l'homme est incomparablement plus porté au mal qu'au bien, et il se fait dans le monde incomparablement plus de mauvaises actions que de bonnes*, est aussi certaine qu'aucun principe de métaphysique [3]. »

Le spectacle de l'histoire ne permet donc de conclure ni au triomphe de la raison ni à l'exaltation de la sagesse. « En général, il est vrai de dire que le monde ne se conserve dans l'état où

---

1 Article *Saducéens*, n. E. Cf. Delvolvé, *op., cit.*, Part. II, sect. II, chap. III : « La nature humaine », pp. 377 et suiv.
2 Cf. Continuation des pensées diverses, § 124, III, 360 B-361 A : « Une société toute composée de vrais chrétiens, et entourée d'autres peuples ou infidèles, ou chrétiens à la mondaine, tels que sont aujourd'hui et depuis longtemps toutes les nations où le christianisme domine, serait-elle propre à se maintenir ? Je crois que non... Plus on étudie son siècle et les précédents, plus reconnaît-on que toute société exposée à des guerres étrangères succomberait bientôt si elle se conformait à l'esprit évangélique. Voulez-vous qu'une nation soit assez forte pour résister à ses voisins ; laissez les maximes du christianisme pour thème aux prédicateurs : conservez cela pour la théorie, et ramenez la pratique sous les lois de la nature... Ne craignez point les mauvaises suites de l'amour de l'or... Un luxe modéré a de grands usages dans la république ; il fait circuler l'argent ; il fait subsister le petit peuple. » Et Bayle conclut au paragraphe suivant : « Ne soyez donc point en peine touchant la conservation des sociétés des véritables chrétiens. La nature y a pourvu. Elle fut chassée de quelques-uns de ses postes au commencement du christianisme, mais elle les regagna dans la suite veluti postliminii jure, et s'y est maintenue jusques ici, et s'y maintiendra à l'avenir. » Ibid., p. 362 B.
3 Nouvelles lettres critiques sur l'histoire du calvinisme, XII ; II, 248 B.

nous le voyons qu'à cause que les hommes sont remplis de mille faux préjugés et de mille passions déraisonnables ; et si la philosophie venait à bout de faire agir tous les hommes selon les idées claires et distinctes de la raison, on peut être assuré que le genre humain périrait bientôt [1]. » Et le *Dictionnaire*, à la note I de l'article *Melanchthon*, définit nettement le thème sur lequel Mandeville brodera l'éblouissante *Fable des abeilles*. « Admirons ici un caractère particulier de la destinée de l'homme : ses vertus sont sujettes à des suites un peu vicieuses ; elles ont leurs inconvénients. Ses mauvaises qualités au contraire produisent de bons effets en plusieurs rencontres. »

CHAPITRE X
LEIBNIZ

122. L'antithèse entre l'optimisme de Locke et le pessimisme de Bayle domine le cours de la pensée à travers la première moitié du XVIIIe siècle ; elle en définira les vicissitudes. Or, le plan dans lequel ces vicissitudes vont se dérouler apparaît également limité, non seulement parce que Locke et Bayle s'accordent pour ramener les valeurs de la conscience et de la raison au niveau proprement humain, mais aussi parce qu'ils maintiennent tous deux ce niveau à fleur de conscience, sans considérer le progrès de méthode par lequel la réflexion s'approfondit pour constituer la discipline de la science et de la moralité.

De ce qu'il y avait de séduisant à la fois et d'inquiétant dans cette orientation nouvelle, Leibniz a voulu apporter le témoignage. Les seuls écrits étendus qu'il ait consacrés à la philosophie, sont deux sortes de dialogues « vécus », l'un, avec Locke : les *Nouveaux essais sur l'entendement humain* (demeurés inédits jusqu'en 1765) ; l'autre, avec Bayle : la *Théodicée* qui fut publiée en 1710. Et d'ailleurs, si Bayle est l'interlocuteur principal de ce dernier ouvrage, Locke n'y est pas oublié. Leibniz écrivait même à Malebranche : « J'ai tâché aussi de combattre en passant certains philosophes relâchés, comme M. Locke, M. Le Clerc et leurs semblables, qui ont des idées fausses et basses de l'homme, de l'âme, de l'entendement <u>et même de la Divinité</u>, et qui traitent de chimérique tout ce qui

---
[1] Nouvelles lettres critiques, XVI ; II, 274 B.

passe leurs notions populaires et superficielles. Ce qui leur a fait du tort, c'est qu'étant peu informés des connaissances mathématiques, ils n'ont pas assez connu la nature des vérités éternelles [1]. »

Section I
L'APPROFONDISSEMENT DE LA CONSCIENCE

123. Confondant les généralités de la scolastique avec les idées innées, Locke pense qu'il lui suffit d'avoir écarté celles-là pour se débarrasser de celles-ci ; son empirisme s'arrête au seuil de l'intelligence cartésienne. Au contraire, la vigueur du génie leibnizien féconde, les unes par les autres, les « nouveautés » qu'apportaient les *Méditations métaphysiques*, la *Géométrie*, les *Principes de la philosophie* : primat du jugement réflexif d'existence, méthode d'analyse en mathématique, équation mécanique de l'univers.

La théorie de la conscience qui dans l'*Avant-Propos* des *Nouveaux essais* est développée en termes proprement psychologiques, est solidaire du double progrès que Leibniz accomplit dans la voie de la science, avec la création de l'algorithme différentiel, avec l'introduction de la notion de force vive.

Dès 1684, l'apparition de la méthode nouvelle pour les *maxima* et les *minima* tranche la question que posait devant le XVIIe siècle la dualité entre la géométrie analytique de Descartes et la géométrie infinitésimale de Pascal : question du rapport du fini à l'infini, où se trouvait impliquée celle du rapport de l'intelligence à l'intuition [2]. L'intuition cartésienne est d'ordre intellectuel, mais la science cartésienne, selon l'expression de Zeuthen, est *algèbre du fini*. La science pascalienne, par contre, dépasse les limites que Descartes avait déclarées infranchissables à l'esprit humain ; elle prend possession de l'infini en s'appuyant sur une intuition dont la logique ne peut pas rendre compte, et qui par sa nature extra-rationnelle prépare l'homme à reconnaître la transcendance et le mystère de la vérité religieuse. Il a été donné à Leibniz d'envelopper la géométrie de Pascal dans l'analyse de Descartes : *l'intégration in-*

---
1 *Lettre* (du début de 1712). *Apud* Gerhardt, *Die Philosophischen Schriften* (que nous désignerons par G.), t. I, Berlin, 1875, p. 361.
2 Cf. *Les étapes de la philosophie mathématique*, en particulier § 123, p. 210 ; éd. de 1947, pp. 209-210.

finitésimale est une opération purement intellectuelle, au même titre que le calcul algébrique ; la compréhension du continu et de l'infini, sans réserve et sans restriction, fait désormais le caractère authentique de la raison.

L'élargissement de l'intelligence mathématique, ou plus exactement la restitution de son domaine, mutilé par les paradoxes séculaires de Zénon d'Élée, confère à la physique un aspect nouveau : l'équation de l'univers, au lieu de correspondre, comme chez Descartes, à un type élémentaire d'équation, comporte une opération d'intégration, que Galilée avait déjà effectuée sous une forme expérimentale. Il suffit de réfléchir sur les lois de la chute des corps pour faire éclater le cadre du mécanisme cartésien : la notion fondamentale n'est plus le mouvement mv, mais la force vive mv^2.

A vrai dire, chez Leibniz cette substitution d'ordre proprement mathématique, s'accompagne, immédiatement et implicitement, d'une autre substitution qui a un intérêt métaphysique. Leibniz, comme Huygens d'ailleurs [1], considère non pas mv^2, mais mv^2, expression arbitraire, mais qui à ses yeux devra signifier une loi de série, dont dériveront les états successifs du mobile : c'est une *force primitive* qui aura la réalité ontologique de la substantialité, qui, en même temps présentera « quelque chose d'analogique au sentiment et à l'appétit », qui pourra se concevoir grâce à l'expérience de l'effort, à l'imitation de la notion que nous avons des âmes [2].

124. Telle est la voie qui ramène Leibniz sur le terrain de la psychologie, et qui le conduit à mettre avant tout en lumière l'activité immanente à la conscience, l'autonomie constitutive de l'intelligence. Loin d'être une propriété passive de l'être intérieur, un double de la sensation, comme était la réflexion suivant Locke, la conscience consiste à sommer une infinité d'éléments qui, pris en eux-mêmes et chacun à part, seraient inconscients : « Il y a mille marques qui font juger qu'il y a à tout moment une infinité de *perceptions* en nous, mais sans aperception et sans réflexion, c'est-à-dire des changements dans l'âme même, dont nous ne nous apercevons pas, parce que les impressions sont ou trop petites ou en

---

1 Cf. *L'expérience humaine et la causalité physique*, § 103, p. 217 ; éd. de 1949, p, 209.
2 Système nouveau de la communication des substances, 1695, G., IV, 479.

trop grand nombre ou trop unies, en sorte qu'elles n'ont rien d'assez distinguant à part ; mais, jointes à d'autres, elles ne laissent pas de faire leur effet et de se faire sentir au moins confusément dans l'assemblage... J'ai coutume de me servir de l'exemple du mugissement ou du bruit de la mer, dont on est frappé quand on est au rivage. Pour entendre ce bruit, comme l'on fait, il faut bien qu'on entende les parties qui composent ce tout, c'est-à-dire les bruits de chaque vague, quoique chacun de ces petits bruits ne se fasse connaître que dans l'assemblage confus de tous les autres ensemble, c'est-à-dire dans ce mugissement même, et ne se remarquerait pas si cette vague, qui le fait, était seule. » (*Avant-Propos* des *Nouveaux essais*.)

La connaissance, même réduite à la seule sensation, est une intégration, ou encore, selon une métaphore habituelle à Leibniz, une *concentration*. C'est cette opération qui, dans le monde organique aussi bien que dans le monde des vivants, fait l'intérieur de l'être ; car la réalité se définit par la détermination d'une unité en rapport à la multitude indéterminée [1] ; et l'unité, selon Leibniz, c'est l'activité unifiante. Dès lors, il est vrai que « toutes les substances simples ou monades créées... ont en elles une certaine perfection : il y a une suffisance (αὐτάρκεια) qui les rend sources de leurs actions internes et pour ainsi dire (*ajoute Leibniz en souvenir de Spinoza*) des Automates incorporels. » (*Monadologie*, § 18.)

Mais il est vrai aussi que, tant que la connaissance est réduite à la sensation, ma perception demeure inconsciente de soi : « Nous expérimentons en nous-mêmes un état, où nous ne nous souvenons de rien et n'avons aucune perception distinguée ; comme lorsque nous tombons en défaillance, ou quand nous sommes accablés d'un profond sommeil sans aucun songe. Dans cet état, l'âme ne diffère point sensiblement d'une simple Monade ; mais comme cet état n'est point durable, et qu'elle s'en tire, elle est quelque chose de plus. » (*Ibid.*, § 20.) Tandis que « le nom général de Monades et d'Entéléchies » suffit « aux substances simples » qui n'ont « qu'une simple perception », il convient « qu'on appelle Ames seulement celles dont la perception est plus distincte et accompagnée de mémoire ». (*Ibid.*, § 19.)

---

[1] Cf. *Théodicée*, II, 124 : « Que ferait une créature intelligente, s'il n'y avait point de choses non intelligentes ? A quoi penserait-elle s'il n'y avait ni mouvement, ni matière, ni sens ? »

Le progrès de l'intégration expliquera donc le progrès de la conscience : au-dessus de la synthèse momentanée d'une multitude d'impressions éparses dans l'espace, va se produire une concentration des moments passés qui donne à l'être le sentiment de sa continuité, qui l'invite à réfléchir sur soi pour s'apercevoir dans la totalité de sa durée. *Réflexion sur soi*, mais qui, pas plus que la réflexion spinoziste, *ne porte sur un sujet séparé de son objet* : « La nature des choses et la nature de l'esprit... concourent. Et (continue Théophile en s'adressant au représentant de Locke), puisque vous opposez la considération de la chose à l'aperception de ce qui est gravé dans l'esprit, cette objection même fait voir, Monsieur, que ceux dont vous prenez le parti n'entendent par les *vérités innées* que ce qu'on approuverait naturellement, comme par instinct, et même sans le connaître que confusément. Il y en a de cette nature, et nous aurons sujet d'en parler. Mais ce qu'on appelle la *lumière naturelle* suppose une connaissance distincte ; et bien souvent la considération de la nature des choses n'est autre chose que la connaissance de la nature de notre esprit et de ces idées innées qu'on n'a point besoin de chercher au dehors. Ainsi j'appelle innées les vérités qui n'ont besoin que de cette considération pour être vérifiées. » (*Nouveaux essais*, I, I, 21.) C'est par le développement de l'aperception que se fonde l'objectivité de l'univers, que la matière en apparence incohérente des sensations se coordonne en « songes bien réglés » (G., IV, 484), que le plaisir de l'aperception musicale se résout en intelligence de rapports mathématiques [1]. Par son caractère interne, ce développement aboutit à éclairer pour la conscience les lois dont il procède : « Les principes généraux entrent dans nos pensées dont ils font l'âme et la liaison. Ils y sont nécessaires comme les muscles et les tendons le sont pour marcher, quoiqu'on n'y pense point. L'esprit s'appuie sur ces principes à tous moments ; mais il ne vient pas si aisément à les démêler, et à se les représenter distinctement et séparément, parce que cela demande une grande attention à ce qu'il fait, et la plupart des gens, peu accoutumés à méditer, n'en ont

---

[1] Cf. Plotin, *Ennéades*, VI, VII, 7 : « Nous nommons sensitif l'homme d'ici-bas parce qu'il perçoit moins bien et perçoit des images inférieures à leurs modèles ; ainsi les sensations sont des pensées obscures, et les pensées intelligibles sont des sensations claires. » Rodier a développé, d'une façon très ingénieuse, le parallélisme systématique du plotinisme et du leibnizianisme : Sur une des origines de la philosophie de Leibniz, apud *Études de philosophie grecque*, pp. 338 et suiv.

guère. » (*N. E.*, I, I, 20.)

La conscience, chez Malebranche, ne s'élevait pas au-dessus du niveau du « sentiment confus » ; elle demeurait sans relation avec le monde des corps, avec le monde même des idées, et tellement à la superficie de l'âme que la réalité véritable devait lui en échapper [1]. Dans les *Nouveaux essais*, au contraire, et comme dans l'*Éthique*, la conscience recouvre la vie tout entière de l'être raisonnable ; par quoi elle est capable et de se rendre coextensive à la totalité de l'existence universelle, et d'en retrouver à l'intérieur de soi le fond primitif. Ainsi le progrès de la conscience tend à conquérir sur l'inconscient, non pas seulement les conditions d'ordre inférieur ou extérieur dont l'homme ne savait pas qu'à son insu elles commandaient sa pensée, ses sentiments et sa conduite, mais aussi les ressorts internes par lesquels s'explique la vérité de son autonomie et qui lui en assurent la pleine jouissance.

SECTION II
LE SYSTÈME DE LA THÉODICÉE

125. La liaison entre le dynamisme rationnel de la conscience et la réalité d'un inconscient qu'il ne peut pas ne pas supposer à son point de départ, est un des grands événements de l'histoire, mais qu'il convient de reporter à sa date effective. Si la notion de l'inconscient est assurément présente dans tout ce que Leibniz a livré au public, c'est en 1765 seulement, au lendemain des grands ouvrages de Rousseau, qu'elle s'éclaire d'une lumière directe, avec l'édition des *Nouveaux essais* par Raspe. Alors Leibniz pleinement révélé vient apporter à Kant un appui pour l'affranchir définitivement du Leibniz de l'ontologie wolffienne, pour constituer cet

---

1 Cf. *Méditations chrétiennes*, IX, 21 : « Il faut que tu saches que l'âme contient en elle-même tout ce que tu vois de beau dans le monde, et que tu attribues aux objets qui t'environnent... Or, si tu avais une idée claire de toi-même, si tu voyais en moi cet esprit archétype sur lequel tu as été formé, tu découvrirais tant de beautés et tant de vérités en le contemplant, que tu négligerais tous tes devoirs... Mais, mon fils, Dieu ne t'a pas fait pour ne penser qu'à toi. Il t'a fait pour lui. Ainsi je ne te découvrirai point l'idée de ton être que dans le temps heureux auquel la vue de l'essence même de ton Dieu effacera toutes tes beautés et te fera mépriser tout ce que tu es pour ne penser qu'à le contempler. » Voir VAN BIÉMA, Comment Malebranche conçoit la Psychologie, *Revue de Métaphysique*, 1916, p. 131.

idéalisme rationnel qui relèvera la philosophie du discrédit où le siècle des lumières l'avait laissée tomber.

En revanche, quand nous nous reportons des *Nouveaux essais* aux écrits dont les contemporains de Leibniz ont eu connaissance, depuis le *Système nouveau de la nature et de la communication des substances, aussi bien que de l'union qu'il y a entre l'âme et le corps*, avec les précieuses répliques à Bayle, jusqu'à la *Théodicée*, il est manifeste que la pensée leibnizienne paraissait s'orienter d'un tout autre côté. On songe alors au mot de Nietzsche : « Les Allemands sont d'avant-hier et d'après-demain ; ils n'ont pas encore d'aujourd'hui [1]. » Il ne s'applique à personne comme à Leibniz. Ses découvertes mathématiques, non seulement se sont faites sur le terrain moderne de l'analyse, mais encore elles amorcent, elles utilisent déjà, les méthodes dont les siècles ultérieurs manifesteront la subtilité et la fécondité. Seulement ces travaux de génie, qui sont pour nous autant de coins enfoncés dans l'avenir, ne sont, aux yeux de Leibniz, que des pierres d'attente, pour un édifice de style archaïque. Après avoir connu Malebranche et Huygens, Spinoza et Newton, après avoir rivalisé heureusement avec eux, il demeure, avec une ténacité touchante, fidèle au rêve de *caractéristique universelle* que l'art chimérique de Raymond Lulle lui avait inspiré dans une Allemagne encore étrangère à la civilisation de l'Europe [2]. Et ce qui est vrai du calcul infinitésimal par rapport à l'ensemble de ses spéculations logiques, est vrai aussi, nous semble-t-il, de la théorie de la conscience par rapport au système général de sa métaphysique.

La négation de toute extériorité spatiale, de toute, causalité transitive, avait permis à Spinoza d'en finir avec le réalisme des substances. Mais Leibniz n'ose pas aller jusqu'au bout de ce que la thèse de l'autonomie de conscience impliquait pourtant ; il tente de réintégrer la monade, qui était à sa façon le tout de l'univers, dans un système total dont elle ne sera plus qu'une partie. Inévitablement, une telle tentative devait, suivant l'expression même de Leibniz, le rejeter « en pleine mer ». (G., IV, 483.) La tradition péripatéticienne n'éprouvait, en effet, aucune peine à postuler une pluralité de substances en inter-communication, parce qu'elle projetait son

---

1 *Par delà le bien et le mal*, 240, tr. fr. de L. WEISCOPF et G. ART, 1898, p. 254.
2 Cf. COUTURAT, *La logique de Leibniz*, 1901, p. 36.

ontologie dans les cadres de l'imagination spatiale. Il n'en est pas de même avec le spiritualisme cartésien, comme le montre l'exemple de Malebranche : « Il faut avouer qu'on a bien pénétré dans la difficulté, en disant ce qui ne se peut point ; mais il ne paraît pas qu'on l'ait levée en expliquant ce qui se fait effectivement. Il est bien vrai qu'il n'y a point d'influence réelle d'une substance créée sur l'autre, en parlant selon la rigueur métaphysique, et que toutes les choses, avec toutes leurs réalités, sont continuellement produites par la vertu de Dieu ; mais pour résoudre des problèmes, il n'est, pas assez d'employer la cause générale, et de faire venir ce qu'on appelle *Deum ex machina*. Car lorsque cela se fait sans qu'il y ait autre explication qui se puisse tirer de l'ordre des causes secondes, c'est proprement recourir au miracle. En philosophie il faut tâcher de rendre raison, en faisant connaître de quelle façon les choses s'exécutent par la sagesse divine, conformément à la notion du sujet dont il s'agit. » (*Ibid.*)

Rendre raison, c'est, encore une fois, appliquer les méthodes modernes de la mathématique. A la déduction des divers points de la courbe par la formule de son équation, Leibniz avait demandé le secret de l'activité spirituelle : *expression d'une multitude dans l'unité*. Il empruntera maintenant à la théorie des projections le type de relation, qui permet le passage d'une expression à une autre : « Une chose *exprime* une autre (dans mon langage) lorsqu'il y a un rapport constant et réglé entre ce qui se peut dire de l'une et de l'autre. C'est ainsi qu'une projection de perspective exprime son géométral [1]. »

Il deviendra donc possible d'« éviter » Spinoza (dont le système, dit Leibniz, est celui « qui me paraît avoir poussé le plus les suites de la doctrine cartésienne des causes occasionnelles », G., IV, 590) et de ne pas détruire pourtant l'intériorité qui est le propre de l'activité dans les substances : « Chacune de ces substances, représentant exactement tout l'univers à sa manière et suivant un certain point de vue, et les perceptions ou expressions des choses externes arrivant à l'âme à point nommé, en vertu de ses propres lois, comme dans un monde à part, et comme s'il n'existait rien que Dieu et elle (pour me servir de la manière de parler d'une certaine personne d'une grande élévation d'esprit, dont la sainteté est célébrée)

---

[1] *Lettre à Arnauld*, du 9 octobre 1687 ; G., II, 112.

il y aura un parfait accord entre toutes ces substances, qui fait le même effet qu'on remarquerait si elles communiquaient ensemble par une transmission des espèces ou des qualités que le vulgaire des philosophes s'imagine. » (G., IV, 484.) Tel est le système de l'harmonie que Leibniz appellera *préétablie*, afin d'en bien marquer la relation à la volonté divine : « On y trouve aussi une nouvelle preuve de l'existence de Dieu, qui est d'une clarté surprenante. Car ce parfait accord de tant de substances qui n'ont point de communication ensemble, ne saurait venir que de la cause commune. » (G., IV, 486.)

Le recours à la cause commune, que Leibniz blâmait Malebranche de n'avoir pas su éviter, oriente Leibniz dans une direction inverse du spinozisme. Au déterminisme élémentaire, fondé sur le simple enchaînement des causes et des effets, il superpose la liaison providentielle des moyens et des fins. Le monde leibnizien sera *prédéterminé*, il suivra un ordre *préconçu* pour aboutir à un dénouement *prémédité*. Le mécanisme devra s'y allier à la finalité, sans qu'il y ait à rien rabattre ou de la rigueur de celui-là ou de l'universalité de celle-ci : « Les cartésiens,... ont manqué en ôtant l'automate à l'homme et le sentiment à la bête. Je crois qu'on doit laisser l'un et l'autre à l'un et à l'autre, qu'on doit être démocriticien en rendant toutes les actions des corps machinales indépendantes des âmes, et qu'on doit être plus que platonicien en jugeant que toutes les actions des âmes sont immatérielles et indépendantes de la machine. » (G., IV, 540.)

126. Cette synthèse des doctrines contraires est ce qui faisait la beauté du système aux yeux de son auteur ; pour Bayle, soucieux de purger de ses équivoques et de ses artifices le langage ordinaire aux métaphysiciens et aux théologiens, elle risque de compromettre cette « spontanéité originale » qu'elle se flattait de respecter, de fonder même : « Le choc des corps voisins doit mêler quelque contrainte à la spontanéité naturelle de chacun. » (*Apud* G., IV, 539.)

Assurément Bayle a raison ; Leibniz n'est pas parvenu à éclaircir ses propres difficultés. Il suppose que c'est être libre que de dépendre de Dieu seul, et il en conclut qu'il a le droit de mettre son hypothèse à couvert sous l'autorité de Thérèse d'Avila. Mais

PREMIÈRE PARTIE

la sainte envisage et décrit un état où l'âme parvient par un effort d'abstraction qui l'a détachée du monde. Chez Leibniz (qui s'est d'ailleurs montré capable de littérature mystique comme de tout autre exercice de pensée) aucun ascétisme, aucun *acosmisme*. La vision béatifique, l'intuition de Dieu, se définissent expressément par la contemplation de l'universelle harmonie des choses [1]. La « force interne », qui dans chaque substance est la source d'une « simplicité féconde », est en réalité un cas particulier de la force universelle, qui demeure immuable dans sa totalité.

Dès lors l'hypothèse d'une âme qui s'isole du monde des créatures pour s'unir à Dieu seul, est une *fiction métaphysique* : « Puisque la nature de l'âme a été faite d'abord d'une manière propre à se représenter successivement les changements de la matière, le cas qu'on suppose ne saurait arriver dans l'ordre naturel. Dieu pouvait donner à chaque substance ses phénomènes indépendants de ceux des autres ; mais de cette manière il aurait fait, pour ainsi dire, autant de mondes sans connexion qu'il y a de substances. » (G., IV, 519.) Dès lors aussi le développement du « mécanisme métaphysique » fait perdre à la notion de l'automatisme spirituel sa simplicité première et sa signification véritable. « L'âme (dit Leibniz à Bayle), je la considère comme un automate immatériel dont la constitution interne est une concentration ou représentation d'un automate matériel, et produit représentativement dans cette âme le même effet. » (G., IV, 548.)

Or il est manifeste que les deux automates font un seul et même être ; la destinée de l'âme, prise dans l'engrenage d'un parallélisme préordonné, sera liée à la destinée du corps. Leibniz voudrait sans doute maintenir deux plans distincts, ou du moins employer deux terminologies différentes : « Le choc des corps cause des changements dans les masses, et non pas dans les âmes ou monades, qui suivent avec spontanéité leur train accommodé à tout ce qui se fait dans les masses, et le représentant. » (G., IV, 539.) Il arrive pourtant un moment où il faudra choisir entre deux conceptions opposées : ou une *spontanéité* véritable, qui exclut toute accom-

---

1 (1) Cf. ce texte inédit (Théologie, vol. VII, Pars III, chap. XLII) que nous devons à M. Jean BARUZI (Leibniz et l'organisation religieuse de la terre, 1907, p. 243, n. 3) : Visio beatifica, seu intuitio Dei de facie ad faciem, est contemplatio universalis harmoniæ rerum. Quia Deus, seu mens universi, nihil aliud est quam rerum harmonia, seu principium pulchritudinis in ipsis.

modation au dehors, qui s'accompagne d'une originalité absolue ; ou une *accommodation* qui, littéralement, *tue la spontanéité*, qui asservit l'être dans le principe de son action et dans le détail de ses mouvements.

Jamais un régime d'entière *hétéronomie* n'a été affirmé avec plus de précision inflexible que dans cette déclaration : « Je ne conçois pas la loi de la suite des modifications d'une âme comme un simple décret de Dieu, mais comme un effet du décret consistant dans la nature de l'âme, comme une loi inscrite dans sa substance. Lorsque Dieu met une certaine loi ou règle d'actions à faire dans son automate, il ne se contente pas de lui donner un ordre par son décret, mais il lui donne en même temps le moyen de l'exécuter, c'est une loi inscrite dans sa nature ou conformation. Il lui donne une structure en vertu de laquelle les actions que Dieu veut ou permet que l'animal fasse, se produisent naturellement par ordre. » (G., IV, 548.) Une telle page fait trop bien comprendre ce qu'entrevoyait le génie moral de Bayle, ce qu'apercevra plus tard à plein le génie moral de Kant : *la liberté leibnizienne est une dérision*. L'homme fait figure d'acteur, mais au sens comique du mot, récitant les discours et reproduisant les gestes qui lui sont soufflés du dedans par le régisseur divin [1]. L'apparence de spontanéité avec laquelle s'harmonisent entre elles les monades créées, « *fulgurations* » de la monade centrale, ne fait que relever la qualité de l'acte créateur : « Quelle merveille donc que tout aille bien et avec justesse ? puisque toutes choses conspirent et se conduisent par la main, depuis qu'on suppose que ce tout est parfaitement bien conçu... C'est comme dans les machines de théâtre et dans les feux d'artifice, dont on ne trouve plus la justesse étrange, quand on sait comment tout est conduit ;

---

[1] Cf, G., IV, 549 : « Il suffit qu'on se figure un chantre d'église ou d'opéra gagé pour y faire à certaines heures sa fonction de chanter, et qu'il trouve à l'église ou à l'opéra un livre de musique, où il y ait pour les jours et les heures marquées les pièces de musique ou la tablature qu'il devra chanter. Ce chantre chante à livre ouvert, ses yeux sont dirigés par le livre, et sa langue et son gosier sont dirigés par les yeux ; mais son âme chante pour ainsi dire par mémoire ou par quelque chose équivalente à la mémoire... C'est parce que toute la tablature de ce livre ou des livres qu'on suivra successivement en chantant, est gravée dans son âme virtuellement dès le commencement de l'existence de l'âme ; comme cette tablature a été gravée en quelque façon dans les causes matérielles avant qu'on est venu à composer ces pièces, et à en faire un livre. Mais l'âme ne saurait s'en apercevoir, car cela est enveloppé dans les perceptions confuses de l'âme, qui expriment tout le détail de l'univers. »

il est vrai qu'on transporte l'admiration de l'ouvrage à l'inventeur tout comme lorsqu'on voit maintenant que les planètes n'ont point besoin d'être menées par des intelligences. » (G., IV, 560.)

Le *transport* de l'admiration, qui s'opère de l'univers à son auteur : voilà ce qui nous semble, en fin de compte, résulter de la discussion avec Bayle, et qui va expliquer la portée de la *Théodicée* dans la carrière de Leibniz, et son rôle pour la transition du XVIIe au XVIIIe siècle. Jusque-là, en effet, la doctrine présentait l'apparence d'une analyse régressive, qui passe régulièrement de l'espace à la matière, de la matière à la force, de la force à l'esprit, et qui, en chacun de ses points de passage, s'appuie sur une théorie en vogue, que Leibniz approfondit et pousse en quelque sorte d'un degré dans le sens de sa direction originelle. Pourtant, ce que Leibniz a écrit, antérieurement à ses voyages dans l'Europe occidentale, fait bien voir que le recours à la méthode moderne d'immanence est un simple artifice d'exposition au profit d'un système préconçu. Les parties de ce système se sont montrées assurément susceptibles de développement merveilleux ; elles n'en étaient pas moins toutes données en germe, selon l'idée traditionnelle de l'évolution[1], dans la vision d'une harmonie qui ne paraît conduire à une intelligence « extra-mondaine » ou plutôt « supra-mondaine »[2], que parce qu'elle impliquait déjà, dans son intuition initiale, la trans-

---

1 Une page de Tyrrell éclaire d'une façon décisive et permet de dissiper l'équivoque bio-théologique, dont le terme d'évolution a été récemment l'occasion : « DRIESCH, dans ses *Gifford Lectures*, 1907 (p. 46), note que, jusqu'au triomphe de l'épigénèse au XVIIIe siècle « évolution » signifiait en biologie une préformation réelle et non pas seulement potentielle de l'organisme mûr dans son germe. Chaque partie s'y trouvait en proportions microscopiques. Mais « la véritable épigénèse, dans le sens descriptif du terme, n'existe pas. Les choses se forment les unes après les autres ; il n'y a pas simplement *déploiement* de ce qui existait déjà, quoique de forme plus réduite, il n'y a pas *evolutio* dans le sens ancien du mot. » Et TYRRELL continue : « A la faveur de cette confusion entre l'évolution — déploiement des parties actuellement ramassées ensemble — et l'évolution-épigénèse ou croissance de parties nouvelles virtuellement contenues dans un germe, de récents théologiens se sont prévalus de l'autorité de saint Vincent de Lérins et du concile de Florence pour défendre une conception nouvelle de l'évolution doctrinale, en contradiction flagrante avec l'idée ancienne de l'identité doctrinale. » (*Le christianisme à la croisée des chemins*, trad. ARNAVON, 1910, p. 41, n. 1.) Sur la relation de Newmann à Vincent de Lérins, voir aussi René BERTHELOT, *Un romantisme utilitaire*, t. III, 1922, p. 333.
2 *Théodicée*, II, 217.

cendance de sa cause [1]. Et d'ailleurs la déclaration de Leibniz est explicite : « Mes remarques sur M. Gassendi, le P. Malebranche, M. Descartes, Spinoza, M. Locke, servent à préparer les esprits. Je ne puis pas toujours m'expliquer amplement, mais je tâche toujours de parler juste. Je commence en philosophe, mais je finis en théologien. Un de mes grands principes est que rien ne se fait sans raison. C'est un principe de philosophie. Cependant dans le fond ce n'est autre chose que l'aveu de la sagesse divine, quoique je n'en parle pas d'abord [2]. »

127. La *Théodicée* est l'œuvre où Leibniz cesse enfin de renverser son attitude naturelle, où il rentre en équilibre avec soi ; il y expose moins une philosophie qui aboutit à une théologie, comme Pascal ou Malebranche, qu'une théologie qui commande une philosophie, comme autrefois Maïmonide ou Thomas d'Aquin, et dont il oppose directement les conclusions aux résultats de la critique moderne que Bayle représente à ses yeux.

Bayle s'installe sur le plan de la conscience, il y entraîne la raison qui participe à l'intériorité, mais aussi à la subjectivité, du jugement humain. Dès les premières lignes du *Discours de la conformité de la foi avec la raison*, Leibniz se pose dans un dogmatisme de la raison, qui s'assure à l'avance contre les enseignements et contre les entreprises de l'expérience humaine : « La raison consistant dans l'enchaînement des vérités a droit de lier entre elles celles que l'expérience lui a fournies, pour en tirer des conclusions mixtes ; mais la raison pure et nue, distinguée de l'expérience, n'a à faire qu'à des vérités indépendantes des sens. » Ce qui ne veut point dire que cette raison soit numériquement différente de la raison humaine : Bayle y trouverait trop aisément son compte : « Il reconnaît très bien que nos mystères sont conformes à la raison suprême et uni-

---

1 M. Rivaud a fort bien dit de Leibniz : « Il part toujours de la considération de l'ensemble des choses. Il ne remonte pas de tel ou tel détail à l'Univers entier. Sa pensée embrasse d'emblée la totalité du réel ; elle est, dans son essence, métaphysique ou synthétique au suprême degré ». (Textes inédits de Leibniz, publiés par Monsieur Ivan Jagodinsky, *Revue de métaphysique*, 1914, p. 96.) Conclusions confirmées par l'étude des manuscrits de Leibniz, entre 1672 et 1676 : « Les articles essentiels de la doctrine de Leibniz sont entièrement fixés au moment où, par l'intermédiaire de Tschirnhaus, le philosophe entre en contact avec la pensée de Spinoza », écrit M. Rivaud dans l'*Avant-propos*, p. XIV, au fasc. II du *Catalogue*, Poitiers, 1914-1924.
2 Bodeman, *Catalogue des manuscrits de Hanovre* (Phil., I, 39), p. 58.

verselle qui est dans l'entendement divin, ou à la raison en général ; cependant il nie qu'ils paraissent conformes à cette portion de raison dont l'homme se sert pour juger toutes choses. » (*Discours*, § 61.)

Sans écarter l'autorité de la tradition augustinienne, Leibniz refuse, comme Malebranche, d'en accepter les conclusions pessimistes : « Notre but est d'éloigner les hommes des fausses idées qui leur représentent Dieu comme un prince absolu, usant d'un pouvoir despotique, peu propre à être aimé, et peu digne d'être aimé. » (*Théodicée*, I, 6.) Le péché originel rend compte de ce qu'il y a d'irrationnel dans l'homme, et de cela seulement : « Nous pouvons dire que nous sommes exempts d'esclavage, en tant que nous agissons avec une connaissance distincte, mais que nous sommes asservis en tant que nos perceptions sont confuses. C'est dans ce sens que nous n'avons pas toute la liberté d'esprit qui serait à souhaiter, et que nous pouvons dire avec saint Augustin qu'étant assujettis au péché, nous avons la liberté d'un esclave. » (*Ibid.*, III, 289.) Il est donc permis de répondre à Bayle : « Comme cette portion de raison que nous possédons est un don de Dieu, et consiste dans la lumière naturelle qui nous est restée au milieu de la corruption, cette portion est conforme avec le tout, et elle ne diffère de celle qui est en Dieu que comme une goutte d'eau de l'Océan, ou plutôt comme le fini de l'infini. Ainsi les mystères la peuvent passer, mais ils ne sauraient y être contraires. L'on ne saurait être contraire à une partie sans l'être en cela au tout. Ce qui contredit à une proposition d'Euclide est contraire aux éléments d'Euclide. Ce qui en nous est contraire aux mystères n'est pas la raison, ni la lumière naturelle, l'enchaînement des vérités : c'est corruption, c'est erreur ou préjugé, c'est ténèbres. » (*Discours*, § 61.)

Mais cette même comparaison géométrique dont on voit que Leibniz se sert pour affirmer contre Bayle la rationalité de la théologie chrétienne, nous abandonne, ou plutôt exactement nous trahit, si nous voulons passer du principe à l'application : « Ce qui trompe en cette matière est... qu'on se trouve porté à croire que ce qui est le meilleur dans le tout est le meilleur aussi qui soit possible dans chaque partie. On raisonne ainsi en géométrie, quand il s'agit de *maximis et minimis*. Mais la conséquence de la quantité à la qualité ne va pas toujours bien... Cette différence entre la quantité et la qualité paraît ici dans notre cas. La partie du plus court chemin entre deux extrémités est aussi le plus court chemin entre les extrémités de cette partie : mais la partie du meilleur tout n'est pas nécessairement le meilleur qu'on pouvait faire de cette partie, puisque la partie d'une belle chose n'est pas toujours belle, pouvant être tirée du tout, ou prise dans le tout, d'une manière irrégulière. » (*Théodicée*, II, 212-213.)

Après avoir fait reposer le problème de la relation entre la raison de l'homme et la raison de Dieu sur le rapport de la partie au tout, Leibniz va donc donner de ce rapport deux interprétations contradictoires : une interprétation analytique où l'intelligence « totalise » en allant du connu à l'inconnu par une connexion progressive des éléments ; une interprétation synthétique où la raison suffisante du tout se pose pour elle-même, détachée de la considération des parties. Le jugement, qui selon la première, procédait de l'homogène à l'homogène, du semblable au semblable, apparaît, selon la seconde, susceptible de subir une sorte de renversement : « Thomas d'Aquin a entrevu ces choses lorsqu'il a dit : *Ad prudentem gubernatorem pertinet negligere aliquem defectum bonitatis in parte, ut faciat augmentum bonitatis in toto.* » (Avec une référence indiquée par Leibniz, au *Contra Gentes*, II, 71.) Thomas Gatakerus, dans ses notes sur le livre de Marc Aurèle (V, 8, d'après Bayle), cite aussi des passages des auteurs qui disent que le mal des parties est souvent le bien du tout [1].

128. Ce « renversement du pour au contre » permet de dépasser et

---

1 *Théodicée*, II, 214. Dans l'*Abrégé de la controverse réduite à des arguments en forme*, LEIBNIZ, tout en accentuant l'anthropomorphisme radical de la *Théodicée*, semble se réclamer d'analogies mathématiques : « Un général d'armée aimera mieux une grande victoire avec une légère blessure qu'un état sans blessure et sans victoire. On a montré cela plus amplement dans cet ouvrage, en faisant même voir par des instances prises des mathématiques, et d'ailleurs, qu'une imperfection dans la partie peut être requise à une plus grande perfection dans le tout. On a suivi en cela le sentiment de saint Augustin, qui a dit cent fois que Dieu a permis le mal pour en tirer un bien, c'est-à-dire un plus grand bien ; et celui de THOMAS D'AQUIN (*in libr. II sent. dist.* 32, *qu.* 1, *art.* 1), que la permission du mal tend au bien de l'univers. On a fait voir que chez les anciens la chute d'Adam a été appelée *felix culpa*, un péché heureux, parce qu'il avait été réparé avec un avantage immense par l'incarnation du Fils de Dieu, qui a donné à l'univers quelque chose de plus noble que tout ce qu'il y aurait eu sans cela parmi les créatures. »

de récuser une critique qui prétend opérer, du point de vue propre à l'homme, le discernement du bien et du mal. « Quand même il serait échu plus de mal que de bien au genre humain, il suffit par rapport à Dieu qu'il y a incomparablement plus de bien que de mal dans l'univers. Le rabbin Maïmonide (dont on ne reconnaît pas assez le mérite, en disant qu'il est le premier des rabbins qui ait cessé de dire des sottises) a aussi fort bien jugé de cette question de la prévalence du bien sur le mal. » Relevant les plaintes contenues « dans *les poésies et dans les chansons des païens* », les doléances, non seulement du *vulgaire*, mais aussi « *de ceux mêmes qui veulent passer pour sages*,... Maïmonide ajoute que la cause de leur erreur extravagante est qu'ils s'imaginent que la nature n'a été faite que pour eux, et qu'ils comptent pour rien ce qui est distinct de leur personne ; d'où ils infèrent que quand il arrive quelque chose contre leur gré, tout va mal dans l'univers. M. Bayle dit que cette remarque de Maïmonide ne va point au but, parce que la question est si parmi les hommes le mal surpasse le bien. Mais, considérant les paroles du rabbin, je trouve que la question qu'il forme est générale, et qu'il a voulu réfuter ceux qui la décident par une raison particulière, tirée des maux du genre humain, comme si tout était fait pour l'homme ; et il y a apparence que l'auteur qu'il réfute a aussi parlé du bien et du mal en général. Maïmonide a raison de dire que, si l'on considérait la petitesse de l'homme par rapport à l'univers, on comprendrait avec évidence que la supériorité du mal, quand il se trouverait parmi les hommes, ne doit pas avoir lieu pour cela parmi les anges, ni parmi les corps célestes, ni parmi les éléments et les mixtes inanimés, ni parmi plusieurs espèces d'animaux ». (*Théodicée*, III, 262-263.)

Appuyé sur la vision orientale et médiévale de l'univers, Leibniz corrige le principe de distribution des valeurs, qui avait servi de point de départ à Bayle : « Il y a plutôt un combat entre les vraies raisons de la théologie naturelle et les fausses raisons des apparences humaines, qu'il n'y en a entre la foi révélée et la raison. » (*Théodicée*, I, 76.) Et telle est en effet la fatalité des controverses religieuses au XVIIe siècle qu'elles aboutissent à un grief réciproque d'*anthropomorphisme*. Bayle avait écrit : « La plus grande haine que l'on puisse témoigner pour le vice n'est pas de le laisser régner fort longtemps, et puis de le châtier ; mais de l'écraser avant sa naissance, c'est-à-dire d'empêcher qu'il ne se montre nulle part. Un roi, par exemple, qui mettrait un si bon ordre dans ses finances qu'il ne s'y commît aucune malversation, ferait paraître plus de haine pour l'injustice des partisans, que si après avoir souffert qu'ils s'engraissassent du sang du peuple, il les faisait pendre. » Et Leibniz réplique aussitôt : « C'est toujours la même chanson, c'est un anthropomorphisme tout pur [1]. Un roi ordinairement ne doit rien avoir de plus à cœur que d'exempter ses sujets de l'oppression. Un de ses plus grands intérêts, c'est de mettre bon ordre à ses finances. Cependant il y a des temps où il est obligé de tolérer le vice et les désordres... Il est vrai que cette malheureuse nécessité vient le plus souvent des fautes précédentes. Il n'en est pas de même de Dieu : il n'a besoin de personne, il ne fait aucune faute, il fait toujours le meilleur. On ne peut pas même souhaiter que les choses aillent mieux, lorsqu'on les entend ; et ce serait un vice dans l'auteur des choses s'il en voulait exclure le vice qui s'y trouve. Cet état d'un parfait gouvernement, où l'on veut et fait le bien autant qu'il est possible, où le mal même sert au plus grand bien, est-il comparable avec l'état d'un prince, dont les affaires sont délabrées, et qui se sauve comme il peut ? Ou avec celui d'un prince qui favorise l'oppression pour la punir, et qui se plait à voir les petits à la besace et les grands sur l'échafaud [2] ? »

Il faut donc que la conscience, bornée à l'expérience des valeurs humaines, se taise, et laisse parler une raison capable de s'élever au-dessus de toutes les antithèses, pour qui la contradiction même se présente comme l'instrument de son progrès. Leibniz affirme le

---

1 Cf. *Discours*, § 32 : « Une des choses qui pourraient avoir contribué le plus à faire croire à M. Bayle qu'on ne saurait satisfaire aux difficultés de la raison contre la foi, c'est qu'il semble demander que Dieu soit justifié d'une manière pareille à celle dont on se sert ordinairement pour plaider la cause d'un homme accusé devant son juge. »
2 *Théodicée*, II, 125. Il ne nous semble pas que dans sa tentative de parallèle entre la *Théodicée* augustinienne et la *Théodicée* leibnizienne, M. Jules MARTIN ait été bien équitable lorsqu'il tire argument contre Leibniz de ce passage de l'ouvrage inachevé contre Julien (III, 24) : « Saint Augustin dit encore : *Parce qu'elle est plus haute que la justice humaine, la justice de Dieu est aussi plus inscrutable... Pensez à cela et ne comparez pas Dieu exerçant la justice aux hommes exerçant la justice ; Dieu est certainement juste, même lorsqu'il fait ce qui paraît injuste aux hommes, et ce que l'homme ne pourrait faire sans injustice.* » Sur quoi M. Martin ajoute : « L'univers, enfin, est bon, mais il n'est pas le meilleur possible ; car Dieu, dans son action, possède la parfaite liberté ; Dieu est toujours juste, et nous ne pouvons pas, pendant cette vie, comprendre ses desseins. On ne trouve dans Leibniz ni cette doctrine, ni ce sentiment du mystère. (*Saint Augustin*, 1901, p. 262.)

primat de la synthèse avec une force et une netteté que Hegel ne dépassera pas : « Je crois que ce qu'on dit ici pour blâmer la raison est à son avantage. Lorsqu'elle détruit quelque thèse, elle édifie la thèse opposée. Et lorsqu'il semble qu'elle détruit en même temps les deux thèses opposées, c'est alors qu'elle nous promet quelque chose de profond, pourvu que nous la suivions aussi loin qu'elle peut aller, non pas avec un esprit de dispute, mais avec un désir ardent de rechercher et de démêler la vérité, qui sera toujours récompensé par quelque succès considérable. » (*Discours*, § 80.)

129. Chez Leibniz, comme chez Hegel, quoique par un procédé tout différent, la synthèse *a priori* va, pour tenir sa promesse, procéder du vide ontologique. Le « mécanisme métaphysique » postule le monde des *prétentions à être*, des *possibles*, qui luttent entre eux pour l'existence. De cette lutte surgit l'élection de l'essence divine, du possible infini [1]. Et, du fait que ce possible est maintenant réalisé dans son actualité, toutes les autres essences, qui lui sont coéternelles, reçoivent une sorte de promotion : elles existent désormais, non plus seulement dans leur abstraction idéale, mais encore dans l'entendement de Dieu. Il n'y a donc plus de difficulté pour résoudre le problème du mal : « Et quant à la cause du mal, il est vrai que le diable est l'auteur du péché mais l'origine du péché vient de plus loin, la source est dans l'imperfection originale des créatures : cela les rend capables de pécher, et il y a des circonstances, dans la suite des choses, qui font que cette puissance est mise en acte. » (*Théodicée*, II, 156.) Et ailleurs : « Il faudrait avoir l'esprit de travers pour dire... qu'il est plus malin de laisser à quelqu'un toute la peine et toute la faute de sa perte. Quand Dieu la laisse à quelqu'un, elle lui appartient avant son existence, elle était dès lors dans son idée encore purement possible, avant le décret de Dieu, qui le fait exister ; la peut-on laisser ou donner à un autre ? C'est tout dire. » (*Ibid.*, § 121.)

Le mal existe dans l'entendement divin [2], dont Leibniz dira même

---

1 Cf. *Spinoza et ses contemporains*, pp. 393 et suiv. ; éd. de 1951, pp. 247 et suiv.
2 Cf. *Théodicée*, II, 149-150. « Il y a véritablement deux principes ; mais ils sont tous deux en Dieu, savoir son entendement et sa volonté. L'entendement fournit le principe du mal, sans en être terni, sans être mauvais ; il représente les natures comme elles sont dans les vérités éternelles ; il contient en lui la raison pour laquelle le mal est permis ; mais la volonté ne va qu'au bien. Ajoutons un troisième principe, c'est

qu'il est *la source des essences* (*Théodicée*, I, 7) ; mais de par la dualité même qu'il y a entre l'entendement et la volonté, c'est, semble-t-il, une source représentative plutôt que créatrice, tandis que la volonté divine est *l'origine des existences*. Une nouvelle difficulté en résulte, que Leibniz va trancher grâce à la distinction traditionnelle de la volonté antécédente et de la volonté conséquente, entre laquelle une imagination féconde permet d'intercaler encore le fantôme de la volonté moyenne. (*Ibid.*, II, 117.) La volonté de Dieu est bonne volonté, mais cette bonne volonté, « pure et primitive », n'est encore que volonté antécédente : « La souveraine bonté de Dieu fait que sa volonté antécédente repousse tout mal, mais le mal moral plus que tout autre : elle ne l'admet aussi que pour des raisons supérieures invincibles et avec de grands correctifs qui en réparent les mauvais effets avec avantage. » (II, 114.) L'homme doit comprendre que Dieu « ne fait point de décrets détachés qui ne seraient que des volontés antécédentes... distinguées des véritables décrets » (II, 196), tandis que « la volonté finale et décisive résulte de la considération de tous les biens et de tous les maux qui entrent dans notre délibération, elle résulte d'une combinaison totale ». (II, 119.) Et en effet « tout est lié dans la nature ; et si un habile artisan, un ingénieur, un architecte, un politique sage fait souvent servir une même chose à plusieurs fins, s'il fait d'une pierre deux coups lorsque cela se peut commodément, l'on peut dire que Dieu, dont la sagesse et la puissance sont parfaites, le fait toujours. C'est ménager le terrain, le temps, le lieu, la matière, qui sont pour ainsi dire sa dépense. Ainsi Dieu a plus d'une vue dans ses projets. La félicité de toutes les créatures raisonnables est un des buts où il vise ; mais elle n'est pas tout son but, ni même son dernier but ». (*Ibid.*)

130. L'invention d'une psychologie des facultés divines, accordée sur les exigences de l'ontologie abstraite, a donc paru nécessaire à Leibniz pour passer par delà les enseignements de l'expérience et par delà les protestations de la conscience. De là le ton, sinon désespéré, du moins constamment inquiet, de son optimisme. On dirait un médecin qui cherche à rassurer son malade, plutôt qu'il

la puissance ; elle précède même l'entendement et la volonté ; mais elle agit comme l'un le montre et comme l'autre le demande. Quelques-uns (comme Campanella) ont appelé ces trois perfections de Dieu les trois primordialités. Plusieurs même ont cru qu'il y avait là-dedans un secret rapport à la Sainte Trinité. »

n'est lui-même rassuré : « Supposons que le vice surpasse la vertu dans le genre humain, comme l'on suppose que le nombre des réprouvés surpasse celui des élus, il ne s'ensuit nullement que le vice et la misère surpassent la vertu et la félicité dans l'univers ; il faut plutôt juger tout le contraire, parce que la cité de Dieu doit être le plus parfait de tous les États possibles, puisqu'il a été formé et est toujours gouverné par le plus grand et le meilleur de tous les monarques. » (II, 221.)

A la crudité du paradoxe intellectuel se joint l'aveu du paradoxe moral : il ne suffit pas que l'on affirme du tout inconnu la qualité précisément contraire à celle de la partie connue ; il faut encore imaginer une divinité pour qui la qualification même du bien et du mal n'aurait pas une valeur décisive et absolue. « La vertu est la plus noble qualité des choses créées, mais ce n'est pas la seule bonne qualité des créatures ; il y en a une infinité d'autres qui attirent l'inclination de Dieu. De toutes ces inclinations résultent plus de bien qu'il se peut ; et il se trouve que s'il n'y avait que vertu, s'il n'y avait que créatures raisonnables, il y aurait moins de bien. Midas se trouva moins riche quand il n'eut que de l'or. Outre que la sagesse doit varier... Puisqu'il fallait choisir, de toutes les choses, ce qui faisait le meilleur effet ensemble, et que le vice y est entré par cette porte, Dieu n'aurait pas été parfaitement bon, parfaitement sage, s'il l'avait exclu. » (II, 124.)

L'idéalisme de la monade avait conduit Leibniz à vivifier l'univers : la pierre était entéléchie, sinon âme. Le réalisme de la *Théodicée* le ramène à ne plus faire de grande différence entre l'élection d'un homme et le choix d'une pierre : « Le plan général de l'univers que Dieu a choisi pour des raisons supérieures, faisant que des hommes se trouvent dans de différentes circonstances, ceux qui en rencontrent de plus favorables à leur naturel deviendront plus aisément les moins méchants, les plus vertueux, les plus heureux ; mais toujours par l'assistance des impressions de la grâce interne que Dieu y joint... On peut dire que les hommes sont choisis et rangés, non pas tant suivant leur excellence que suivant la convenance qu'ils ont avec le plan de Dieu ; comme il se peut qu'on emploie une pierre moins bonne dans un bâtiment ou dans un assortiment, parce qu'il se trouve que c'est celle qui remplit un certain vide. » (I, 105.)

131. La religion de Leibniz s'achève sur le plan esthétique, où déjà les Stoïciens s'étaient laissés entraîner par le dynamisme équivoque de leur physique, au risque de compromettre l'autonomie de leur inspiration morale ; et la *Théodicée* fait mention explicite de cette parenté : « Chrysippe... se sert de la comparaison d'une pièce de théâtre, disant qu'il y a quelquefois des endroits dans une comédie, qui ne valent rien par eux-mêmes, et qui ne laissent pas de donner de la grâce à tout le poème. (III, 334.) ... *Pour la formation du corps humain*, disait-il, *la plus fine idée et l'utilité même de l'ouvrage demandaient que la tête fût composée d'un tissu d'ossements minces et déliés ; mais par là elle devait avoir l'incommodité de ne pouvoir résister aux coups. La nature préparait la santé, et en même temps il a fallu par une espèce de concomitance que la source des maladies fût ouverte. Il en va de même à l'égard de la vertu ; l'action directe de la nature, qui l'a fait naître, produit par contre-coup l'engeance des vices.* » (II, 209.)

Dégagée du détail des discussions où Leibniz se plaît à rivaliser avec Bayle d'érudition théologique et de subtilité, la *Théodicée* est une tentative de restauration en arrière du cartésianisme. Mais, au point où le XVIIe siècle a porté la réflexion, la concentration qui se ferait en arrière du cartésianisme ne serait-elle pas, inévitablement aussi, en arrière du christianisme ? De deux choses l'une, en effet : ou l'ordonnance du monde se justifiera par son harmonie interne, par sa beauté visible, du point de vue d'un réalisme cosmique qui se contente de faire appel à un Dieu architecte, littéralement parlant ; ou elle devra toute sa signification à la divinité de l'*architecte spirituel*, du Verbe éternel qui est seul capable de la détacher de son support sensible, et de la consacrer en la transportant dans la sphère lumineuse de l'intelligibilité. Voilà le dilemme en présence duquel Malebranche avait placé la conscience chrétienne, au risque de scandaliser Arnauld, pour qui la tradition de l'optimisme antique se couvrait de l'autorité d'Augustin [1]. Et il ne manque pas de revenir sur ce point capital, dans la lettre où il remercie Leibniz du « présent précieux » de la *Théodicée*.

Malebranche rappelle à Leibniz l'essentiel de sa propre doctrine.

---

[1] Cf. LAPORTE, Les vérités de la grâce, p. 45 ; et GOUHIER, La philosophie de Malebranche, p. 71.

PREMIÈRE PARTIE

Leibniz répond par une profession de foi que l'on serait tenté d'appeler *supra-chrétienne*. « Quand je considère l'ouvrage de Dieu, je considère ses voies comme une partie de l'ouvrage, et la simplicité jointe à la fécondité des voies fait une partie de l'excellence de l'ouvrage : car, dans le total, les moyens font partie de la fin. Je ne sais pas pourtant s'il faudra recourir à cet expédient que Dieu, demeurant immobile à la chute de l'homme et la permettant, marque que les plus excellentes créatures ne sont rien par rapport à lui ; car on en pourrait abuser, et inférer que le bien et le salut des créatures lui est indifférent, ce qui pourrait revenir au despotisme des supralapsaires, et diminuer l'amour qu'on a pour Dieu. Dans le fond rien ne lui est indifférent, et aucune créature ni action de la créature n'est comptée pour rien chez lui, quoiqu'elles soient comme rien en comparaison de lui. Elles gardent leurs proportions entre elles encore devant lui, comme les lignes que nous concevons comme infiniment petites ont leurs rapports utiles entre elles, quoiqu'on les compte pour rien quand il s'agit de les comparer aux lignes ordinaires ; et je crois avoir déjà employé cette similitude. Mais il est vrai que Dieu ne devait point déranger son ouvrage pour empêcher la chute de l'homme ; cette complaisance pour une seule espèce de créatures, quelque excellente qu'elle soit, aurait été trop grande. » (G., I, 360.)

Sous une forme brutale, que Leibniz n'oserait explicitement avouer, cela revient à dire que l'Incarnation n'est pas le centre de la *Théodicée*. Le drame chrétien qui établit la médiation de Dieu et de l'humanité, n'y est encore qu'un point de vue : il correspond sans doute à ce qu'il y a de plus voisin de nous dans l'espace et dans le temps mais dont l'horizon apparaît infime par rapport à l'immensité des mondes créés, à la succession infinie des combinaisons divines. La liaison du péché et de la rédemption, que les deux Testaments racontent, est un cas particulier d'un rythme nécessaire, qui a trouvé une égale application dans la connexion entre le crime de Tarquin et l'avènement de la République romaine. Que l'on compare les jugements de Leibniz et de Bossuet sur l'avenir de leur siècle. Tandis que celui-ci voit « un grand combat se préparer contre l'Église sous le nom de la philosophie cartésienne [1] », la crainte qu'inspirent, à celui-là les « disciples ou

---

[1] *Lettre* du 21 mai 1687, édit. citée, III, 372.

imitateurs » de Spinoza est bien autrement orientée. « Je trouve même que des opinions approchantes s'insinuant peu à peu dans l'esprit des hommes du grand monde, qui règlent les autres, et dont dépendent les affaires, et se glissant dans les livres à la mode, disposent toutes choses à la révolution générale dont l'Europe est menacée, et achèvent de détruire ce qui reste encore dans le monde des sentiments généreux des anciens Grecs et Romains qui préféraient l'amour de la patrie et le soin de la postérité à la fortune et même à la vie [1]. »

132. Si la sincérité religieuse de Leibniz a été si souvent discutée [2], c'est qu'au fond il refuse de restreindre ses perspectives d'avenir aux dogmes définis d'un culte et à ses rites. Seule une religion universelle est adéquate à l'idée véritable de la divinité. Leibniz travaille avec zèle au projet de réunir les confessions occidentales, séparées depuis la Réforme ; mais ce n'est qu'une étape dans la concentration des monades humaines, ce n'est pas un but dernier. Il s'adresse à Bossuet « l'homme d'État de l'Église » [3] suivant l'heureuse expression de Vinet ; et il lui parlera le langage de sa Providence, mais sans perdre de vue les intérêts terrestres de la diplomatie [4].

---

1 *Nouveaux essais*, IV, XVI, 4.
2 Cf. BARUZI, Leibniz et l'organisation religieuse de la terre, p. 311.
3 Fragment d'une étude sur Bossuet, apud *Mélanges*, 1869, p. 554.
4 Il est curieux, à cet égard, de rapprocher deux textes publiée par Foucher de Careil. Le premier est dans une lettre adressée à Bossuet, du début de 1699 : « Je ne regrette point le temps perdu par l'interruption de la négociation entamée autres fois entre nous quand je vois de quelle manière, vous la recommencez, et surtout que le Roi même en veut prendre connaissance d'une manière toute particulière ; car il ne manquait que cela à nos espérances, et rien n'est plus propre à me faire croire que Dieu est de la partie. Il tourne toujours le mal à un plus grand bien, et il répare le délai avec usure lorsqu'en inspirant à sa Majesté, qui peut presque tout ce qui est dans le pouvoir des hommes, d'y penser fortement, il nous fournit le plus grand secours extérieur qui se puisse souhaiter. » Apud *Œuvres*, édit. FOUCHER DE CAREIL, II 1860, p, 234, et *Correspondance de Bossuet*, édit. URBAIN-LEVESQUE, t. XI, 1920, p. 169. Déclaration de nature à émouvoir véritablement par son accent de confiance, si on ne lisait dans la lettre qui en rend compte à Georges Louis, duc de Brunswick et Lunebourg : « je veux seulement faire observer que, bien qu'il n'y ait que peu d'espoir (*wening hoffnung* est souligné dans l'autographe) d'un réunion à notre époque, il ne sera pourtant pas inutile de montrer ses bonnes intentions et de ne pas abandonner un projet réalisable. Il faut... jeter enfin les fondements sur lesquels nos successeurs pourront édifier, avec la grâce de Dieu, cette réunion des Églises, possible, désirable et utile, et empêcher ainsi le parti romain de faire des réu-

Voilà pourquoi, faute d'humilité ou de charité, la tentative d'union ne pouvait réussir sur le terrain où les interlocuteurs s'accordaient pour la placer. Les catholiques continueront à traiter les protestants d'hérétiques ; les protestants à considérer les catholiques comme des païens. Et rien n'est plus douloureusement significatif que ces brèves répliques qui vont s'échanger entre Malebranche et Leibniz dans les deux lettres que nous avons déjà citées, et qui condensent le bilan de l'héritage transmis par le XVIIe siècle au XVIIIe siècle.

Tandis que Bossuet s'alarmait des progrès de la tolérance chez les Réformés, faisait grief au ministre Basnage de chercher dans un « reste de papisme » une circonstance atténuante au crime de Calvin contre Michel Servet, de prononcer « sans restriction que le prince n'a aucun droit sur les consciences, et ne peut faire des lois pénales sur la religion » [1], Malebranche affecte de prendre au sérieux l'adage : *Cujus regio, ejus religio* ; et il écrit à Leibniz comme à un homme qui accepterait d'être asservi au spirituel aussi bien qu'au temporel : « Je vous avoue, Monsieur, que les derniers ouvrages de M. Bayle m'ont souvent irrité, et je loue votre zèle et en même temps votre modération dans la manière dont vous réfutez ses pensées dangereuses et séduisantes. Je prie Dieu qu'il vous en récompense et qu'il vous fasse la grâce d'imiter votre très illustre Prince. C'est l'amitié dont vous m'honorez depuis longtemps, et que je crains de perdre, qui me presse de vous prier et de prier Dieu qu'elle dure éternellement en Jésus-Christ... » Leibniz a compris, et voici sa riposte : « Au reste, l'exemple de l'illustre prince, dont vous parlez à la fin de votre lettre, n'est point imitable à ceux qui considèrent qu'il faudrait déclarer par serment qu'on croit que ce qu'on sait être des nouveautés mal fondées, sont des vérités indispensables. Le reste des nations ne doit pas avoir assez de complaisance pour se laisser mener par des Italiens qui s'en moquent... » (G., I, 359-361.)

Ainsi, les deux hommes qui ont médité le plus profondément les conditions du renouvellement de la vie spirituelle, qui ont traduit leurs méditations dans des systèmes comparables par la force du génie qu'ils attestent, lorsqu'ils touchent au vif de leur foi réci-

nions sans conditions et insuffisantes, comme cela arrive et arriverait infailliblement plus tard. » (*Ibid.*, 245-246.)
[1] Avertissement aux protestant sur les lettres du ministre Jurieu contre l'histoire des variations.

proque, ne font qu'y dénoncer le reflet d'une intrigue politique, sans relation certaine avec le progrès de leur pensée, avec l'autonomie de leur conscience. La raison du XVIIe siècle est impuissante à restaurer le rêve de l'unité chrétienne, brisé par la Réforme.

CHAPITRE XI
JEAN-JACQUES ROUSSEAU

Section I
LES INCERTITUDES DU XVIIIe SIÈCLE

133. L'humanisme socratique, tel que Montaigne l'avait ressuscité à l'issue de la Renaissance, se présentait encore sous un aspect d'ironie. Et cette apparence négative, Locke et Bayle ne l'avaient dissipée qu'à demi, l'un restreignant la conscience à l'horizon de la représentation immédiate, tandis que l'autre s'en faisait une arme, à peu près indistinctement, contre toute espèce de dogmatisme, théologique ou métaphysique. Le but de Leibniz sera, au contraire, de consolider, en les approfondissant et en les coordonnant, les valeurs positives de la science, de la morale, de la religion. Mais pour accomplir cette œuvre, il semble que Leibniz se soit engagé, simultanément ou successivement, dans les deux voies opposées qui lui étaient ouvertes par Spinoza et par Malebranche : la raison leibnizienne est, dans les *Nouveaux essais*, immanente à la conscience, et dans la *Théodicée*, elle lui est transcendante. De là le double rythme, d'*intériorité monadique*, d'*extériorité monadologique*, qui traverse le système ou, plus exactement peut-être, qui lui interdit de se constituer véritablement. Le Dieu de Leibniz devrait être tout ensemble *concentrique* à l'homme comme le Dieu de Spinoza, *excentrique* à l'homme comme le Dieu de Malebranche.

En réalité, si nous l'avons bien compris, Leibniz philosophe a été dupe de Leibniz mathématicien. Après avoir, contre Descartes et ses disciples immédiats, aperçu l'irréductibilité de la représentation spatiale à l'analyse cartésienne, il a laissé se juxtaposer, en leur supposant les mêmes titres à servir de base pour la métaphysique, l'intelligence de l'analyste et l'imagination du géomètre ; ce qui lui a permis d'édifier tour à tour une théorie spiritualiste de la connaissance, reposant sur l'interprétation purement analytique de la notion d'*expression*, et une construction dogmatique de théologie, liée à la représentation nécessairement spatiale de la *correspondance* entre différentes expressions.

Cette dualité, cette divergence, dans les bases spéculatives de la doctrine, devaient avoir leur répercussion sur son histoire extérieure. Outre que les *Nouveaux essais* ne furent connus qu'un demi-siècle après la mort de Leibniz, les diverses formes sous lesquelles il exposa lui-même les principes du calcul infinitésimal, avaient créé dans l'esprit public plus de confusion et d'incertitude que de lumière véritable. La merveilleuse puissance de l'instrument technique semble contraster avec l'obscurité, avec la fragilité même, de sa justification philosophique, qui rejaillissent à leur tour sur l'image du leibnizianisme que la *Théodicée* léguait au XVIIIe siècle. La tentative de présenter, comme aboutissant à un accord harmonieux, à une conclusion optimiste, cette même somme de controverses théologiques qui, chez Bayle, était naturellement et nécessairement négative, ne pouvait manquer de faire l'effet d'un paradoxe spéculatif, sinon d'une gageure. Pratiquement, ce n'était pas mettre fin à l'esprit de secte, ce n'était satisfaire à aucune des confessions chrétiennes, que de les englober toutes dans une perspective d'ensemble qui ne se limitait même pas à l'enceinte du christianisme lui-même.

Leibniz avait entrepris de faire converger tous ses travaux de mathématique et de logique, de dynamique et de métaphysique, vers « l'organisation religieuse de la terre » dont le succès aurait pu affermir la foi dans l'organisation religieuse de l'univers [1]. Il meurt isolé, ne laissant à ses successeurs immédiats que le programme d'une ontologie conceptuelle qu'ils développeront à la manière scolastique, et à laquelle s'opposera violemment le renouveau du piétisme luthérien. L'Allemagne demeure partagée entre des courants qui, au XVIe siècle, apparaissaient déjà rétrospectifs, jusqu'au moment où, brusquement, avec Lessing et avec Kant, elle prend la revanche la plus éclatante dont l'histoire nous ait jamais rendu témoins.

134. Dans la première moitié du XVIIIe siècle, l'Angleterre et la

---

1 Cf. BARUZI, *op. cit.*, p. 509.

France, dont les relations intellectuelles se font alors si étroites, présentent un même spectacle de flottement et d'indécision. La pensée anglaise apparaît tiraillée entre l'optimisme sentimental et vague qui, avec Shaftesbury, avec Hutcheson, avec Adam Smith, enchérit encore sur Locke, et le pessimisme ironique et profond de Mandeville. La précision aiguë, la verve irrésistible, de la *Fable des abeilles*, popularisent les thèses psychologiques de La Rochefoucauld et les vues économiques de Bayle. D'autre part, les écrivains plus spéculatifs, Berkeley, Hume, poursuivent l'analyse de la conscience, mais en se tenant à distance respectueuse du progrès scientifique. Le réalisme sensible de Berkeley lui interdit l'accès de Malebranche et de Newton : il reproche à la *Recherche de la vérité* qu'elle « bâtit sur les idées générales les plus abstraites » [1], et il cherche des images dans le *Calcul des fluxions*. Tout moderne à ses yeux est un impie, et il n'accepte de parler le langage de l'utilité [2] que pour ramener les esprits à une tradition théologique, qu'il emprunte, telle quelle, aux commentateurs chrétiens du néo-platonisme.

Hume, qui n'a aucun préjugé initial quant aux dogmes, mais qui, lui aussi, refuse d'apercevoir le rationalisme autrement qu'à travers un travestissement conceptuel, se trouve ramené plus en arrière encore, jusqu'aux *Académiques* de Cicéron et au *De natura deorum* ; ce qui n'implique nullement que ses doutes sceptiques se réduisent à des souvenirs de collège. Hume ressent jusqu'à l'angoisse l'impuissance à constituer une doctrine où les considérants néces-

---

1 *Dialogues entre Hylas et Philonous*, II, trad. BEAULAVON et PARODI, 1925, p. 98.
2 Il le fait, d'ailleurs, avec une précision qui donne une valeur historique à cette page de l'*Alciphron* : « Qu'un esprit fort daigne seulement se souvenir combien peu les plaisirs humains consistent en sensations actuelles, et de quelle utilité leur est la perspective. Qu'il compare alors ensemble les différents coups d'œil que jettent sur l'avenir un homme vertueux qui admet la religion et un débauché incrédule. Les Épicuriens eux-mêmes avouaient qu'un plaisir qui procure une plus grande peine ou qui empêche un plus grand plaisir doit être regardé comme une peine et que la peine qui procure un plus grand plaisir, ou qui prévient une plus grande peine, doit être considérée comme un plaisir. Pour faire, donc, d'une exacte évaluation du plaisir le grand ressort de nos actions, nous devons compter les plaisirs intellectuels et futurs aussi bien que les plaisirs présents et qui naissent des sens. Nous devons défalquer de chaque plaisir particulier les peines, les maux, le dégoût, les remords et la honte dont il est accompagné. Nous devons faire attention au genre, à la qualité, à la pureté, à la grandeur et à la durée des plaisirs. » *Dial. II*, trad. française DE JAUCOURT, La Haye, t. I, 1734, pp. 125-126.

saires de la raison s'accordent avec les conclusions irrésistibles de la nature, le désarroi d'une pensée qui ne sait pas s'exercer sans se dissoudre elle-même, en même temps qu'elle dissout tout autour d'elle : « Je suis effrayé et confondu de la solitude désolée où me place ma philosophie [1]. » Et ce sentiment l'accompagne, lorsqu'il passe du domaine spéculatif au domaine pratique, et s'efforce d'établir un système moral sur les règles du bon sens, témoin la conclusion des *Recherches sur les principes de la morale* : « On a raison d'être surpris que dans le siècle où nous sommes, un homme se trouve dans la nécessité de prouver, par des arguments recherchés, que la vertu ou le mérite personnel consiste dans la possession des qualités de l'âme qui sont utiles ou agréables, soit à la personne qui les possède, soit aux autres [2]. Mais lorsque je pense que l'on a mesuré et déterminé la grandeur et la figure de la terre, que l'on a expliqué les marées, que l'on a soumis les corps célestes à des lois constantes, que l'esprit est parvenu jusqu'à calculer l'infini ; et que les hommes, malgré cela, ne laissent pas d'être toujours en dispute sur le fondement de leurs devoirs, cette bizarrerie étrange me fait retomber dans la défiance et dans le doute, et je soupçonne qu'une hypothèse tellement naturelle, si elle eût été vraie, eût été adoptée depuis longtemps avec le suffrage unanime du genre humain. » (*Ibid.*, p. 231). Il faudra, en réalité, attendre les *Recherches sur la nature et les causes de la richesse des nations*, parues l'année même de la mort de Hume, et où se trouvent coordonnées les réflexions qu'il avait prodiguées au cours de ses essais économiques [3], il faudra aussi que l'autorité d'Helvétius prévaille, pour que l'empirisme anglais acquière le sentiment de sa cohérence dans l'œuvre de Bentham, et dans sa personne, plus systématique encore que son œuvre.

135. En France l'incertitude n'apparaît pas moindre durant l'époque de transition que personnifient Fontenelle et Voltaire.

Les *Dialogues des morts* s'insèrent, chronologiquement, entre les *Maximes* de La Rochefoucauld et les écrits de Bayle. Ils s'appuient

---

1 *Traité de la nature humaine*, I, IV, 7, apud *Œuvres*, trad. M. David, II, p. 319. Cf. *Essais sur l'entendement*, I, I2, *ibid.*, I, 172, n. 1.
2 IX, apud *Œuvres philosophiques*, trad. fr., Londres, 1788, t. V, p. 211.
3 Cf. Schatz, *L'œuvre économique de David Hume*, 1902, en particulier p. 53.

sur une psychologie pessimiste de la nature humaine afin de redresser la perspective traditionnelle de l'histoire : « L'Antiquité est un objet d'une espèce particulière (confie Socrate à Montaigne) ; l'éloignement la grossit... Ce qui fait d'ordinaire qu'on est si prévenu pour l'Antiquité, c'est qu'on a du chagrin contre son siècle et l'Antiquité en profite [1]. »

On voit poindre l'intention d'où résultera la rupture entre les valeurs que le XVIIe siècle avait tenté de concilier, ou qu'il avait supposées identiques, soit dans l'ordre de la littérature, soit dans l'ordre de la religion : *imitation des anciens* et *lois de la raison*, *Verbe historique* et, *Verbe éternel*. La rupture éclate dans l'*Histoire des oracles* : « Fontenelle avait eu beau (dira Voltaire) adoucir les expressions de Van Dale et s'exprimer quelquefois en Normand, il ne fut que trop entendu par les moines, qui n'aiment pas qu'on leur dise que leurs confrères ont été des fripons [2]. » Aussi bien l'art de Fontenelle était-il de mêler l'une à l'autre mythologie païenne et révélation chrétienne, de façon à ébranler tout à la fois les croyances surnaturelles qu'elles s'accordent pour suggérer ou imposer : « Des poèmes d'Homère et d'Hésiode, les démons ont passé dans la philosophie de Platon. Il ne peut être trop loué de ce qu'il est celui d'entre les Grecs qui a conçu la plus haute idée de Dieu. Mais cela même l'a jeté dans de faux raisonnements. Parce que Dieu est infiniment élevé au-dessus des hommes, il a cru qu'il devait y avoir entre lui et nous des espèces moyennes qui fissent la communication de deux extrémités si éloignées... Mais quoi ? ne se trouve-t-il pas, après tout, que Platon a raisonné juste ? Et ne savons-nous pas certainement par l'Écriture sainte qu'il y a des génies ministres des volontés de Dieu et ses messagers auprès des hommes ? N'est-il pas admirable que Platon ait découvert ces vérités par ses seules lumières naturelles ? J'avoue que Platon a deviné une chose qui est vraie, et cependant je lui reproche de l'avoir devinée. La révélation nous assure de l'existence des anges et des démons, mais il n'est point permis à la raison humaine de nous en assurer. On est embarrassé de cet espace infini qui est entre Dieu et les hommes, mais de quoi remplira-t-on l'espace infini qui sera entre Dieu et ces génies ou ces démons mêmes ? Car, de Dieu à quelque créature que

---

1 *Œuvres complètes*, édit. de 1818, t. II, p. 190.
2 Dictionnaire philosophique, au mot Oracles. Cf. MAIGRON, Fontenelle. L'homme, l'œuvre, l'influence, 1906, p. 413.

ce soit, la distance est infinie [1]. »

Cette attitude critique comporte une contre-partie qui devait se manifester à l'occasion de la *querelle des Anciens et des Modernes*. Fontenelle n'est pas un simple « homme de lettres » ; il inaugure la courte période à laquelle Rousseau mettra fin, durant laquelle nos grands écrivains : Voltaire, Montesquieu, Buffon, Diderot, ont eu l'intelligence de la science positive.

Aussi élargit-il le terrain de la controverse que Perrault avait soulevée, et pour laquelle les chefs-d'œuvre de ses adversaires devaient lui fournir des arguments sans réplique. Il donne tout son éclat à la thèse du progrès, telle qu'elle avait déjà été indiquée par Bacon dès l'aurore de la science renaissante : « Un bon esprit cultivé est, pour ainsi dire, composé de tous les esprits des siècles précédents ; ce n'est qu'un même esprit qui s'est cultivé pendant tout ce temps-là. Ainsi cet homme qui a vécu depuis le commencement du monde jusqu'à présent, a eu son enfance où il ne s'est occupé que des besoins les plus pressants de la vie, sa jeunesse où il a assez bien réussi aux choses d'imagination telles que la poésie et l'éloquence, et où même il a commencé à raisonner, mais avec moins de solidité que de feu. Il est maintenant dans l'âge de virilité, où il raisonne avec plus de force, et a plus de lumières que jamais ; mais il serait bien plus avancé si la passion de la guerre ne l'avait occupé longtemps, et ne lui avait donné du mépris pour les sciences auxquelles il est enfin revenu. Il est fâcheux de ne pas pouvoir pousser une comparaison qui est en si beau train, mais je suis obligé d'avouer que cet homme-là n'aura point de vieillesse : il sera toujours également capable des choses auxquelles sa jeunesse était propre, et il le sera toujours de plus en plus de celles qui conviennent à l'âge de virilité, c'est-à-dire, pour quitter l'allégorie, que les hommes ne dégénéreront jamais, et que les vues saines de tous les bons esprits s'ajouteront toujours les unes aux autres [2]. »

1 *Première dissertation*, chap. VI : « Que les démons ne sont pas suffisamment établis par le platonisme. » (A partir de 1713, Fontenelle a remplacé dans le titre *platonisme* par *paganisme*) : « Peut-être Platon lui-même n'était-il pas aussi sûr de l'existence de ses démons que les platoniciens l'ont été depuis. Ce qui me le fait soupçonner, c'est qu'il met l'amour au nombre des démons, car il mêle souvent la galanterie avec la philosophie, et ce n'est pas la galanterie qui lui réussit le plus mal. »
2 *Digression sur les anciens et les modernes*, édit. citée, pp. 361-362. Il n'est pas impossible que Fontenelle ait eu connaissance du *Fragment* de PASCAL *pour la préface du Traité du vide*, où l'idée se trouvait développée en termes semblables. Delbos a

Le progrès de la culture est le progrès des sciences et des arts ; est-il aussi le progrès des mœurs ? Cette question que le XVIIIe siècle mettra au centre de sa réflexion, Fontenelle l'avait déjà tranchée dans les *Dialogues des morts* : « On est ignorant dans un siècle, mais la mode d'être savant peut venir ; on est intéressé, mais la mode d'être désintéressé ne viendra point. » (Édit. citée, p. 191.) Le *Traité du bonheur*, l'une des plus jolies choses de la langue française, est sans doute destiné à établir un bilan de la vie humaine qui ne le montre pas en déficit [1], mais il commence par restreindre singulièrement la dimension des éléments qui doivent entrer en ligne de compte : « Un grand obstacle au bonheur, c'est de s'attendre à un trop grand bonheur... Une infinité de choses que nous avons et que nous ne sentons pas, feraient chacune le suprême bonheur de quelqu'un : il y a tel homme dont tous les désirs se termineraient à avoir deux bras... Les petits biens que nous négligeons, que savons-nous si ce ne sont pas les seuls qui s'offrent à nous ? ce sont des présents faits par une puissance avare, qui ne se résoudra

---

signalé qu'une page de la *Recherche de la vérité* (II (2) V) reproduit presque littéralement ce même fragment. (*Étude de la philosophie de Malebranche*, 1924, p. 26.) Or, Fontenelle avait approché le cercle de Malebranche. Cf. ROUSTAN, apud *Histoire de la littérature française*, Bédier-Hazard, t. I, p. 309 A.

1 Ce traité, que M. LANSON a rattaché au courant général de la pensée vers cette époque, dans ses études sur : Le rôle de l'expérience dans la formation de la philosophie du XVIIIe siècle en France (*Revue du mois*, 10 janvier 1910, p. 22), contient déjà deux des thèmes essentiels à la doctrine benthamiste : *l'arithmétique morale* et l'idéal du *calme plat*. « Il n'est question que de calculer, et la sagesse doit toujours avoir les jetons à la main. Combien valent ces plaisirs-là, et combien valent les peines dont il faudrait les acheter ou qui les suivraient ? On ne saurait disconvenir que selon les différentes imaginations les prix ne changent, et qu'un même marché ne soit bon pour l'un et mauvais pour l'autre. Cependant il y a à peu près un prix pour les choses principales ; et de l'aveu de tout le monde, par exemple, l'amour est un peu cher ; aussi ne se laisse-t-il pas évaluer... Quoiqu'il ne soit pas raisonnable d'attacher notre bonheur à tout ce qui est le plus exposé aux caprices du hasard, il semble que le plus souvent nous choisissons avec soin les endroits les moins sûrs pour l'y placer. Nous aimons mieux avoir tout notre bien sur un vaisseau qu'en fonds de terre. Enfin les plaisirs vifs n'ont que des instants , et des instants souvent funestes par un excès de vivacité qui ne laisse rien goûter après eux ; au lieu que les plaisirs simples sont ordinairement de la durée que l'on veut et ne gâtent rien de ce qui les suit. Les gens accoutumés aux mouvements violents des passions trouveront sans doute fort insipide tout le bonheur que peuvent produire les plaisirs simples. Ce qu'ils appellent insipidité je l'appelle tranquillité ; et je conviens que la vie la plus comblée de ces sortes de plaisirs n'est guère qu'une vie tranquille. Mais quelle idée a-t-on de la condition humaine quand on se plaint de n'être que tranquille ? » (*Ibid.*, 385-386.)

peut-être plus à nous en faire. Il y a peu de gens qui quelquefois en leur vie n'aient eu regret à quelque état, à quelque situation dont ils n'avaient pas assez goûté le bonheur. Il y en a peu qui n'aient eux-mêmes trouvé injustes quelques-unes des plaintes qu'ils avaient faites de la fortune. On a été ingrat, et on est puni. » (Édit. citée, t. II, p. 384.)

De ce point de vue, c'est bien contre Fontenelle que Condorcet développera le système de son optimisme universel ; mais c'est aussi à Fontenelle qu'il emprunte son point de départ spéculatif : l'idée d'une nature qui reçoit de l'esprit humain son unité, qui, en récompense, établit la communauté humaine sur la base inébranlable de la vérité scientifique. Cette idée, l'idée-mère de la civilisation moderne, domine la *Préface sur l'utilité des mathématiques et de la physique et sur les travaux de l'Académie des Sciences*, écrite pour le *Recueil des éloges académiques* : « Les différentes vues de l'esprit humain sont presque infinies, et la nature l'est véritablement... Tant de choses qui restent encore, et dont apparemment plusieurs resteront toujours à savoir, donnent lieu au découragement affecté de ceux qui ne veulent pas entrer dans les épines de la physique. Souvent, pour mépriser la science naturelle, on se jette dans l'admiration de la nature, que l'on soutient absolument incompréhensible. La nature cependant n'est jamais si admirable, ni si admirée que quand elle est connue... Il est permis de compter que les sciences ne font que de naître, soit parce que chez les Anciens elles ne pouvaient être qu'encore assez imparfaites, soit parce que nous en avons presque entièrement perdu les traces pendant les longues ténèbres de la barbarie, soit parce qu'on ne s'est mis sur les bonnes voies que depuis environ un siècle... Jusqu'à présent l'*Académie des Sciences* ne prend la nature que par petites parcelles... Aujourd'hui on s'assure d'un fait, demain d'un autre qui n'y a nul rapport... Le temps viendra peut-être que l'on joindra en un corps régulier ces membres épars ; et s'ils sont tels qu'on le souhaite, ils s'assembleront en quelque sorte d'eux-mêmes. Plusieurs vérités séparées, dès qu'elles sont en assez grand nombre, offrent si vivement à l'esprit leurs rapports et leur mutuelle dépendance qu'il semble qu'après avoir été détachées par une espèce de violence les unes, d'après les autres, elles cherchent naturellement à se réunir. » Enfin, l'aptitude à conquérir la vérité sur le terrain de la science, apparaît comme un bienfait d'ordre général : « L'esprit géométrique n'est pas si attaché à la géométrie qu'il n'en puisse être tiré, et transporté à d'autres connaissances. Un ouvrage de morale, de politique, de critique, peut-être même d'éloquence, en sera plus beau, toutes choses d'ailleurs égales, s'il est fait de main de géomètre... Quelquefois un grand homme donne le ton à tout son siècle ; celui à qui on pourrait le plus légitimement accorder la gloire d'avoir établi un nouvel art de raisonner, était un géomètre. »

136. On ne saurait dire pourtant que le XVIIIe siècle se soit adressé au positivisme cartésien de Fontenelle pour recueillir l'héritage du précédent. Lorsque, tour à tour, Arnauld, Bossuet, Fénelon, Malebranche, disparaissent, et, comme Louis XIV, sans laisser de successeur en état d'exercer à leur place l'autorité d'un gouvernement, il y a en France une sorte d'interrègne, durant lequel l'usure des idées en vogue et l'indigence politique du régime sont également percées à jour ; les *Lettres persanes* en font foi. Mais alors se produit une sorte de coup de théâtre : donnant son complément et tout son éclat à l'œuvre des premiers émigrés, libertins ou protestants [1], Voltaire rapporte d'Angleterre une perspective du XVIIe siècle, qu'il dresse en face de la perspective française, afin d'en dériver une tradition tout autre. Désormais le savant sera Newton, et non plus Descartes ; le philosophe sera Locke, et non plus Malebranche ; l'optimisme du *christianisme raisonnable* ou, mieux encore, de la *religion naturelle*, s'oppose à la *misanthropie sublime* de Pascal. Le mépris du siècle qui était demeuré tout au moins un lieu commun de prédication, cède la place à une apologie systématique de la civilisation ; les vers du *Mondain* sont assez pauvres, leur précision est telle pourtant que Rousseau n'aura qu'à les retourner pour en tirer, par un jeu d'antithèse, sa sociologie de l'homme primitif :

> « J'aime le luxe, et même la mollesse.
> Tous les plaisirs, les arts de toute espèce,
> La propreté, le goût, les ornements :
> Tout honnête homme a de tels sentiments...
> Quand la nature était dans son enfance,

---

[1] Cf. Joseph Texte, Jean-Jacques Rousseau et les origines du cosmopolitisme littéraire du XVIIIe siècle, 1895, p. 44.

PREMIÈRE PARTIE

> Nos bons aïeux vivaient dans l'ignorance,
> Ne connaissant ni le *tien*, ni le *mien*.
> Qu'auraient-ils pu connaître ? Ils n'avaient rien ;
> Ils étaient nus ; et c'est chose très claire
> Que qui n'a rien n'a nul partage à faire [1]. »

Mais ce n'est pas sur ce point que Voltaire pouvait fixer l'orientation du XVIII siècle ; il ne s'y est pas fixé lui-même. Bien plutôt, avec sa compréhension merveilleuse, avec sa décevante mobilité, il a exprimé les courants multiples où son époque était engagée. Après avoir espéré un moment qu'il jouerait, sous Mme de Pompadour, un rôle analogue à celui de Bossuet sous Mme de Maintenon, il s'était consolé de sa disgrâce en rêvant d'un *siècle de Frédéric* ; mais les événements lui avaient montré trop clairement quelle qualité d'âme, ou d'*ersatz* d'âme, se dissimulait sous « les maximes de l'*Anti-Machiavel*. » A la réaction des circonstances sur une personnalité aussi préoccupée de soi, devait se joindre la réflexion sur l'histoire en général et sur l'humanité : « De toutes ses recherches pour l'*Essai sur les mœurs*, de cette plongée dans le passé des races, des nations, des religions et des systèmes, il n'a ramené que dégoût et scepticisme : *c'est un vaste tableau faisant peu d'honneur au genre humain, le tableau des horreurs de dix siècles, atrocités et sottises...* L'Essai sur les mœurs, *ce sont les* Petites Maisons *de l'univers* : et pour l'univers, *ce n'est qu'une vaste scène de brigandages abandonnée à la fortune* [2]. » Enfin Voltaire a ressenti profondément la secousse qui ruina Lisbonne ; il s'interroge, avec angoisse, sur la durée, par suite la valeur, d'une civilisation qui est déposée à la surface d'une croûte aussi inconsistante que la croûte terrestre. Et le voilà qui revient à la « misanthropie » de Pascal, pour emporter dans la même débâcle la physique cartésienne et l'optimisme leibnizien : « Eh bien, mon cher Pangloss, lui dit Candide, quand vous avez été pendu, disséqué, roué de coups, et que vous avez ramé aux galères, avez-vous toujours pensé que tout allait le mieux du monde ? — Je suis toujours de mon premier sentiment, répondit Pangloss ; car enfin je suis philosophe et il ne me convient pas de me dédire ; et l'harmonie préétablie étant d'ailleurs la plus belle

---

[1] *Le Mondain*, 1736, vers 9-12 et 30-35. Cf. Rousseau, *Discours sur l'origine de l'inégalité parmi les hommes* : « Selon l'axiome du sage Locke, il ne saurait y avoir d'injure là où il n'y a point de propriété. »
[2] André Morize, Introduction à l'édition de Candide, 1913, p. XI.

chose du monde, aussi bien que le plein et la matière subtile [1]. »

Ridiculiser Leibniz, c'était sans doute aussi « persifler » Rousseau. Mais le XVIIIe siècle a été assez peu touché par la querelle des deux génies rivaux. Malgré l'inflexion de la courbe parcourue par la pensée de Voltaire, il a continué à voir l'ami *de la raison et de l'humanité* dans l'adversaire acharné d'une royauté pusillanime et ruineuse, d'une Église fanatique et dissolue. Le conflit décisif est celui qui devait se produire à l'intérieur de la génération qui suit Voltaire, mettant aux prises, non plus *pessimisme* et *optimisme*, mais l'optimisme des *Encyclopédistes* et l'optimisme de Rousseau. Ceux-ci répondent au vœu des *Lettres philosophiques* et du *Mondain* ; ils s'efforcent de promouvoir la civilisation moderne, en appliquant la méthode des sciences positives au perfectionnement des arts pratiques et des institutions sociales. L'union, pour la direction de cette entreprise, d'un d'Alembert et d'un Diderot, caractérise le mouvement, qui paraît avoir, au milieu du XVIIIe siècle, la puissance d'une lame de fond, lorsque brusquement il est rompu par l'éclat de Rousseau. Pourtant Rousseau est un collaborateur de l'*Encyclopédie* ; et d'Alembert ne manquera pas de le rappeler, à la fin de son *Discours préliminaire* : « L'homme de mérite dont nous parlons semble avoir donné son suffrage à notre travail par le zèle et le succès avec lequel il y a concouru. » Même après le premier *Discours* de Dijon, il est donc vrai que « l'accord ancien parut demeurer intact, bien que l'hostilité fût prochaine [2]. » Mais dans la *Profession de foi du vicaire savoyard*, le parti sera définitivement pris contre les philosophes et contre la philosophie ; à la suite de quoi l'axe de la pensée européenne va se trouver déplacé. Un nouveau principe préside à la distribution des valeurs, aussi bien dans la période immédiatement antérieure à la Révolution qu'à travers la réaction qui en a suivi l'échec. Ici comme là, en dépit des contradictions de ces courants, peut-être en raison des contradictions de son œuvre, l'influence de Rousseau agira comme un facteur dominant d'hérédité.

---

1 *Candide*, fin du chap. XXVIII.
2 GASTINEL, Jean-Jacques Rousseau et la philosophie, apud Jean-Jacques Rousseau ; Leçons faites à l'école des hautes Études sociales, 1912, p. 80.

Section II
LA RELIGION DE L'INSTINCT

137. La *Profession de foi du vicaire savoyard* a pour centre une doctrine de la conscience. La précision technique et l'origine historique de cette doctrine ont été heureusement élucidées par l'érudition moderne. Quelles sont, se demande Rousseau, les règles que « je dois me prescrire pour remplir ma destination sur la terre, selon l'intention de celui qui m'y a placé » ? Et il répond : « En suivant toujours ma méthode, je ne tire point ces règles des principes d'une haute philosophie ; mais je les trouve au fond de mon cœur, écrites par la nature en caractères ineffaçables. Je n'ai qu'à me consulter sur ce que je veux faire : tout ce que je sens être bien est bien ; tout ce que je sens être mal est mal, le meilleur de tous les Casuistes est la conscience, et ce n'est que quand on marchande avec elle, qu'on a recours aux subtilités du raisonnement. Le premier de tous les soins est celui de soi-même ; cependant combien de fois la voix intérieure nous dit qu'en faisant notre bien aux dépens d'autrui, nous faisons mal ! Nous croyons suivre l'impulsion de la nature, et nous lui résistons ; en écoutant ce qu'elle dit à nos sens, nous méprisons ce qu'elle dit à nos cœurs ; l'être actif obéit, l'être passif commande. La conscience est la voix de l'âme, les passions sont la voix du corps. Est-il étonnant que souvent ces deux langages se contredisent, et alors lequel faut-il écouter ? Trop souvent la raison nous trompe, nous n'avons que trop acquis le droit de la récuser ; mais la conscience ne trompe jamais, elle est le vrai guide de l'homme ; elle est à l'âme ce que l'instinct est au corps ; qui le suit, obéit à la Nature, et ne craint point de s'égarer. » Rousseau ajoute en note : « La Philosophie moderne qui n'admet que ce qu'elle explique, n'a garde d'admettre cette obscure faculté appelée *instinct*, qui paraît guider, sans aucune connaissance acquise, les animaux vers quelque fin. L'instinct, selon l'un de nos plus sages philosophes, n'est qu'une habitude privée de réflexion, mais acquise en réfléchissant [1]. »

Condillac, auquel Rousseau fait ici allusion, avait dans son *Traité des animaux*, paru en 1755, pris à partie Buffon, et son hypothèse

---

[1] *La profession de foi du vicaire savoyard*, édition critique de Pierre-Maurice Masson, Fribourg-Paris, 1914 (nous désignerons cette édition par V. S.), p. 231.

de *sensations corporelles* « distinctes des sensations intérieures, qui sont propres à l'homme [1]. » Les faits, tels qu'ils sont donnés à la conscience, doivent expliquer le développement des connaissances dans l'animal « intéressé par le plaisir et la peine... » (II, I.) « Tout y dépend d'un même principe, le besoin ; tout s'y exécute par le même moyen, la liaison des idées. » (II, II.) En se prononçant à son tour contre l'analyse de Condillac, Rousseau n'a pas l'intention d'opposer système à système : il ne prétend ni rabaisser la raison humaine au profit de l'instinct animal, selon le paradoxe de l'*Apologie de Raymond Sebond*, ni rendre compte de celle-là par celui-ci, comme Hume avait été tenté de le faire [2]. Mais il détache l'instinct du plan de l'animalité, pour le transporter dans une sphère où l'homme rejoint immédiatement Dieu. La conscience est un *instinct divin* : formule qui n'est nullement chez Rousseau un effet de style, une métaphore. L'apothéose de la conscience s'appuie à la *Religion de l'instinct* : et cette Religion de l'instinct [3], que l'on serait tenté d'interpréter aujourd'hui à travers un siècle et plus de biologie romantique, nous savons qu'elle tenait sa signification

---

1 Selon Buffon, cette base de sensibilité purement organique est appelée à jouer un rôle important dans la psychologie : *S'il n'existait pas d'animaux, la nature de l'homme serait encore plus incompréhensible*. CONDILLAC ne relève l'aphorisme de Buffon, dans l'*Introduction du Traité des animaux*, que pour mieux marquer l'opposition des méthodes : « Je me contente d'observer les facultés de l'homme d'après ce que je sens, et de juger de celle des bêtes par analogie. » Or, remarque Condillac dans le cours, du *Traité*, « je ne sens pas d'un côté mon corps, et de l'autre mon âme ; et je ne comprends pas ce qu'on pourrait entendre par des sensations corporelles... (I, II, 2.) Il n'est que trop ordinaire aux philosophes de croire satisfaire aux difficultés lorsqu'ils peuvent répondre par des mots, qu'on est dans l'usage de donner et de prendre pour des raisons. Tels sont *instinct, appétit* (I, IV). On dit communément que les animaux sont bornés à l'instinct et que la raison est le partage de l'homme. Ces deux mots *instinct* et *raison*, qu'on n'explique point, contentent tout le monde et tiennent lieu d'un système raisonné. L'instinct n'est rien, ou c'est un commencement de connaissance ; car les actions des animaux ne peuvent dépendre que de trois principes : ou d'un pur mécanisme, ou d'un sentiment aveugle, qui ne compare point, qui ne juge point, ou d'un sentiment qui compare, qui juge et qui connaît. Or (ajoute Condillac), j'ai démontré que les deux premiers principes sont absolument insuffisants. » (II, V, *init*.)
2 Cf. *Traité de la nature humaine*, I, III, 16, trad. Maxime DAVID, apud *Œuvres philosophiques de Hume*, t. II, 224.
3 L'expression se rencontre dans la *Religion naturelle*, d'ABAUZIT, publiée en 1732, à Amsterdam, dans les *Mémoires concernant la théologie et la morale* (édit. MASSON de la *Profession de foi*, p. 249, n. 2, et p. 558).

concrète de textes que Rousseau avait, dans l'esprit, sinon sous les yeux, lorsqu'il écrivait l'*Émile*. De même que les *Provinciales* reprenaient, pour une instance d'appel devant le grand public, les thèses développées par Port-Royal depuis le début de sa querelle avec les Jésuites, de même le génie de Rousseau a été d'adapter pour l'exportation, de concentrer en quelques formules qui ne quitteront plus la mémoire des hommes, les écrits de ses compatriotes piétistes.

Le portrait du Vicaire Savoyard a été dessiné d'après l'abbé Gaime ; ses paroles sont, littéralement, empruntées à Béat de Muralt et à Marie Huber. C'est Muralt qui, en 1727, dans l'*Instinct divin recommandé aux hommes*, faisait de la conscience une *parole intérieure* « à laquelle nous devons nous tenir dans ce lieu de ténèbres et de fausses lumières, dans ce pays du Raisonnement et des incertitudes, où sans un guide assuré, et qui ne nous quitte point, nous ne saurions manquer de nous égarer et de nous perdre »[1]. C'est Marie Huber qui écrit, en 1733, dans son *Monde fou préféré au Monde sage* : « N'attendez pas de moi des définitions sur la Conscience ; je laisserai ce soin là à MM. les Théologiens, s'ils s'en croient capables. Pour moi, je me contente de la connaître par le sentiment et l'expérience que j'en ai. Vous me demandiez l'autre jour, Criton, de quel habile maître j'étais devenu écolier ; je vous le dirai aujourd'hui, ce maître est la conscience, je n'en connais et n'en veux point avoir d'autre. » (*Ibid.*, p. 237, n. 2.)

Ce genre de piétisme n'est pas éloigné seulement de l'orthodoxie ; il l'est également de la sombre austérité qui avait caractérisé le piétisme originel, et que devait achever d'éclaircir encore, ou d'effacer, dans l'éducation de Rousseau, la religion souriante et facile de Mme de Warens. Mais c'est avec les matières les plus inoffensives en apparence, les plus onctueuses même, que se fabriquent les explosifs les plus puissants ; et rien, autant peut-être que l'exemple de Rousseau, ne justifie le célèbre passage de l'*Évolution créatrice* (p. 107), où la manifestation de l'élan vital est comparée à l'éclatement d'un obus.

---

[1] Édit. MASSON de la *Profession de foi*, p. 273, n. 2. Cf. *ibid.*, ce texte des *Lettres fanatiques* (1739) : « Tout homme a au-dedans de soi la conscience qui lui parle ; c'est à quoi il faut toujours revenir. Cette voix a tout le caractère d'une loi divine. »

138. Si fécond qu'un semblable événement puisse être pour l'avenir, il se détermine au premier moment par les victimes qu'il fait. Pour le XVIIIe siècle, il était visible que l'appel à la lumière intérieure, au témoignage du cœur, portait aussi bien, selon les expressions de M. Höffding, contre « le dogmatisme négatif des libres-penseurs » que contre « le dogmatisme positif de l'Église » [1].

Non, sans doute, que Rousseau, se donne pour l'adversaire systématique de la raison. On n'aurait guère de peine à extraire de ses écrits, comme de ceux de Pascal, assez de déclarations explicites pour le réconcilier avec la sagesse du rationalisme : « Ne m'a-t-il pas donné la conscience pour aimer le bien, la raison pour le connaître, la liberté pour le choisir [2] ? » Et en effet, selon Rousseau qui se souvient ici de Vauvenargues « la conscience est timide » [3]. Julie ira jusqu'à écrire : « Le cœur nous trompe en mille manières, il n'agit que par un principe toujours suspect ; mais la raison n'a d'autre fin que ce qui est bien ; ses règles sont sûres, claires, faciles dans la conduite de la vie, et jamais elle ne s'égare que dans d'inutiles spéculations qui ne sont pas faites par elle. » (*N. H.*, III, 20.)

Le thème de l'*homo duplex* se retrouve dans la *Profession du vicaire savoyard*, interprété, à la façon du XVIIe siècle, par l'opposition de la raison et des passions : « Je suis actif quand j'écoute la raison, passif quand mes passions m'entraînent. » (*V. S.*, 167.) L'opposition est appuyée enfin sur la vue la plus profonde que l'homme intérieur ait jamais eue de lui-même, sur le primat du jugement, qui était l'âme des *Essais* de Montaigne, et dont Descartes avait assuré définitivement la base : « Comment une volonté produit-elle une action physique et corporelle ? Je n'en sais rien, mais j'éprouve en moi qu'elle la produit. Je veux agir, et j'agis ; je veux mouvoir mon corps, et mon corps se meut... La volonté m'est connue par ses actes, non par sa nature... (*V. S.*, III.) Quelle est donc la cause qui détermine sa volonté ? C'est son jugement. Et quelle est la cause

---

1 Cf. Höffding, Rousseau et la religion, *Revue de métaphysique et de morale*, 1912, p. 278.

2 V. S., 295. Cf. *Nouvelle Héloïse*, VI, 7. « Il nous a donné la raison pour connaître ce qui est bien, la conscience pour l'aimer, et la liberté pour le choisir. »

3 V. S., 277 et n. 3, où est cité ce texte des *Réflexions et maximes* : « La conscience est la plus changeante des règles... La conscience est présomptueuse dans les saints, timide dans les faibles et les malheureux, inquiète dans les indécis, etc. Organe obéissant du sentiment qui nous domine et des opinions qui nous gouvernent. » Apud *Introduction à la connaissance de l'esprit humain*, 2e édit., 1747, pp. 282-283.

qui détermine son jugement ? C'est sa faculté intelligente, c'est sa puissance de juger, la cause déterminante est en lui-même. Passé cela, je n'entends plus rien [1]. »

Il n'y a pourtant pas lieu de douter que, chez Rousseau comme chez Pascal, l'hommage à la raison cartésienne n'est guère qu'un moment de la doctrine, contredit par la violence du courant qui ramène la pensée vers la source véritable de son inspiration, et que fortifie encore l'ardeur croissante de ses antipathies. Il y a dans la *Nouvelle Héloïse* une note significative : « Saint-Preux fait de la conscience morale un sentiment, et non pas un jugement ; ce qui est contre la définition des philosophes : Je crois pourtant qu'en ceci leur prétendu confrère a raison. » (VI, 7.)

A quelque épreuve que Rousseau soumette ses interprètes par les éternelles variations de son langage, c'est la thèse dominante de la *Profession* qui nous paraît s'exprimer dans ces lignes : « Les actes de la conscience ne sont pas des jugements, mais des sentiments ; quoique toutes nos idées nous viennent du dehors, les sentiments qui les apprécient sont au-dedans de nous, et c'est par eux seuls que nous connaissons la convenance ou disconvenance qui existe entre nous et les choses que nous devons rechercher ou fuir. » (*V. S.*, 265.) Ce qui ne peut manquer d'entraîner, dans la psychologie de l'*homo duplex*, un renversement complet du rôle que, quelques pages plus haut, comme nous l'avons vu, Rousseau attribue à la raison : « Combattu sans cesse par mes sentiments naturels qui parlaient pour l'intérêt commun et par ma raison qui rapportait tout à moi, j'aurais flotté toute ma vie dans cette continuelle alternative, faisant le mal, aimant le bien, et toujours contraire à moi-même, si de nouvelles lumières n'eussent éclairé mon cœur... On a beau vouloir établir la vertu par la raison seule, quelle solide base peut-on lui donner ? La vertu, disent-ils, est l'amour de l'ordre... <u>Dans le fond, le</u>ur prétendu principe est un pur jeu de mots [2]. »

---

[1] *Ibid.*, 187. Cf. p. 81 : « Selon moi la faculté distinctive de l'être actif ou intelligent est de pouvoir donner un sens à ce mot : *est* », et p. 241. « Toute la moralité de nos actions est dans le jugement que nous en portons nous-mêmes. »

[2] *V. S.*, 279. L'indétermination de la terminologie est encore soulignée par ce passage de *Rousseau juge de Jean-Jacques* : « Ce sentiment intérieur, que nos philosophes admettent quand il leur est commode et rejettent quand il leur est importun, perce à travers les écarts de la raison et crie à tous les cœurs que la justice a une autre base que l'intérêt dans cette vie, et que l'ordre moral, dont rien ici-bas ne nous donne l'idée, a son siège dans un système différent, qu'on cherche en vain sur la terre, mais

En fin de compte, il paraît bien que raison signifie égoïsme : « La raison rampe, mais l'âme est élevée ; si nous sommes petits par nos lumières, nous sommes grands par nos sentiments [1]. »

139. Chez Rousseau, l'apologie du sentiment est tout autre chose que la substitution d'une faculté à une autre, en vue de justifier les règles de la conduite. Elle ne tend à rien de moins qu'à une satisfaction du cœur, aussi détachée de l'action, et spécifiquement de l'action morale, qu'elle est dédaigneuse du savoir scientifique et du raisonnement philosophique. Ici encore l'auteur de la *Nouvelle Héloïse* tient à se découvrir derrière ses personnages, et à prendre parti. Claire écrit à Julie : « Je hais les mauvaises maximes encore plus que les mauvaises actions. » Rousseau ajoute cette note : « Ce sentiment est juste et sain. Les passions déréglées inspirent les mauvaises actions ; mais les mauvaises maximes corrompent la raison même, et ne laissent plus de ressource pour revenir au bien. » (I, 30.)

Ce n'est donc pas par ce qu'ils font, c'est par ce qu'ils disent, qu'il conviendra de juger les hommes ; et Rousseau écrit au maréchal de Luxembourg en parlant des Suisses qu'il a observés à Motiers-Travers : « Je crois que ce n'est pas un peuple sans mœurs, mais c'est un peuple sans principes, et le mot de vertu y est aussi étranger ou aussi ridicule qu'en Italie [2]. »

Par une application, si l'on veut, mais qui touche à la caricature, de l'un des thèmes fondamentaux de la Réforme, la suffisance de la conscience à soi-même dispense de vouloir réellement ; la foi n'est pas moins sincère pour être contredite par l'action. Julie, qui fera, une fois devenue Mme de Wolmar, un si beau sermon à Saint-Preux sur la conscience [3], lui écrit : « Il en est de plus sages ? Ah ! je le sais. Elles n'ont point aimé ? qu'elles sont heureuses ! Elles résistent ? J'ai

---

où tout doit être un jour ramené. La voix de la conscience ne peut pas être plus étouffée dans le cœur humain que celle de la raison dans l'entendement, et l'insensibilité morale est tout aussi peu naturelle que la folie. » (*Dial.* III, *sub fine*).
1 *Lettres sur la vertu et le bonheur*, IV, publiées par STRECKEISEN-MOLTOU, apud *Œuvres et correspondance inédites*, 1861, p. 160.
2 *Lettre* du 20 janvier 1763.
3 Cf. *N. H.*, VI, 8 : « Non ; la conscience ne nous dit point la vérité des choses, mais la règle de nos devoirs ; elle ne nous dicte point ce qu'il faut penser, mais ce qu'il faut faire ; elle ne nous apprend point à bien raisonner, mais à bien agir. »

voulu résister. Elles sont plus vertueuses ? aiment-elles mieux la vertu [1] ? » C'est à quoi Rousseau fait écho pour son propre compte, dans *Rousseau juge de Jean-Jacques* : « Cette vertu à laquelle il ne peut atteindre, qui est-ce qui l'admirera, la chérira, l'adorera plus que lui ? Qui est-ce qui, avec une imagination plus vive, s'en peindra mieux le divin simulacre ? » (*Dial.*, II.) Et c'est pourquoi, aussi dans les *Confessions*, lorsqu'il raconte l'abandon de ses enfants, il se rend presque immédiatement après ce témoignage : « Jusque-là j'avais été bon : dès lors je deviens vertueux, ou du moins enivré de la vertu. Cette ivresse avait commencé dans ma tête, mais elle avait passé dans mon cœur. » (II, 9.) On voit, par la lettre au *Marquis de Saint-Germain*, comme l'événement lui était une occasion pour dénigrer une fois de plus la raison, et une fois de plus se rehausser lui-même dans la bonté de son cœur : « L'exemple, la nécessité, l'honneur de celle qui m'était chère, d'autres puissantes raisons me firent confier mes enfants à l'établissement fait pour cela, et m'empêchèrent de remplir moi-même le premier, le plus saint des devoirs de la nature. En cela, loin de m'excuser, je m'accuse ; et quand ma raison me dit que j'ai fait dans ma situation ce que j'ai dû faire, je l'en crois moins que mon cœur qui gémit et qui la dément. » (Du 26 février 1770.)

Les souffrances physiques et morales de Rousseau furent trop cruelles pour prêter à la moindre raillerie. L'ironie est dans la réalité même, qui a voulu que le prophète de l'*instinct divin*, l'ennemi de la société, l'apôtre de la nature, le régénérateur de l'éducation, ait été jusqu'à désavouer dans la pratique l'instinct le plus naturel de tous, qu'il ait dû, dans sa condamnation des institutions sociales, faire une exception en faveur des *Enfants trouvés*, tandis qu'il laissait déborder sur un *Émile* et sur une *Sophie* imaginaires son ardeur paternelle et son enthousiasme pédagogique [2].

---

1 *N. H.*, II, 7. Nous rétablissons la ponctuation de la première édition, d'après M. Daniel MORNET, *Nouvelle Héloïse*, t. II, 1925, p. 277.

2 Cf. *Les rêveries du promeneur solitaire*, XIX : « Hors d'état de les élever moi-même, il aurait fallu, dans ma situation, les laisser élever par leur mère, qui les aurait gâtés, et par sa famille, qui en aurait fait des monstres. Je frémis encore d'y penser... Je savais que l'éducation pour eux la moins périlleuse était celle des *Enfants-Trouvés*, et je les y ai mis. Je le ferais encore, avec bien moins de doute aussi, si la chose était à faire, et je sais bien que nul père n'eût été plus tendre que je l'aurais été pour eux, pour peu que l'habitude eût aidé la nature. » Les circonstances qui peuvent être alléguées à l'appui de ce que dit ici ROUSSEAU se trouvent réunies dans *Jean-Jacques Rousseau. A*

Section III
L'APOTHÉOSE DU MOI

140. Il semble que l'œuvre de Rousseau ne se comprend complètement que par le secret douloureux qu'il nous livre ; il faut descendre avec lui jusqu'au fond le plus misérable de l'être pour en voir jaillir tout d'un coup l'exaltation d'un *moi*, qui proclame sa pureté radicale, son innocence inaltérable, par delà toutes les vicissitudes de sa vie réelle : « J'étais homme et j'ai péché ; j'ai fait de grandes fautes que j'ai bien expiées, mais le crime jamais n'approcha de mon cœur. Je me sens juste, bon, vertueux, autant qu'homme qui soit sur la terre [1]. »

La découverte, ou l'invention, d'un tel *moi* donne sa portée originale à la doctrine de la conscience, chez Rousseau. Le point a été fort heureusement précisé par Pierre-Maurice Masson, à l'aide d'un rapprochement avec un texte de Pufendorf. « On appelle en particulier du nom de *conscience*, le jugement intérieur que chacun porte des actions morales, en tant qu'il est instruit de la loi, et qu'il agit comme de concert avec le législateur dans la détermination de ce qui est bon ou mauvais, et par conséquent de ce que l'on doit faire ou ne pas faire [2]. » Et Masson ajoute : « Pédantisme en moins, la définition de Rousseau équivaudrait à celle de Pufendorf, si la réserve *en tant qu'il est instruit de la loi* ne supposait, chez Pufendorf, dans la constitution de la morale, tout un travail de réflexion, que Rousseau remplace par les intuitions de l'instinct. » En effet l'intuition instinctive, en se substituant à la réflexion, fait disparaître l'objet de cette réflexion, la *loi*, considérée désormais comme étrangère à l'intimité de la conscience, comme imposant au *moi* de se produire au dehors et de se dépenser pour autrui : « Je n'ai jamais été vraiment propre à la société civile, où tout est gêne, obligation, devoir ; et mon naturel indépendant me rendit toujours incapable des assujettissements nécessaires à qui veut vivre avec les hommes. » (*Rêveries*, IV.)

La volupté du sentiment devient un refuge contre la contrainte

---

new criticism, par Mistresss MACDONALD, III, II, t. I, Londres, 1906, pp. 140 et suiv.
1 Lettre à Monsieur de Saint-Germain, du 26 février 1770 (sub fine).
2 PUFENDORF, *Le droit de la nature et des gens*, trad. BARBEYRAC, 6ᵉ édit., Bâle, t. I, 1750, p. 44, *apud* V. S., p. 255, n. 4.

de l'action : « La vertu est un état de guerre » (*N. H.*, VI, 7) qui ne convient qu'aux âges de décadence. « Heureux les peuples chez lesquels on peut être bon sans effort, et juste sans vertu [1]. » L'âme de Rousseau est « une âme paresseuse qui s'effraie de tout soin » [2]. Mais voici le miracle : cette âme, en apparence inerte, a su créer, à l'écart et à l'encontre de la société réelle, une société idéale, qui, par la puissance du génie littéraire (ou comme disait Malebranche, par *la contagion des imaginations fortes*) a été capable de mordre à son tour sur la réalité sociale, et qui est l'une des causes les plus certaines de son évolution [3].

Là, nous n'avons plus qu'à écouter Rousseau lui-même : « Livré par système à sa douce oisiveté, il remplirait ses loisirs de jouissances à sa mode, et, négligeant les foules de prétendus devoirs que la sagesse humaine prescrit comme indispensables, il passerait pour fouler les bienséances, parce qu'il dédaignerait les simagrées [4]. » « De quoi jouissais-je enfin quand j'étais seul ? De moi, de l'univers entier, de tout ce qui est, de tout ce qui peut être, de

---

1 *Émile*, IV. Cf. V. S., 289, et la n. 2 de P.-M. MASSON, qui extrait d'un manuscrit de l'*Émile* la formule suivante : « Il suffit à l'homme d'être bon ; mais l'homme social doit être vertueux. »(Bibliothèque de la Chambre des députés, t. II, n° 1428, 204 verso).

2 *Mon portrait apud* M. DUFOUR, *Annales de la Société Jean-Jacques Rousseau*, t. IV, 1908, p. 272.

3 Cf. Sumner MAINE, *L'ancien droit français*, IV, trad. fr., 1874, p. 83. *Apud* BEAULAVON, 2ᵉ édit. du *Contrat social*, 1913, p. 77 : « Nous n'avons pas vu de notre temps, et le monde n'a vu qu'une ou deux fois dans tout le cours des temps historiques, des travaux littéraires exercer une aussi prodigieuse influence sur l'esprit des hommes de tout caractère et de toute nuance intellectuelle que ceux que publia ROUSSEAU, de 1749 à 1762. »

4 *Rousseau juge de Jean-Jacques*, Dial. II ; cf. *ibid.* : « Un cœur actif et un naturel paresseux doivent inspirer le goût de la rêverie. Ce goût perce et devient une passion très vive, pour peu qu'il soit secondé par l'imagination. C'est ce qui arrive très fréquemment aux Orientaux ; c'est ce qui est arrivé à Jean-Jacques, qui leur ressemble à bien des égards... Il raisonne moins, il est vrai ; mais il jouit davantage ; il ne perd pas un moment pour la jouissance ; et sitôt qu'il est seul, il est heureux... De cette pente aux douces rêveries, j'ai vu dériver tous les goûts, tous les penchants, toutes les habitudes de Jean-Jacques, ses vices même et les vertus qu'il peut avoir... Toute la vigueur de la volonté s'épuise à résoudre, il n'en a plus pour exécuter... La vie contemplative dégoûte de l'action. Il n'y a point d'attrait plus séducteur que celui des fictions d'un cœur aimant et tendre qui, dans l'univers qu'il se crée à son gré, se dilate, s'étend à son aise, délivré des dures entraves qui le compriment dans celui-ci. La réflexion, la prévoyance, mère des soucis et des peines, n'approchent guère d'une âme enivrée des charmes de la contemplation. »

tout ce qu'a de bon le monde sensible, et d'imaginable le monde intellectuel ; je rassemblai autour de moi tout ce qui pouvait flatter mon cœur ; mes désirs étaient la mesure de mes plaisirs. Non, jamais les plus voluptueux n'ont connu de pareilles délices ; et j'ai cent fois plus joui de mes chimères qu'ils ne font des réalités... Mon imagination ne laissait pas longtemps déserte la terre ainsi parée. Je la peuplais bientôt d'êtres selon mon cœur ; et, chassant bien loin l'opinion, les préjugés, toutes les passions factices, je transportais dans les asiles de la nature des hommes dignes de les habiter. Je m'en formais une société charmante dont je ne me sentais pas indigne, je me faisais un siècle d'or à ma fantaisie, et, remplissant les beaux jours de toutes les scènes de ma vie qui m'avaient laissé de doux souvenirs, et de toutes celles que mon cœur pouvait désirer encore, je m'attendrissais jusqu'aux larmes sur les vrais plaisirs de l'humanité, plaisirs si délicieux, si purs et qui sont désormais si loin des hommes [1]. »

Le point décisif est là : c'est à la condition de se tenir loin des hommes que Rousseau cultive son amour pour l'humanité [2]. Cette humanité, il la fait mouvoir hors du temps réel, qui est le temps de l'action effective, entre le souvenir du passé et l'espérance de l'avenir, *avenir* et *passé* n'étant plus eux-mêmes que des projections sur un plan imaginaire d'une individualité qui s'exaspère dans l'affirmation de soi, et prétend se donner raison contre les choses et contre les hommes. « Quand sa destinée s'est trouvée telle qu'il n'y voyait plus rien d'agréable à se rappeler, il en a perdu toute la mémoire ; et, rétrogradant vers les temps heureux de son enfance, il les a souvent recommencés dans ses souvenirs. Quelquefois, s'élançant dans l'avenir qu'il espère et qu'il sent lui être dû, il tâche de s'en figurer les douceurs en les proportionnant aux maux qu'on lui fait souffrir injustement en ce monde [3]. »

141. De là dérivent chez Rousseau les croyances, ou tout au moins les effusions, les exclamations, d'ordre religieux. L'incertitude spé-

---
1 Lettre à Monsieur de Malesherbes, du 26 janvier 1762.
2 Cf. *Seconde Préface* pour la *Nouvelle Héloïse*. « N. Qu'apprend-on dans la petite sphère de deux ou trois amants ou amis toujours occupés d'eux seuls ? — R. On apprend à aimer l'humanité. Dans les grandes sociétés on n'apprend qu'à haïr les hommes. »
3 Rousseau juge de Jean-Jacques, Dial. II.

culative de propositions telles que l'existence de Dieu ou l'immortalité de l'âme ne saurait rien prouver contre elles, du moment que le moi en a besoin pour y appuyer le rêve de sa justification, le réconfort de sa revanche future : « Quiconque ne se passionne pas pour moi n'est pas digne de moi [1]. » A défaut des hommes, Dieu du moins sera digne de Rousseau. Et voici ce qu'il écrit à Sophie d'Houdetot : « Mais il faut se taire et se laisser mépriser, Providence, Providence ! et l'âme ne serait pas immortelle ! Je suis un méchant, moi [2] ? »

Tel est, pris à sa source, le thème fondamental : « O Providence ! ô Nature ! trésor du pauvre, ressource de l'infortune [3]. » Les développements remplissaient déjà la *Profession* [4] ; ils prennent un accent de plus en plus intime, de plus en plus touchant : « Accablé des maux de la vie et de l'injustice des hommes, j'approche avec joie d'un séjour où tout cela ne pénètre point ; et en attendant, je ne veux plus m'occuper, si je puis, qu'à me rapprocher de moi-même et à goûter ici, entre la compagne de mon infortune et mon cœur, et Dieu qui le voit, quelques heures de douceur et de paix, en attendant la dernière [5]. »

Le rapport au christianisme de cette métaphysique populaire et passionnée a été le sujet de discussions sans fin. Il est clair pourtant que Rousseau ne deviendrait chrétien que dans la mesure où l'on déciderait de juger du christianisme par Rousseau, ou pour mieux dire, par Mme de Warens [6], et où l'on en ferait une religion de la

---

1 *Lettre à Madame Latour*, du 26 septembre 1762.
2 Lettre du 2 novembre 1757, publiée apud BUFFENOIR, *La comtesse d'Houdelot, sa famille et ses amis*, 1905, p. 163, et dans la *Correspondance générale*, édit. DUFOUR-PLAN, t. III, 1925, p. 173.
3 Rousseau juge de Jean-Jacques, Dial. II.
4 « Le méchant prospère et le juste reste opprimé... La conscience s'élève et murmure contre son auteur ; elle lui crie en gémissant : tu m'as trompé. (V. S., 203.) Quand je n'aurais d'autre preuve de l'immatérialité de l'âme, que le triomphe du méchant, et l'oppression du juste en ce monde, cela seul m'empêcherait d'en douter. (*Ibid.*, 205.) J'aspire au moment où, délivré des entraves du corps, je serai *moi* sans contradiction, sans partage, et n'aurai besoin que de moi pour être heureux ; en attendant, je le suis dès cette vie, parce que j'en compte pour peu tous les maux, que je la regarde comme presque étrangère à mon être, et que tout le vrai bien que j'en peux retirer dépend de moi. » *Ibid.*, 291.
5 *Lettre à Moultou*, du 14 février 1769.
6 Dans le chapitre des *Confessions* (I, 6) où il évoque le système religieux de Mme de Warens, ROUSSEAU écrit : « Autre bizarrerie. On voit que toute la doctrine du

nature, et non plus une religion de la grâce.

« Il faut que nous naissions coupables, ou Dieu serait injuste [1]. » A cette alternative caractéristique de la foi chrétienne, Rousseau se dérobe. La suprême injustice de Dieu serait, selon lui, que l'homme fût jamais dépouillé de l'innocence *pré-adamite*, qui est l'état de sa création. Tandis que la critique de Spinoza et de Bayle se bornait, autorisée par la conscience, à condamner le dogme farouche qui prétend faire expier aux descendants du couple originel un péché auquel leur volonté a été totalement étrangère, c'est l'imputabilité à la personne morale de ses propres fautes que Rousseau repousse. Quel besoin y a-t-il alors d'un Sauveur ? A l'opposé du saint, qui prend à sa charge le crime des autres hommes afin d'assurer leur rédemption, Rousseau ne songe qu'à rejeter sur autrui le fardeau de la loi qu'il sent et qu'il juge insupportable pour lui-même.

C'est vers l'apologie audacieuse de la nature, vers l'interprétation paradoxale de l'individualisme, que convergent les deux mythes qui lui servent à édifier sa philosophie de l'histoire et de la politique : mythe de l'*homme primitif* et mythe du *contrat social*. Non assurément que l'imagination de Rousseau ait ici travaillé à vide : sa prétention d'avoir commencé par les faits n'est pas injustifiée [2], et la théorie du *Contrat social* est issue d'une longue tradition. Mais la transfiguration est le procédé propre à la mythologie. Rousseau transfigure les données qu'il emprunte au dehors, de façon à y trouver les réponses qu'il désire. Il écrit : « L'homme sauvage, quand il a dîné, est en paix avec toute la nature, et l'ami de tous ses semblables [3]. » Et il lui suffit d'avoir écrit cela pour en conclure que la civilisation doit être tenue pour seule responsable de la corruption des mœurs. D'autre part, il affirme « que la volonté générale

---

péché originel et de la rédemption est détruite par ce système, que la base du christianisme vulgaire en est ébranlée, et que le catholicisme au moins ne peut subsister. Maman, cependant, était bonne catholique, ou prétendait l'être, et il est sûr qu'elle le prétendait de très bonne foi. » Ce qu'il y a de curieux dans ce jugement sur l'attitude religieuse de Mme de Warens, c'est qu'il correspond assez exactement à l'un des griefs de Christophe de Beaumont contre Rousseau, dans le *Mandement* qui condamnait l'*Émile* : « On l'a vu... préconiser l'excellence de l'Évangile dont il détruisait les dogmes. »
1 Pascal, *Pensées*, f° 457, fr. 489.
2 Cf. Morel, Recherches sur les sources du discours sur l'inégalité, *Annales de la Société J.-J. Rousseau*, t. V, 1909, pp. 189 et suiv.
3 Discours sur l'origine et les fondements de l'inégalité parmi les hommes.

est toujours droite et tend toujours à l'utilité publique... ; ce qui généralise la volonté est moins le nombre des voix que l'intérêt commun qui les unit » [1]. Comment, après de telles affirmations, hésiterait-il à détacher cette volonté générale des volontés réellement exprimées, à l'ériger en essence idéale qui va participer de l'infaillibilité de l'instinct divin, à finir par lui attribuer toute licence pour anéantir l'autonomie de la conscience ?

Aussi bien, le système d'hypocrisie qui a dicté à l'Église la thèse de l'abandon au bras séculier, n'a pu être dépassé que par la déclaration de tolérance, qui accompagne le rêve d'une théocratie, absurde et féroce. « Chacun peut avoir, au surplus, telles opinions qu'il lui plaît, sans qu'il appartienne au souverain d'en connaître ; car, comme il n'a point de compétence dans l'autre monde, quel que soit le sort des sujets dans la vie à venir, ce n'est pas son affaire, pourvu qu'ils soient bons citoyens dans celle-ci. Il y a donc une profession purement civile, dont il appartient au souverain de fixer les articles, non pas précisément comme dogmes de religion, mais comme sentiments de sociabilité sans lesquels il est impossible d'être bon citoyen ni sujet fidèle. Sans pouvoir obliger personne à les croire, il peut bannir de l'État quiconque ne les croit pas ; il peut le bannir, non comme impie, mais comme insociable, comme incapable d'aimer sincèrement les lois, la justice et d'immoler au besoin sa vie à son devoir. Que si quelqu'un, après avoir reconnu publiquement ces mêmes dogmes, se conduit comme ne les croyant pas, qu'il soit puni de mort ; il a commis le plus grand des crimes ; il a menti devant les lois. Les dogmes de la religion civile doivent être simples, en petit nombre, énoncés avec précision, sans explications ni commentaire. L'existence de la Divinité puissante, intelligente, bienfaisante, prévoyante et pourvoyante, la vie à venir, le bonheur des justes, le châtiment des méchants, la sainteté du contrat social et des lois, voilà les dogmes positifs. Quant aux dogmes négatifs, je les borne à un seul : c'est l'intolérance. » (IV, 8.)

142. Les contradictions, que l'on a si souvent signalées à travers l'œuvre de Rousseau, s'expliquent comme celles de Diderot [2], en

---

1 *Contrat social*, II, 3 et 4.
2 Voir René HUBERT, La morale de Diderot, apud *Revue du XVIIIe siècle*, 2e année, n° 4 (octobre-décembre 1914), p. 330 ; et Pierre HERMAND, *Les idées morales de*

tant que l'on remonte du détail de l'œuvre à la personne de l'auteur. Mais celles de Diderot n'intéressent plus guère que lui ; celles de Rousseau étaient destinées à se répercuter et à se multiplier dans sa postérité.

La pensée de Rousseau commence par se placer exclusivement sur le terrain de la vie intérieure ; de ce point de vue, elle continue la tradition de Montaigne. Mais, chez Montaigne, l'intériorité pure, où le *moi* n'est rien de plus que l'individu, apparaissait comme une restriction, comme une défaite ; si l'homme se replie sur soi, c'est faute d'atteindre l'universalité des valeurs spirituelles. Au contraire, Rousseau, du moment qu'il sait se maintenir en contact immédiat avec le *moi*, n'a plus à chercher ailleurs, ni à désirer au delà, une norme de justice et de vérité. Seulement, pour quiconque a gardé son sang-froid devant les traits d'éloquence enflammée que Rousseau lance contre le « sceptique Montaigne », il n'est guère possible d'éluder la question : A-t-on le droit de voir autre chose qu'un artifice de rhétorique, dans l'opération qui consiste à transporter dans la colonne des bénéfices, à la rubrique de l'*actif*, exactement le chiffre que Montaigne, plus humble et aussi plus clairvoyant, inscrivait au titre du *passif* et du déficit ? « L'être d'instinct » qu'a été Rousseau, « sensuel, égoïste, pitoyable, incapable de suivre une autre loi que l'impulsion de son cœur »[1], ne possède assurément rien que ne possédait Montaigne ; mais celui-ci déplorait sa pauvreté spirituelle et sa solitude ; celui-là se proclame riche et satisfait : « Un auteur illustre dit qu'il n'y a que le méchant qui soit seul ; moi, je dis qu'il n'y a que le bon qui soit seul[2]. »

Cette perpétuelle satisfaction de soi a fait rapprocher Rousseau de certains mystiques ; et le rapprochement, déjà risqué par Nietzsche[3], est devenu courant depuis que se sont répandues les

---
Diderot, 1923, p. 285.
[1] LANSON, *Histoire de la littérature française*, 13ᵉ édit., 1916, p. 786.
[2] Note de l'*Émile*, II, qui répond au *Fils naturel* de DIDEROT. Cf. V. S., 251 : *Le méchant se craint et se fuit.*
[3] Cf. *Le voyageur et son ombre*, § 216, tr. DAVRAY, p. 352 : « Il est indéniable que, depuis la fin du siècle dernier, un courant de réveil moral a traversé l'Europe... Si l'on recherche les sources de ce courant, en trouve, d'une part, Rousseau, mais le Rousseau mystique, que l'on avait créé d'après l'impression laissée par ses œuvres, on pourrait presque dire ses œuvres interprétées d'une façon mystique, d'après les indications données par lui-même (lui et son public travaillèrent sans cesse à créer cette figure idéale). »

idées, très importantes à cet égard, de M. Ernest Seillière [1]. Pourtant il demeure une inversion de sens entre ce que serait le mysticisme de Rousseau et ce qu'a été le mysticisme de Fénelon. *L'amour pur* suppose que l'être se désintéresse de soi : « La croix n'est plus croix quand il n'y a plus de *moi* pour le souffrir, et qui s'approprie les biens et les maux [2]. » Si donc on ne commence pas par s'imposer l'obligation de renoncer à « la volonté propre », dans une crise douloureuse que compensera l'anticipation d'une intime unité, on n'est jamais assuré d'avoir fait tomber la barrière de transcendance et d'extériorité qui nous cache Dieu ; car un Dieu non radicalement distinct de l'homme, ne serait pas Dieu. Rousseau, lui, répugne à tout effort de sacrifice et de « désappropriation » ; il pose le *moi* d'abord, ensuite un Dieu qui se définit par rapport à l'homme, ou mieux par rapport à Rousseau, et auquel il ne fait appel que pour consacrer sa propre apothéose.

Il est vrai seulement que cette transfiguration de la nature humaine, chez Rousseau, semble s'accomplir, immédiatement, par une magnificence de féerie intime, par une plénitude d'ivresse musicale [3]. L'absence de toute médiation le rapproche du mysticisme, dans une opposition commune à la discipline de la raison et de la philosophie. Chez Rousseau qui fait pourtant prêcher Julie contre le quiétisme (*N. H.*, VI, 8), l'impatience de la loi est poussée aussi loin qu'elle a pu l'être chez Mme Guyon [4] ; et son œuvre pourrait, à sa manière, se résumer dans le double impératif d'Augustin : *dilige, et quod vis fac* [5].

Mais c'est alors aussi que la ressemblance des mots ne peut ici que mettre en relief le contraste des réalités psychologiques : « Oui, si la vie et la mort de Socrate sont d'un sage, la vie et la mort de Jésus sont d'un Dieu. » (*V. S.*, 411.) Rousseau n'a voulu être ni Socrate ni Jésus ; la réflexion du sage et le sacrifice du saint sont égale-

---

1 Voir en particulier Madame Guyon et Fénelon, précurseurs de Rousseau, 1918.

2 FÉNELON, Instructions et avis sur divers points de la morale et de la perfection chrétienne, XXXVII (olim 42). Œuvres, édit. citée, t. VI, p. 152 A.

3 Cf. BAZAILLAS, *J.-J. Rousseau, textes choisis et commentés*, particulièrement t. II, p. 292.

4 Voir ce passage d'une lettre écrite à FÉNELON: « Ne vous faites de loi de rien, laissez-vous au moment présent comme un enfant qui s'amuse de rien, mais qui est aussi captivé quelquefois par son maître. » *Apud* CHEREL, *Fénelon au XVIIIe siècle*, Appendice I, 1917, p. 603.

5 *In epistolam Joannis* (16) Tract. VII, § 8 ; édit. MIGNE, t. III, col. 2033.

ment étrangers à un moi qui, par droit de naissance, a l'obtention immédiate de l'être, de la honte, de la vertu. Dans tout ce qu'écrit Rousseau, le *tien* semble s'écrire avec une minuscule ; le *Mien* a toujours une majuscule. L'*amour-propre* est « dangereux », quand c'est La Rochefoucauld qui aime La Rochefoucauld, ou Helvétius qui aime Helvétius ; il s'appelle l'*amour de soi* quand c'est Rousseau qui aime Rousseau, et de ce fait même il reprend la douceur, l'éclat, de l'innocence naturelle [1].

L'individu se décrétant *monade centrale*, et concentrant en soi toute valeur spirituelle, rapportant à sa seule puissance interne le rêve d'harmonie que les Pythagoriciens cherchaient au dehors, dans le concert des sphères célestes, ou que Leibniz appuyait sur l'esthétique du Dieu architecte, c'est bien une voie nouvelle que Rousseau ouvre à l'esprit humain, et qui effectivement a tout renouvelé autour de lui.

Voilà pourquoi il est si difficile de faire rentrer sa pensée dans les cadres des anciennes antithèses. Qu'il s'agisse de l'individu et de la société, de la foi et de la raison, de la religion et de la morale, partout l'intervention de Rousseau vient rendre plus complexes, non seulement les solutions, mais les positions des problèmes. C'est de la doctrine de la *volonté générale* que procéderont et l'autonomie de la raison pratique chez Kant, et l'hétéronomie du conformisme social chez de Bonald ou chez Hegel. D'autre part, sans invoquer un Proudhon ou un Nietzsche, chez qui l'ingratitude est la marque même de l'individualisme, qui ne pardonneront pas à Rousseau de leur ressembler trop et de les avoir devancés dans la revendication d'une originalité radicale, Robespierre et Chateaubriand apparaissent dans l'histoire comme ses disciples immédiats. Et leur œuvre, qui devait contribuer, soit par la Terreur, soit par la Restauration, à détruire l'élan de la démocratie française, a une

---

[1] *Rousseau juge de Jean-Jacques*, Dial. I : « Les passions primitives, qui toutes tendent directement à notre bonheur, ne nous occupent que des objets qui s'y rapportent, et, n'ayant que l'amour de soi pour principe, sont toutes aimantes et douces par leur essence ; mais quand détournées de leur objet par des obstacles, elles s'occupent plus de l'obstacle pour l'écarter que de l'objet pour l'atteindre, alors elles changent de nature et deviennent irascibles et haineuses ; et voilà comme l'amour de soi, qui est un sentiment bon et absolu, devient amour-propre, c'est-à-dire un sentiment relatif, par lequel on se compare, qui demande des préférences, dont la jouissance est purement négative, et qui ne cherche plus à se satisfaire par notre propre bien, mais seulement par le mal d'autrui. »

racine commune. Le despotisme de la dictature jacobine parodie l'*Esprit des lois*, le dilettantisme du *Génie du christianisme* parodie l'Évangile, en réduisant la vertu républicaine et la pratique religieuse à l'hommage d'une formule oratoire. Robespierre et Chateaubriand exigent impérieusement, ils célèbrent pompeusement, le sacrifice des autres, tandis qu'eux-mêmes iront, sans réserve et sans remords, où les emporte le démon de l'ambition ou de la volupté : *libido dominandi* ou *libido sentiendi*. Et si de tels exemples ont été féconds, pour le malheur du XIXe siècle, si l'avocat devenu homme d'État, si l'homme de lettres devenu apologiste, ont transporté trop souvent dans la politique et dans la religion leurs habitudes d'insincérité professionnelle, l'origine de la faute est chez Rousseau, dans cette explosion d'une éloquence qui veut ignorer, parce qu'elle serait incapable de supporter, ce qu'une recherche véritable implique de réflexion méthodique et de désintéressement généreux.

DEUXIÈME PARTIE

LIVRE V
L'ÉVOLUTION DE LA MÉTAPHYSIQUE ALLEMANDE

143. On ne saurait aujourd'hui étudier Rousseau sans avoir à mesurer perpétuellement l'écart entre ce qu'il était au fond, dans sa réalité d'homme, et ce qu'il paraissait être pour les autres, même pour soi, dans sa prétention d'écrivain. Cet écart est, dans l'histoire de la pensée européenne, ce qui constitue la définition du romantisme. Mais une telle caractéristique ne pouvait être mise en évidence qu'après la mort de Rousseau, lorsque son *moi* fut livré à la curiosité du public : « C'est un fait clair et certain, écrit M. Daniel Mornet, que Rousseau, avant ses *Confessions*, n'enseigne rien, ou presque rien, du Romantisme. C'est avec les *Confessions* seulement, et seulement au temps de la Révolution, que commence une influence qu'il ne voulait d'ailleurs pas exercer, et qu'il aurait assurément détestée [1]. »

Dans l'œuvre, considérée à part de son auteur, l'exaltation de la

---
1 Apud *Histoire de la littérature française* BÉDIER-HAZARD, t. II, p. 130.

conscience et de l'instinct, de la nature et de la vertu, semblait rendre un son pur et direct, comme si elle allait d'elle-même dans le sens de la raison et de la religion. La force de l'impulsion acquise explique même comment des républicains ont cru servir la cause de la raison lorsqu'ils la travestissaient en déesse, ou des chrétiens la cause de la religion, lorsqu'ils tentaient de détourner à son profit le courant du sensualisme esthétique. *A fortiori*, si nous remontons aux temps qui précédèrent la Révolution, pouvons-nous constater que la rupture de Rousseau avec « les philosophes », si éclatante et si paradoxale qu'elle ait été, n'avait nullement diminué la confiance du XVIIIe siècle dans les « lumières » et dans le progrès. En 1778, Voltaire et Rousseau meurent, unis malgré eux dans une commune apothéose. Et, déjà, les idées de justice et de liberté ont reçu, en France, une investiture officielle par le passage de Turgot au pouvoir. La pensée anglaise est sortie de ses incertitudes avec l'économie d'Adam Smith, tandis que la *Critique de la raison pure* s'élabore à Kœnigsberg. L'émancipation des colonies d'Amérique apporte à l'Europe le gage du triomphe, que le droit universel remporte enfin avec la Révolution française.

Mais ici, presque exactement aux limites chronologiques des deux siècles, va se produire un revirement tragique des choses et des hommes. Devant le spectacle d'une Révolution incapable d'appliquer ses propres principes, de maintenir l'indépendance des citoyens au dedans, la paix des peuples au dehors, sous la menace de l'impérialisme renaissant avec Bonaparte, toutes les valeurs du XVIIIe siècle semblent s'effondrer, et dans tous les pays à la fois. Les idées avaient préparé les événements ; on les rendra responsables des événements ; bien plus, on voudra les juger d'après les événements, c'est-à-dire d'après le débordement de passions auxquelles ces idées ont servi de prétexte, d'après la réaction des intérêts que ces passions avaient menacés, L'Angleterre, d'où le XVIIIe siècle avait tiré son idéal de liberté civile et politique, donne au siècle qui va naître le signal de la capitulation. Burke rompt publiquement avec Fox qui, lors du traité de Versailles, avait été son compagnon d'armes dans la résistance au nationalisme *tory*. En Allemagne, ceux qui avaient célébré avec le plus d'enthousiasme l'idéalisme de Fichte, du philosophe jacobin, seront aussi les premiers à se retourner vers le Moyen Age, à célébrer le mépris de la raison, le

DEUXIÈME PARTIE

culte du sentiment et de l'intuition. En France même, dès le lendemain de la Terreur, de Bonald et Joseph de Maistre proposent des événements, révolutionnaires l'interprétation dogmatique et rétrograde qui finira par dominer l'Europe de Metternich.

Du point de vue de l'histoire générale, nous devrions donc insister avant tout sur la convergence des courants qui se dessinent avec l'idéologie de Condillac et la sociologie de Condorcet, avec le radicalisme de Bentham et l'idéalisme rationnel de Kant. Quelle que fût la diversité de leurs principes spéculatifs et de leurs applications pratiques, un même souffle traversait toutes ces doctrines : la confiance que l'homme peut faire fond sur sa conscience et sur sa raison pour régler lui-même la destinée de l'humanité. Cette espérance, lentement développée au cours des siècles, l'échec de la Révolution la brise, alors que les meilleures promesses de victoire semblaient réunies. Et, si différents qu'à leur tour ils soient les uns des autres, les systèmes du XIXe siècle porteront, presque tous, la marque d'une profonde et cruelle déception, même chez ceux qui avaient commencé par se réclamer de la raison. Les avortements successifs de l'idée révolutionnaire après 1830, après 1848, après 1870, accentuent le pessimisme. Au siècle qui attendait le progrès politique du progrès philosophique, succède un siècle de réaction philosophique, destinée à servir la cause de l'ordre social. Nous n'aurons qu'une exception à faire, en faveur des idéologues français. Méthodiquement attachés à l'enseignement socratique, ils refusent de se laisser distraire de l'approfondissement de la vie spirituelle par la contingence des intérêts politiques. Destutt de Tracy, Cabanis, et Maine de Biran dans la plus grande partie au moins de sa carrière, franchiront le tournant des deux siècles sans céder au vent de panique intellectuelle et morale qui emporte alors les esprits. Partout ailleurs, qu'il s'agisse de l'*idéalisme post-kantien*, de l'*empirisme psychologique* ou de la *philosophie sociologique*, le mouvement ascendant de la réflexion rationnelle fait place à un mouvement inverse, à une dégradation, lente ou brusque, volontaire ou involontaire, des valeurs d'humanité que le XVIIe et le XVIIIe siècles avaient réussi à mettre en évidence.

Il y a donc, d'une façon générale, entre la philosophie *d'avant la Révolution* et la philosophie *d'après la Révolution*, une antithèse radicale, mais qui se dissimule à travers la similitude apparente des méthodes, parfois même à travers l'identité affectée de la terminologie. Cette antithèse, d'autre part, nous avons à considérer qu'elle est liée à des théories et à des événements qui sont tout proches de nous, dont les conséquences pèsent directement sur les générations actuelles, ce qui rend plus malaisé d'en dégager le caractère véritable. C'est pourquoi il nous a semblé avantageux, pour la clarté de l'exposition, de renoncer à l'ordre chronologique qui, grâce au recul du temps, avait pu être observé assez exactement dans la *Première Partie* de notre ouvrage. Nous allons maintenant examiner à part les différents courants de pensée correspondant aux diverses manières dont le problème de la conscience a été abordé depuis le milieu du XVIIIe siècle ; et nous suivrons, à l'intérieur de chacun de ces courants, les phases de l'évolution qui conduit à poser ce problème sous la forme où le considère la réflexion contemporaine.

CHAPITRE XII
L'IDÉALISME CRITIQUE

Section I
LA CRITIQUE DE LA RAISON PURE

144. En passant de Rousseau à Kant, la pensée semble remonter la pente que l'Antiquité avait descendue, de la philosophie hellénique à la rhétorique latine, de Socrate à Cicéron. Or, ce retour vers Socrate, auquel correspondra comme une seconde découverte de la raison pratique, le paradoxe de l'histoire veut que Rousseau lui-même en ait été l'initiateur. Après avoir écrit dans les *Fondements de la métaphysique des mœurs* : « La connaissance morale de la raison humaine commune... a dans tous les cas qui surviennent la pleine compétence qu'il faut pour distinguer ce qui est bien, ce qui est mal, ce qui est conforme ou contraire au devoir, pourvu que, sans rien lui apprendre le moins du monde de nouveau, on la rende attentive, comme le faisait Socrate, à son propre principe », Kant ajoute : « Il n'est besoin ni de science ni de philosophie pour savoir ce qu'on a à faire, pour être honnête, et bon, même sage et vertueux [1]. » L'écho est nettement perceptible de la péroraison du premier *Discours pour l'Académie de Dijon* : « O vertu ! science sublime des âmes simples, faut-il donc tant de peines et d'appareil pour te connaître ? Tes principes ne sont-ils pas gravés dans tous les cœurs ? et ne suffit-il pas pour apprendre tes lois, de rentrer en soi-même et d'écouter la voix de la conscience dans le silence des passions [2] ? »

Kant, déjà parvenu à la maturité, tout entier à sa tâche de professeur et de spéculatif, a lu Rousseau avec une émotion dont il a lui-même analysé le caractère : « Je suis par goût un chercheur. Je sens la soif de connaître tout entière, le désir inquiet d'étendre mon savoir, ou encore la satisfaction de tout progrès accompli. Il fut un temps où je croyais que tout cela pouvait constituer l'honneur de l'humanité ; et je méprisais le peuple, qui est ignorant de tout. C'est Rousseau qui m'a désabusé. Cette illusoire supériorité s'évanouit ; j'apprends à honorer les hommes ; et je me trouverais bien plus inutile que le commun des travailleurs si je ne croyais que ce sujet d'étude peut donner à tous les autres une valeur qui consiste en ceci : *faire ressortir les droits de l'humanité* [3]. »

Dans cette phase de la carrière de Kant, la méditation de Rousseau, qui devait être pourtant décisive et durable, n'a guère eu d'autre effet que de consolider la séparation radicale, que, sous l'influence des moralistes anglais, il se montrait disposé à établir entre l'ordre spéculatif et l'ordre pratique : « C'est de nos jours seulement qu'on a commencé à s'apercevoir que la faculté de représenter le *vrai* est la connaissance, qu'au contraire, la faculté d'avoir conscience du *bien* est le sentiment, et que les deux ne doivent pas être confon-

---

1 Trad. Delbos (s. d.), p. 106.
2 Voir encore dans les dernières pages des *Rêves d'un visionnaire éclaircis par les rêves de la métaphysique* (1766), l'allusion à la foi morale, « dont la simplicité peut être au-dessus de toutes les subtilités du raisonnement, et qui seule convient à l'homme dans toutes les conditions, puisqu'elle le conduit sans détour à sa véritable fin ».
3 *Fragment des Notes manuscrites de* Kant relevées dans son exemplaire des *Observations sur le sentiment du beau et du sublime* (postérieures à 1765), traduit *apud* Delbos, *La philosophie pratique de Kant*, 1905, p. 116. Sur cet ouvrage, que nous désignerons dans la suite par V. D. et qui est capital pour l'interprétation de la pensée kantienne, voir notre compte rendu dans la *Revue de Métaphysique et de Morale*, 1907, pp. 66 et suiv., reproduit dans *Ecrits philosophiques*, t. I, 1951, pp. 179 et suiv.

dus ¹ ». Mais que l'appel au sentiment immédiat, solution définitive chez Rousseau, ne puisse être, pour la pensée kantienne, qu'un point de départ, cela s'entend presque de soi lorsqu'on se reporte aux conditions qui ont présidé à la formation de leur personnalité morale. De son séjour aux Charmettes, Rousseau a surtout appris à trouver dans sa conscience de quoi s'affranchir du scrupule et de la crainte ². Kant a été, au contraire, élevé dans une religion de respect ³, où la conscience ne serait rien si elle ne travaillait au perfectionnement effectif de la personnalité morale. La conscience est, comme il le définira plus tard, *la faculté morale de juger se jugeant elle-même* ⁴. Posséder une conscience, c'est avant tout se mettre en garde contre la « déloyauté » (*Ibid.*, p. 43) avec laquelle on s'aveugle sur son propre sentiment : « On ne s'illusionne jamais plus facilement que dans ce qui favorise la bonne opinion de soi-même. » (*Ibid.*, p. 78.) Et en effet (ajoutera encore Kant) « en ne saurait avoir, par une conscience immédiate, un concept certain et précis de son intention réelle ». (*Ibid.*, p. 98.) De la maxime aux actes, la distance est grande, si grande que l'homme ne peut jamais se rendre le témoignage qu'il l'a franchie. Le pessimisme moral, dont l'Épître aux Romains lui apportait l'expression, elle-même renouvelée des plus rigoureuses sentences des premiers Stoïciens, se retrouve, chez Kant, à la base de la philosophie pratique : « En fait, il est absolument impossible d'établir par expérience avec une pleine certitude un seul cas où la maxime d'une action d'ailleurs conforme au devoir, ait reposé uniquement sur des principes mo-

---

1 Étude sur l'évidence des principes de la théologie naturelle et de la morale, 1764, traduite *apud* Tissot, *Mélanges de logique d'Emm. Kant*, 1862, p. 123.
2 Cf. *Confessions*, I, 6 : « Les écrits de Port-Royal et de l'Oratoire, étant ceux que je lisais le plus fréquemment, m'avaient rendu demi-janséniste, et, malgré toute ma confiance, leur dure théologie m'épouvantait quelquefois. La terreur de l'enfer, que jusque là j'avais très peu craint, troublait peu à peu ma sécurité ; et, si maman ne m'eût tranquillisé l'âme, cette effrayante doctrine m'eût enfin tout à fait bouleversé. »
3 Cf. Jachmann, *Emmanuel Kant dépeint dans des lettres à un ami*, 1804, p. 99 : « Ma mère, se plaisait à dire Kant était une femme affectueuse, riche de sentiment, pieuse et probe, une mère tendre qui par de pieux enseignements et l'exemple de la vertu conduisait ses enfants à la crainte de Dieu. Elle m'emmenait souvent hors de la ville, attirait mon attention sur les œuvres de Dieu, s'exprimait avec de pieux ravissements sur sa toute puissance, sa sagesse, sa bonté, et gravait dans mon cœur un profond respect pour le Créateur de toutes choses. » *Apud* V. D., 35, n. 3.
4 *La religion dans les limites de la raison*, trad. Tremesaygues, 1913, (que nous désignerons par R. L.), p. 227.

raux et sur la représentation du devoir [1]. »

D'autre part, Kant est, ce que n'était pas Rousseau, ce que ne sera non plus aucun des post-kantiens, un philosophe au sens fort et complet du mot ; il ne connaît pas la science seulement par *ouï dire*, il sait, ainsi que le savaient Descartes et Spinoza, Malebranche et Leibniz, ce que c'est, pour l'intelligence humaine que d'être aux prises avec la nature : la vérité, comme la vertu, sera autre chose, dans son œuvre, qu'un thème à variations romantiques.

Grâce à la sécurité provisoire que lui procurait l'abandon au sentiment du domaine du bien, Kant concentre sa méditation sur les difficultés soulevées par les conceptions antagonistes de la mathématique ou de la physique chez les Cartésiens et chez les Newtoniens. Conduit à rejeter toute tentative de rapprochement extérieur et de synthèse éclectique, il fera reposer le système de l'*Esthétique* et de l'*Analytique*, dans la *Critique de la raison pure*, sur la notion d'une *conscience transcendantale*, législatrice de la nature et qui n'a plus qu'à se rendre compte de sa propre autonomie pour se transporter sur le terrain pratique et y apparaître comme liberté. On peut donc dire que l'idée de l'unité de la raison domine la carrière de Kant ; elle est au point de départ, dans l'héritage qu'il a reçu de Leibniz, et jamais elle ne disparaîtra. Mais, après s'être heurtée aux antinomies, après avoir traversé surtout la perpétuelle dualité des *Analytiques* et des *Dialectiques*, elle sera loin de sa simplicité première ; et les solutions dont les perspectives s'enchevêtrent au terme de la doctrine s'expliqueront, en fin de compte, par le souvenir des vicissitudes au milieu desquelles elle s'est développée.

A) *La conscience, transcendantale*

145. Kant a commencé par considérer le problème de la justification de la science, tel qu'il se posait aux grands penseurs du XVIIe siècle. Pour Descartes, pour Leibniz, pour Newton, c'est à Dieu qu'il appartient de garantir la vérité de la loi. Seulement les Cartésiens sont des rationalistes purs : entre l'intelligence de l'homme et le Dieu qu'ils supposent à l'origine de la création, il y a un lien de participation directe, qui permet d'établir *a priori* les principes fondamentaux de la science de l'univers. Par contre, dans la philosophie expérimentale de Newton, Dieu est invoqué à

---
[1] *Fondements*, trad. citée, p. 112.

titre d'appui pour l'absolu de l'espace, du temps, du mouvement : il ne fournit au savant que le cadre ontologique où trouve place une action comme celle de la gravitation, dont la formule se justifie par l'accord entre le calcul de ses conséquences et l'observation des faits, mais qui, prise intrinsèquement défie toute tentative d'explication rationnelle. La liaison de la religion et de la science, qui avec Descartes et avec Leibniz, surgissait des entrailles de la philosophie, se réduit à la simple juxtaposition d'un savoir expérimental et d'une théologie rudimentaire.

L'arbitraire de cette juxtaposition ne lui permet pas de résister à l'analyse de Hume, et d'autant moins sans doute que Hume néglige davantage le côté *positif* de la science newtonienne, la forme mathématique dont la précision permet de soumettre les lois de la mécanique céleste au contrôle de l'expérience. L'imagination de Hume se laisse séduire par ce qui est *au delà de la loi*, par la métaphore mystérieuse de l'attraction. L'association des idées se relève chez lui de la condamnation dont l'avait frappée Locke, mais non sans que Hume ait commencé par lui attribuer le même caractère paradoxal et incompréhensible qu'à l'attraction des astres.

Le newtonianisme de Kant est assurément aux antipodes du newtonianisme de Hume. Kant n'en est pas moins redevable à Hume d'avoir consommé sa rupture avec le dogmatisme leibnizo-wolffien, à laquelle préludait la tendance de ses premières *Dissertations*. Le monde leibnizo-wolffien est un monde d'essences, posées *a priori* en vertu de leur seule possibilité logique. Dès 1755, dès la *Nouvelle explication des premiers principes de la connaissance métaphysique*, Kant exprime l'inquiétude du contraste entre la gravité apparente et la frivolité présomptueuse de la théologie classique. Les preuves traditionnelles de l'existence de Dieu demandent à être révisées : « On trouve, à la vérité, cette proposition dans la bouche de tous les philosophes modernes : *Dieu contient en lui-même sa raison d'être*. Je ne puis être de cet avis. Il peut paraître dur pour ces braves gens de refuser à Dieu, au principe dernier et parfait des raisons et des causes, sa raison d'être. Je sais bien qu'ils recourent à la notion même de Dieu pour en déterminer l'existence même ; mais il est facile de voir que ce n'est là qu'une opération tout idéale, qu'il n'y a rien d'effectué réellement [1]. »

---

[1] Nouvelle explication, Prop. VI, Sch., traduit apud Tissot, Mélanges de logique,

L'ontologie ne saurait donc parvenir à rendre compte du réel, en prenant son principe dans ce à quoi, par définition même, manque la réalité. Approfondissant les causes de cette impuissance, Kant les découvre dans une contrariété de structure entre les essences logiques et la réalité concrète. De par leur conception, les essences sont de simples possibles qui ne peuvent avoir de compréhension que positive, qui diffèrent les uns des autres par le plus ou moins de perfection qu'ils expriment idéalement, sans avoir entre eux d'antagonisme direct, d'opposition véritable. En revanche, l'univers concret se constitue comme tel par une dualité de forces qui entrent réellement en conflit : l'équilibre du système newtonien est dû au jeu combiné de l'attraction et de la répulsion, et le même rythme fondamental donne le secret du monde psychologique et du monde moral [1].

De là cette conséquence, où la révolution critique est contenue en germe, qu'il n'y a plus de solidarité entre la destinée de la métaphysique leibnizienne et la destinée de la science rationnelle. Le monde des essences intelligibles pourra sombrer dans le néant sans que le monde des notions mathématiques en soit affecté. Comme le démontre l'*Étude sur l'évidence des principes de la théologie naturelle et de la morale*, les philosophes se sont trompés du tout au tout lorsqu'ils ont prétendu assimiler une déduction qui ne dispose que du pur concept et qui à cause de cela demeure incapable de prendre pied dans la réalité, à la déduction géométrique, laquelle trouve dans l'intuition spatiale un moyen pour opérer le passage du possible au réel en « construisant » les figures sur lesquelles elle s'exercera.

---

p. 22.
1 Cf. *Essai pour introduire dans la philosophie le concept des quantités négatives* : « Le déplaisir n'est pas simplement un manque de plaisir, c'est une cause positive qui détruit, soit en partie, soit en entier, le plaisir qui résulte d'une autre cause ; ce qui fait que je l'appelle un *plaisir négatif*. Grâce à des notions semblables, M. de Maupertuis a tâché, dans ses recherches sur la philosophie morale, d'apprécier la somme de la félicité de la vie humaine ; mais elle ne saurait être estimée autrement qu'en disant que la question est insoluble pour l'homme, parce qu'on ne peut additionner que des sentiments homogènes, et que le sentiment paraît très différent suivant la diversité des émotions dans la condition très confuse de la vie (apud *Mélanges de logique*, trad. Tissot, p. 151). Le démérite n'est pas simplement une négation, c'est une vertu négative... il y a ici une privation, une opposition réelle, et non un simple défaut (p. 153). »

Peu après cet écrit de 1764, Kant publie les *Rêves d'un visionnaire éclaircis par les rêves de la métaphysique*. Le tableau de l'univers néo-platonicien est rendu vivant par les visions de Swedenborg, qui ne permettent plus de le reléguer dans les mystères de la théologie révélée ou dans les ombres de l'ontologie scolastique. Il faut considérer en face sa physionomie véritable, et prendre parti. Ou l'on n'aura aucun scrupule à supposer des substances et des causes, données en soi par l'intuition du monde immatériel et agissant directement les unes sur les autres hors des conditions de temps et de lieu qui régissent les rapports des êtres dans notre monde ; ou l'on verra dans le calcul et dans l'expérience, qui sont nos instruments de vérification, les conditions de la sincérité des affirmations humaines. Autrement dit, ou demeurer le disciple de Wolff, ou devenir le contemporain de Voltaire. Et telle est, en effet, l'alternative que Kant, en 1766, tranche lorsqu'il conclut comme conclut « son honnête Candide » : *Songeons à nos affaires, allons au jardin et travaillons*.

146. *Il faut cultiver notre jardin* ; c'est-à-dire que l'humanisme critique consiste à demander : *Que pouvons-nous savoir ? Que devons-nous faire ?* et à ne demander que cela. Mais, cette tâche en apparence modeste et restreinte, Kant, une fois qu'il aura réussi à s'en acquitter, dira quelles en étaient effectivement l'étendue et la profondeur : « *Le ciel étoilé au-dessus de moi, la loi morale en moi*, ce ne sont pas des choses qu'il y ait à chercher, ou simplement à conjecturer, comme si elles étaient environnées de ténèbres, situées par delà mon horizon. Je les vois devant moi, je les rattache immédiatement à la conscience de mon existence. Par la première, partant de la place que j'occupe dans l'univers, j'entre en connexion avec l'immensité où les mondes s'ajoutent aux mondes, les systèmes aux systèmes, avec la continuité illimitée de leur mouvement périodique, de leur commencement et de leur durée. La seconde commence au moi invisible, à ma personnalité, pour me représenter dans un monde qui a l'infinité véritable, tout en étant accessible à la seule intelligence... [1]. » Si on laisse de côté pour le moment les espérances de la foi, auxquelles il n'a jamais renoncé,

---

1 *Critique de la raison pratique, Conclusion*. Cf. trad. PICAVET, 1888, (que nous désignerons par R. P.), p. 291.

le programme que Kant impose à la philosophie critique, est de remplir les limites à l'intérieur desquelles elle est décidée à se renfermer : il s'agira de parvenir à justifier la double législation qui fait de l'univers physique l'objet d'une science *a priori*, de l'agent moral le sujet de l'*impératif catégorique*.

Sur le terrain spéculatif, la première démarche de la spéculation kantienne sera de récuser la compétence de la logique traditionnelle. Non seulement la logique classique ne considère que des propositions analytiques, où le prédicat peut se conclure du sujet par simple explication de sa compréhension ; et à ces propositions, tout utiles qu'elles sont pour l'éclaircissement de notre pensée, manque le caractère d'acquisition féconde qui appartient aux jugements de la science proprement dite. Mais encore le panlogisme de l'École risque de fausser l'idée de la méthode analytique ; cette méthode « est tout autre chose qu'un ensemble de propositions analytiques ; elle signifie simplement que l'on part de ce qui est cherché comme s'il était donné et que l'on remonte aux conditions qui seules en fondent la possibilité. Dans cette méthode, il arrive souvent qu'on n'use que de propositions synthétiques, comme l'analyse mathématique en donne l'exemple ; on la nommerait mieux méthode *régressive* en la distinguant de la méthode synthétique ou *progressive* »[1].

En d'autres termes, l'analyse, selon la déduction logique, va vers les conséquences à partir de principes dont elle a dû commencer par faire la pétition ; tandis que l'analyse de la déduction transcendantale dégage des *data* les *requisita*. Et l'idéalisme kantien, dans la mesure du moins où il sait demeurer un idéalisme critique, doit sa positivité à l'usage strict de la méthode analytique ainsi entendue.

147. Puisque ce sont les mathématiciens qui ont donné à l'esprit humain l'intelligence de l'analyse véritable, il était naturel que la solution critique commençât à se dégager sur le terrain de la connaissance mathématique. La circonstance qui en amène la brusque cristallisation, ce fut la découverte du *paradoxe des objets symétriques*. Les figures dans l'espace à trois dimensions, compo-

---

1 Prolégomènes à toute métaphysique future qui voudra se présenter comme science, § 5.

sées d'éléments qui sont superposables, ne sont pas en général superposables elles-mêmes. Il y a donc quelque chose d'irréductible dans l'orientation ou à droite ou à gauche ; et la remarque en vaudra tout à la fois contre le sensualisme théologique de Newton et contre le relativisme rationnel de Leibniz [1].

L'espace de notre géométrie ne peut pas être le *sensorium Dei*, auquel se référait l'auteur des *Principia mathematica* ; car il n'est pas à supposer que Dieu se regarde dans la glace et que la résolution rationnelle de l'étendue se trouve brusquement arrêtée pour lui, par la distinction de la droite et de la gauche. Et d'autre part, si l'espace est *sensorium hominis*, comment concevoir qu'il possède cette nécessité et cette universalité grâce auxquelles il apparaît comme la condition de l'intelligence de l'expérience, et non comme le produit contingent et incertain de cette expérience même ? Les *Nouveaux essais*, en découvrant le fond d'activité radicale d'où dérive notre représentation de l'univers, avaient apporté l'esquisse de la réponse, une esquisse seulement. Mais, du moment que l'espace est relatif à la perspective de la monade humaine, on comprend alors qu'on ne puisse pas, comme l'aurait voulu pourtant Leibniz, le réduire entièrement à des rapports intellectuels et abstraits ; une donnée d'intuition subsistera qui marque d'un caractère propre à notre espèce l'univers géométrique, sans pourtant que cela exclue la nécessité et l'universalité des constructions qui s'y déploient. La subjectivité fonde l'*a priori*, du moment que l'on a su remonter de l'objet représenté aux conditions de sa représentation, sans être tenté de subordonner encore le *représentant* au *représenté*.

L'*idéalisme transcendental* sera susceptible de se constituer en système, tandis que Leibniz, par la confusion inextricable de l'*idéalisme monadique* et du *réalisme monadologique* s'était condamné à laisser fragmenter sa pensée en essais toujours inachevés : « Faire des plans (écrira Kant dans l'*Introduction* aux *Prolégomènes*) constitue une occupation somptueuse et brillante, où l'esprit se donne les apparences du génie créateur... Mais la raison pure est une sphère tellement à part, si complètement coordonnée, qu'on n'en saurait aborder une partie sans mettre toutes les autres en branle... Comme dans la structure d'un être organisé, le but de chaque membre doit être déduit du concept parfait de l'ensemble.

---

1 *Les étapes de la philosophie mathématique*, § 154, p. 262 ; éd. de 1947, p. 262.

C'est pourquoi d'une telle critique il est permis de dire qu'elle ne peut jamais être satisfaisante tant qu'elle n'est pas achevée totalement et jusqu'au moindre des éléments : ce qui se laisse déterminer et constituer du pouvoir de la raison pure, c'est exactement ou *tout* ou *rien*. »

148. L'élaboration d'un système achevé, qui devait demander encore à Kant dix ans d'efforts, exigeait qu'il procédât à une nouvelle distribution des valeurs philosophiques. En 1770, lorsqu'il expliquait l'*a priorité* des mathématiques par la réduction de l'espace et du temps à des formes pures de la sensibilité, il réservait explicitement l'intellectualité des concepts physiques et aussi des concepts moraux [1]. En 1781, au contraire, les principes de la physique, les *analogies de l'expérience*, sont exactement au niveau des principes de la mathématique, *axiomes de l'intuition* ou *anticipations de la perception*. Le problème de la causalité, auquel les doutes sceptiques de Hume avaient donné l'aspect de la plus terrible énigme, se trouve résolu du fait que la causalité n'est qu'un mode particulier de liaison qui prend place entre la substance et la communauté d'action, les trois catégories s'inscrivant à leur tour dans le tableau général que Kant envisage en bloc pour en faire l'objet de la *déduction transcendentale* [2].

La théorie de la connaissance physique ne suppose donc rien de plus que la théorie de la connaissance mathématique. Mais la théorie mathématique, de son côté, dépasse les limites de l'esthétique transcendentale, elle comporte une analyse de l'activité intellectuelle qui arrache aux profondeurs de l'inconscient, et met successivement au jour, les trois synthèses qui sont énumérées dans la première édition de la *Critique* : *Synthèse de l'appréhension dans l'intuition. Synthèse de la reproduction dans l'imagination. Synthèse de la recognition dans le concept*. Ces synthèses sont déduites dans

---

1 « La *Philosophie morale*, en tant qu'elle fournit des premiers *principes de jugement*, n'est connue que par l'entendement pur et fait elle-même partie de la philosophie pure ; Épicure, qui a en ramené les critères au sentiment du plaisir et de la peine, ainsi que certains modernes qui l'ont suivi de loin, Shaftesbury, par exemple, et ses partisans, sont très justement sujets à critique. » *De la forme et des principes du monde sensible et du monde intelligible*, traduit *apud* V. D., p. 154.
2 Cf. *L'expérience humaine et la causalité physique*, § 129, p. 271 ; éd. de 1949, p. 263.

l'*Analytique* selon une méthode conforme à celle de l'*Esthétique*. Une diversité de termes, qui se juxtaposent dans l'espace ou se succèdent dans le temps, ne saurait être donnée si elle ne se présentait comme *une*, en ce sens élémentaire que les parties, appréhendées les unes à part des autres, sont rassemblées dans une série homogène par l'esprit même qui les appréhende. L'empirisme, réfractaire à l'analyse dont il se contente de préconiser en théorie les avantages, postule que la représentation de la diversité nous vient en bloc du dehors comme si, par on ne sait quel charme mystérieux, elle apportait avec elle le lien de ses parties. En fait, cette représentation implique une opération capable de la constituer du dedans, opération qui se dissimule sous une apparence d'extériorité pure et de passivité intellectuelle, mais dont la réalité se révèle par les jugements synthétiques *a priori*, où s'expriment les lois de la juxtaposition spatiale et de la succession temporelle.

Derrière la donnée apparente, derrière le représenté, il faut donc, à travers les différents plans de la pensée, retrouver l'activité du *représentant*, l'opération *transcendantale*. De même que nous ne ferions rien des sensations que nous appréhendons une à une si nous ne savions effectuer la synthèse de leur appréhension, de même cette appréhension demeurerait stérile, limitée en quelque sorte à sa propre subjectivité, si nous n'étions en état d'y reconnaître un événement de la nature, *en la coordonnant à l'ensemble de l'expérience, qui constitue dans son unité l'univers scientifique*. Tandis que pour Descartes l'univers de la science était encore un monde intelligible, numériquement distinct du monde sensible, que le soleil de l'astronome n'avait rien de commun avec le soleil aperçu par les yeux, l'approfondissement des conditions de la perception livre à Kant le secret des conditions de la science : « Aucun psychologue n'a bien vu jusqu'ici que l'imagination est un ingrédient nécessaire de la perception. Cela vient en partie de ce que l'on bornait cette faculté à des reproductions, et en partie de ce que l'on croyait que les sens ne nous fournissaient pas seulement des impressions, mais les assemblaient aussi et en formaient des images, des objets, ce qui certainement, outre la réceptivité des impressions, exige quelque chose de plus encore, à savoir une fonction qui en opère la synthèse [1]. »

---

[1] *Critique de la raison pure*, 1re édit., trad. BARNI, 1869 (que nous désignerons par

Hume, qui n'a pas su réfléchir sur la nature véritable de la perception, a laissé aussi échapper le caractère véritable de l'association. Et Kant lui réplique : « Puisque des représentations qui se reproduiraient indifféremment les unes les autres comme elles se rencontreraient, pourraient former un amas incohérent, mais non un enchaînement déterminé, par suite une connaissance, leur reproduction doit avoir une règle suivant laquelle une représentation s'unit à l'une plutôt qu'à l'autre dans l'imagination... Il doit donc y avoir un principe objectif, c'est-à-dire perceptible *a priori* antérieurement à toutes les lois empiriques de l'imagination, sur lequel reposent la possibilité et même la nécessité d'une loi s'étendant à tous les phénomènes, et consistant à les regarder tous comme des données des sens susceptibles en soi d'association et soumises à des règles universelles d'une liaison complète dans la reproduction. Le principe objectif de toute l'association des phénomènes, je le nomme *l'affinité* des phénomènes. Mais nous ne pouvons le trouver nulle part ailleurs que dans le principe de l'unité de l'aperception par rapport à toutes les connaissances qui doivent m'appartenir. D'après ce principe, il faut absolument que tous les phénomènes entrent dans l'esprit ou soient appréhendés de telle sorte qu'ils s'accordent avec l'unité de l'aperception, ce qui serait impossible sans unité synthétique dans leur enchaînement, unité qui par conséquent est aussi objectivement nécessaire. L'unité objective de toutes les consciences (*empiriques*) en une seule conscience (*celle de l'aperception originaire*) est donc la condition nécessaire même de toute perception possible ; et l'*affinité* (prochaine ou éloignée) de tous les phénomènes est une conséquence nécessaire d'une *synthèse dans l'imagination*, qui est fondée *a priori* sur des règles. » (*Ibid.*, p. 429.)

149. L'originalité de la critique kantienne consiste à justifier l'objectivité de la connaissance physique, en rompant l'alternative séculaire d'un phénoménisme à tendance sceptique et d'un rationalisme à prétention dogmatique. Celui-ci exigeait un *au delà* de l'expérience, et l'empirisme avait beau jeu à dénoncer la vanité de cette exigence ; mais, croyant naïvement qu'il avait épuisé avec l'association des idées toutes les ressources de la psychologie, il

---

B.), II, 428.

concluait à un idéalisme qui était simplement l'envers du réalisme, qui était un subjectivisme. L'idéalisme véritable, qui exclut tout à la fois *idéalisme empirique* et *réalisme transcendental* [1] se meut à l'intérieur de l'expérience humaine. Mais là, descendant au plus profond de la conscience, il découvre le principe de progrès grâce auquel l'homme passe de l'apparence phénoménale à le réalité des choses ; il découvre l'*aperception transcendentale*. « Le concept du corps, en ramenant à l'unité les divers éléments que nous y concevons, sert de règle à notre connaissance des phénomènes extérieurs. Mais il ne peut être une règle des intuitions que parce qu'il représente, dans les intuitions données, la reproduction nécessaire de leurs éléments divers, et par conséquent l'unité synthétique qui en accompagne la conscience... La conscience de soi-même, à considérer les déterminations de notre état dans la perception intérieure, est purement empirique, toujours changeante ; et elle ne saurait, au milieu de ce flux de phénomènes intérieurs, donner un moi fixe ou permanent ; on l'appelle ordinairement le *sens intérieur* ou l'*aperception empirique*... Il ne peut y avoir en nous de connaissances, de liaison et d'unité de ces connaissances entre elles sans une unité de la conscience, qui précède toutes les données des intuitions et qui seule rend possible toute représentation d'objets. Cette conscience pure, originaire, immuable, je l'appellerai l'*aperception transcendentale* [2]. »

Comme l'indique le terme même d'*aperception*, la conception kantienne de la conscience est celle que Leibniz avait opposée à Locke, pour qui la réflexion s'épuisait dans les données immédiates du sens interne. Mais cette conscience, dont le dynamisme est à l'origine de la raison, Leibniz la replongeait, à titre d'*atome métaphysique*, dans un système de substances indéfiniment diverses et nombreuses entre lesquelles la transcendance de la raison divine avait préétabli l'harmonie. Chez Kant, au contraire, la spontanéité radicale de la conscience est affirmée, sans arrière pensée, sans

---

[1] Cf. *Critique du IVe paralogisme de la psychologie transcendentale* : « L'idéaliste transcendental est donc un *réaliste empirique* ; il accorde à la matière, considérée comme phénomène, une réalité qui ne peut être conclue, mais qui est immédiatement perçue. Le *réaliste transcendental*, au contraire, est dans un grand embarras : il se voit obligé de faire place à l'*idéalisme empirique*... Tous les psychologues attachés à l'*idéalisme empirique* ont été des *réalistes transcendentaux*. » (B., II, 452-453).
[2] Des concepts purs de l'entendement, 1re édit., B., II, 419.

équivoque, indépendamment de toute imagination dogmatique, de toute hypothèse relativement à une raison qui ne serait pas la raison de l'homme ; et une telle affirmation a la même valeur de positivité que la science positive elle-même.

L'humanisme de la réflexion socratique s'est dégagé aux yeux de Kant sur le terrain spéculatif avant de porter ses fruits sur le terrain moral. L'*Analytique de la Raison pure* se réduit à faire de la science la *ratio cognoscendi* de la conscience intellectuelle, de cette conscience la *ratio essendi* de la science, comme l'*Analytique de la Raison pratique* consistera uniquement à faire de la loi morale la *ratio cognoscendi* de la liberté, de la liberté la *ratio essendi* de la *loi*.

Le parallélisme de l'*Analytique spéculative* et de l'*Analytique pratique*, tel qu'il est expliqué dans l'*Introduction* à la *Critique du jugement*, définit l'idée critique dans sa pureté. Mais il s'en faut que l'idée critique coïncide avec le système kantien [1] ; il s'en faut surtout que la *Critique de la raison pure* et la *Critique de la raison pratique*, *considérées dans leur partie analytique*, aient été conçues simultanément, comme destinées à s'appuyer l'une sur l'autre dans l'unité d'une même doctrine.

En 1770, Kant ne savait pas que la subjectivité *a priori* de l'espace et du temps fournissait le moyen de résoudre le problème de la causalité ; en 1781, il ne sait pas davantage que la méthode grâce à laquelle il a justifié la rationalité de la loi scientifique suffira pour justifier la rationalité de la loi morale. Pour le savoir, il faudra qu'il ait posé les *Fondements de la métaphysique des mœurs*, prélude à l'*Analytique de la raison pratique*. Or, « la *Critique de la raison pure* ne contient pas encore le mot ni explicitement l'idée d'autonomie ». (V. D., p. 246.)

B) *La dialectique spéculative*

150. L'ignorance de Kant à l'égard de sa future philosophie pratique explique les incertitudes, les asymétries, les revirements de pensée et les retournements de terminologie, qui font de la *Dialectique de la raison pure* un perpétuel voyage en zigzag, d'un contraste si frappant et si paradoxal avec l'ordonnance régulière, avec la marche sûre de soi, qui sont les caractères de l'*Analytique*.

---

[1] Cf. *Revue de Métaphysique et de Morale*, avril-juin 1924, p. 133, article reproduit dans *Écrits philosophiques*, t. I, 1951, pp. 206 et suiv.

Dans la *Dialectique*, Kant veut, d'abord faire par réduction à l'absurde la preuve négative de ce qu'il a démontré dans l'*Analytique* : à savoir que la *Logique transcendantale*, dont relèvent les *catégories de l'entendement* et par l'intermédiaire du *schème* temporel les principes du jugement scientifique, est l'unique introduction légitime à la Métaphysique de la Nature. Et la *Logique transcendantale* consiste si bien dans l'*Analytique* seule que la déduction des catégories se trouve placée par Kant, non pas du tout dans les paragraphes consacrés à la *Logique* en général, mais dans la section spéciale de l'*Analytique*. Par là même la Dialectique apparaît matériellement comme extérieure à cette déduction analytique, dont, au fond, elle est plutôt la contradiction que l'application.

Mais, si la mise en évidence de l'illusion dogmatique est le but spéculatif de la *Dialectique transcendantale*, Kant y poursuit aussi une autre pensée, orientée en sens directement contraire. En effet, il lui semble encore, en 1781, que pour passer du système de la Raison pure au système de la Raison pratique, l'*Analytique* serait un appui insuffisant, qu'il aura besoin de revenir aux illusions, avouées comme telles, de la *Dialectique*, et de les convertir en espérances. De là le coup de théâtre qui se produit à l'intérieur de la cosmologie rationnelle pour l'opposer à elle-même en contredisant, à propos de la troisième et de la quatrième antinomie, la solution à laquelle conduisait dans la première et la seconde l'application stricte de la méthode critique.

Quelle que soit l'habileté technique de Kant pour faire manœuvrer le bataillon des catégories à travers les différentes parties de la *Dialectique*, chacune de ces parties pose des questions, et comporte des résultats, qui la rendent profondément différente des autres. Sans doute la terminologie revêt-elle une apparence d'uniformité : il y est parlé tour à tour de *psychologie rationnelle*, de *cosmologie rationnelle*, de *théologie rationnelle*. Mais ce qui demeure impossible, c'est donner un sens univoque à cette expression de rationnel. La psychologie est dite *rationnelle*, en tant qu'elle se distingue d'une psychologie empirique qui, en tout état de cause, subsiste comme étude positive. Au contraire, la cosmologie rationnelle, considérée dans le plan dialectique, est une sorte de *doublure* : car elle trouve déjà devant soi un système de physique rationnelle, la *rationalité celle fois étant prise dans l'acception véritable du mot* ; et il est certain que cette *doublure dialectique* pourrait, sans dommage aucun pour la raison, n'être qu'imaginaire, du moment que la physique proprement rationnelle a, grâce aux *Premiers principes métaphysiques de la science de la nature*, atteint le plus haut degré de cohérence et de « déductibilité », dont une connaissance humaine paraît susceptible. Enfin la théologie *rationnelle* est ainsi nommée par rapport à une théologie révélée qui la complètera peut-être, mais qui commence par s'y appuyer, de telle sorte que la mise en évidence de l'illusion théologique ne devrait rien laisser subsister du problème de la religion.

151. C'est dans le cas de la théologie que la pensée critique se dégage avec le plus de netteté. L'examen des raisonnements dialectiques concernant l'existence de Dieu donne lieu à deux démonstrations d'une portée décisive.

La première consiste à faire voir que toute affirmation relative à Dieu, sous quelque forme qu'elle se présente, implique l'argument ontologique. La causalité physique du monde ou la finalité de un ordonnance pourrait attester la puissance considérable du Créateur, sa grande habileté d'architecte ; mais ces qualités, à quelque degré qu'on les porte, ne sauraient constituer par elles-mêmes un absolu d'être et de perfection : il subsiste entre ceci et cela une distance qu'aucune argumentation correcte n'a jamais franchie.

Quant à l'argument ontologique, Kant l'envisage sous sa forme leibnizienne d'« une proposition modale, qui serait un des meilleurs fruits de toute la logique : savoir que *si l'être nécessaire est possible, il existe* ; car l'être nécessaire et l'être par son essence, ne sont qu'une même chose »[1]. Mais l'application de l'*idéalisme transcendental* aux *postulats de la pensée empirique* a rendu évident que l'affirmation de la modalité de l'être n'a de signification véritable et d'application effective que sous les conditions requises pour l'appréhension du réel. Le dogmatisme wolffien a cru faire quelque chose en commençant par poser, antérieurement à l'être, le possible en tant que possible. Mais ce pur possible, par rapport auquel l'être, *complément de la possibilité*, serait une addition ultérieure,

---

[1] De la démonstration cartésienne de l'existence de Dieu du Révérend Père Lami (1701) ; cf. La modalité du jugement. p. 63.

c'est, pour parler en toute rigueur, l'équivalent de l'impossible [1] ; c'est, par excellence, l'*ens rationis*, sans autre racine dans l'esprit que la définition nominale par laquelle il se constitue. Les termes du prétendu jugement ontologique ne sont nullement l'essence et l'existence ; ce sont l'*entité* de l'essence et l'entité de l'existence ; autrement dit, dans le sujet *la négation de la réalité intellectuelle*, dans le prédicat *la négation de la réalité objective*.

La réfutation du sophisme ontologique met en évidence que le vice de la théologie rationnelle ne tient pas à tel ou tel détail de l'exposition classique, susceptible d'être corrigé par des corrections de forme, comme celle que Leibniz s'était flatté d'apporter à la preuve cartésienne. C'est le problème lui-même qui ne se rencontre plus sur le chemin de la raison humaine dans le domaine de vérité où elle accomplit sa fonction normale qui est de connaître le réel. « Tout peut servir indifféremment de prédicat logique, et le sujet peut servir à lui-même d'attribut, car la logique fait abstraction de tout contenu. » (B., II, 190.) Mais, l'affirmation de l'existence, elle, ne saurait être prise en considération qu'à la condition de porter sur un prédicat réel. Or, l'être du jugement ontologique, selon la remarque déjà présentée par Gassendi à Descartes, « n'est évidemment pas un prédicat réel, c'est-à-dire un concept de quelque chose qui puisse s'ajouter au concept d'une chose. C'est simplement la position d'une chose ou de certaines déterminations en soi ». (*Ibid.*) Et ainsi, « quelle que soit la nature et l'étendue du contenu de notre concept d'un objet, nous sommes obligés de sortir de ce concept pour lui attribuer l'existence ». (B., II, 193.)

Pour parler le langage du vulgaire, la vérité d'une comptabilité consiste dans la conformité rigoureuse de la somme inscrite dans le livre avec la somme qui se trouve en espèces dans la caisse. Le caissier tient en mains sans doute les richesses réelles, tandis que le comptable n'a jamais affaire qu'à des chiffres. Mais il est puéril d'en conclure que le caissier puisse être dispensé de représenter à la fin de l'exercice la somme que les livres indiquent, ou que le comptable puisse s'imaginer qu'il lui appartient de créer des monnaies sonnantes et trébuchantes, en alignant des zéros à la suite de son bilan. Dieu ne sortira donc pas d'un faux en écriture métaphysique, d'une confusion systématique entre la nécessité qui règne à l'intérieur

---

[1] Cf. B., I, 225.

d'un discours logique, et la nécessité du discours lui-même : « Si dans un jugement identique, je supprime le prédicat et conserve le sujet, il en résulte une contradiction, et c'est pourquoi je dis que celui-là convient nécessairement à celui-ci. Mais si je supprime à la fois le sujet et le prédicat, il n'en résulte pas de contradiction ; car *il n'y a plus rien* avec quoi il puisse y avoir contradiction. » (B., II, 187.)

152. Tandis que la théologie rationnelle, par l'impuissance du logique pur à franchir la barrière de l'être concret, se résout dans son propre néant, la psychologie rationnelle a un texte, « texte unique », il est vrai, le *Cogito* de Descartes : « C'est de là qu'elle doit tirer toute sa science. » (B., II, 5.) Puisque donc « cette proposition *Je pense* (prise *problématiquement*)... contient la forme de tout jugement de l'entendement, qu'elle accompagne toutes les catégories comme leur *véhicule* » (B., II, 8-9), puisque, dans toute pensée, s'offre le concept *moi, une science rationnelle de l'âme* se conçoit, « en tant que je veux ne rien savoir de l'âme sinon ce qui peut se conclure de ce concept *moi*, indépendamment de toute expérience qui me détermine plus particulièrement et *in concreto*... Le moindre objet de la perception (le plaisir ou la peine, par exemple) qui s'ajouterait à la représentation générale de la conscience de soi-même changerait aussitôt la psychologie rationnelle en psychologie empirique. » (B., II, 4 et 5.)

Puisque la psychologie rationnelle ne peut rien emprunter aux *prédicats empiriques*, elle aura, selon Kant, la ressource de recourir à ce qu'il appelle *prédicats transcendantaux* ; et il s'empresse de les lui proposer dans un mouvement de charité perfide : « Nous n'avons qu'à suivre ici le fil des catégories »(B., II, 6.) ; c'est-à-dire qu'il va demander à ces catégories de se livrer à l'opération la plus singulière, la plus extravagante, dont l'imagination philosophique se soit jamais avisée, et qui consiste à *remorquer leur propre véhicule*. « La totalité des concepts de la psychologie pure » sera épuisée par les quatre chefs des ordres de *catégories* : L'âme est une substance qui, considérée uniquement comme objet du sens intérieur, est *immatérielle* ; en tant que cette substance est simple quant à sa qualité, elle est *incorruptible* ; numériquement identique, c'est-à-dire non pluralité mais unité, quant aux différents temps, elle possède la *personnalité*. *Immatérialité, incorruptibilité, personnalité*, constituent la *spiritualité*. D'autre part, « dans son rapport avec des objets possibles dans l'espace », c'est-à-dire selon l'ordre de la modalité, la substance pensante est à la source de la vie dans la matière, âme proprement dite, principe de l'*animalité*. Enfin « l'âme renfermée dans les limites de la spiritualité représente *l'immortalité* ». (Cf. B., II, 6-7.)

Si telle doit être la psychologie rationnelle, il est clair que l'entreprise n'en soutient pas l'examen, et on comprend que Kant ait épargné au lecteur, dans la seconde édition de la *Critique*, la peine d'en suivre tout au long le quadruple *paralogisme*. L'*idéalisme transcendental* justifie la connaissance objective de l'univers de la science en procédant du *moi* aux *catégories*, et des *catégories* aux *analogies de l'expérience*, dont la première est la *permanence* de la substance à travers le temps. C'est évidemment intervertir les rôles, détruire l'économie du système de la raison pure et s'obliger d'avance à une perpétuelle absurdité, de vouloir que l'affirmation de la spiritualité du sujet pur se laisse subsumer par la catégorie de substance, c'est-à-dire par l'instrument même que le sujet a forgé pour constituer la réalité de l'objet : « Le principe formel de l'aperception : *je pense...*, n'est pas sans doute une expérience ; c'est seulement la forme de l'aperception qui est inhérente à toute expérience et qui la précède ; mais, relativement à une connaissance possible en général, cela doit être regardé comme une *condition purement subjective*, dont nous faisons à tort une condition de la connaissance des objets, c'est-à-dire un *concept* de l'être pensant, puisque nous ne pouvons pas nous le représenter sans nous mettre nous-mêmes avec la formule de notre conscience à la place de tout autre être intelligent. » (B., II, 441.)

Ainsi se trouve dénoncée la contradiction inhérente à la position d'une prétendue psychologie rationnelle qui de la subjectivité du *Cogito* déduirait l'objectivité de la *res cogitans*. Mais le même progrès d'intelligence positive, d'approfondissement dynamique, qui ruine la psychologie rationnelle entendue au sens *dialectique* de la théologie rationnelle, certifie la validité d'une psychologie rationnelle, dans l'acception *analytique* qui l'apparente à la physique rationnelle, non comme son analogue sans doute, mais comme sa *réciproque*. Il ne s'agira plus que le *moi* se considère « du point de vue d'un autre (comme objet de son intuition extérieure », B., II, 447), ni qu'il s'affranchisse des conditions empiriques de l'appréhension temporelle pour donner *a priori* une matière aux formes de ses concepts transcendentaux. C'est, au contraire, dans le cadre de la subjectivité formelle qu'une métaphysique de l'esprit doit se constituer, sur ce même plan de relativité critique où la Métaphysique de la nature a été rétablie par Kant après la ruine de la cosmologie rationnelle. Et pour cela il n'y a rien d'autre à faire que de consentir à enregistrer les résultats de la *déduction des catégories*, de consacrer l'existence légale de cette *aperception originaire* qui ne saurait pas plus être soumise aux catégories qu'un Créateur ne se laisse asservir par ses créatures, et dont l'existence atteste une activité de conscience irréductible à la phénoménalité de la conscience empirique de soi sans pourtant en être numériquement distincte [1]. Mais à cette véritable psychologie rationnelle, constituée à l'intérieur de l'*Analytique*, et non plus sur le terrain de la *Dialectique*, et qui, pour Fichte au moins dans la première phase de sa carrière, sera la philosophie elle-même, Kant n'a pas songé. Sa propre philosophie transcendentale, réduite à l'« unique texte du *Cogito* », mais par là même dégagée dans sa pureté spirituelle et dans sa vérité, loin de revendiquer une place au soleil, s'efface et, si l'on nous passe l'expression, s'escamote elle-même, entre la psychologie phénoméniste de Hume et la psychologie réaliste de Wolff.

153. En fait, c'est à travers le dogme de l'immortalité qu'à la suite de Mendelssohn [2], Kant envisage le problème de la spiritualité ; de sorte qu'une psychologie qui ne parviendrait pas à objectiver et à substantifier l'âme, ne lui inspire qu'un intérêt médiocre. Encore convient-il d'ajouter, en se reportant aux conclusions de l'écrit contre Swedenborg que la liaison est, à ses yeux, indirecte entre les croyances religieuses et la pratique morale : « Peut-il bien s'appeler honnête, peut-il s'appeler vertueux, celui qui se laisserait volontiers aller à ses vices favoris, s'il n'avait pas l'épouvante d'un

---

1 Cf. Nabert, L'expérience interne chez Kant, *Revue de Métaphysique*, 1924, p. 268 : « Il y a plus d'une trace, dans la doctrine de Kant, autorisant à penser qu'il eût pu s'orienter vers une théorie plus immanente de la liberté, sans porter aucun préjudice à sa théorie intellectualiste du savoir. »
2 Cf. Bréhier, Histoire de la philosophie allemande, 1921, p. 43.

châtiment à venir [1] ? » De là l'indifférence ou du moins la sérénité assez déconcertante avec laquelle Kant accueille la ruine du dogmatisme spéculatif en matière de théologie ou de psychologie. En revanche la possibilité du devoir, qui implique à ses yeux la causalité ultra-phénoménale de la raison, lui apparaît engagée dans la solution du problème cosmologique, du moins quant aux catégories « dynamiques » ; et c'est pourquoi il allèguera l'intérêt de la morale pour leur réserver un traitement privilégié par rapport aux catégories « mathématiques. »

La doctrine cosmologique commence par se présenter d'une façon régulière. Les antinomies sont distribuées selon les ordres de catégories ; et, dans chacun des quatre ordres, la trame de l'argumentation dialectique sera la même. La fonction de l'entendement consiste à s'emparer d'un événement ou d'un objet qui est pour la perception immédiate une réalité indépendante, à le mettre en relation avec d'autres événements et avec d'autres objets, de façon à constituer, parties par parties, le monde solidaire et un de l'expérience scientifique. Le processus intellectuel est un processus d'intégration. Cette marche des parties au tout ne prend son sens véritablement complet que si elle atteint, en effet, le tout, si l'intégration parvient à l'intégrité. (B., II, 32.) Le raisonnement paraît irréprochable ; et il est susceptible, tel quel, d'être étendu de l'éventualité d'un tout accompli à celle d'un élément définitif, d'une cause première, d'une nécessité absolue, suivant que la raison poursuit et fait aboutir ses propres opérations de juxtaposition quantitative, de division qualitative, de connexion relative, d'interdépendance modale.

Mais ces opérations mêmes par lesquelles la raison prétend réaliser, en effet, son aspiration à l'achèvement du système des conditions, à l'absolu de l'inconditionné, impliquent une conséquence dont un raisonnement non moins irréprochable atteste la nécessité, et qui, lui, imposera une conclusion tout à fait contraire. C'est en exerçant la fonction du jugement, c'est en poursuivant l'œuvre de liaison intellectuelle qui fait succéder une partie à une autre partie, un nouvel antécédent à un antécédent déjà donné, que nous allons vers le but que la raison nous propose. Or, les moyens mêmes dont nous faisons ici usage rendent aussi peu raisonnable

---

1 Traduit *apud* Tissot, *Anthropologie*, 1863, p. 434.

que possible l'idée qu'il pourrait y avoir, soit un point, soit un moment, où l'obtention définitive du but permettrait de se débarrasser de ces moyens comme d'instruments désormais superflus et même dangereux. Ou l'intelligence n'était pas en état de commencer une série, ou il lui est interdit de l'arrêter. Suspendre le progrès de son mouvement, rompre brusquement la chaîne des choses ou des causes, c'est supposer la raison capable de nier sa raison d'être.

L'antagonisme irréductible d'une *thèse* et d'une *antithèse*, également irrécusables, ne serait de nature à nous émouvoir et à nous troubler que si nous avions pu nous imaginer un instant que le sort de la *Logique transcendentale* est lié au succès de la *Dialectique*. Or, l'*Analytique* a pris les devants : elle a montré que la législation scientifique de l'univers pouvait être établie de façon entièrement positive, et que la raison était libre d'aller droit à la *Métaphysique de la nature* sans avoir à se risquer dans les labyrinthes de la *Dialectique*. De ce point de vue, donc, il est permis de dire que les antinomies de la cosmologie rationnelle sont résolues, au plutôt écartées, avant même d'avoir eu l'occasion de se produire ; et c'est là le triomphe de l'idéalisme critique. Thèse et antithèse apparaissaient toutes deux inébranlables, en tant qu'elles faisaient appel à l'absolu du raisonnement logique ; c'est-à-dire, au fond, en tant qu'elles faisaient abstraction de la condition, qui seule confère une possibilité d'application effective aux catégories de la pensée : la relation aux conditions de l'intuition sensible. La substitution de la *Logique transcendentale* à la logique vulgaire met en lumière l'illusion dont thèse et antithèse sont les aspects antagonistes et pourtant solidaires ; elle surmonte la contradiction en renvoyant dos à dos, en rejetant dans le pays des chimères à la fois le dogmatisme de l'affirmation et le dogmatisme de la négation, Ici encore, le néant de jugement implique l'inanité du concept. Comme le dit Kant à la fin de sa *Remarque sur l'antithèse de la première antinomie*, « le *mundus intelligibilis* n'est rien que le concept universel d'un monde en général, dans lequel on fait abstraction de toutes les conditions de l'intuition de ce monde, et au regard duquel, par conséquent, il n'est aucune proposition synthétique, ou positive ou négative, qui soit possible ». (B., II, 53.)

Ainsi la solution proprement critique consiste, comme dans le cas de la théologie ou de la psychologie, à faire évanouir la difficulté par l'élimination du problème dont elle est issue. Mais cette solution, Kant ne l'adopte pour son propre compte que relativement aux deux antinomies de la *quantité* et de la *qualité*, tandis que les antinomies de la *relation* et de la *modalité* donneront lieu à une interprétation différente, qui transforme la physionomie de la *Dialectique* kantienne.

154. A commencer par le détail de la technique architecturale, tout va concourir maintenant à dérouter le lecteur. En ce qui concerne les deux premiers ordres de catégories, le problème était posé sous sa forme générale, portant sur l'intégrité de l'ensemble pour la quantité ou sur l'intégrité de l'élément pour la qualité. Quand on aborde le troisième ordre, celui de la relation, Kant adopte un tout autre procédé ; il déclare négliger la première des catégories, celle de la substance, comme la troisième, celle de la communauté d'action ; il ne s'occupe que de la causalité, et, pour autoriser cette restriction inattendue, il substitue à l'intégrité du système cosmique l'intégrité de l'origine du phénomène. Il est clair, pourtant, que si la notion de substance apparaissait fondamentale dans la prétendue psychologie rationnelle pour la connaissance du monde intérieur, elle ne saurait davantage être exclue de la cosmologie rationnelle pour la connaissance du monde physique ; de fait, elle est, depuis Aristote, la pierre angulaire de toute conception dogmatique de l'univers, la *chose en soi* par excellence. Encore plus singulière, s'il est possible, sera l'exclusion de la *communauté d'action*, qui est elle-même synthèse de la substance et de la causalité. C'est grâce à la communauté d'action que, dans le système newtonien du monde, et par suite aussi, dans la métaphysique kantienne de la nature, la raison parvient à sa pleine satisfaction, liant les objets et les événements dans une réciprocité solidaire à l'intérieur d'un tout harmonieux. Conserve-t-on le droit de juger la prétention du dogmatisme à l'intégrité du savoir si on commence par se dérober à l'obligation de l'examiner là précisément où le savoir se flattait d'avoir atteint sa propre intégrité ? Enfin, comme si Kant avait tenu à mettre toutes les apparences contre lui, quand il passe de l'antinomie de la *relation* à l'antinomie de la *modalité*, dont la solution sera obtenue à titre de corollaire de la solution proposée pour la causalité, c'est au couple *nécessité-contingence* qu'il s'adresse, c'est-à-dire qu'il revient à la catégorie qui, opérant la synthèse du possible et du réel, se trouve occuper le même rang que la communauté d'action, et qui correspond à la même fonction intellectuelle. (Cf. B., II, 37-39.)

Ces caprices dans la forme ne sont d'ailleurs rien auprès de l'étrangeté du fond. Qu'il s'agisse de la thèse finitiste ou de l'antithèse infinitiste, les raisonnements de la troisième antinomie sont les mêmes que ceux de la première. La connexion causale n'est susceptible d'application positive qu'à la condition de se référer au cours de la succession temporelle ; pour s'être arrogé le pouvoir de passer par-dessus cette condition élémentaire, la cosmologie rationnelle, quelque parti qu'elle adopte, s'expose et se heurte à une contradiction insurmontable ; elle s'effondre dans le vide du prétendu « intelligible ». Nulle part l'idée critique ne manifeste plus distinctement son exigence que dans la théorie de la causalité ; nulle part n'apparaît avec plus de clarté comme la corrélation de l'*idéalisme transcendental* et du *réalisme empirique* fait évanouir à la fois le dogmatisme de l'affirmation et le dogmatisme de la négation. Mais aussi bien c'est ici que le système est réfractaire à l'idée. Le créateur de la logique transcendentale décide, en vertu de son pouvoir souverain, que seule y sera soumise la position par l'antithèse d'un enchaînement nécessaire de causes à l'infini (doctrine qui était celle de Spinoza et que Kant qualifie d'*empiriste*), tandis que la thèse, l'affirmation d'une cause première, étant conforme à l'idéal inconditionné de la raison, pourra être affranchie de cette même logique. Par là donc il deviendra loisible de concevoir, du moins comme possible, une causalité purement transcendentale qui dominerait, sans le rompre, le tissu de la connexion causale, parce que cette causalité se situerait dans un autre plan que le plan de la réalité donnée ; elle serait soustraite au schématisme du temps ; elle prendrait place, hors du monde sensible, dans le monde intelligible dont elle servirait à ramener le concept : « La raison pure, comme faculté simplement intelligible, n'est pas soumise à la forme du temps et, par conséquent, aux conditions de la succession... (B., II, 150.) Elle est, cette raison, identiquement présente à toutes les actions de l'homme dans toutes les circonstances du temps ; mais elle n'est point elle-même dans le temps, et elle ne tombe pas dans un nouvel état où elle n'aurait pas été auparavant ;

elle est par rapport à tout état nouveau, *déterminante*, mais non *déterminable*. » (*Ibid.*, p. 154.)

La dialectique de la cosmologie rationnelle aura donc deux dénouements : le premier est le dénouement vrai, celui que rend inévitable la trame intérieure de l'œuvre, l'élan de pensée qui l'a suscitée et qui l'anime ; le second est un dénouement réel, mais postiche, comme celui de *Tartufe*, qui n'a d'autre motif que la volonté de l'auteur.

Il est remarquable, d'ailleurs, que Kant ne substitue pas celui-ci à celui-là ; il les conserve tous deux. Et même il ne serait pas tout à fait exact de dire que Kant se tire d'affaire par un compromis, abandonnant *quantité* et *qualité* au cours ordinaire de la critique, puis s'attendrissant, exerçant son droit de grâce, en faveur de la *causalité* et de la *modalité*. Le privilège de la thèse par rapport à l'antithèse, sauvé, du point de vue spéculatif, par la solution métacritique de la troisième antinomie, rejaillit, cette fois du point de vue pratique, sur les deux premières, jusqu'à déborder le cadre de la cosmologie rationnelle. C'est, du moins, ce que suggère ce passage étrangement révélateur : « Que le monde ait un commencement ; que mon *moi* pensant soit d'une nature simple, et par suite, incorruptible ; qu'il soit en même temps libre dans ses actions volontaires et élevé au-dessus de la contrainte de la nature ; qu'enfin l'ordre entier des choses qui constitue le monde dérive d'un être premier, à qui il emprunte son unité et son enchaînement en vue de fins, ce sont là autant de pierres angulaires de la morale et de la religion. » (B., II, 78.) Les quatre propositions correspondent, dans la pensée de Kant, aux quatre thèses dogmatiques de la cosmologie rationnelle. Or, la première seule est d'ordre cosmologique, la dernière est théologique, utilisée d'ailleurs par Kant pour opérer le passage de la cosmologie à la théologie. Quant à la seconde et à la troisième, elles forment l'objet direct de la psychologie rationnelle ; elles sont destinées à rouvrir le chemin qui mène hors du temps, et qui semblait interdit depuis la découverte des paralogismes. La démonstration de l'illusion théologique et de l'illusion psychologique, qui devait se présenter comme décisive pour l'avènement de la critique, est rendue à son tour illusoire. La dualité des doctrines dans la cosmologie rationnelle entraîne, à travers toute l'étendue de la *Dialectique transcendantale*, une dualité de perspectives irréductibles et antagonistes.

155. Entre l'une et l'autre de ces perspectives, il serait, d'ailleurs, tout à fait vain de chercher une liaison intrinsèque ; le recours à la causalité intemporelle est sans rapport aucun avec l'effort accompli pour l'élaboration de l'idéalisme transcendental. La meilleure preuve en est qu'il se rencontre, dès 1755, dans l'*Histoire universelle de la nature et théorie du ciel*. Là, en effet, « Kant expose une cosmogonie mécaniste qui, maintes fois, a été comparée, plus ou moins justement, à l'hypothèse de Laplace. Toutefois, alors même qu'il reconnaît le plus expressément le droit de la science à rendre compte des premiers commencements des choses, il prétend que la croyance religieuse, respectable avant tout, doit être mise hors de toute atteinte. Pour résoudre l'apparente antinomie qui pourrait résulter de cette double disposition d'esprit, il introduit une distinction importante dont sa philosophie ultérieure fera, sous une forme renouvelée par la Critique, un fréquent usage : c'est la distinction entre la causalité déterminable dans le temps, qui ne permet de remonter qu'à un état relativement premier du monde, et la cause absolument première, indépendante du temps, raison déterminante de toute la suite régulière des choses ». (V. D., 74.) L'idée, qui est en soi théologique et toute traditionnelle, d'une simultanéité entre l'efficacité perpétuelle de la cause première et le déroulement successif des causes secondes, Leibniz l'avait transportée dans la dynamique en suspendant à la *vis primitiva, ipsum persistens*, qui enveloppe la totalité des cas, la *vis derivativa* par laquelle le présent tend à l'avenir dont il est gros. Or, de l'*Histoire du ciel* à la *Critique de la raison pure*, le progrès de pensée que Kant a poursuivi pendant un quart de siècle a consisté à modifier le centre de sa réflexion sur le leibnizianisme. La monade était d'abord un principe de force, dont Kant se servait pour soutenir un atomisme immatériel, analogue à celui de Boscovich. A la lumière des *Nouveaux essais*, il a su y apercevoir un foyer d'activité rationnelle, d'où émane le système des jugements synthétiques *a priori*. C'est à l'intelligence du style nouveau qu'il doit d'avoir élevé l'*Analytique transcendentale*, d'avoir, vérifié avec le soin le plus exact la solidité de ses fondations. Est-il rien de plus singulier que de voir le même homme, afin d'ajouter un étage à l'édifice, revenir à un mode de construction qui devait lui paraître d'autant plus suranné qu'il en avait lui-même dénoncé l'inévitable fragilité ?

Il est vrai que, si le concept de la causalité intelligible réapparaît comme un résidu indécomposé, toujours identique à lui-même, Kant renouvelle la forme de sa présentation ; grâce à la doctrine de l'idéalité de temps, il le projette dans une ombre propice, qui en estompe les contours, qui permet d'en faire une simple possibilité, protégée par une délimitation transcendentale à la fois contre les prétentions dogmatiques de la raison spéculative et contre les objections sceptiques, destinée à déboucher directement dans la pratique, pour frayer la voie à la liberté qui est exigée par l'idée du devoir. Mais, et du moins tant qu'on s'en tient à la *Critique de la raison pure*, les aspirations morales de Kant risquent d'être trahies par l'origine leibnizienne comme par le caractère cosmologique de cette prétendue liberté. La spontanéité de la monade leibnizienne, qui lui permet de comprendre l'univers tout entier dans le déroulement de ses replis, est une façade trompeuse derrière laquelle doit se reconnaître la subordination de l'originalité individuelle à l'harmonie du système total dont toute monade particulière est condamnée, par le décret éternel de Dieu, à refléter un aspect déterminé. L'homme de Leibniz, au jugement de Kant, n'est pas plus libre que le *tourne-broche* [1]. Et alors, si on suit la même voie que Leibniz, si l'on passe par le détour de la cosmologie pour atteindre à une notion, qui, normalement, relève de la psychologie rationnelle, ce sur quoi on retombe sera nécessairement d'ordre physique, bien plutôt que d'ordre spirituel. Réalité dynamique, si l'on veut, mais au sens où le mot est employé dans la mécanique ou, plus exactement, dans la métaphysique de la mécanique, pour indiquer une production d'événements qui sont liés les uns aux autres dans l'indivisibilité de leur succession nécessaire. Qu'il soit l'effet d'un choix qui a précédé le temps, ou l'expression d'un choix qui domine et pénètre tous les instants du temps, le *caractère intelligible*, souvenir d'un mythe platonicien [2], se traduit ici-bas par l'immutabilité, statique et rigide, du caractère empirique. Contre cette immutabilité devra se briser tout l'effort déployé pour parvenir à doter notre intention morale d'énergie véritable et d'effica-

---

1 Examen critique de l'analytique, R. P., p. 176.
2 *République*, X, 617 d. Cf. Bréhier. *Histoire de la philosophie*, t. I, 1926, p. 152.

cité ; cet effort, qui se produit dans le temps, sera, par définition même, sans réaction sur la réalité profonde dont la source est en dehors du temps. L'acceptation du caractère intelligible dont Kant ne se débarrassera pas plus que de la *chose en soi* [1], signifie la mort de la bonne volonté.

Section II
LA PHILOSOPHIE PRATIQUE DE KANT

156. Par rapport à la carrière philosophique de Kant, considérée dans son ensemble, le rappel, dans la *Dialectique spéculative*, du thème initial de la cosmogonie, a une importance d'autant plus grande que le même thème réapparaîtra dans la partie finale de l'œuvre, consacrée à la religion. Mais l'origine *antécritique* du concept de caractère intelligible explique comment l'élaboration d'une critique propre à la raison pratique devait l'éliminer du contenu de l'idée de liberté telle que Kant la mettra en œuvre dans sa doctrine morale. *Caractère intelligible* et *autonomie* marqueront les termes extrêmes du mouvement de pensée qui s'accomplira entre 1781 et 1788, et qui devait aboutir à rendre l'*Analytique* aussi complètement indépendante de la *Dialectique* dans le domaine pratique qu'elle l'était déjà dans le domaine spéculatif. Et ce mouvement, sans que Kant en ait eu peut-être le sentiment, sans qu'il l'ait, en tout cas, explicité dans son œuvre, dissipe du même coup l'équivoque qui, dans la *Critique* de 1781, planait encore sur la conception kantienne du rationalisme.

Selon l'*Introduction* de la *Dialectique transcendantale*, la distinction de l'*Analytique* et de la *Dialectique* correspondrait à la dualité des facultés intellectuelles : entendement et raison. Cette dualité se présente d'abord sous une apparence technique. Tandis que

---

[1] Cf. R. P., p. 176 : « La nécessité naturelle qui ne peut subsister conjointement avec la liberté du sujet, dépend simplement des déterminations de la chose qui est soumise aux conditions de temps, par conséquent uniquement des déterminations du sujet agissant, comme phénomène. Donc, sous ce rapport, les principes déterminants de chaque action de ce sujet résident dans ce qui appartient au temps passé et *n'est plus en son pouvoir*... Mais le même sujet ayant, d'un autre côté, conscience de lui-même comme d'une chose en soi, considère aussi son existence, *en tant qu'elle n'est pas soumise aux conditions de temps*, et se regarde lui-même comme pouvant être déterminé seulement par des lois qu'il se donne par sa raison elle-même. »

l'entendement ne peut aller au delà des inférences immédiates, la fonction de la raison est d'introduire un jugement intermédiaire, et de tirer ainsi de la proposition donnée une proposition qui en diffère au moins par l'un de ses termes, qui constitue par conséquent une conclusion nouvelle. (B., I, 363 et 365.) Mais cet « usage logique » se double d'un « usage pur » : « Le propre du raisonnement, c'est en effet de faire rentrer de proche en proche les lois les moins générales sous les lois les plus générales, de façon que la majeure initiale offre les caractères d'une complète universalité. Or, à cette complète universalité correspond, dans la synthèse des intuitions, la totalité des conditions. » (V. D., 202.) La fonction de la raison est alors déterminée par son objet : elle est l'idée de la totalité des conditions d'un conditionné, de l'unité absolue du système de l'univers.

La raison est donc au-dessus de l'entendement, mais seulement par ses prétentions. Tandis que l'humilité de l'entendement trouve sa récompense dans la valeur positive de ses synthèses, par contre, l'orgueil de la raison la voue à l'illusion perpétuelle. Le domaine de l'*Analytique* c'est le réel ; celui de la *Dialectique*, c'est l'imaginaire, c'est « la région des idées pures ou l'on n'est si habile à parler que parce qu'on n'en sait absolument rien, alors que dans le domaine des recherches physiques, on serait obligé de garder tout à fait le silence en confessant son ignorance. » (B., II, 84.)

Verdict sans appel, dont seul un malade incomplètement guéri voudrait atténuer la rigueur. Les conclusions dialectiques de la raison pure, « par leur résultat, méritent plutôt le nom de sophismes que celui de raisonnements ; toutefois, en vertu de leur origine, elles peuvent bien porter ce dernier nom, car elles ne sont pas factices ou accidentelles, mais elles résultent de la nature de la raison. Ce sont des sophismes, non de l'homme, mais de la raison pure elle-même, et le plus sage de tous les hommes ne saurait s'en affranchir ; peut-être après bien des efforts, parviendra-t-il à se préserver de l'erreur, mais il lui est impossible de dissiper l'apparence qui le poursuit et se joue de lui-même sans cesse ». (B., II, 2.)

Peut-être le génie de Kant a-t-il rendu effectivement plus facile qu'il le croyait, la pratique de la sagesse analytique. Pourtant c'est un fait que Kant ne s'est pas reconnu la force de refouler, pour son propre compte, le rêve du monde intelligible. Même dans ces pages préliminaires de la *Dialectique* où il dira que « l'objet d'une idée purement transcendentale est quelque chose dont on n'a nul concept » (B., II, 1), il refuse de proscrire l'idéalisme de Platon : « A part ce qu'il peut y avoir d'exagéré dans l'expression, c'est une tentative digne de respect et qui mérite d'être imitée que cet essor de l'esprit du philosophe pour s'élever de la contemplation de la copie que lui offre l'ordre physique du monde à cet ordre architectonique qui se règle sur des fins, c'est-à-dire sur des idées. Mais pour ce qui est des principes de la morale, de la législation et de la religion où les idées rendent possible l'expérience elle-même (du bien), quoique elles n'y puissent jamais être entièrement exprimées, cette tentative a un mérite tout particulier qu'on ne méconnaît que parce qu'on en juge d'après ces mêmes règles empiriques qui doivent perdre toute leur valeur de principe en face des idées. En effet, si, à l'égard de la nature, c'est l'expérience qui nous fournit la règle et qui est la source de la vérité, à l'égard des lois morales, c'est l'expérience (hélas !) qui est la mère de l'apparence, et c'est une tentative au plus haut point condamnable que de vouloir tirer de ce *qui se fait* les lois de ce *que je dois faire*, ou de vouloir les y réduire. » (B., I, 376.)

En toute évidence, c'est cette nostalgie platonicienne qui conduira Kant, à concevoir, au sujet « des idées de Dieu, d'un monde intelligible (royaume de Dieu) et de l'immortalité » (R. P., 240), *une extension de la raison pure, au point de vue pratique, qui ne sera pas accompagnée d'une extension de sa connaissance comme raison spéculative. (Ibid., p. 243.)* Mais il faut bien voir qu'il ne s'agira plus alors que d'un primat dialectique, d'une foi « pratico-dogmatique », portant sur les mêmes objets transcendantaux que l'ontologie traditionnelle prétendait saisir à titre de choses en soi ou de *nooumènes*. En revanche, la nouveauté de la *Critique de la raison pratique*, inattendue pour l'auteur de la *Critique de la raison pure*, c'est que le primat pratique a, d'abord, une signification *analytique*, consacrant l'immanence de la causalité rationnelle.

A) *La loi et la liberté*

157. En 1788, la liberté cesse d'apparaître à Kant comme une idée dialectique, située au delà de l'horizon défini par la loi. Elle commande immédiatement et absolument les principes de la raison pure pratique et la forme de son concept. Et ainsi la morale de l'autonomie acquiert la même valeur de certitude et de positivité que la mathématique possédait depuis Pythagore et Euclide, la physique depuis Newton.

Cette révolution dans la pensée de Kant, pendant la période qui sépare les deux premières *Critiques*, est liée à la méditation du problème que Rousseau avait soulevé en proposant une philosophie de l'humanité, qui aux yeux de Kant n'était pas loin d'égaler la philosophie newtonienne de la nature [1]. Le but que Kant assigne à ses *Conjectures sur le commencement de l'histoire de l'humanité*, est, explicitement, de « mettre d'accord entre elles et avec la raison les assertions souvent mal comprises et en apparence contradictoires de l'illustre J.-J. Rousseau. Dans ses écrits sur l'*Influence des sciences* et sur l'*Inégalité des hommes*, il montre très justement l'inévitable conflit de la culture avec la nature du genre humain, considéré comme espèce *animale*, dans laquelle chaque individu devrait accomplir pleinement sa destinée ; mais, dans son *Émile*, son *Contrat social*, et d'autres écrits, il cherche en retour à résoudre le difficile problème que voici : comment la culture doit se poursuivre pour développer les dispositions de l'humanité, en tant qu'espèce morale, dans le sens de leur destination, de telle sorte que l'humanité, comme espèce morale, ne soit plus en opposition avec l'humanité, comme espèce naturelle » [2].

A vrai dire, et si fécondes qu'elles aient été pour la pensée du XIXe siècle, les réflexions de Kant dans le domaine de la philosophie de l'histoire n'ont pas pris corps de manière à constituer une « Critique de la Raison historique » ; néanmoins, même sous leur forme fragmentaire, elles ont fourni, comme l'a montré Delbos (*op. cit.*, p. 263), la notion médiatrice, grâce à laquelle on voit, chez Kant, la liberté descendre du ciel intelligible pour trouver sur la terre un

---

1 Cf. *Remarques manuscrites relatives aux observations sur le beau et sur le sublime* : « Newton, le premier de tous, vit l'ordre et la régularité unis à une grande simplicité là où avant lui il n'y avait à trouver que désordre et que multiplicité mal agencée ; et depuis ce temps, les comètes vont leurs cours, en décrivant des orbites géométriques. — Rousseau, le premier de tous, découvrit sous la diversité des formes humaines conventionnelles, la nature de l'homme, dans les profondeurs où elle était cachée, ainsi que la loi secrète en vertu de laquelle la Providence est justifiée par ses observations. Jusqu'alors l'objection de Manès avait encore toute sa valeur. Depuis Newton et Rousseau, Dieu est justifié, et désormais la doctrine de Pope est vraie. » (Trad. *apud* V. D., p. 117.)
2 Trad. *apud* V. D. p. 123 n. 2.

champ réel d'application, pour travailler à la destinée morale de l'individu et de l'espèce. « Rousseau procède *synthétiquement*, et part de l'homme à l'état de la nature ; je procède *analytiquement*, et pars de l'homme civilisé [1]. » Les résultats de cette régression analytique devaient se préciser, pour Kant, à l'occasion des *Idées sur la philosophie de l'histoire de l'humanité*, qui parurent en 1784. Herder s'inspire du leibnizianisme, mais d'un leibnizianisme qui se souvient d'avoir traversé Spinoza, qui apparaît dépouillé des préjugés et des formes de la scolastique, rapproché de la nature, inséré dans la trame de l'histoire, appliqué à retrouver, dans la suite en apparence incohérente des événements, la continuité d'un même progrès, le développement nécessaire de la culture [2]. Or, cette identification de la nature et de la raison par l'histoire se heurte, chez Kant, à l'inspiration newtonienne, à la tournure de son esprit, critique et « antinomique », exactement comme avait fait l'identification géométrique de l'entendement et de la sensibilité. Ici encore, Kant se refuse à noyer dans une continuité imaginaire la réalité même qu'il s'agit de considérer : l'opposition entre le bonheur et la vertu, entre l'intérêt de l'individu et l'intérêt de l'espèce. Ici encore, interrogée avec le seul parti pris de résister à toute illusion systématique, l'expérience ferait désespérer de la raison humaine ; elle entraînerait à cet état de *misologie*, qui est comme la tentation perpétuelle du sage, s'il n'était de l'essence de la raison de toujours rétablir son propre équilibre par l'approfondissement du problème, par la transformation des conditions où il se posait.

Le progrès de l'homme suivant l'ordre et le mécanisme de la nature ne serait, en effet, que le progrès d'un certain animal. Si l'humanité a un tout autre but à remplir, si elle va, non vers le bonheur de l'individu, mais vers la liberté et vers la constitution d'un état juridique où s'unissent les libertés, l'antagonisme entre le bonheur de l'individu et le progrès de l'espèce prend un sens. L'avènement définitif de la raison et du droit réclame un support moins fragile et moins restreint que l'individu ; c'est dans l'espèce que peut se ré-

---

1 Note manuscrite des *Observations*, traduite *apud* V. D., p. 118.
2 Cf. *Idées*, trad. QUINET, 1834, III, 90 : « S'il est un Dieu dans la nature, il est aussi dans l'histoire ; car l'homme est aussi une partie de la création, et même au milieu de ses passions et jusque dans ses derniers égarements, il ne laisse pas de suivre des lois aussi belles, aussi immuables que celles qui président aux révolutions des corps célestes. »

aliser le « caractère intelligible » de l'histoire. Et le moyen de cette réalisation, c'est l'antithèse inhérente à l'existence sociale de l'individu, la contradiction du penchant qui le porte à se réunir à ses semblables, avec le penchant qui le porte à faire valoir sans réserve, à étendre sans limite, ses droits individuels, avec cette πλεονεξία dont parlait Hobbes et qui est pour la société une menace perpétuelle de dissolution [1]. Cette « insociable sociabilité » est, par la discipline qu'elle contraint l'humanité de se donner à elle-même, la condition de la culture ; la discorde, qui arrache les citoyens et les peuples à l'apathie et à la médiocrité, prépare la paix finale dans le travail et dans le droit.

La philosophie kantienne de l'histoire tendrait donc à faire voir que, comme le voulait Herder, mais non pas au sens où Herder le disait, le temps est aussi bien ordonné que l'espace. Mais, tandis que la *Métaphysique de la nature* nous fait assister au jeu des répulsions et des attractions, d'où résulte un système qui se ferme sur soi dans la perfection nécessaire de son équilibre, la philosophie de l'histoire demande à l'homme qu'il soit, non le spectateur seulement, mais l'agent de sa destinée. Sa signification est au delà d'elle-même, dans l'absolu d'une liberté dont elle pourra bien contribuer à réunir les conditions, mais à qui seule il appartient de réaliser son avènement. La philosophie de l'histoire sera donc, dans la carrière de Kant, une introduction à l'établissement d'une *Métaphysique des mœurs*, qui est une doctrine de l'autonomie rationnelle.

158. L'autonomie, conçue sous sa forme rationnelle, se rencontre, dans le *Contrat social* [2] : « Chaque individu contractant pour ainsi dire avec lui-même, se trouve engagé sous un double rapport :

---

[1] Cf. *Idée d'une histoire universelle au point de vue cosmopolitique* : « Les individus humains et même les peuples entiers ne s'imaginent guère qu'en poursuivant, chacun selon ses façons de voir et souvent l'un contre l'autre, sa fin propre, ils vont à leur insu dans le sens d'un dessein de la nature, inconnu d'eux-mêmes... » (*Début*) ; et IV : « Grâces soient rendues à la nature pour les incompatibilités qu'elle suscite, pour l'émulation de la vanité curieuse, pour le désir insatiable de posséder ou encore de commander !... L'homme veut la concorde ; mais la nature sait mieux ce qui est bon pour l'espèce ; elle veut la discorde. L'homme veut vivre à l'aise et satisfait ; mais la nature veut qu'il sorte de l'indolence et de l'état de contentement inactif. »

[2] Cf. Fouillée, *L'idée moderne du droit en France, en Angleterre et en Allemagne*, 1878, p. 187, n. 1 ; et Delbos, *Rousseau et Kant*, Revue de Métaphysique et de Morale, 1912, p. 436.

savoir, comme membre du souverain envers des particuliers, et comme membre de l'État envers le souverain. (I, 7.) L'obéissance à la loi qu'on s'est prescrite est liberté. » (I, 8.) Mais, dans la doctrine de Rousseau, la conscience, guide infaillible de l'individu, l'autonomie, principe adéquat de l'État, apparaissent complètement extérieures l'une à l'autre, sinon incompatibles, Kant les fond dans l'intériorité de la personne morale ; et alors les idées de Rousseau acquièrent une valeur inattendue. Cette volonté générale, qui ne serait que ce qu'elle *doit être*, tandis que les volontés particulières sont ce qu'elles *sont*, ne réside sans doute nulle part ailleurs que dans l'imagination d'un « rêveur solitaire ». Mais, ramenée du plan social sur le terrain de la conscience, où il n'y a plus de place pour le mirage de l'illusion, puisque la conscience de l'individu se caractérise précisément par le témoignage immédiat qu'elle ne cesse de se fournir à soi-même, l'idée d'une volonté pure va reprendre contact avec la réalité. Tout homme la reconnaît en soi, sous la forme la plus simple et la plus « populaire », par laquelle s'exprime le fond du « sens commun moral » : il y a une volonté qui est bonne, parce qu'elle est, en effet, la *bonne volonté*, la volonté de ce qui doit être ; elle se définit et se constitue par son opposition aux actes qui sont issus du désir sensible et se jugent relativement aux fins du désir. De tels actes traduisent la « naturalité » d'un vouloir, avec les avantages qu'il met en jeu : santé, intelligence, énergie. La bonne volonté, au contraire, exclut tout *criterium* d'appréciation qui lui serait extérieur ; elle ne tient que de soi sa bonté [1].

159. A partir de cette notion populaire de la bonne volonté, s'effectue la démarche décisive pour l'établissement de la vérité philosophique, c'est-à-dire l'effort d'analyse réflexive qui conduira aux principes d'où découle ensuite la synthèse progressive. Cet effort, qui s'exprimait, dans l'ordre spéculatif, par la déduction transcendentale des formes et des catégories, Kant l'accomplit lorsque, selon sa propre terminologie, il passe de la « connaissance rationnelle commune » à la « connaissance philosophique », et de la « philosophie morale populaire » à la *Métaphysique des mœurs*. Il assure ainsi la liaison avec une *Critique de la raison pratique*, dont les propositions fondamentales sont susceptibles d'être exposées,

---
1 *Fondements*, trad. citée, pp. 86-88.

comme celles d'Euclide ou de Newton, suivant le modèle classique, dont Spinoza, d'ailleurs, avait déjà fait usage dans son *Éthique*, et Kant lui-même dans sa *Métaphysique de la nature*.

Ce n'est donc nullement un accident si les *Fondements de la métaphysique des mœurs* précèdent la *Critique de la raison pratique*, alors que les *Premiers Principes de la métaphysique de la nature* ont suivi la *Critique de la raison pure*. C'est que le problème à résoudre dans le domaine pratique se présentait à Kant *inverse* de ce qu'il était dans le domaine spéculatif. Il fallait, ici, possédant le système des lois newtoniennes, découvrir la conscience pure, originaire, immuable, foyer des catégories et des principes *a priori* ; ensuite, ce n'était plus qu'un jeu de rejoindre la science rationnelle de l'univers. Là, en revanche, il fallait, possédant cette capacité de fonder les jugements synthétiques *a priori*, démontrer que la morale est complètement justifiée, par elle, autrement dit, que la morale consiste uniquement en au système de lois, sans référence à rien qui vienne du dehors, et qui asservisse le vouloir libre de l'homme à l'hétéronomie d'une impulsion sensible ou d'un concept intellectuel.

Cette démonstration est l'objet des deux premières parties de la *Grundlegung*. Une morale de l'intention est une morale de la raison, du moment qu'il s'agit de l'intention véritable, qui s'exprime efficacement dans la conduite, sans s'arrêter, comme chez Rousseau, à la velléité verbale du sentiment [1]. La conscience, *pour s'assurer de sa propre existence*, imprime à l'action le caractère de sa maxime ; *il faut que ce qui est soit égal à ce qui doit être*, non par une simple conformité extérieure qui ne conduirait encore qu'à la *légalité*, mais par une adéquation interne qui autorise Kant à définir la volonté de la loi comme étant tout à la fois le principe et le but de la vie morale [2]. La bonne volonté se reconnaît dans la forme de l'obligation qu'elle se prescrit à elle-même, parce que le devoir de respecter la loi ne saurait avoir d'autre base que la dignité du respect inhérent à la moralité de la loi.

La morale sera donc « formelle » afin de satisfaire à l'exigence ri-

[1] Cf. *Doctrine de la vertu*, trad. BARNI, p. 46 : « Le manque de conscience n'est point l'absence même de conscience, c'est un penchant à ne tenir aucun compte de ses jugements. »
[2] *Religion*, trad. citée, p. 31 : « L'impureté consiste en ce que des actions conformes au devoir ne sont pas accomplies purement par devoir. »

goureuse de la rationalité ; par là, sans doute, elle a un aspect *rigoriste* que Kant ne dissimule pas et n'atténue pas. *Mais, si elle part de la forme, elle ne s'en contente pas.* L'effort central de la *Métaphysique des mœurs* sera de montrer comment l'universalité abstraite, invoquée à titre de *criterium* dans la première formule de moralité, permettra de dégager la réalité de la personne morale comme *fin en soi*. Et cette personne, à son tour, n'est nullement, ainsi que le veut le phénoménisme atomistique de Hume, l'individu réduit à la plus superficielle et à la plus exclusive expression de soi. Ce qu'elle signifie, c'est la concentration à sa source du principe d'expansion et de générosité, de communauté universelle, qui est l'être de la raison. Voilà pourquoi, si l'on suit jusqu'au bout le progrès de la morale kantienne, on la voit s'achever par l'obligation de contribuer à créer un univers concret, que nous déterminons comme *règne des fins*, en nous affirmant, par nos propres actes, législateur d'une république morale.

160. Ce progrès, conçu d'une manière tout immanente, suffit-il à la solution définitive du problème pratique, ou faudra-t-il recourir au « point de vue » du monde intelligible ? La question, agitée dans la Troisième Partie des *Fondements de la métaphysique des mœurs*, ne trouvera son élucidation que dans la *Critique de la raison pratique*, par la constitution d'une *Analytique* qui n'est plus, comme était encore l'*Analytique* dans la première *Critique*, une Analytique de l'entendement, qui est une Analytique de la raison.

En effet, ce qui frappe, et Kant y a insisté dans la *Préface* de la *Critique de la raison pratique*, c'est qu'en abordant le domaine de l'action, le philosophe est débarrassé des complications qui l'avaient si longtemps arrêté au seuil de la doctrine physique : dualité de l'*Analytique transcendantale* et de l'*Esthétique*, subsomption des formes *a priori* de la sensibilité sous les concepts purs de l'entendement qui ont pour véhicule le *Cogito* de la conscience transcendantale. Le rapport à la sensibilité cesse d'être une condition préalable pour l'application effective de la raison ; et l'on pourra même dire que c'est en se libérant de toute attache directe à l'expérience que la raison retrouve l'idée de son caractère véritable ; de telle sorte que, dans le domaine pratique, selon l'expression de Delbos, « la critique proprement dite consiste simplement à lui rendre la conscience qu'elle est raison pure. » (V. D., p. 421.)

Une seule chose, à la vérité, serait à craindre, « ce serait que l'on fit cette découverte imprévue qu'il n'y a nulle part, qu'il ne peut y avoir, une connaissance *a priori* » [1]. Mais précisément l'épistémologie kantienne a écarté tout danger à cet égard : puisque « connaissance rationnelle et connaissance *a priori* sont choses identiques.... ce serait tout à fait comme si l'on voulait prouver par la raison qu'il n'y a pas de raison ». (*Ibid.*) Dès lors la rationalité de la notion d'autonomie se trouve hors de conteste : « La liberté et la loi pratique inconditionnée s'impliquent réciproquement l'une l'autre [2]. » Ce qui revient à dire qu'entre les *Fondements de la métaphysique des mœurs* et la *Critique de la raison pratique*, la division du travail est purement apparente. Attestée par la loi, la réalité de la liberté n'est subordonnée, ni à des considérations d'ordre cosmologique qui dépasseraient le plan de phénoménalité où se tient l'*Analytique* de la raison théorique, ni à une preuve d'ordre psychologique qui s'arrêterait au niveau de la conscience empirique. Elle n'est pas, si l'on nous permet l'expression, *spéculativement spéculative* ; elle n'est pas non plus, suivant la distinction nouvelle qu'introduira la *Dialectique* de la Raison pratique, *pratiquement spéculative*. Elle se manifeste par son efficacité, par le fait, non celui que l'entendement reçoit et comprend, mais celui que la raison fait, non pas *Thatsache*, mais *Factum* [3].

---

1 Préface de la Critique de la raison pratique, trad. Picavet, p. 16.
2 *Analytique des principes*, § 6, Probl. II, Sch., R. P., 47. Cf., p. 191 : « Le concept de la liberté est le seul qui nous permette de ne pas sortir de nous-mêmes, afin de trouver pour le conditionné et le sensible l'inconditionné et l'intelligible. Car c'est notre raison elle-même qui par la loi pratique suprême et inconditionnée se connaît, ainsi que l'être qui a conscience par cette loi de soi (notre propre personne) comme appartenant au monde intelligible, et même détermine à vrai dire la façon dont cet être comme tel peut agir. »
3 Cf. *Des principes de la raison pure pratique*, § 7 : « La *raison pure, pratique en soi*, est immédiatement ici législatrice. La volonté est conçue comme indépendante de conditions empiriques, partant comme volonté pure, déterminée *par la simple forme de la loi*... On peut appeler la conscience de cette loi fondamentale un fait de la raison, parce qu'on ne saurait le tirer par le raisonnement, des données antérieures de la raison, par exemple de la conscience de la liberté (car cette conscience ne nous est pas donnée d'abord), mais parce qu'elle s'impose à nous par elle-même comme une proposition synthétique *a priori*, qui n'est fondée sur aucune intuition ou pure ou empirique. Cette proposition serait, à vrai dire, analytique, si l'on supposait la liberté de la volonté, mais, pour supposer la liberté comme concept positif, il faudrait

161. L'immanence de l'*homme-raison*, de l'*homo nooumenon* à l'*homme-nature*, à l'*homo phaenomenon*, consacre la spiritualité parfaite de l'autonomie kantienne. Elle se traduit, dans la réalité psychologique, par le sentiment du respect, « considéré non comme la cause de la loi, mais comme l'effet de la loi sur le sujet... L'*objet* du respect, c'est simplement la loi telle que nous nous l'imposons à *nous-mêmes*, et cependant comme nécessaire en soi. En tant qu'elle est la loi, nous lui sommes soumis, sans consulter l'amour-propre ; en tant que c'est par nous qu'elle nous est imposée, elle est une conséquence de notre volonté ; au premier point de vue, elle a de l'analogie avec la crainte ; au second, avec l'inclination » [1].

L'appel à la fonction médiatrice du respect dans une morale d'inspiration rationaliste a donné souvent l'impression d'une gageure. En effet, examiné à la lumière de l'analyse que Kant lui-même en a faite, le respect s'apparente au sacré, par la même union paradoxale d'inclination et de crainte. Or, le préjugé du sacré apparaît à la base de toutes les doctrines qui asservissent la conscience de l'individu à ce qui a été avant lui ou à ce qui est autour de lui.

En fait, si le respect peut s'identifier au sacré, c'est en régime d'hétéronomie, alors qu'on prétend le fonder sur la nature de l'objet auquel il est rapporté, tandis que l'autonomie kantienne est précisément destinée à opérer comme une conversion du respect. Au lieu de consister à « plier la machine » devant la majesté des forces sociales qui s'incarne dans un roi ou qui se transcende dans le « Roi des Rois », il va remonter vers sa source, vers la personne morale : celle-ci n'accepte plus de s'y soumettre qu'à la condition de le voir émaner d'elle, en revendiquant le droit de ne l'accorder qu'à ce qu'elle en juge digne. Et, de même qu'il n'y a pas un de nos actes dont nous puissions, en toute sécurité, dire qu'il est pur de tout autre motif que l'intention du devoir pour le devoir, de même il ne s'est jamais manifesté dans le monde un État qui, fût-ce dans la moindre parcelle de son autorité, une Église qui, fût-ce dans le

---

une intuition intellectuelle qu'on ne peut nullement admettre ici. Cependant, pour ne pas se méprendre, en admettant cette loi comme donnée, il faut bien remarquer qu'elle est non un fait empirique, mais le fait unique de la raison pure, qui s'annonce par là comme originairement législatrice (*sic volo, sic jubeo*). » R. P., 50-52.
1 *Fondements*, trad. citée, p. 102, note.

plus haut de ses représentants, aurait résisté un quart d'heure à l'application stricte et sincère de la maxime : *Respecte, non pas ce qui est respecté, mais seulement ce qui est respectable.*

La prudence de conduite extérieure, observée par Kant, comme jadis par Descartes, ne saurait nous tromper sur l'orientation de sa doctrine. Il l'a lui-même rattachée à l'*Aufklärung* française, lorsqu'il a cité, pour illustrer sa théorie du respect, le mot de Fontenelle : *Devant un grand seigneur je m'incline, mais mon esprit ne s'incline pas* [1]. Du même coup il nous rend le service de nous faire mesurer la portée d'un courant de pensée trop souvent méconnu et travesti. L'exemple de Kant est là pour témoigner qu'en s'affranchissant de la *misologie* et de la *misanthropie*, notre XVIIIe siècle n'avait nullement sacrifié ce qui fait la profondeur et la solidité du savoir, la noblesse et la pureté de l'action. Avec Kant, l'entreprise de la civilisation moderne, inaugurée par Montaigne et par Descartes, est définitivement assurée du succès : *sur l'autonomie de la conscience sera fondée la transformation spirituelle de l'humanité.*

L'enthousiasme de Kant pour la Révolution française s'expliquera par le caractère de spiritualité qu'il lui a si justement attribué. Désormais, les valeurs intrinsèques du respect pourront se traduire dans la réalité. *Plus de faux respect humain* : Kant, dans la *Doctrine de la vertu* (§ 12), s'insurge contre la politesse soucieuse de marquer avec des nuances trop exactes les différences du rang social, pédanterie servile par laquelle il déplore que ses compatriotes aient surpassé les autres peuples, « exception faite peut-être pour les castes hindoues ». *Plus de faux respect divin* : avec la même vivacité, Kant, dans sa *Doctrine du droit* (§ 40), dénonce comme une atteinte grave à la conscience la « torture spirituelle » du serment religieux devant les tribunaux. Il convient à toute personne humaine, quelle que soit sa condition, de défendre en soi l'incomparable dignité de l'agent moral : « Celui qui se fait ver de terre peut-il se plaindre d'être écrasé ? » (*Doctrine de la vertu*, § 12.) Cette dignité, Kant réclame qu'elle soit protégée chez ceux-là mêmes qui semblent y avoir renoncé pour leur propre compte, et que soient abolis, dans le châtiment des criminels, les raffinements de supplice, chers à l'Ancien Régime, qui humilient, qui dégradent, l'ensemble de l'espèce. (*Ibid.*, § 39.)

---

[1] Des mobiles de la raison pure pratique, R. P., p. 137.

L'Essai philosophique : De la paix perpétuelle, donne enfin à la communauté d'inspiration entre les philosophes français et la pensée kantienne son expression la plus saisissante [1], la plus féconde pour l'humanité d'aujourd'hui, celle dont l'Allemagne tire son meilleur titre de noblesse à entrer dans la *Société des Nations*.

B) La loi et la foi

162. Sans avoir l'homogénéité structurale des *Premiers principes métaphysiques de la science de la nature*, la *métaphysique des mœurs*, proprement dite (*Premiers principes métaphysiques de la doctrine du droit, de la doctrine de la vertu*) met hors de doute la capacité de l'*Analytique pratique* à constituer le système d'univers moral, où l'humanité sera promue de l'ordre de la nature à l'ordre de la liberté. On peut donc l'affirmer, malgré le pessimisme dont l'auteur de la *Critique de la raison pure* faisait preuve à cet égard, l'auteur de la *Critique de la raison pratique* a réussi dans la tâche proprement critique, qui était de mettre la législation de l'action, comme la législation de la science, à l'abri des raisonnements sophistiques sur lesquels se fondent, par une illusion inévitable, les conclusions de la *Dialectique*. Cela n'interdit pas, sans doute, l'hypothèse d'une *Dialectique de la raison pratique* ; mais cette Dialectique a pour unique objet le concept du *souverain bien*, lequel n'affecte en rien le fondement de la moralité : « Dans la question du *principe* de la morale la doctrine du *souverain bien*, comme fin dernière d'une volonté déterminée par elle et conforme à ses lois, peut être tout à fait omise et laissée de côté (comme épisodique) [2]. »

---

1 Cf. *Idée d'une histoire universelle au point de vue cosmopolitique* : « Si chimérique que puisse paraître cette idée, et de quelque ridicule qu'on l'ait poursuivie comme telle chez un abbé de Saint-Pierre ou chez un Rousseau (peut-être, parce qu'ils la croyaient trop près de se réaliser), c'est l'inévitable moyen de sortir de la situation où les hommes se mettent les uns les autres, et qui doit forcer les états, quelque peine qu'ils aient à y consentir, de prendre juste la résolution à laquelle fut contraint, tout autant contre son gré, l'homme sauvage : renoncer à sa liberté brutale, chercher repos et sécurité dans une constitution régulière. » (V. D., p. 280).

2 Sur le proverbe : Cela peut être bon en théorie, mais ne vaut rien dans la pratique. Apud Éléments métaphysiques de la doctrine du droit, trad. BARNI, 1853, p. 345. De la même année 1793 est la Préface pour la 1ʳᵉ édition de la Religion dans les limites de la raison, qui débute ainsi : « Fondée sur le concept de l'homme, qui est celui d'un être libre et se soumettant de lui-même à des lois inconditionnées, la morale n'a pas besoin de l'Idée d'un autre Être supérieur à l'homme pour que

Encore est-il remarquable que Kant ne parvienne à l'élaboration technique de son antinomie pratique qu'à la condition de rétrograder de quelque vingt siècles en arrière. « Parmi les anciennes écoles grecques, il n'y en a à proprement parler que deux qui ont suivi, dans la détermination du concept du souverain bien, une même méthode, en tant qu'elles n'ont pas admis la vertu et le bonheur comme deux éléments différents du souverain bien, qu'elles ont par conséquent cherché l'unité du principe suivant leur concept fondamental. L'*Épicurien* disait : avoir conscience de sa maxime conduisant au bonheur, c'est la vertu ; le *Stoïcien* : avoir conscience de sa vertu, voilà le bonheur [1]. » D'où l'alternative d'une *thèse* et d'une *antithèse* : « Il faut donc, ou que le désir du bonheur soit le mobile de la maxime de la vertu, ou que la maxime de la vertu soit la cause efficiente du bonheur. » (*Ibid.*, p. 207.)

L'antagonisme du bonheur et de la vertu, isolés l'un de l'autre par les cloisons imperméables de leur définition [2], se réfère à une idéologie matérialiste, qui est en effet commune aux Épicuriens et aux Stoïciens où la vertu, comme le bonheur, a non seulement l'extériorité d'un concept, mais aussi la solidité d'un corps. Et peut-être fallait-il que le problème fût posé de cette façon, à la fois anachronique et métaphysique pour que la solution, au lieu d'être cherchée sur le terrain de la psychologie et de la moralité proprement dite, ramenât aux errements de la *Dialectique*, aux concepts illusoires du dogmatisme.

La vertu est la *dignité* du bonheur [3]. Si l'obtention du bonheur par

l'homme connaisse son devoir, ni d'un autre mobile que la loi même pour qu'il l'accomplisse. » (Trad. citée, p. 1.)

1 Dialectique II, Du concept du souverain bien, R. P., 203.
2 Cf. Émile BOUTROUX, *La morale de Kant et le temps présent* : « La morale kantienne... soumise à une critique complète..., laisserait apparaître, sans doute, le même côté faible que l'ensemble de la philosophie de Kant. Cette philosophie est synthétique, c'est-à-dire qu'elle commence par poser des termes hétérogènes et sans rapport interne les uns avec les autres ; puis elle réunit ces termes du dehors, par l'opération de la raison qui cherche, au moyen de telles synthèses, à réaliser ses idées. Mais la liaison opérée de la sorte demeure extérieure, et ressemble à une juxtaposition de choses, plus qu'à une pénétration mutuelle de réalités vivantes. » (*Revue de Métaphysique*, 1904, pp. 533-534).
3 R. P., 236. Voir la *Méthodologie transcendantale* de la *Critique de la raison pure*, De *l'idéal du souverain bien*, II, 367 : « J'appelle loi *pragmatique* (règle de prudence) la loi qui a pour mobile le *bonheur*, et loi morale celle qui n'a d'autre mobile que la *qualité d'être digne du bonheur*. » Peut-être y a-t-il là un souvenir de Rousseau : « Si

la vertu, qui définit le *souverain bien*, ne peut naître de la vertu elle-même, elle devra être l'objet d'une foi pratique « conforme au besoin théorique de la raison » ; c'est-à-dire qu'il faudra y croire, sous la double condition de l'immortalité de l'âme et de l'existence de Dieu. Kant rejoint ainsi ces croyances fondamentales dont on voit bien qu'elles ne l'avaient jamais quitté, même aux heures où il exprimait le plus vivement ce qu'il y avait de creux dans l'ontologie wolffienne et de ridicule dans les visions de Swedenborg : « Jamais une âme honnête n'a pu supporter la pensée que la mort soit la fin de toutes choses, et ses nobles sentiments l'ont toujours portée à l'espérance de l'avenir [1]. »

163. Mais il reste un point capital à décider : l'expression de foi pratique doit-elle *servir à nous expliquer*, ou doit-elle nous *interdire de comprendre*, comment les objets peuvent en être encore ces mêmes *idées transcendantales* que la *Dialectique* spéculative avait réduites à l'état de fantômes ? Les idées sont-elles dont susceptibles de se dégonfler et de se regonfler à volonté ? Après la réfutation de l'argument ontologique, Dieu semblait avoir perdu définitivement son concept ; dès lors, il est devenu impossible d'apercevoir où la preuve morale irait prendre le point d'appui théorique qui lui est indispensable pour passer par-dessus la nécessité de recourir à l'argument ontologique, nécessité qui s'est révélée mortelle au crédit de la preuve cosmologique et de la preuve physico-téléologique. De même, en ce qui concerne l'immortalité de l'âme, l'exigence pratique « du progrès, allant à l'infini vers la conformité de la volonté à la loi morale, vers la sainteté » (R. P., pp. 222-223), ne suffit pas, je ne dis pas pour démontrer, mais pour définir ce que Kant peut avoir en vue. « Avoir besoin du bonheur, en être digne, et pourtant ne pas y participer, c'est ce qui ne peut s'accorder avec le vouloir parfait d'un Être raisonnable, doué en même temps de la toute-puissance, lorsque nous essayons seulement de concevoir un

---

je suis mort au bonheur, je ne le suis point à l'amour qui m'en rend digne. » (Lettre de Saint-Preux à Julie, *N. H.*, II, 1).
1 Les rêves, apud *Anthropologie*, trad. Tissot, p. 334. Cf. *Critique de la raison pure, Méthodologie transcendantale*, B., II, 286-287 : « La foi en Dieu et en un autre monde est tellement unie à ma disposition morale que je ne crains pas plus le risque de perdre cette foi que je crains de pouvoir jamais être dépouillé de cette disposition. »

tel Être ¹. » Mais faut-il conclure de là que Kant suive Mendelssohn dans son retour au réalisme du *Phédon* ? Ou cela ne devra-t-il pas plutôt se concilier avec l'application subsidiaire que Kant avait entrevue lorsqu'il méditait les problèmes de la philosophie de l'histoire ? Certains textes suggèrent que l'immortalité se détache de la rigidité du dogme traditionnel pour descendre, sinon sur terre, du moins dans le monde, là où on souffre et où on lutte, où on se perfectionne et où on jouit, pour s'incorporer dans l'espèce tout entière, faisant concourir l'effort successif des générations à l'avènement de la communauté des êtres raisonnables ².

L'intervention de la liberté, dans la *Dialectique de la raison pratique*, présente une imprécision analogue, mais l'équivoque est plus troublante encore : car il est évident que si l'autonomie était objet de foi, fût-ce de foi rationnelle (*Vernunftglaube*) ³, au même titre que l'existence de Dieu ou l'immortalité de l'âme, l'immanence et la spiritualité de la doctrine seraient à nouveau compromises. Mais Delbos a bien fait la preuve qu'il n'en est pas ainsi : la liberté, dont il est question dans la *Dialectique*, est « la foi dans la puissance que nous avons de produire ici-bas la vertu, et par là de préparer l'avènement du souverain bien ⁴. » Cette liberté, « fondée sans doute sur l'autonomie », est pourtant autre chose : c'est ce que Kant appellera l'*autocratie*.

Quelles que soient les obscurités de son exposition, c'est sûrement forcer la pensée de Kant que d'interpréter la restriction du savoir au profit de la croyance comme une intrusion de la foi dans le domaine de la loi. De la séparation fondamentale entre l'*Analytique* et la *Dialectique*, il résulte que la rationalité de la loi n'est pas plus

---

1 Du concept du souverain bien. R. P., p. 202.
2 Voir dans V. D., p. 275, n. 1, la note publiée par Benno Erdmann : « La disproportion entre nos dispositions naturelles et leur développement en chaque *individu* fournit le principe de la foi à l'immortalité. » A quoi Delbos ajoute : « Ainsi le même argument sert à justifier la conception transcendante de l'immortalité personnelle et la conception quasi-positiviste de l'immortalité de l'espèce. »
3 Qu'est-ce que s'orienter dans la pensée ? apud *Mélanges de logique*, trad. Tissot, p. 330.
4 *Bulletin de la Société française de Philosophie*, séance du 27 octobre 1904, année 1905, p. 15. cf. p. 3 : entre les deux conceptions, Kant, dans l'*Éclaircissement critique de l'analytique*, replace l'idée de la liberté transcendentale et du caractère intelligible ; d'où résulte, pour la *Critique de la Raison pratique*, trois idées de la liberté, qui non seulement sont « différentes », mais encore « ne sont pas contemporaines ».

subordonnée à un acte de foi que le contenu de la foi ne rentre dans le cadre rationnel de la loi. Le christianisme, lui-même, tel que Kant l'interprète, serait loin de suspendre la certitude analytique du devoir à la perspective dialectique de l'espérance : « Le principe chrétien de la *morale* n'est pas théologique (partant hétéronomie), mais il est l'autonomie de la raison pure pratique par elle-même, parce que cette morale fait de la connaissance de Dieu et de sa volonté la base, non de ces lois, mais de l'espoir d'arriver au souverain bien sous la condition d'observer ces lois ; et qu'elle place même le *mobile* propre à nous les faire observer, non pas dans les conséquences désirées, mais uniquement dans la représentation du devoir comme étant la seule chose dont la fidèle observation nous rende dignes de nous procurer ces conséquences. » (R. P., 234.) Avec une rigueur entière d'honnêteté, Kant s'indigne à l'idée d'un prétexte sentimental que l'on ferait prévaloir contre l'impératif catégorique : « Malheur à qui se glisse dans les sentiers tortueux de la doctrine du bonheur, qui en attend quelque avantage, capable de dissiper ou seulement d'atténuer à ses yeux l'idée de la punition ; malheur à qui adopte cette sentence pharisienne : *Mieux vaut la mort d'un seul homme que la ruine de tout un peuple.* En effet, lorsque la justice disparaît, il n'y a rien qui puisse donner une valeur à la vie des hommes sur la terre [5]. »

164. La religion, inséparable dans son essence du *principe moral*, ne se restreint pourtant pas à la seule formule du principe : « Faire abstraction de toute considération de bonheur, quand le devoir commande, chercher, autant qu'il est possible, à s'assurer qu'aucun mobile, tiré de cette source, n'entre à notre insu dans les déterminations que nous prenons conformément au devoir... cela ne veut nullement dire que l'homme, quand il s'agit d'observer le devoir, doive *renoncer* à sa fin naturelle, au bonheur, car il ne le peut pas, non plus qu'aucun être fini raisonnable en général [6]. » Guidée par cette finalité naturelle, la *Dialectique* va s'orienter vers la foi, sans que ce mouvement comporte plus de mysticisme qu'il n'y avait d'ascétisme dans l'obligation de la loi, imposée par l'*Analytique*. On dirait, au contraire, que, chez Kant, la séparation radicale de leurs

---

[5] *Doctrine du droit*, trad. BARNI, p. 198.
[6] Cf. Sur le proverbe, ibid., p. 343.

domaines respectifs communique à la raison et à la foi comme une assurance nouvelle d'équilibre et de sérénité. La raison n'a rien eu besoin d'emprunter à la foi pour s'acquitter complètement de la tâche qu'elle avait assumée, de pourvoir à la justification du savoir positif et de l'action morale ; par là même elle a déchargé la foi de toute inquiétude sur sa propre responsabilité. Désormais donc, en règle avec la science et avec la conscience, Kant aura tout loisir et toute licence pour se pencher vers la nature, et pour en recueillir l'appel. Tandis que, dans le cours ordinaire de la vie, la crainte est liée à l'espérance comme le reflux au flux, il semble que, chez Kant, l'élément de crainte ait été absorbé par la loi, qui l'a spiritualisé sous la forme du respect intérieur. La foi libérée peut devenir uniquement espérance.

N'est-ce pas ce qu'indiquait déjà Kant lorsqu'il écrivait dans la *Méthodologie transcendentale* de la *Critique de la raison pure* ? « Leibniz appelait le monde, en tant qu'on n'y a égard qu'aux êtres raisonnables et à leur accord suivant des lois morales, sous le gouvernement du souverain bien, le *règne de la grâce*, par opposition au *règne de la nature*, où ces êtres sont, il est vrai, soumis à des lois morales, mais n'attendent d'autres conséquences que celles qui résultent du cours naturel de notre monde sensible. C'est donc une idée pratiquement nécessaire de la raison de se regarder comme appartenant au règne de la grâce, où tout bonheur nous attend, à moins que nous ne restreignions nous-mêmes notre part du bonheur en nous rendant indignes d'être heureux [1]. »

De cette nécessité pratique, de cette confiance joyeuse, Kant a cherché à souligner la fécondité, lorsqu'il a choisi le mot de *postulats* pour l'appliquer aux objets de la *Dialectique* pratique. Le mot a trompé plus d'un historien de la philosophie : on a été tenté d'y voir un signe d'insuffisance, comme l'aveu d'une « incomplétude », qui rejaillirait sur la critique tout entière, qui finirait par mettre les propositions de l'*Analytique* sous la dépendance des croyances dialectiques. Pourtant, ainsi que l'a remarqué Delbos, Kant avait pris les meilleures précautions pour prévenir toute méprise sur ce point : « Dans la *Critique de la raison pure*, Kant ne veut pas qu'on entende par postulat une proposition reçue comme immédiatement certaine, sans justification et sans preuve ; ce sont, dit-il, de

---

[1] De l'idéal du souverain bien, B., II, 372.

récents auteurs qui ont imposé au mot cette signification différente de celle qu'il a pour les mathématiciens et qui doit lui rester. Or, pour les mathématiciens, un postulat est une proposition pratique, qui ne contient rien de plus que la synthèse par laquelle nous nous donnons un objet et nous en produisons pour nous le concept [1]. » Il est vrai seulement qu'en passant au domaine de la foi morale nous ne possédons plus ce qu'avait le géomètre : l'intuition directe de cette vertu constructive qui est l'essence du postulat kantien ; nous ne faisons plus sortir l'objet d'un concept que nous serions capables de créer intellectuellement. Mais du moins les perspectives que Kant ouvre par la *Critique de la faculté de juger* et par la *Religion dans les limites de la simple raison*, font apercevoir comment un rapport à l'objet s'établit grâce à une certaine « manière de se comporter » qui n'exige plus l'intervention d'une détermination conceptuelle.

165. La découverte d'une fonction propre à la faculté de juger s'établit, pour ainsi dire, à l'intersection des deux *Analytiques*, de la Raison pure et de la Raison pratique.

Puisque la législation dans le domaine de la nature et la législation dans le domaine de la liberté ont également leur source dans la conscience transcendentale, comment n'y aurait-il pas, dans cette conscience, un moment où se rencontrent l'activité tournée vers le passé pour coordonner les résultats de l'expérience acquise, l'activité tournée vers l'avenir pour dicter l'impératif de la conduite : moment caractérisé par un sentiment du présent, qui semble se suffire à lui-même comme si le but auquel tend le double effort de la pensée spéculative et de l'action morale était obtenu immédiatement, en nous apportant la joie de nous réconcilier avec nous-même dans l'intégrité de notre être tout à la fois rationnel et sensible.

Ce moment d'harmonie se traduit par une double manifestation : *jugement de beauté*, d'une part, et d'autre part, *jugement de finalité*.

---

1 V. D., 486. Cf. Annonce de la prochaine conclusion d'un traité de paix perpétuelle en philosophie, apud *Mélanges de logique*, trad. Tissot, 1862, p. 468, note : « Un *postulat* est un impératif pratique donné *a priori*, qui n'est susceptible de recevoir pour sa possibilité aucune explication (par suite non plus aucune preuve). Ce qu'on postule donc, ce ne sont pas des choses ou en général *l'existence* de quelque objet, mais seulement une maxime (une règle) de l'action d'un sujet. »

La doctrine esthétique de Kant est un des plus heureux synchronismes de l'histoire. Il est assurément curieux que l'antagonisme de la science leibnizienne et de la science newtonienne ait engagé la réflexion philosophique dans une impasse, d'où elle n'a pu sortir que par l'invention de l'idéalisme transcendental, à l'époque même où l'art commençait à se rendre compte de son caractère purement interne et purement spirituel. Les théories classiques tendaient à résoudre le problème du beau, comme celui du vrai ou du bien, dans un sens ontologique. Les anciens paraissent avoir vu dans l'art un divertissement dont les hommes font l'offrande aux Dieux, comme la nature était un spectacle donné par les Dieux aux hommes. C'est pourquoi les formes d'art, pendant des siècles, se qualifieront selon la hiérarchie de leurs objets : un peintre de scènes religieuses affectera pour un peintre de nature morte le même dédain qu'un théologien ou un métaphysicien pouvait éprouver pour un simple savant.

Il est vrai que la pratique proteste contre la théorie :

> Il n'est point de serpent ni de monstre odieux,
> Qui, par l'art imité, ne puisse plaire aux yeux [1].

Après Boileau, Kant le redira, mais il explique pourquoi. La réflexion analytique a découvert, à la source des jugements synthétiques *a priori* dans le domaine de la science et dans le domaine de la moralité, une activité constitutive : la conscience originaire. Or, l'activité de conscience, précisément parce qu'elle est originaire et constitutive, ne saurait s'épuiser dans la détermination des jugements et de leur objet conformément à la loi ; elle demeure capable de se déployer, indépendamment de toute détermination, par-dessus la loi, dans un ordre de jugements où la réflexion analytique retrouve, en quelque sorte à l'état pur, son propre pouvoir réfléchissant.

L'objet du jugement de beauté se définit donc par le fait qu'il échappe aux conditions que l'on a tirées, soit des procédés ordinaires de l'intelligence, soit des impératifs de l'inclination sensible

---

1 Vers dont BARNI rapproche justement et passage de Kant : « Les beaux-arts ont cet avantage qu'ils rendent belles des choses qui dans la nature seraient odieuses ou déplaisantes », § 48, trad. BARNI, 1846 (que nous citerons sous les initiales *C. J.*), 1, 261.

ou de l'obligation morale ; il n'a d'autre raison que le « libre jeu » (cf. *C. J.*, § 9, I, 90) de l'imagination, qui donne à l'entendement de quoi s'exercer sans qu'elle en soit pourtant le produit, qui lui permet de remplir ainsi l'idéal d'une finalité volontaire sans que cette finalité procède d'un but extérieur : c'est de sa grâce spontanée qu'il tiendra tout son être. (*C. J.*, § 17, I, 123.)

La considération du jugement réfléchissant s'étend de la beauté à la finalité, qu'elle dégage de son enveloppe anthropomorphique. La vision esthétique de l'univers, éclaire du dedans la finalité ; elle la fait apparaître comme la réciprocité entre parties et tout, qui tour à tour seront et moyen et but, celui-ci vis-à-vis de celles-là, celles-là vis-à-vis de celui-ci. Tel était l'aspect sous lequel la *Politique* d'Aristote déjà envisageait la cité, que les citoyens font *vivre* et qui fait *bien vivre* les citoyens ; tel est le spectacle que présente aux yeux de Kant la rénovation de la France par la vie républicaine : « Dans une révolution qu'un grand peuple vient d'entreprendre, on s'est servi souvent et avec beaucoup de justesse du mot *d'organisation*, pour désigner l'agencement des magistratures et autres institutions de ce genre et même de tout le corps de l'État. En effet, dans un tout semblable, chaque membre doit être à la fois moyen et fin, et, tout en coopérant à la possibilité du tout, trouver lui-même dans l'idée de ce tout sa place et sa fonction. » (§ 65, *C. J.*, II, 31, n. 1.)

Le jugement réfléchissant est subjectivité pure : « Il y a une grande différence entre juger une chose, à cause de sa forme intérieure, comme une fin de la nature, et prendre pour une fin de la nature l'existence de cette chose. » (§ 67, *C. J.*, II, 36.) Pour pouvoir passer par-dessus cette restriction de la finalité au point de vue humain, il faudrait posséder un entendement autre que celui qui est apparu, dans l'*Analytique de la Raison pure*, comme président à la législation de l'univers selon les exigences de la physique rationnelle. « En effet, ce qui caractérise notre entendement, c'est que, pour connaître par exemple la cause d'une production, il doit aller de l'*universel analytique* (c'est-à-dire des concepts) au *particulier*, c'est-à-dire aux données de l'intuition empirique, sans rien déterminer par là relativement à la multiplicité qui s'y rencontre dans le particulier. Mais, cette détermination dont a besoin le jugement, il ne peut la chercher que dans la subsomption de cette intuition empirique sous le concept, quand l'objet est un produit de la nature.

Or nous pouvons concevoir aussi un entendement qui étant, non plus discursif comme le nôtre, mais intuitif, aille de l'*universel synthétique* (de l'intuition d'un tout comme tel) au particulier, c'est-à-dire du tout aux parties. » (*C. J.*, § 77, II, 90.)

166. Cet *intellectus archetypus*, où la synthèse installerait d'emblée son siège pour satisfaire à l'aspiration « architectonique » de la raison, les romantiques n'hésiteront pas à se l'attribuer sur le vu de la description kantienne ; ils le donneront pour fondement à leurs spéculations esthétiques et biologiques. Mais Kant lui-même, s'il brise les cadres formels de l'*Aufklärung*, est étranger à la mégalomanie du *Sturm-und-Drang* (cf. V. D., pp. 554-555) ; il impose au génie d'être limité par le goût [1]. D'autre part, la causalité ne lui paraît susceptible d'application légitime que grâce au principe d'inertie : « L'hylozoïsme serait la mort de toute science véritable [2]. » Si donc l'idée de l'*intellectus archetypus* n'enferme aucune contradiction, il est vrai que l'homme en est dépourvu. Le jugement de finalité, comme le jugement de beauté, sera *régulateur* et non *constitutif* ; c'est pourquoi il n'y a, chez Kant, ni métaphysique de la vie ni métaphysique de l'art, correspondant à la métaphysique de la nature ou à la métaphysique des mœurs. *La critique ici tient lieu de théorie* [3].

L'absence d'ambition systématique dans la *Critique de la faculté de juger* enlève toute acuité à ses antinomies dialectiques. Le dogmatisme qui prétendrait soumettre la beauté à l'universalité d'une méthode stricte, ou faire de la téléologie physique une discipline aussi rigoureuse que la mécanique rationnelle, ne saurait être contredit par le jugement réfléchissant ; mais il n'y trouve non plus aucun appui. L'effet du jugement réfléchissant est bien plutôt de transporter le centre de l'intérêt. Par delà « *l'idée du supra-sensible*

---

[1] Cf. *C. J.*, § 48 ; I, 262 : « C'est avec le goût, avec un goût exercé et corrigé par de nombreux exemples, empruntés à l'art ou à la nature, que l'artiste juge son œuvre, et qu'après bien des essais, laborieux souvent, il trouve enfin la forme qui le satisfait. Cette forme, loin d'être comme une chose d'inspiration, ou un effet du libre essor de l'esprit, est le résultat d'efforts longs et pénibles, par lesquels l'artiste cherchait toujours à la rendre plus conforme à sa pensée, en ne cessant de conserver la liberté du jeu de ses facultés. »
[2] Premiers principes métaphysiques de la science de la nature, trad. ANDLER-CHAVANNES, 1891, p. 77.
[3] Conclusion de la Préface, C. J., I, 9.

en tant que principe de la finalité subjective de la nature pour notre faculté de connaître », comme par delà « *l'idée du supra-sensible* en général en tant que *substratum* de la nature, sans autre détermination », il y a en effet, selon Kant, « *l'idée du supra-sensible* en tant que principe des fins de la liberté et de l'accord de ces fins avec la liberté dans le monde moral ». (*C. J.*, § 56, I, 324.) Autrement dit, c'est par rapport à l'homme, mais à l'homme considéré comme être moral, comme *nooumène* [1], qu'il est permis de concevoir une finalité inconditionnée de l'univers, de poser un but final de la création à partir de quoi s'ordonneront les spectacles de la nature et les tableaux de l'histoire, par quoi la lutte des individus pour le bonheur et des sociétés pour la culture prendra une signification apaisante et harmonieuse.

La théologie physique, « qui n'est qu'une mauvaise application de la téléologie physique » (*C. J.*, § 85, II, 153), ne peut servir qu'à préparer la théologie morale, dont elle tire toute sa force apparente : « La preuve physico-téléologique convainc comme si elle était réellement théologique ; non que les idées des fins de la nature puissent être employées à titre d'arguments empiriques pour prouver une intelligence *suprême*, mais parce que la preuve morale, cachée dans l'homme, exerçant une influence secrète sur lui, se mêle inaperçue à la conclusion par laquelle il attribue un but final, et partant la sagesse, à l'être qui se manifeste par un art si impénétrable dans les fins de la nature (bien que la perception de la nature ne l'y autorise pas), et remplit ainsi arbitrairement les lacunes de cette preuve [2]. »

La *Critique de la faculté de juger* met donc à profit l'impossibilité de détermination objective qui est propre au jugement réfléchissant, pour franchir immédiatement, et sans avoir à sortir du point de vue humain, la distance qui sépare la relativité du plaisir et l'absolu de la moralité. Tout semblait d'abord se passer *comme si* la contemplation de la finalité naturelle n'était rien de plus, que la jouissance de la beauté artistique ; et tout finira, ainsi qu'en témoigne le sentiment du sublime, par se passer *comme si* l'ordre esthétique lui-même était entraîné dans le mouvement qui fait de

---

1 *C. J.*, §§ 86 et 84, II, 155 et 140. Cf. la *Profession de foi du vicaire savoyard* : « Qu y-a-t-il de si ridicule à penser que tout est fait pour moi, si je suis le seul qui sache tout rapporter à lui ? Il est donc vrai que l'homme est le Roi de la terre qu'il habite. » *V. S.*, 155.
2 C. J. Remarque générale sur la théologie, II, 218.

l'harmonie universelle le présage et le symbole d'une vocation suprasensible.

167. La restauration de l'esthétisme et du finalisme, considérés sinon κατ' ἀλήθειαν du moins κατ' ανθρωπον [1], permet de comprendre ce que Kant écrivait, à la fin de sa *Réponse à Eberhard*, parue la même année que la *Critique de la faculté de juger* : « La *Critique de la raison pure* pourrait bien être la véritable apologie de Leibniz même contre ses partisans, qui le glorifient avec des éloges assez peu de nature à lui faire honneur [2]. » Et l'article de 1791 sur l'*Échec de toutes les tentatives philosophiques en matière de Théodicée*, achève de préciser la portée de la formule, en écartant définitivement tout système où l'œuvre du créateur serait conçue, déduite, justifiée, sous les espèces de l'esthétique et de la téléologie. Le meilleur des mondes possibles n'est pas certainement celui où Dieu aurait été réduit à prendre Leibniz comme avocat ; n'est-ce pas plaider coupable que de ramener le mal moral à n'être qu'une espèce du mal en général, et de le faire entrer dans un calcul de compensation que l'on suppose effectué par l'entendement de l'Être suprême, de manière à lui en faire porter la responsabilité ? Là est sans doute, par rapport à l'optimisme spéculatif dont témoignaient les premiers écrits de Kant, l'indice du plus grand changement qui soit survenu dans sa carrière. Il convient seulement d'ajouter que si Kant rejette et dépasse le *thème leibnizien*, c'est pour revenir au thème plus anciennement enraciné en lui, au *thème piétiste*.

La *Religion dans les limites de la simple raison* se rattache à la tradition luthérienne interprétée dans l'esprit le plus large : « S'il faut appeler *catholique* une Église qui donne sa croyance ecclésiastique pour universellement obligatoire, et *protestante* celle qui se défend contre ces prétentions... un observateur attentif pourra trouver maints exemples célèbres de catholiques protestants et encore davantage d'exemples scandaleux de protestants archicatholiques. » (*R. L.*, p. 128.) Autant la conscience est indépendante de toutes ces croyances empiriques qu'apparemment le hasard a fait nôtres [3],

---
1 Cf. Sur les progrès de la métaphysique, apud Prolégomènes, trad. TISSOT, p. 392.
2 Apud *Prolégomènes*, trad. TISSOT, p. 310.
3 *Ibid.*, p. 129, cf, pp. 126-127 : « Il est plus correct de dire : cet homme fait partie de telle ou telle *croyance* (juive, mahométane, chrétienne, catholique, luthérienne) que de dire qu'il est de telle ou telle religion... Le vulgaire entend toujours par reli-

autant elle est inséparable de la conscience morale. Voilà pourquoi c'est altérer le christianisme que de le greffer sur le judaïsme : « En vérité, le judaïsme n'est point une religion : l'on n'y peut voir que l'association d'un certain nombre d'hommes qui, appartenant à une race particulière, avaient constitué, non une Église, mais un État régi par de simples lois politiques... La théocratie qui est à la base de cette constitution politique (sous la forme visible d'une aristocratie de prêtres ou de chefs qui disaient recevoir immédiatement de Dieu leurs instructions), ni par suite le nom de Dieu, car Dieu, en réalité, n'est ici honoré que comme un chef temporel qui ne prétend ni régner sur les consciences, ni avoir de la conscience, ne suffisent pour changer cette foi politique en constitution religieuse. » (R. L., p. 150.)

C'est sans doute se condamner à l'isolement que d'exiger une sincérité parfaite en matière de religion : « *Sincérité* ! ô toi qui t'es enfuie, Astrée de la terre, jusqu'au ciel, comment te faire redescendre, toi, fondement de la conscience et par suite, de toute religion intérieure [1], de ces hautes régions vers nous [2] ? » Toutefois le souci de la religion intérieure ne conduit nullement Kant à une reconstruction individuelle et originale du système de la foi. L'expérience religieuse, telle que l'a mise à la mode le pragmatisme de James, reçoit de Kant son nom véritable : c'est la *folie religieuse* « qui consiste à regarder comme équivalente à la chose même sa simple représentation. » (R. L., p. 202 et note.) Kant relèvera, dans un classe-

---

gion sa croyance d'Église, croyance qui saute aux yeux, alors que la religion se tient cachée au fond de l'homme et dépend seulement des sentiments moraux. On fait trop d'honneur à la plupart des hommes quand on dit qu'ils se reconnaissent de telle ou telle religion ; car ils ne connaissent et ils ne désirent pas de religion ; la foi statutaire d'Église est tout ce qu'ils mettent sous le mot de religion. Les prétendues guerres de religion qui ont si souvent ébranlé le monde en le couvrant de sang, n'ont jamais été autre chose que des conflits tournant autour des croyances d'Église. »
1 Cf. *Profession de foi du vicaire savoyard* : « ... Qu'il n'y a point de religion qui dispense des devoirs de la morale, qu'il n'y a de vraiment essentiels que ceux-là ; que le culte intérieur est le premier de ces devoirs, et que sans la foi nulle véritable vertu n'existe... » (V. S., 443).
2 R. L., 232, n. 2. Cf. la conclusion de l'*Étude sur l'échec de toutes les tentatives philosophiques en théodicée* : « D'où vient qu'un caractère franc et sincère, ennemi de toute feinte et de toute fausseté, nous élève l'âme et nous inspire tant de respect, bien que la droiture et la simplicité n'aient rien de grand et ne semblent pas exiger de laborieux efforts ? Ne serait-ce pas précisément parce que la sincérité est ce qu'il y a de moins naturel au cœur de l'homme ? »

ment méthodique, les facteurs de dégénérescence qui contribuent à écarter l'homme de la piété véritable : « 1° Prétendue expérience interne (effets de la grâce) : *fanatisme (Schwärmerei)* ; 2° Soi-disant expérience extérieure (miracles) : *superstition* ; 3° Lumières extraordinaires que l'on attribue à l'entendement par rapport au surnaturel (mystères) : *illuminisme* (illusion d'adeptes) ; 4° Tentatives téméraires d'agir sur le naturel (moyens de grâce) : *thaumaturgie.* » (*R. L.*, p. 61, note.)

168. C'est en partant de la religion (vue subjectivement), c'est-à-dire de la connaissance de tous ses devoirs comme commandements divins (*R. L.*, p. 183), qu'on triomphe de tous les obstacles, et qu'on rencontre le christianisme, purifié lui-même et refondu au moyen d'une exégèse qui n'a pas seulement la licence, qui a encore l'obligation, de découvrir la signification morale des textes consacrés : « La peine que nous prenons à découvrir dans l'Écriture un sens qui soit en harmonie avec les enseignements *les plus saints* de la raison, n'est pas seulement permise ; elle doit même être considérée plutôt comme un devoir. » (*R. L.*, p. 99.)

Au terme de la recherche, il apparaîtra que le christianisme est bien la religion, en tant qu'il satisfait à l'idée de la moralité, non pas uniquement d'une façon négative, parce qu'il en respecte les exigences, mais aussi dans ce sens positif qu'il ajoute à ce que, par lui-même, l'homme est capable de déterminer, même de concevoir. Dans un projet de *Réponse* au *Rescrit royal* qui avait blâmé l'indépendance dont il avait fait preuve dans l'expression de sa pensée, Kant indique les points sur lesquels la foi rationnelle, se sentant en défaut, doit solliciter une « subvention » de la théologie : *origine du mal, conversion au bien, justification de l'homme régénéré*. (V. D., 675, n. 1.)

Assurément le mythe juif de la *Genèse* n'est rien de plus qu'un symbole. La notion d'un péché dont la transmission se ferait par hérédité naturelle, qui ne serait pas imputable à ce qui est l'essence de l'agent moral, constitue une *contradictio in terminis*, qu'aucune force, ou humaine ou divine, n'est en mesure de résoudre. Mais ce qui est symbolisé par la légende, c'est la réalité intemporelle du caractère intelligible, mystérieusement caché dans la profondeur de notre intention secrète, et que la seule conformité de nos actes à

DEUXIÈME PARTIE

la loi ne suffit pas pour juger [1]. Par delà les moments où l'individu vit et agit, au delà de cette conscience « originaire » pourtant, d'où dérive la législation *a priori* de la raison, il y a quelque chose qui serait plus originaire encore : un acte dont nous sentons bien le poids retomber sur nous par le fait même que l'impératif de la raison se présente, ainsi qu'y insiste l'*Introduction* à la *Doctrine de la vertu*, « comme une contrainte exercée à contre-cœur. » Cet acte dont nous ne pouvons, dans notre état actuel, ni dire ni comprendre, où et quand, comment et pourquoi il s'est produit, c'est un péché « dont seul le coupable doit supporter le poids, sans que l'innocent puisse s'en charger en son lieu et place, fût-il assez magnanime pour le vouloir » (*R. L.*, p. 83) ; c'est notre péché. En chacun de nous, l'homme s'est fait nature, pouvant être autre que nature.

Tel est, suivant Kant, le *mal radical*, mal qui ne saurait être, cependant, sans une contre-partie ; car, si l'homme a failli en acceptant d'être nature, c'est qu'il était en possession d'une liberté qui, pour s'être mise en fait au service de l'attrait sensible, n'en demeure pas moins, en droit, capacité de raison. Et, en effet, par la revendication de l'autonomie morale, par une conduite conforme à l'intention de respecter la loi, l'homme s'affirme comme être raisonnable. Seulement, cette affirmation, il ne dépend pas de l'individu, pris isolément, qu'il réussisse à la traduire en réalité ; c'est dans l'humanité tout entière qu'elle devra prendre corps, elle implique une *société éthico-civile* (*R. L.*, p. 109), qui sera l'Église, ramenée du dehors au dedans, du « culte servile » à la vie libre de l'esprit. Cette Église est destinée à vérifier que « Dieu lui-même doit être l'auteur de son propre royaume ». (*R. L.*, p. 180.) La transformation du peuple de Dieu en république morale universelle pour l'accomplissement absolu de l'humanité, reflète, et elle atteste, un secours d'en haut, dont l'apparition de l'*homme-Dieu* est la sublime expression. Ainsi, abstraction faite des miracles, dont l'homme ne saurait ré-

---

[1] Cf. *R. L.*, pp. 40-41 : Il y a des cas où « le *caractère empirique* est bon, alors que le *caractère intelligible* demeure toujours mauvais... C'est ce qui se produit quand la raison recourt à l'unité des maximes en général, qui est propre à la loi morale, simplement en vue d'introduire dans les mobiles de l'inclination, sous le nom de *bonheur*, une unité des maximes qu'ils ne pourraient pas obtenir autrement (la véracité, par exemple, si nous la prenons pour principe, nous affranchit de l'anxiété que produisent l'obligation où l'on est de mettre ses mensonges d'accord, et la crainte de se perdre dans leurs replis sinueux) »

clamer l'accomplissement par lui, ou pour lui, sans confesser par là même son incrédulité morale (*R. L.*, p. 71), s'établit la *foi pratique dans le fils de Dieu*.

169. Les dogmes du péché d'origine, de la justification de l'homme régénéré, sont donc au terme (*et peut-être étaient-ils implicitement à la source*) des courants dessinés par la philosophie kantienne lorsqu'elle travaillait à établir la possibilité cosmologique du caractère intelligible et la possibilité pratique de l'impératif catégorique. On pourrait donc dire que la *Religion dans les limites de la simple raison* fixe le contenu et fait apparaître la portée de la liberté transcendentale, mais sans introduire de difficulté nouvelle, si elle ne devait faire un troisième emprunt à la théologie, concernant la *conversion du mal au bien*.

La faute originelle qui engage notre avenir, tout en remontant au delà de notre passé, implique une causalité de telle nature qu'elle a dû échapper à la prise de notre conscience actuelle et qu'elle doit échapper à sa reprise ; elle s'exerce dans un plan supérieur au plan du temps. Et de même, le Dieu qui concourt par la moralité de son Église à l'avènement de son règne, a seulement son symbole dans un homme que d'autres hommes ont cru rencontrer en chair et en os, à un moment déterminé de l'histoire, dans un endroit donné de la terre. Son action, pour être digne de sa sainteté, doit être interne, spirituelle, éternelle [1] ; il faut donc, je ne dis pas pour comprendre, mais pour poser, la grâce régénératrice du pécheur, recourir une

---

[1] Chez Kant, comme chez Spinoza, dont il se croit pourtant si éloigné, la conception du Christ éternel se heurte à la temporalité de faits tels que la *résurrection* et l'*ascension*. « Après l'histoire publique de Jésus, celle qui peut aussi, par conséquent, servir universellement d'exemple à la postérité, les faits, dont les disciples seuls ont été témoins, constituent une histoire plus secrète. Mais, ajoute Kant, cette seconde histoire dont nous laissons intacte la valeur historique, ne peut avoir aucune utilité pour *la religion dans les limites de la simple raison*, non point parce qu'elle est un récit historique (car l'histoire qui la précède offre le même caractère), mais parce que, prise à la lettre, elle admet un concept sans doute très conforme au mode de représentation sensible des hommes, mais très gênant pour la raison dans sa croyance à l'avenir, le concept de la matérialité de tous les êtres du monde : *matérialisme* de la *personnalité* de l'homme (matérialisme psychologique) qui fait du même corps la condition indispensable de la personnalité, aussi bien que *matérialisme* de la *présence* dans un monde en général (matérialisation cosmologique) qui pose en principe que la présence ne peut être que *spatiale*. » (*R. L.*, 154, note).

fois de plus au plan de l'intemporalité.

Ces deux démarches de la pensée religieuse ne sont pas en contradiction avec la conception kantienne de l'idéalisme, qui permet de restaurer le monde intelligible par un appel à la foi rationnelle. Il est même loisible de soutenir qu'en débarrassant de leur dogmatisme ontologique les propositions fondamentales de son christianisme, Kant écarte ce qui pouvait paraître rude et malaisé dans le double aspect de la réalité intemporelle, dans la contrariété de ses aspects. Mais il n'en est plus du tout ainsi avec le troisième point, qui était destiné, dans l'intention de Kant, à l'achèvement du système, et qui semble avoir pour effet de le faire éclater dans une dislocation brusque de ses éléments. Il est inévitable (et cela n'est pas contesté) que la conversion au bien, comme l'origine du mal et la « justification », ait lieu hors du temps [1].

Or, la plus impérieuse des évidences s'impose ici : la notion de conversion, fût-elle réduite à sa simple expression verbale, implique la dualité radicale du *vieil homme* et de l'*homme nouveau*, un renversement d'attitude et d'âme entre ce qu'il était autrefois et ce qu'il est depuis, une séparation, par l'*Uebergang*, entre l'avant et l'après, c'est-à-dire le temps lui-même en son essence et à sa racine. Dès lors, et de quelque obscurité que s'enveloppe la formule d'un mystère, il est difficile d'admettre que le dogme d'une conversion intemporelle ne se heurte pas, dès avant d'être fermé, à l'impossibilité intrinsèque de son énonciation.

170. Si nous avons bien suivi à travers la complexité de ses détours la carrière philosophique de Kant, cette difficulté est liée au fond du problème que le XVIIIe siècle avait reçu du précédent. Le *dénouement* serait ici commandé par le *Prologue*, c'est-à-dire qu'au delà de toutes les antinomies que successivement les trois *Critiques* définissent et résolvent, il semble qu'il y en ait une qui couvre tout l'horizon du système et que le système ne parviendra pas à ré-

---

1 Cf. *R. L.*, p. 86 : « Bien que *physiquement* (c'est-à-dire considéré du point de vue de son caractère empirique d'être appartenant au monde des sens), l'homme nouveau demeure le même homme coupable, et doive, comme tel être jugé devant un tribunal moral, et conséquemment aussi par lui-même, dans son intention nouvelle (comme être intelligible), il n'en est pas moins un autre *moralement*, aux yeux d'un juge divin pour qui l'intention vaut l'action. » Cf. Jules Lachelier, apud *Bulletin de la Société de philosophie*, Séance citée du 27 octobre 1904, p. 10.

soudre, dont nous serions tentés de dire qu'il ne cherche pas à la dominer, car il faut qu'elle réapparaisse au cours de la *Religion dans les limites de la simple raison* : c'est l'antinomie que présentaient déjà le pessimisme moral de Bayle et l'optimisme métaphysique de Leibniz, le dualisme de la conscience humaine et le monisme d'une raison absolue.

Par là, nous touchons à ce qu'il y a de plus intérieur, de plus profond, chez un philosophe, au rythme de pensée dont tel ou tel point de doctrine ne sera que l'expression partielle et encore inadéquate. Tandis que la pensée de Bayle se caractérise par un rythme d'*antithèse*, et la pensée de Leibniz par un rythme de *synthèse*, la pensée kantienne présente un continuel enlacement d'antithèse et de synthèse. L'*Analytique* dans la *Critique de la raison pure*, et la *Métaphysique de la nature* qu'elle prépare, sont orientées vers une synthèse de l'univers ; mais une *Dialectique* s'y superpose dont le résultat final est le système des *antinomies*. Quand on passe à la *Critique de la raison pratique*, le rapport de l'*Analytique* et de la *Dialectique* apparaît inverse. Celle-là met en évidence l'antithèse radicale de la nature et de la liberté, tandis que celle-ci suggère leur synthèse dans l'idée du souverain bien.

Ces oppositions, à l'intérieur de chaque *Critique* et entre les *Critiques* elles-mêmes, expliquent à leur tour le jeu de lumière et d'ombre qui permettra de réunir, dans la perspective totale du système, les *Analytiques* prises ensemble, d'une part, et, d'autre part, les *Dialectiques*. Tout d'abord, par le fait qu'il a prescrit à la nature les normes de la synthèse intellectuelle, l'homme a conscience de la suprématie qui appartient à sa propre raison : retrouvant en soi la nature, il se sait capable de lui imposer la discipline grâce à laquelle il se transforme lui-même en raison, avec le sentiment qu'une telle imposition implique une lutte perpétuelle, un déchirement, de l'être intérieur. Voilà où s'arrête la rigueur de la démonstration philosophique ; et ce fut l'erreur de Leibniz que d'avoir conçu un *règne de la grâce* qui serait symétrique du *règne de la nature*, accessible aux mêmes démarches de la pensée logique, susceptible de donner occasion à la même forme de synthèse claire et distincte [1]. Il reste vrai, pourtant, que la dualité de structure inhé-

---

[1] Tel serait, pour Kant, d'une façon plus générale, le vice de la théologie dogmatique qui attribue un entendement à Dieu et qui essaye d'en faire la psychologie :

rente au domaine apodictique de la loi, se retrouve dans la région problématique de la foi. Kant aurait pu se borner à y prolonger simplement les lignes, ou de l'antithèse suivant la suggestion de la Dialectique spéculative, ou de la synthèse suivant l'espérance de la Dialectique pratique. En fait, la croyance, chez Kant, présente un double aspect, correspondant à une double fonction. Le rôle de la foi sera d'abord sans doute d'achever, à la place de la raison, mais selon le plan dressé par elle, cette totalité inconditionnée dont la connaissance théorique s'est montrée incapable, faute d'intuition suprasensible. Et, d'autre part, la foi sera aussi ce dont le contenu ne saurait tomber dans les cadres d'une synthèse rationnelle, n'ayant aucune commune mesure avec les démarches habituelles de notre intelligence. Entre l'imputabilité d'un péché transcendant par rapport aux intentions dont nous pouvons prendre conscience, et l'initiative d'une grâce transcendante au mérite d'une volonté libre, un passage s'opère qui fait le fond le plus intime de notre destinée personnelle, et qui, pourtant, nous demeure mystérieux. L'homme vit à la surface du drame qui est son être, n'en recueillant que les conséquences contradictoires, dans l'alternative incessante du pessimisme que suggère inévitablement l'intelligence du réel, et de l'optimisme dont le respect de la loi morale s'accompagne comme d'une condition pour son efficacité [1]. *Foi philosophique* et *foi théologique*, Kant n'entend renoncer ni à l'une ni à l'autre ; il ne demande pas non plus que le christianisme prenne parti pour celle-là contre celle-ci. Au contraire, ce qui caractériserait l'interprétation kantienne de la religion, c'est qu'elle conserve tout à la fois, qu'elle consacre, l'effort de l'homme pour ennoblir son Dieu en le détachant de toute religion aux contingences d'ordre terrestre,

---

« Transformer le *schématisme de l'analogie* (qui sert à l'explication) dont nous ne saurions nous passer, en *schématisme de la détermination* de l'objet (visant à l'extension de notre connaissance), c'est de *l'anthropomorphisme* qui, sous le rapport moral (dans la religion), a les conséquences les plus funestes. » *R. L.*, p. 74, note.

1 Cf. le début de la *Religion* : « Le monde va de mal en pis : telle est la plainte qui s'élève de toute part, aussi vieille que l'histoire, aussi vieille même que la poésie antérieure à l'histoire, aussi vieille enfin que la plus vieille de toutes les légendes poétiques : la religion des prêtres. » Et, d'autre part, dans la 2ᵉ édit la fin de la note, en réponse à Schiller : « La gaîté du cœur dans *l'accomplissement* de son devoir... est un indice de la pureté de l'intention vertueuse, même dans la *piété*, qui consiste, non dans les mortifications du pécheur repentant, ...mais dans le ferme propos de mieux faire à l'avenir. » (p. 22, n. 2).

à la mythologie et à l'histoire, en le concevant dans la pureté de sa vérité ; mais aussi l'effort de l'homme pour s'ennoblir lui-même, en cherchant au delà de la terre, au delà de la vie, qui prendra intérêt à lui, qui le soutiendra dans la lutte entreprise pour surmonter les trop douces impulsions de la nature, qui le « sauvera » enfin, en le soulevant jusqu'à la dignité de citoyen dans la république des êtres raisonnables.

Peut-être ces efforts, orientés dans des directions divergentes, sont-ils antagonistes l'un de l'autre. Ainsi une crise profonde, inextricable, se produirait à l'intérieur de la croyance dont Kant a désiré accroître le domaine avec la permission et sur l'invitation même de l'idéalisme transcendental. Mais peut-être aussi Kant admettrait-il que la crise dût figurer l'état normal et spécifique du chrétien. La pensée religieuse ne lui était-elle pas parvenue sous le double aspect du piétisme et du wolffianisme, dans une sorte d'oscillation autour du point d'équilibre que représentait le luthéranisme officiel ? Ses maîtres de Kœnigsberg, les Schultz et les Knutzen, ne lui avaient-ils pas inculqué le devoir de ne rien sacrifier ni des exigences logiques de la raison ni des scrupules intérieurs de la moralité ? Et fidèle, comme Descartes, à la religion de sa nourrice, Kant, au moment de rédiger la *Religion dans les limites de la simple raison*, relit le catéchisme qui, quelque soixante ans auparavant, lui avait fait connaître les thèmes fondamentaux du christianisme.

Section III
FICHTE AVANT LA QUERELLE DE L'ATHÉISME

171. Ce que la carrière de Kant, faite des plus étonnantes aventures intellectuelles que l'homme ait jamais courues, offre de plus étonnant à l'historien, c'est peut-être le spectacle d'une doctrine qui bouleverse tout autour d'elle et après elle, sans qu'elle ait détaché son auteur du centre de ses convictions profondes. Le créateur de la *Critique* a passé à travers la critique, lui demandant le service positif de fonder une philosophie définitive de la nature, mais, il en fait lui-même la remarque, afin de permettre à la métaphysique véritable d'aller désormais vers son but : *Dieu, la liberté, l'immortalité de l'âme* [1]. Dès lors, si nous appelons disciples immédiats ceux

[1] Premiers principes métaphysique de la nature, trad. citée, p. 12.

qui feraient groupe avec le maître pour traduire leurs opinions par un même bulletin de vote, nous aurions sans doute à les chercher du côté des théologiens, tels Schleiermacher ou Ritschl, qui ont essayé, eux aussi, de prolonger et d'approfondir la vertu interne du christianisme par une délimitation plus sévère des frontières entre le savoir et la croyance, par un réajustement plus subtil de leurs significations respectives. Mais l'œuvre du génie dépasse l'état initial de sa préméditation ; elle est tendance à perceptions nouvelles. Et, à ce titre, le kantisme, considéré indépendamment de toute référence à la personne de Kant, comportait une possibilité d'interprétations également immédiates, mais qui, cette fois, ne devaient plus se réduire à une simple répartition des valeurs, qui entraînaient des transmutations radicales.

La complexité de l'œuvre kantienne, au détail infini, toujours imprévu et toujours fécond, laisse pressentir la variété de ces interprétations. Et l'extraordinaire effervescence dont l'Allemagne est alors le théâtre, explique la rapidité incroyable avec laquelle elles se succèdent. Kant meurt en 1804, et c'est l'année où Fichte en est à remanier le remaniement de sa *Théorie de la science*. Il vient de rompre solennellement avec Schelling, dont Hegel, trois ans auparavant, avait déjà marqué l'originalité par rapport à Fichte, et qui pour son propre compte dessinait une orientation — naturaliste ou surnaturaliste — du romantisme, en opposition à ceux des disciples de Fichte qui s'en tenaient aux thèmes de l'ironie transcendentale. Ce n'est pas tout encore : la transition de Kant lui-même à Fichte implique la considération de penseurs qui ont déjà médité la doctrine kantienne, Jacobi, Reinhold, Schulze, Maïmon, Beck [1].

Toutefois, si aiguë que soit leur réflexion, et l'on ne saurait aller plus loin dans la pénétration incisive que Maïmon, la portée historique de leur œuvre semble s'effacer devant l'exceptionnel, devant l'unique éclat de la *Théorie de la science*. Et cela pour un motif que Fichte avait admirablement dégagé dès la fin de 1793 : « Il n'y a qu'un seul fait originel de l'esprit humain qui puisse servir de base à la philosophie générale et à ses deux rameaux, la théorie et la pratique. Sûrement Kant le sait ; mais il ne l'a dit nulle part.

---

1 Voir Delbos, Les facteurs kantiens de la philosophie allemande de la fin du XVIIIe siècle et du commencement du XIXe, IV, *Revue de Métaphysique*, septembre-octobre 1919, pp. 583-590.

Celui qui découvrira ce fait élèvera l'exposition de la philosophie à la hauteur d'une science. Et ce ne sera aucun de ceux qui se sont hâtés de conclure un système après l'étude de la seule *Critique de la raison pure* ; je crains même que pas un d'entre eux ne comprenne jamais Kant [1]. »

Et, en effet, les premiers commentateurs de Kant se bornaient à poser le problème en termes spéculatifs ; ils commençaient par se référer aux présuppositions du dogmatisme prékantien, ils en recherchaient les survivances à travers les méandres de l'idéalisme transcendental ; de telle sorte que le kantisme paraissait se condamner lui-même lorsqu'il réclamait pour son équilibre la causalité d'une chose en soi, insaisissable et inconnaissable. L'échec de la Dialectique, loin de marquer le triomphe de l'idéalisme kantien, consacrait son impuissance en le condamnant au scepticisme. La restriction du savoir au profit de la croyance, proclamée dans la *Préface* pour la seconde édition de la *Critique de la raison pure*, apparaissait comme un témoignage décisif en faveur de cette interprétation.

Fichte lut Kant dans un tout autre esprit. Né en 1768, il put, par le privilège de l'âge, connaître simultanément les trois critiques ; par le privilège du génie, il comprit, dès son premier contact avec elles, le progrès qui se dessinait de l'une à l'autre. Dans la première *Critique*, la raison était élevée en apparence au-dessus de l'entendement humain ; en fait, elle était tenue à l'écart du savoir véritable, reléguée dans une sorte de purgatoire métaphysique où on lui donnait à gouverner les ombres du monde intelligible. Mais il n'en est plus du tout de même avec la *Critique de la raison pratique* ; la raison y acquiert une certitude d'immanence et d'efficacité, dont elle ne se laissera plus dépouiller : qui dit *raison pure*, dit *acte libre*. La liberté grâce à laquelle l'homme raisonnable est le législateur de la science et de l'action, voilà ce que dégage enfin de tout mirage dogmatique, de toute illusion dialectique, la *Critique de la faculté de juger*, celle où la critique en arrive à proclamer sa propre suffisance en même temps que son propre primat : *die Kritik statt der Theorie* [2].

---

1 Lettre à Niethammer, octobre-novembre 1793, apud *Fichte's Briefwechsel*, édit. Hans SCHULZ, t. I, Leipzig, p. 300. Cf. Xavier LÉON, *Fichte et son temps* (que nous désignerons par X. L), t. I, 1922, p. 247, n. 1.

2 Sur le premier travail de FICHTE, conçu à 22 ans, pour simplifier, pour clarifier, la

D'autre part, le mouvement général de la pensée allemande contribue à faire évanouir les dénouements postiches vers lesquels Kant s'était efforcé d'orienter l'idéalisme critique, avec l'espoir de rattraper et de réunir les bribes du roman métaphysique qui avait enchanté sa jeunesse. Une perspective nouvelle de l'histoire s'est brusquement dégagée pour la génération à laquelle appartient Fichte. Le spiritualisme de l'*Éthique* s'y est substitué à l'anthropomorphisme de la *Théodicée*, sous l'influence de Lessing, que venait renforcer encore l'attitude paradoxale de Jacobi : confessant qu'il n'y avait pas d'autre philosophie rationnelle que le spinozisme, Jacobi conseillait de renoncer à penser pour demeurer *bien pensant*, de consentir à ce « dérèglement de l'esprit » qui consiste à « croire les choses parce qu'on veut qu'elles soient ». Il est vrai, d'ailleurs, que ni Lessing ni Jacobi n'ont assez d'intelligence scientifique pour pénétrer à fond dans l'*Éthique* : le spinozisme, qu'ils présentent à leurs contemporains, se ressent encore des interprétations naturalistes qui lui étaient imposées depuis un siècle. Son âme de liberté n'a pas été délivrée, et ce sera justement cette âme que Fichte rencontrera dans la *Critique de la raison pratique*.

172. Telles sont les circonstances qui permettent de préciser l'objet de la *Théorie de la science*. Elle va s'appuyer sur la *Critique de la raison pratique* (« qui demeure cependant inintelligible sans la *Critique de la raison pure* »)[1], et sur l'*Introduction* de la *Critique de la faculté de juger*, avec l'intention de répondre au substantialisme qu'elle attribue à Spinoza, mais en même temps d'éliminer ce que la critique kantienne laissait encore subsister de préjugés *dialectiques*, de concepts *transcendants*. Et c'est par là que la *Théorie de la science* occupe une place à part dans la littérature postkantienne, dans la carrière même de Fichte. D'une façon générale, en effet, les Post-Kantiens (et Fichte, *après Schelling et d'après Schelling*, se conformera au type devenu courant) ont emprunté à quelque partie, *excentrique* ou *extra-critique*, de la doctrine kantienne (conception de l'*intellectus archetypus*, conjectures sur la philosophie de l'histoire, immutabilité du caractère intelligible) un point

---

Critique de la faculté de juger, mais aussi pour atteindre le point de jonction entre les lois de la nature et les lois de la liberté, situé dans une région plus profonde que la nature et que la liberté, voir X. L., I, 92, n. 2.

1 *Lettre à Achelis*, novembre 1790 ; I, 142.

de départ pour un renouveau du dogmatisme prékantien. Leur but commun était de réagir contre les insuffisances et les timidités auxquelles Kant s'était condamné par une excessive fidélité au principe de l'idéalisme critique. Au contraire, selon Fichte — le Fichte de 1794 — si le kantisme demeure timide et insuffisant, c'est par rapport à ce principe de l'idéalisme critique, que Kant avait lentement et laborieusement découvert à travers les différentes parties de son œuvre, auquel, par conséquent, il n'avait pas pu faire appel pour assurer la domination et l'unité de cette œuvre.

De l'idéalisme de Kant à l'idéalisme de Fichte, on ne passe point par une sorte de greffe artificielle : celui-ci n'est rien d'autre que celui-là [1]. Mais Fichte, se tenant dans les limites du système kantien, s'efforce de l'approfondir, d'en mettre à nu la racine, jusqu'à ce qu'apparaisse à la lumière de la raison ce dont la raison tire sa capacité à prescrire la formule de la loi, à fonder les jugements synthétiques *a priori* de la science et de la moralité. Fichte ne se borne pas, comme Kant, à recevoir la synthèse des mains d'Aristote, d'Euclide et de Newton, toute cristallisée déjà dans les formes de l'intuition sensible et les catégories de l'entendement. Encore moins la synthèse est-elle chez lui, ce qu'elle sera chez Hegel, le postulat de la méthode, l'arme nécessairement victorieuse de la raison. L'originalité souveraine de la *Théorie de la science*, c'est que la synthèse n'y intervient que pour définir la position du problème, et même en termes tels, à vrai dire, que, *du point de vue spéculatif*, la solution apparaît désespérée. Dire qu'il y a *synthèse de fait* entre le représentant et le représenté, entre le sujet et l'objet, entre le *moi* et le *non-moi*, c'est reconnaître aussi qu'il y a *antithèse de droit*. Et par là s'explique, à travers l'histoire, l'alternative sans fin du dogmatisme et du scepticisme.

A cet égard sans doute, la *Critique de la raison pure* avait accompli un pas décisif, en démontrant que la fonction propre du sujet — *conscience originaire, moi transcendental* — consiste dans l'affirmation de l'objectivité. Mais elle avait laissé dans l'ombre ce qui pouvait l'autoriser à franchir le plan du rêve intérieur, à se déclarer capable d'atteindre le monde véritable. Parce qu'il s'était heurté à cette question, dans le doute méthodique, Descartes avait jadis ris-

---

1 Cf. Première Introduction à la Théorie de la science. Œuvres complètes de Fichte (nous désignerons cette édition par S. W.), t. I, 1845, p. 420.

qué le *salto mortale* de l'argument ontologique ; et c'est pour cela aussi que Kant laisse rôder, autour de l'*Analytique transcendentale*, le fantôme de la *chose en soi*. Or, à ce point précis, s'est produite l'intervention salutaire de la *Critique de la raison pratique*. Le *Ich denke* ne serait rien de plus que le *Repraesento* dont parlait Reinhold, si l'impératif catégorique ne conférait un caractère d'absolu à la législation *a priori* qui est issue de la conscience transcendentale. La liberté pratique, créatrice de la seule réalité qui mérite d'être appelée telle, de la réalité morale, est, par là même, créatrice des conditions nécessaires à son développement effectif, c'est-à-dire de l'univers de la nature et de l'univers du droit.

Tel est donc le point où la réflexion critique parvient avec Fichte : au lieu de constater simplement une synthèse dans la connaissance, ou de trancher brutalement une alternative dans l'être, elle pénètre jusqu'à l'action proprement dite, qui est position d'une thèse. De là ce texte capital dans la *Doctrine de la science* et dans l'histoire de la pensée humaine : « Comme il y a des jugements *antithétiques* et des jugements *synthétiques*, il pourrait aussi, par analogie, y avoir aussi des jugements *thétiques* qui leur seraient opposés en quelqu'une de leurs déterminations. Et, en effet, l'exactitude des deux premières sortes de jugements, suppose un fondement, et même un double fondement, de relation et de distinction, qu'il est possible d'indiquer, qu'il est même nécessaire d'indiquer pour que le jugement soit démontré [1]. » Ou, comme écrit encore Fichte : « De même que l'antithèse est impossible sans la synthèse, ou la synthèse sans l'antithèse, de même *antithèse* et *synthèse* sont impossibles sans *thèse*, je veux dire sans un *poser* pur et simple, par quoi un A (*le moi*) est posé, non comme identique ou comme opposé à rien d'autre, mais purement et simplement. De la *thèse*, l'ensemble de notre système reçoit sa consistance et son achèvement [2]. »

173. En dissipant définitivement l'illusion dialectique de l'ontologie, la philosophie de la thèse fait disparaître ce qui a causé le désespoir du dogmatisme et finalement l'a entraîné à la catastrophe : la prétendue nécessité de trouver à la raison une raison d'être hors de la raison, de donner au degré suprême de l'unité un autre su-

---
1 S. W., I, p. 115. Cf. trad. GRIMBLOT (modifiée), 1843, p. 31.
2 *Ibid.*, p. 114, trad. citée, p. 30.

jet d'existence que celui-là même qui est impliqué dans le fait du connaître. Selon la *Doctrine de la science*, l'*objet* n'est, à proprement parler, qu'une *objection* du moi à lui-même, objection destinée à être surmontée par le progrès de l'activité spirituelle, et qui, par conséquent, doit sans cesse renaître sous des formes de plus en plus aiguës, afin d'assurer l'infinité du progrès. Il est donc vrai que le *moi* se représente le *non-moi* en s'opposant à lui ; mais à la source de cette opposition est encore le *moi* pour qui le *non-moi* est nécessaire à la position absolue de soi. La relativité apparente du *moi* de la *synthèse*, du moi conditionné, est, en fin de compte, suspendue à l'absolu radical du *moi* de la *thèse*, du *moi conditionnant*, le rapport de celui-ci à celui-là étant exclusif de toute rupture d'intériorité, de toute séparation de substance, exactement comme dans l'*Éthique* le rapport de la *natura naturans* qui définit Dieu à la *natura naturata* qui définit les êtres.

Ainsi se constitue le système des trois principes que Fichte énonce, dès les premières pages de la *Doctrine de la Science*, dans l'ordre inverse de celui où la réflexion critique les fournit : « 1° *Premier principe, absolument inconditionné* ; position du *moi* par soi-même à titre de sujet absolu ; 2° *Second principe, conditionné quant à son contenu* : position d'un *non-moi* qui est opposé d'une façon absolue au moi ; 3° *Troisième principe, conditionné quant à sa forme* : opposition, dans le *moi*, d'un *non-moi* divisible au *moi* divisible. » Et, après avoir énuméré ces trois principes, Fichte écrira : « Maintenant la question célèbre que Kant a posée au début de la *Critique de la raison pure : comment sont possibles les jugements synthétiques a priori ?* a reçu la solution la plus universelle et la plus satisfaisante [1]. »

Fichte a donc tenu la promesse faite dans l'esquisse qui lui avait valu d'être appelé à Iéna pour y recueillir la succession de Reinhold : *qu'il réussirait à pousser jusqu'au bout la démonstration systématique des principes* [2]. Sur quoi d'ailleurs Fichte écrit dans une note marginale : « La *Doctrine de la science* a ainsi l'absolue totalité. En elle Un conduit à Tout et Tout conduit à Un. Elle est la seule science qui puisse être achevée ; son privilège caractéristique est l'achèvement. Toutes les autres sciences sont indéfinies,

---

1 S. W., I, 114. Cf. trad. GRIMBLOT, p. 28.
2 Cf. Ueber den Begriff der Wissenschaftslehre, S. W., 1, 59.

et ne seront jamais achevées ; car elles ne retournent pas vers leur principe fondamental. Mais la *Doctrine de la science* a la tâche de démontrer pour elles ce principe et d'en tirer leur fondement. » (*Ibid.*)

174. Il semble que l'affirmation dogmatique ne se soit jamais présentée aussi radicale et aussi assurée que chez ce penseur qui se flatte d'avoir définitivement dépassé le plan du dogmatisme. Ce n'est pourtant là qu'une apparence. La succession de la thèse, de l'antithèse et de la synthèse ne correspond nullement au rythme des catégories kantiennes, qui sera aussi le rythme de la dialectique hégélienne : car il n'est pas vrai que la thèse soit sur le même niveau que l'antithèse, toutes deux ayant pour raison d'être de susciter l'apparition de la synthèse. Loin d'absorber la thèse dans la synthèse comme l'un de ses éléments ou de ses moments, la *Doctrine de la science* n'admet la synthèse qu'en vue de la thèse, et sans l'en déduire, en insistant sur l'impossibilité d'une déduction : « L'activité du moi qui tend à l'infini doit recevoir un choc en un point quelconque et être ramenée en soi-même ; et le moi par conséquent ne doit pas remplir l'infini. Que cela ait lieu comme fait, il est absolument impossible de le déduire du moi, comme on l'a souvent rappelé ; mais on peut démontrer que cela doit avoir lieu pour qu'une conscience réelle soit possible. » (Trad. citée, p. 223.)

La réalité de la conscience précède donc la considération de la synthèse, qui se développera, sans jamais tomber *en deçà* du *moi*, sans jamais aller *au delà*, exprimant par l'infinité de son progrès l'être de l'intelligence qui se sent toujours, selon l'expression de Malebranche, du mouvement pour aller plus loin. Le point sur lequel insiste Fichte, c'est, en effet, que la représentation d'une chose qui serait la chose en soi et qui viendrait ainsi du dehors limiter le *moi*, implique, avec la conscience d'une limitation, la réflexion sur l'objet limitant, qui le fait rentrer dans la sphère de la représentation. Le rapport du moi au non-moi, sur lequel se fonde la spéculation réaliste, n'existe que conçu par le moi ; le moi fini apparaît donc capable de dépasser sa propre limite, du seul fait qu'il y porte effectivement son attention. Autrement, le moi ne serait limité que pour un être qui le contemplerait du dehors ; or, le *moi* doit être limité, non seulement pour une intelligence hors de lui, mais pour lui-même [1].

Fichte fait ainsi justice de l'équivoque entretenue par la soi-disant psychologie rationnelle de la *Dialectique transcendentale*. Kant commençait par y substituer implicitement au *moi-sujet* de l'*Analytique* la notion d'un *moi-objet*, qui n'est que pour les étrangers et qui nous est proprement étranger. Puis il tirait argument de cette substitution ; il dénonçait tout haut les paralogismes qui accompagnent naturellement la prétendue intuition d'une âme conçue, à la manière des matérialistes, comme une substance, et enfermée dans les limites de l'individualité organique. Le *moi* de Fichte est entièrement spirituel. Par suite, le passage du *moi conditionné* au *moi absolu* ne requerra rien que le progrès d'une conscience perpétuellement en acte, suivant l'essor de liberté qui est inhérent au dynamisme de la raison pure. L'univers de la représentation s'élargira indéfiniment, par cela seul qu'il participe à l'infinité de l'activité représentante. A chacune des étapes de sa conception, une notion originale se produit, qui sert de moyen-terme entre l'autonomie radicale de l'esprit et la détermination nécessaire de la nature, qui fait espérer l'équilibre d'une synthèse harmonieuse et définitive. Mais il appartient à la réflexion critique de résoudre dans leurs éléments ces diverses synthèses où le dogmatisme s'est successivement cristallisé, d'y retrouver le conflit de la pensée avec elle-même à travers les fluctuations incessantes de l'imagination : « Le moi voulant unir ce qui ne peut être uni, tantôt essayant de faire entrer l'Infini dans la forme du fini, et tantôt, repoussé, le posant de nouveau en dehors d'elle, et essayant au même moment de l'y faire entrer derechef [2]. » Le principe qui régit la vie de l'esprit, qui fait qu'il y a une vie de l'esprit, c'est donc que l'on ne saurait envisager de terme dernier auquel s'arrêterait le progrès de la conscience. De ce domaine indéterminable, et par suite illimité qui demeure en dehors du moi, à l'état d'inconscience, jaillissent toujours de nouvelles formes de réalité apparente contre lesquelles se déploiera l'activité du moi, activité, elle aussi, originale et inépuisable.

Ainsi l'auteur de la *Doctrine de la science* ne se vante nullement d'avoir résolu théoriquement les difficultés auxquelles se sont

---

1 Grundriss des Eigenthümlichen des Wissenschaftslehre, IV ; S. W., I, 347, traduit par GRIMBLOT à la suite de la Doctrine de la science, p. 315.
2 S. W., I, 215, trad. citée, p. 148.

heurtés les systèmes de ses prédécesseurs. Il importe, au contraire, que la connaissance comme telle apparaisse issue de l'antinomie et vouée à l'antinomie, pour que le problème remonte plus haut que la position proprement spéculative, et qu'il trouve sa solution dans le caractère essentiellement pratique de l'alternative : « En tant qu'il est limité par le non-moi, le moi est fini ; mais en lui-même, en tant qu'il est posé par sa propre activité absolue, il est infini. Il faut donc concilier en lui le fini et l'infini. Or, une pareille conciliation est, en soi, chose impossible. Longtemps, il est vrai, on use de la médiation pour apaiser le différend... L'infini limite le fini, mais, en fin de compte, quand on a reconnu l'entière impossibilité d'aboutir à la conciliation cherchée, il faut en venir à la suppression générale de la finitude, toutes les limites doivent s'effacer, et seul le Moi infini, à la fois un et tout, doit demeurer. *Alle Schranken müssen verschwinden, das unendliche Ich muss, als Eins und als Alles, allein übrig bleiben.* » (S. W., I, 144, trad. citée, p. 66.)

Voilà le dernier mot de l'idéalisme fichtéen, et par quoi s'achève le mouvement de la réflexion critique, telle qu'il l'interprète. En contradiction directe du dogmatisme qui suspend les règles de la morale à la considération spéculative de la réalité, la critique explique le progrès de la connaissance par l'idéal pratique du sujet pensant. Le *moi* de la *thèse* ne saurait être saisi comme donnée de fait, comme chose en soi ; il exprime la loi de l'action, la nécessité de l'effort. Et en effet, « si le moi était plus que s'efforçant, s'il avait une causalité infinie, il ne serait pas un *moi*, il ne se poserait pas lui-même, il ne serait donc rien. Mais s'il n'avait pas cet effort indéfini, il ne pourrait pas se poser pour lui-même ; car il ne pourrait rien s'opposer ; dans ce cas non plus il ne serait pas un *moi*, il ne serait rien. Il faut donc dire que le moi est infini, mais simplement quant à son effort : et par là (remarque Fichte) l'essence du moi est déterminée autant qu'elle peut l'être, ses contradictions sont résolues, autant qu'elles peuvent l'être » [1].

175. Si l'idéalisme transcendental, tel qu'il apparaissait dans la première édition de la *Critique*, semblait si voisin de l'idéalisme subjectif, s'il avait induit plus d'un de ses lecteurs en tentation de scepticisme, c'est que Kant avait appliqué sa propre découverte de la conscience transcendentale à la seule déduction des catégories,

---

[1] S. W., I, 270, trad. citée, p. 217.

sans se rendre compte lui-même que l'unité synthétique de l'aperception apportait avec une nouvelle idée du *moi*, avec l'*Ichheit überhaupt* [1], la clé du monde suprasensible, qu'elle faisait évanouir la représentation cosmologique d'un tel monde, le τόπος νοητός dont s'inspirait la géographie céleste des mythologues ou des visionnaires. Selon l'idéalisme critique, il n'y a d'autre intelligible que l'intelligence, τό *ipsum intelligere* ; et l'intelligence, c'est ce qui perpétuellement sort de sa propre lumière pour s'avancer vers une lumière plus haute et plus pure, c'est l'activité dans son essence radicale et créatrice : « Voici que le sens de la proposition : *Le moi se pose absolument*, devient tout à fait clair. Il ne s'agit pas du *moi* donné dans la conscience réelle ; car ce *moi* n'est jamais absolument fondé, son état a toujours pour fondement quelque chose qui est ou immédiatement ou médiatement hors du *moi* ; il s'agit d'une idée du *moi*, qui doit être posée nécessairement en raison de son exigence pratique indéfinie, mais qui ne peut être atteinte par notre conscience, qui par conséquent ne peut jamais se produire immédiatement en elle, qui ne peut se présenter que médiatement dans la réflexion philosophique [2]. » En ce point s'unissent enfin l'essence absolue, l'essence pratique, l'essence intelligente, du *moi*. (*Ibid.*). L'égoïsme spéculatif trouve sa réfutation dans la négation pratique de l'égoïsme : « Tous les individus sont enfermés dans la grande unité de l'esprit pur » ; et Fichte ajoute en note : « Cela n'est nullement spinoziste : car c'est là un idéal qui ne saurait être atteint, c'est la fin dernière qui n'est jamais réalisée [3]. » Le danger du réalisme se trouvera donc conjuré du moment que la conscience sensible, que la conscience intellectuelle même considérée dans sa fonction théorique, ne sont que des abstractions de la conscience morale, comme le danger de voir la pureté de la critique s'infléchir dans le sens dialectique, l'immanence du *Wissen* se subordonner à la transcendance du *Glauben*.

La doctrine de la morale d'après la doctrine de la science, publiée en 1798, revendique pour la conscience morale la norme d'évidence et de l'infaillibilité que théologiens ou métaphysiciens avaient reléguée dans une sphère d'ontologie inaccessible : « C'est seulement en tant que je suis un être moral que la certitude est pour moi

---
1 S. W., I, 503.
2 S. W., I, 277, trad. citée p. 225.
3 Sur la dignité de l'homme. Appendice à la seconde exposition, S. W., I, 416.

possible : le *criterium* de toute vérité théorique n'est pas lui-même un *criterium* théorique, c'est un *criterium* pratique : un *criterium* interne, non un *criterium* externe, objectif, car précisément là où il est considéré comme moral, le *moi* doit être entièrement autonome et indépendant de tout ce qui se trouve en dehors de lui [1]. » Non seulement, donc, la conscience morale est numériquement identique à la conscience religieuse ; mais la conscience religieuse ne peut rester fidèle à elle-même si elle cherche un appui hors de la conscience. Et Fichte conclut : « La conscience morale ne se trompe jamais et ne peut se tromper ; car elle est la conscience immédiate de notre Moi pur, de notre essence originelle qu'aucune forme de la conscience ne peut dépasser, contrôler ou corriger ; juge de toute conviction, elle n'admet pas de juge au-dessus d'elle. Elle décide en dernière instance, elle est sans appel. Vouloir la dépasser, c'est vouloir sortir de soi, se séparer de soi-même. » (*Ibid.*, *Coroll.*, I, p. 174.)

L'idéalisme pratique de Fichte, c'est donc l'humanisme, tel qu'il s'est développé de Montaigne à Rousseau, mais un humanisme qui réussit à guérir l'individu de la solitude, qui lui montre dans la conscience de l'*Ichheit überhaupt* la tâche à réaliser par le *moi*, et qui n'est rien d'autre que la communauté sur terre des êtres raisonnables, l'unité vivante de l'esprit.

Par un synchronisme émouvant, la philosophie de la conscience pure se constitue en Allemagne, au moment où, avec la sociologie du progrès, avec le radicalisme philosophique, la France et l'Angleterre affirment, chacune à sa manière, la même espérance généreuse d'un affranchissement total et prochain de l'humanité. Ce n'est pas tout encore, ce n'est même pas, sans doute, l'essentiel : M. Paul Valéry a dit de la conscience pure, « il ne peut en exister deux » [2]. Et, en effet, l'*Ichheit überhaupt*, du moment qu'elle surmonte à l'intérieur du *moi* l'opposition du *mien* et du *tien*, c'est l'autonomie du progrès grâce auquel le sage conquiert, dans l'*Éthique*, la conscience et de soi et des choses et de Dieu ; c'est, identiquement encore, la δύναμις ἐνοῦσα qui permet au dialecticien d'atteindre cette *unité unifiante* d'où l'être et la vérité découlent en leur connexion nécessaire.

---

1 I, 15 (4), S. W., IV, 169-171.
2 *Variété*, 1924, p. 206.

ISBN : 978-2-37976-144-7

www.ingramcontent.com/pod-product-compliance
Lightning Source LLC
LaVergne TN
LVHW040038080526
838202LV00045B/3391